中国社会科学院创新工程学术出版资助项目

夏洪胜 张世贤◎主编

21世纪工商管理文库

商 法

Commercial Law

 经济管理出版社

ECONOMY & MANAGEMENT PUBLISHING HOUSE

图书在版编目（CIP）数据

商法 / 夏洪胜，张世贤主编. —北京：经济管理出版社，2013.4
（21 世纪工商管理文库）
ISBN 978-7-5096-2336-7

Ⅰ．①商…　Ⅱ．①夏…②张…　Ⅲ．①商法—研究—中国　Ⅳ．①D923.994

中国版本图书馆 CIP 数据核字（2013）第 036636 号

组稿编辑：何　蒂
责任编辑：杜　菲
责任印制：杨国强
责任校对：超　凡　熊兰华

出版发行：经济管理出版社
　　　　　（北京市海淀区北蜂窝 8 号中雅大厦 A 座 11 层　100038）
网　　址：www. E-mp. com. cn
电　　话：（010）51915602
印　　刷：三河市延风印装厂
经　　销：新华书店
开　　本：720mm×1000mm/16
印　　张：29
字　　数：465 千字
版　　次：2014 年 3 月第 1 版　　2014 年 3 月第 1 次印刷
书　　号：ISBN 978-7-5096-2336-7
定　　价：68.00 元

总　序

　　1911 年，泰勒《科学管理原理》的发表标志着管理学的诞生。至今，管理学已经走过了整整 100 年，百年的实践证明，管理学在推动人类社会进步和中国改革开放中发挥了巨大的作用。在这个具有历史意义的时刻，我们也完成了《21世纪工商管理文库》的全部编写工作，希望以此套文库的出版来纪念管理学诞生100 周年，并借此机会与中国企业的管理者们进行交流与探讨。

　　"绝不浪费读者的时间"，这是我在筹划编写本套文库时所坚持的第一理念。时间是管理者最宝贵的资源之一，为了让读者尽可能高效率地学习本套文库，我们的团队力求通过精练的文字表达和鲜活的案例分析，让读者在掌握基础知识的同时获得某种思维上的灵感，对解决企业实际中遇到的问题有所启发，同时也获得阅读带来的轻松和愉悦。"绝不浪费读者的时间"，这是我们对您的承诺！

一、编写《21 世纪工商管理文库》的出发点

　　本人从事工商管理领域的学习、研究、教学和实践工作多年，在这一过程中不断探索和思考，形成了自己的一系列观点，其中的一些观点成为编写本套文库的出发点，希望能尽我微薄之力，对我国企业的发展有所帮助。

　　1. 工商管理是一门应用性极强的学科，该领域的基础理论成果基本上来源于以美国为主的西方国家。在工商管理领域的研究方面，我国应该将重点放在应用研究上。

2. 工商管理在很大程度上受制度、历史、文化、技术等因素的影响。对于源自西方国家的工商管理基础理论，我们切不可照搬照抄，而应该在"拿来"的基础上根据我国的实际情况加以修正，然后将修正后的理论运用于我国的实践。

3. 目前，我国的 MBA、EMBA 所用的经典教材多数是西方国家的翻译版本，不仅非常厚，内容也没有根据中国的实际情况进行调整，在学时有限的情况下学生普遍无法学通，更谈不上应用，这可以从众多的学位论文和与学生的交流中看出。

4. 做企业，应该先"精"后"强"再"大"，并持续地控制风险，只有这样才能保证企业之树长青。而要做到这些，一个非常关键的因素就是对工商管理知识的正确运用，所以，无论多忙，我国的企业管理者们都务必要全面系统地学习适合国情的工商管理知识，以提升企业的软实力。

5. 随着国际化程度的加深，我国急需一批具有系统的工商管理知识和国际化视野且深谙国情的企业家，这一群体将成为我国企业走向国际化的希望。企业的中高层管理者是这一批企业家群体的预备军，因此，我们应该尽力在我国企业的中高层管理者中培育这个群体。

"路漫漫其修远兮，吾将上下而求索"。企业是国家的经济细胞，也是国家强盛的重要标志之一。当今世界，企业间的竞争日趋激烈，我国企业的管理者们要有强烈的危机意识和竞争意识，必须从人、财、物、信息、产、供、销、战略等各方面全方位地提升我国企业的管理水平，力争建成一批世界知名的和有国际影响力的中国企业，这批企业将是中国经济的基础和重要保障。我希望本套文库能够与中国企业中高层管理者的实践碰撞出灿烂的火花，若能如此，我多年的心血和我们团队的工作便有了它存在的价值。

二、《21 世纪工商管理文库》的内容

中国企业非常需要有一套适合中国国情的工商管理文库，博览以往工商管理类的书籍，它们对中国企业的发展确实起到了非常重要的作用，但是却鲜有一套文库的内容可以同时将基础性的知识、前沿性的研究和最适合在中国应用的理论

结合工商管理内容的本质，以深入浅出、通俗易懂的表达方式全面呈现出来。由于中国的中高层企业管理者用在读书学习上的时间非常有限，这就要求本套文库能让企业管理者花较少的时间，系统地掌握其内容并加以运用。

鉴于此，本人与国内外同行进行了深入的探讨，同时，也与一大批内地、港澳台地区及国外企业家和学者进行了广泛的接触与交流，并实地调研了大量中外企业。在此基础上，仔细查阅了国内外著名大学商学院的有关资料，并结合自己的研究，首次构建并提出了如图Ⅰ所示的工商管理内容模型。该模型经过数十次的修正，直到工商管理理论研究同行与实践中的企业家们普遍认可后才确定下来。它由31本书组成，平均每本200页以上，基本涵盖了工商管理的主要内容，是目前我国较为系统、全面并适合中国企业的工商管理文库。

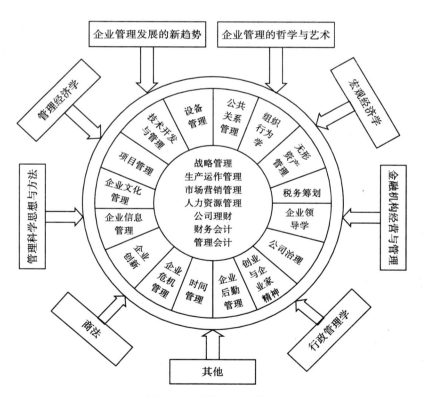

图Ⅰ 工商管理内容模型

该工商管理内容模型共分为如下三个部分：

第一部分为核心内容（图Ⅰ中小圆内部分）。该部分内容共分为 7 个方面：①战略管理；②生产运作管理；③市场营销管理；④人力资源管理；⑤公司理财；⑥财务会计；⑦管理会计。

以上 7 个方面的内容是工商管理最基本的部分，也是工商管理最核心的部分，这些内容是任何企业都应该具有的。可以说，工商管理其他方面的内容都是围绕这 7 个方面的内容展开的。这 7 个方面的内容各有侧重又彼此关联。

我们称这 7 个方面的内容为工商管理的核心系统，该系统是工商管理专业的核心课程。

第二部分为辅助内容（图Ⅰ中小圆与大圆之间部分）。该部分内容共分为 16 个方面：①企业领导学；②公司治理；③创业与企业家精神；④企业后勤管理；⑤时间管理；⑥企业危机管理；⑦企业创新；⑧企业信息管理；⑨企业文化管理；⑩项目管理；⑪技术开发与管理；⑫设备管理；⑬公共关系管理；⑭组织行为学；⑮无形资产管理；⑯税务筹划。

以上 16 个方面的内容是工商管理的辅助内容。不同行业的企业和企业发展的不同阶段都会不同程度地运用到这些内容。这 16 个方面的内容与核心系统一起构成了企业管理的主要内容。

我们称这 16 个方面的内容为工商管理的辅助系统，该系统是工商管理专业的选修课程。

第三部分为支撑内容（图Ⅰ中大圆外部分）。该部分内容共分为 8 个方面：①宏观经济学；②金融机构经营与管理；③行政管理学；④商法；⑤管理科学思想与方法；⑥管理经济学；⑦企业管理发展的新趋势；⑧企业管理的哲学与艺术。

以上 8 个方面的内容对企业管理起到支撑、支持或制约的作用，企业管理的思想、方法、环境等都与这些内容密切相关，甚至企业管理的绩效直接与这 8 个方面的内容有关。

我们称这 8 个方面的内容为工商管理的支撑系统，该系统是工商管理专业的公共必修课程。

需要说明的是，在该模型中，我们标出了"其他"，这是由于工商管理的内容非常丰富，其模型很难包罗万象，而且工商管理本身也在发展中，无论是核心系统、辅助系统，还是支撑系统，都可能在内容上发生变化。因此，我们将该模型中没有表明的内容用"其他"表示。

综上所述，整个工商管理内容模型是由核心系统、辅助系统、支撑系统三大系统组成。我们也可称之为工商管理的三维系统，其中，核心系统和辅助系统构成了企业管理的主要内容。

我们进一步将核心系统和辅助系统按照关系密切程度划分为5个子系统，它们分别是：

子系统1：战略管理、企业领导学、公司治理、创业与企业家精神、企业后勤管理、时间管理、企业危机管理、企业创新、企业信息管理、企业文化管理。该子系统各部分都会对企业产生全局性的影响。

子系统2：生产运作管理、项目管理、技术开发与管理、设备管理。该子系统各部分技术性强，偏重定量分析，且各部分之间关系密切。

子系统3：市场营销管理、公共关系管理。该子系统各部分之间关系密切，公共关系的有效管理有助于市场营销管理。

子系统4：人力资源管理、组织行为学。该子系统各部分之间关系密切，组织行为学是人力资源管理的基础。

子系统5：公司理财、财务会计、管理会计、无形资产管理、税务筹划。该子系统各部分之间关系密切，公司理财、财务会计、管理会计构成了企业的财务管理体系，同时也是无形资产管理、税务筹划的基础。

以上5个子系统也可以作为企业管理的5个主要研究方向：①战略管理方向；②生产运作管理方向；③市场营销管理方向；④人力资源管理方向；⑤财会管理方向。其中，战略管理是企业的定位；生产运作管理是企业的基石；市场营销管理是企业生存的手段；人力资源管理是企业的核心；财会管理是企业的灵魂。

当然，工商管理内容模型中的各个部分不是孤立存在的，它们彼此之间常常是有关联的，甚至有些内容还有交叉。如"采购管理"作为企业管理中非常重要的内容，本套文库在生产运作管理、项目管理和企业后勤管理三本书中均有涉及。虽然三本书中关于"采购管理"的内容均有关联和交叉，但三本书中所呈现出来的相应内容的侧重点又是不同的。

三、《21世纪工商管理文库》的内容本质

通过多年来对国内外工商管理理论与实践的研究，我们认为《21世纪工商管理文库》的内容本质可以精辟地概括成如表I所示。

表I　《21世纪工商管理文库》的内容本质

书名	内容本质
1.战略管理	找准企业内部优势与外部环境机会的最佳契合点，并保持可持续发展
2.生产运作管理	依据市场的需求和企业的资源，为客户生产和提供物超所值的产品
3.市场营销管理	以有限的资源和真实的描述，尽可能让企业的目标客户了解并购买企业的产品
4.人力资源管理	适人适才、合理分享、公平机会、以人为本、真心尊重，创造和谐快乐的工作环境
5.公司理财	使公司的资产保值增值并在未来依然具有竞争力
6.财务会计	合规、及时、准确地制作财务会计报表，并运用财务指标评价企业的经营状况
7.管理会计	让管理者及时、准确地了解其经营活动与各项财务指标的关系并及时改善
8.企业领导学	道德领导、诚信经营、承前启后、继往开来
9.公司治理	以科学的制度保障权力的相互制衡，维护以股东为主体的利益相关者的利益
10.创业与企业家精神	发现和捕获商机并持续创新
11.企业后勤管理	通过企业的间接管理活动，使其成本最低和效率最高
12.时间管理	依重要和缓急先后，合理分配时间，从而达成目标
13.企业危机管理	大事化小，小事化了，转危为机
14.企业创新	快半步就领先，持续保持竞争优势
15.企业信息管理	及时和准确地为管理者提供相关的管理信息
16.企业文化管理	以共同的信念和认同的价值观引领企业达到具体的目标
17.项目管理	以有限的资源保质保量完成一次性任务
18.技术开发与管理	将未来的技术趋势转化为商品的过程与管理
19.设备管理	使设备具有竞争力且寿命最长和使用效率最高
20.公共关系管理	使企业与所有利益相关者的关系最和谐且目标一致
21.组织行为学	科学组建以人为本的有效团队

书名	内容本质
22.无形资产管理	化无形为有形，持续发展无形的竞争优势
23.税务筹划	合法、有道德且负责任的节税手段
24.宏观经济学	保持国民经济可持续和健康发展的理论基础
25.金融机构经营与管理	服务大众，科学监管
26.行政管理学	科学制定"游戏"规则，构建长富于民的政府管理机制
27.商法	维护经济秩序并保护企业或个人的合法权益
28.管理科学思想与方法	以可靠准确的数据为基础，优化各类资源的使用效率和效果
29.管理经济学	微观经济学的理论在企业经营决策中的应用
30.企业管理发展的新趋势	企业未来的管理方向
31.企业管理的哲学与艺术	刚柔并济，共创所有利益相关者的和谐

四、《21 世纪工商管理文库》的特色

（一）《21 世纪工商管理文库》在叙述方式上的特色

1. 每本书的封面上都对该书的内容本质有精辟的描述，这也是贯穿该书的主线，随后对该书的内容本质有进一步的解释，以便读者能深刻领悟到该书内容的精髓所在；并在总序中对整个《21 世纪工商管理文库》的内容本质以表格的形式呈现。

2. 每本书的第一章，即导论部分都给出了该书的内容结构，以便读者能清晰地知道该书的整体内容以及各章内容的逻辑关系。

3. 每本书的每章都以开篇案例开始，且每一节的开头都有一句名人名言或一句对本节内容进行概括的话，以起到画龙点睛的作用。

4. 每本书的基础理论大部分都有案例说明，而且基本上是在中国的应用，尽量使其本土化。

5. 每本书都非常具有系统性、逻辑性和综合性，将复杂理论提炼成简单化、通俗化的语句并归纳出重点及关键点，尽量避免不必要的"理论"或"术语"，表达上简洁明了、图文并茂、形象鲜活。

（二）《21 世纪工商管理文库》在内容上的特色

1. 本套文库建立了完整的工商管理内容模型，该模型由核心系统、辅助系统和支撑系统组成。在该模型中，读者能够清晰地看到工商管理内容的全貌以及各

部分内容之间的关系，从而更加有针对性地学习相关内容。这也是本套文库的基本内容框架，从该框架可以看出，本套文库内容全面，具有很强的系统性和逻辑性，且层次分明。

2. 本套文库的内容汇集和整合了古今中外许多经典的、常用的工商管理理论和实践的成果，我们将其纳入本套文库的内容框架体系，使其更为本土化和实用化。可以认为，我们的工作属于集成创新或整合创新。

3. 每本书的内容都以"基础性"、"新颖性"、"适用性"为原则进行编写，是最适合在中国应用的。对于一些不常用或不太适合在中国应用的基础理论没有列入书中。

4. 核心系统和辅助系统（企业管理的主要内容）中的每本书都有对中国企业实践有指导意义的、该领域发展的新趋势，这可以让读者了解到该领域的发展方向，并与时俱进。为了便于读者阅读和掌握各个领域发展的新趋势，我们将本套文库中的所有新趋势汇集为《企业管理发展的新趋势》一书。

5. 核心系统和辅助系统中的每本书都有该领域的管理哲学与艺术，提醒企业不可僵化地运用西方的基本理论，而应该将中国的管理哲学与艺术和西方现代工商管理理论相结合，即将东西方的科学发展观与中国的和谐社会融合起来，这才是真正适合中国本土化的企业管理。为了便于读者阅读和掌握各个领域的管理哲学与艺术，我们将本套文库中的所有管理哲学与艺术汇集为《企业管理的哲学与艺术》一书。

（三）《21世纪工商管理文库》在功能上的特色

1. 有别于程式化的西方 MBA、EMBA 教材。本套文库具有鲜明的中国本土问题意识，在全球化视野的背景下，更多地取材于中国经济快速增长时期企业生存发展的案例。

2. 有别于传统工商管理的理论教化。本套文库强调战术实施的功能性问题，力求对工商管理微观层面的问题进行分析与探讨。

3. 有别于一般的工商管理教科书。本套文库中的每本书从一开始就直接切入"要害"，紧紧抓住"本质"和"内容结构"，这无疑抓住了每本书的"主线"，在叙述方式和内容上，围绕这条"主线"逐步展开，始终秉承"绝不浪费读者时间"和"以人为本"的理念。

4. 有别于一般的商界成功人士的传记或分行业的工商管理书籍。本套文库以适合在中国应用的基础理论为支撑，着力解决各行业中带有共性的问题，以共性来指导个性。这也体现了理论来源于实践并指导实践这一真理。

5. 有别于同类型的工商管理文库。本套文库系统全面、通俗易懂，在叙述方式和内容上的特色是其他同类型工商管理书籍所不具备的，而且本套文库的有些特色目前在国内还是空白，如工商管理内容模型、本质、趋势与哲学等。另外，本套文库在表达方式上也颇具特色。

五、《21 世纪工商管理文库》的定位

1. 本套文库可供中国企业的中高层管理人员学习使用。通过对本套文库的学习，中国企业的中高层管理人员一方面可吸收和运用西方的适合在中国应用的基础理论，同时结合中国的管理哲学与艺术，把中国的企业做精、做强、做大，参与国际竞争，并保持可持续成长。

2. 本套文库可作为中国企业的中高层管理人员的培训教材。本套文库系统、全面、案例丰富，基础理论和中国实际结合紧密，这对于全面提高中国企业的中高层管理者的素质和管理水平是很有帮助的。

3. 本套文库可作为中国 MBA 或 EMBA 的辅助教材或配套教材，也可作为其他层次工商管理专业的辅助教材或配套教材。和现有的中国 MBA 或 EMBA 教材相比较，该套文库是一个很好的补充，而且更易读、易懂、实用。

明确的定位和清晰的理念决定了我们这套文库自身独有的特色，可以令读者耳目一新。

夏洪胜

2013 年 12 月

目　录

第一章 导 论

开篇案例

A 公司诉 B 公司铝合金窗纱合同争议仲裁案

A 公司（买方）和 B 公司（卖方）就铝合金窗纱签订了一单售货合同，合同规定 B 公司向 A 公司提供 5000 卷单价为 11 美元的铝合金窗纱，总价为 55000 美元，并凭信用证付款。随后 A 公司在银行开出信用证，电传通知 B 公司，要求其发货，并询问了发货期。但是，B 公司并没有立即发货，而是复电拒绝发货，除非 A 公司将单价提高到 15 美元。这对于 A 公司来说是相当不公平的，于是它回电坚持原价不变，B 公司则要求 A 公司撤销信用证，对无法合作表示歉意。当初与 B 公司签订合同之后，A 公司就与一个外国客户公司签订了买卖合同，如果 B 公司撤销合作，将会给 A 公司造成重大损失，而若撤销信用证，依法 B 公司应该向 A 公司赔付信用证价款 20% 的赔偿金。A 公司再次要求 B 公司执行合同，但 B 公司既不履行合同，也不给予 A 公司赔偿，这让 A 公司非常恼怒，于是提起仲裁，要求 B 公司赔偿损失。

B 公司称，之所以取消合同，是因为当时是在一家小型的交易会上与 A 公司签订合同的，A 公司只是派了一名代表去参加该交易会，而该名代表对窗纱业务并不熟悉，将铁窗纱的价格与铝合金窗纱的价格弄混淆了，造成所报价格名不副实，这对于 B 公司来说是不公平的，如果真的要赔偿，B 公司愿意赔偿 A 公司开立信用证所发生的手续费，其他的不予赔偿。

根据相关法律规定，本案的仲裁结果是：①B 公司应赔偿 A 公司 11000 美元（即 55000 美元的 20%）；②本案仲裁费也应由 B 公司承担。

资料来源：叶林，黎建飞. 商法学原理与案例教程 [M]. 北京：中国人民大学出版社，2006.

【案例启示】本案例是在商务交易中经常发生的事情，用比较典型的词语来描述被申请人，就是"耍赖"、"推卸责任"，而这类事情也有相关的法律给予了解决支持。当然，这种商务交易必须要符合商法要求才行。

本章您将了解到：

● 商法的概念及特征

● 商法的基本原则

● 商法的基本内容

第一节　商法概述

世界上唯有两样东西能让我们的内心感到深深的震撼，一是我们头顶上灿烂的星空，二是我们内心崇高的道德法则。

——康德

一、商法的概念

商法是指用来调整商事交易主体在其商行为中所形成的法律关系的各种法律规范的总称，也即商事关系的法律规范的总称。从理论上说，商法有形式意义上的商法和实质意义上的商法之分。

一般来说，形式意义上的商法是指在民法典之外所制定的以"商法"来命名的法典，主要包括商主体和商行为的界定、创设等一般商法规则以及商事公司、证券、票据、保险、破产、海商等基本制度。而实质意义上的商法则是一切调整商事关系的法律规范的总称，不仅存在于商法典之中，还存在于民法、行政法等法律、法规和判例中。

二、商法的特征

如何将商法与其他法律区分开来呢？这就需要看到商法的特征，商法的特征也是商法本质的外在表现形式，本书认为商法的特征主要如下：

（一）公法化

我国法律分为私法和公法两类，商法属于私法，其是以私法规范为中心的。但随着现代经济的发展，同时为了保障私法规定的实现，现代各个商法开始改变"放任主义"的立法态度，为自己设立了很多强制性的公法规定，呈现所谓的"私法公法化"。比较典型的例子就是公司法中有关公司登记的规定，商事登记、商业账簿、商号等的规定，这些都带有非常鲜明的公法化色彩。

（二）技术性

我国法律规范主要分为伦理性规范和技术性规范两类，一般的私法侧重于伦理性的规范，但是商事规范具有高度的技术性。商法对于商事活动的过程及操作程序都作出了规定，以便达到商法所追求的某些特定目的，如股东会议事规则等。商法的技术性主要体现在商行为法部分，如票据法中的票据抗辩等。

（三）营利性

营利性是商事活动的主要特征，商法保护合法的营利性活动，即保护个人合法从事的盈利活动。由于商法具有营利性，因而在调整营利性活动（法律关系）中，商法规范应注重"等价有偿"原则，注重对当事人的经济利益的保护，而不以当事人的非经济利益（如情感利益、精神利益）保护为重点。

（四）社会性

现代商法中，营利并非商事立法所追求的唯一目标，现代经济的发展提出了社会本位的思想，其使商人产生社会责任理念，并逐渐萌芽、发展出商法的社会性。

（五）协调性

商法的协调性主要表现在它的规范方面，商法大多拥有的是任意性规范，这是为了保证商事交易的简便、迅速、灵活、自由，同时规范商行为，但商法又具有很多强制性规范，以保证组织的健全。从这两个方面说，它的协调性是非常好的。

（六）进步性

由于商法反映了现实的商事活动，而同时现实商事活动发展越来越迅速，因此商法的变动频率也越来越快，这毋庸置疑会比民法的变动更加频繁，相对而言，民法具有稳定性、固定性和继承性。

第二节　商法的基本原则

即便商法能够给商主体以权威的法律保护，但是这一切都需遵循商法的基本原则，借用韩非所说的话"法分明，则贤不得夺不肖，强不得侵弱，众不得暴寡"，即是如此。

——佚名

商法的基本原则是在商事实践活动中抽象出来的，并用于指导和规范商事活动的法律准则和指导思想。一般认为商法的基本原则包括以下几个方面：

一、商主体法定原则

所谓商主体法定原则，是指商主体的类型、内容及设立、变更或消灭都必须按照法律的规定。该原则的内容有商事主体类型法定、商事主体内容法定和商事主体公示法定三个方面。

（一）商事主体类型法定

商事主体类型法定是指商主体的种类由法律规定，未经法律规定的不得享有商主体资格，法律会规定一些商事组织形式，商主体不得创设法律规定的类型之外的商事组织形式。

（二）商事主体内容法定

商事主体内容法定是指法律对商事主体的内容进行了明确的规定，包括商主体的财产关系和组织关系，当事人不得创设除此之外的财产关系和组织关系。这项原则使得不同类型商事主体能相互区别开来。

（三）商事主体公示法定

商事主体公示法定是指商主体必须按照法律规定的程序进行公示后才能成立，而且其所登记的事项不仅应设置于登记机关，还应采用公告、备查、通知等方式使得交易当事人或第三人知晓，没有经过法定公示的，不可以对抗有善意的第三人。

二、促进交易简便、迅捷原则

商事交易以营利为目的，而欲实现营利的目的，则需提高资金与商品的流转频率，要使商法交易便捷，就需要尽可能地免除一切不必要的手续、限制和干预，节约时间成本，使得交易者可以充分地利用现有的资源获得最大的经济效益。该原则主要表现在：

（一）短期消灭时效制度

商法对当事人规定了各类商事请求权的短期时效期间，超过该时效期间权利即消灭，该制度是以效率为原则的，旨在督促当事人及时行使各自的权利，保障交易的迅捷。

（二）交易定型化规则

交易定型化规则包括交易形态定型化和交易客体定型化两个方面。

【拓展阅读】

交易形态定型化和交易客体定型化

交易形态定型化是以强行法规来定型化的，即商法预先对交易方式规定了若干典型类型，如《票据法》规定必须以交付或背书方式实现各种有价证券的转让。交易客体定型化是指将交易对象商品化（交易对象为有形物品时）或证券化（交易商品为无形的权力时）。商品化须给予交易对象统一的规格或特定的标记，以便交易者识别和交易。交易对象证券化后以证券流通实现交易商品（权利）的转移，促进权利流通。

三、维护交易安全原则

在商法上，对交易安全的保护主要表现为对交易条件采取强制主义、公示主义、外观主义、严格责任主义。

（一）强制主义

强制主义又称要式主义，是指国家以公法手段强制地对商事关系加以影响和控制。主要表现在以下三个方面：①在商主体法中，严格规定了商主体的种类，商主体不得创设法定类型之外的商事组织形式，同时也制定了商主体设立、变更、消灭以及进行商事登记时所应遵守的规则；②在商行为法中，体现在国家对经济活动的一般性管理以及对票据、保险、信托等特殊商行为管理的强制性规范上；③在法律责任上，为规制市场交易中的不法行为，形成了民事责任、刑事责任、行政责任并存的法律调整机制。

（二）公示主义

公示主义是指当营业事实涉及利害关系人的利益时，商主体负有告知的义务，否则不得对抗有善意的第三人。公示主义原则主要从以下几个方面增强了市场的透明度：公司的设立、变更、注销等须依法公示；公司的债券募集办法、公司不动产的抵押担保、固定财团的担保都须依法登记并公示；股份有限公司发行股票的招股说明书、上市公告书、定期报告和临时报告等也须公示。

（三）外观主义

外观主义是指在确定商事行为所产生的法律效果时，是以交易当事人行为的外观为准来判断的，法律保护依该外表事实所进行的商行为，即使该商行为与真实情形不符。

（四）严格责任主义

严格责任主义是指商法严格规定了商事交易当事人的义务和责任，这是因为商事活动常常具有高风险、高收益的特点，需要保护交易人的合法利益。严格责任主义在商法上主要表现为两个方面：①实行连带责任；②实行无过失责任，即在商事交易中，无论有无过错，债务人均要对债权人承担责任。

四、维护交易公平原则

类似于民法中的公平原则，商法中的维护交易公平原则，是指商主体在从事商事行为的过程中应该树立公平的观念，商主体各方都应正当行使权利，履行义务。同时，商主体也是社会中的一员，其在商事行为中也应兼顾到他人及社会的公共利益。维护交易公平的原则主要包括平等交易原则、诚实信用原则两个方面。

（一）平等交易原则

这里的平等是指商主体在交易过程中的地位平等，任何一方不得无理由或者以某理由享有法律上的特权。商主体在交易时的地位平等是实现正规交易的前提条件。

（二）诚实信用原则

诚实信用本是对道德方面的要求，但其用在商事交易中也是相当重要的。该原则要求商主体在交易时应讲诚信、守信用，这样才能使交易实现公平化。交易双方不能使用欺瞒、欺诈等手段来获取各自的私利。诚实信用原则的本质是指将市场经济中的道德准则法律化，赋予其法律效力，以杜绝危害交易秩序与安全的行为，保证商品交易的顺利进行。

第三节　本书的内容结构

为了使本书内容的逻辑结构更加清晰，特给出本书的内容结构（见图1-1）：

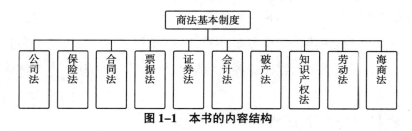

图1-1　本书的内容结构

本章小结

作为本书的开篇导论部分，本章起到了提纲挈领的作用。本书囊括了各个法律领域中所包含的比较重要的部分，通俗来讲，可以将本书称作法律的"大杂烩"。既然是"大杂烩"，"尝"起来必然"五味十足"，当然，也需要一定的"胆量"才能尝，要培养"胆量"，就得练好"嘴上基本功"。

正如学舞蹈一样，基本功是非常重要的。本章导论部分让读者从宏观方面了解了商法的"基本面貌"，以要了解一个人做例子，具体内容包括：这个人的"姓名"（商法的概念）、这个人的"外貌"（商法的特征）、这个人的"性格"（商法的基本原则）。只有了解这些，才能进一步挖掘出有关这个人的其他信息，同样的，只有了解商法的这些基本知识，才能进一步理解其他相关法，因为"工欲善其事，必先利其器"。

第二章　商法基本制度

超市提供免费自助寄存柜，引来纠纷

和往常一样，汪某下班后去家附近的大超市购物，由于这次购物量比较多，所以她将随身包和现金一起放进了超市所设置的免费自助寄存柜里面，自己带着银行卡进超市购物。当购物结束后，她拿着自助寄存柜的密码条去开柜，但试了很多次都无法打开柜子，所以最终只能求助于超市的工作人员。超市工作人员采用人工的方法帮她将柜子打开，却发现里面空无一物。汪某称自己放在里面的皮包有自己刚取出来的 6000 元现金，并立即向当地公安局报了案，以超市管理不善为由，起诉超市，并要求其赔偿自己的 6000 元。

对于本案的处理，法院最终否决了汪某的诉求，原因主要有以下几点：首先，要区分人工寄存和自助寄存两种方式，汪某选择的是免费的自助寄存方式，那么她与超市形成的是借用法律关系，而不是保管法律关系；其次，即便汪某的随身物品包括现金遗失，但她也没有证据证明是由自助寄存柜本身的质量问题所引起的还是由超市的借用服务中心过失行为所引起的，而超市对于提供自助寄存柜服务，已经公开了详细的使用说明，并提出了警示；最后，汪某的密码条只能证明其使用过该自助寄存柜，也没有证据证明其存入的包里面有 6000 元现金。

【案例启示】本案中的商场免费自助寄存柜是我们在日常生活中经常要用到的便利工具，这场纠纷案看似很平常的一件事情，却用到了商法中的相关原理来解决，从而使得纠纷能够得到平息。

本章您将了解到：

● 商主体的概念、特征及构成

● 商主体的分类

● 商行为的概念、特征及分类

● 商业登记的概念和分类

● 商业登记的程序

● 商业名称及商业名称权

● 商业账簿的分类及法律效应

第一节　商主体概述

商业主体者，乃指商业上权利义务所归属之主体也。明白商主体表现之特征，成立之条件，方能安全行使主体之便利。

——佚名

一、商主体的概念

商主体又称商事主体，指的是具有商法上的资格或能力，能够以自己的名义从事营业性商行为，独立享有商事权利并承担商事义务的组织和个人。

二、商主体的特征

商主体具有以下特征：

（一）法定性

商主体具有法定性，即商主体必须符合商法的规定。主要表现为：①商主体资格的取得必须经过法定的商业登记程序，并通过商业登记明确其具体的经营范围；②商主体类型必须符合法律规定，是指投资者不得任意创设法定形态之外的商主体形式，并且商主体也不得自行变更法定形态之外的商主体形式；③法律明确限制了商主体的投资者范围及其经营范围。

（二）经营性

商主体从事的是以营利为目的的经营性活动。

（三）权利行为性

商主体必须同时具有权利能力和行为能力，其存续期限由法律规定。

三、商主体的构成

商主体的构成需要具备一定的形式要件和实质要件，一般而言，应具备以下四个要件：

（一）名义独立

任何商主体类型都须使用自己的姓名或名称来与第三人进行商事活动。商个人的商号既可以与自己的姓名一样，又可以另起名字。而商合伙、商法人则可以用组织的名称与第三人进行商事活动。

（二）意志独立

商主体以自己的意愿自主选择活动，需注意的是，商组织体的意志是组织体的共同意志，而不是个人或组织成员意志的简单相加。

（三）财产独立

任何商主体在登记成立并从事商事经营时，都须具备独立的实物资本或其他形态的资本。

（四）责任独立或相对独立

分为三种类型：对商个人而言，须以个人的所有财产独立承担自己行为的后果；对商法人而言，须以全部财产独立承担自己行为的后果；对商合伙而言，须先以全部财产承担相对独立的责任，再由合伙人对不足部分承担无限责任。

第二节　商主体的分类

商主体的分类是进行商业活动的一个必要的前提。不同类型的商主体拥有不同的特征，针对性越强，商事治理效果越好。

——佚名

依据不同的分类标准可将商主体划分为不同类型，其中分类标准的选择以国家对商主体的特别控制要求为准则。一般来说，主要有以下几种分类：

一、商个人、商合伙和商法人

在对商事主体进行分类时，我国的分类标准以商主体是自然人还是组织体、商主体的组织形态特征为主，按此标准将商主体分为商个人、商合伙与商法人。

（一）商个人

商个人又称商自然人或个体商人，是指依法取得商事主体资格、独立从事商行为、依法享受法律赋予的权利并履行应尽义务的个体。

1. 商个人的特征

商个人的特征主要表现在以下四点：

（1）身份的双重性。商个人同时具有商人和自然人的双重身份，通俗地讲，商个人是自然人直接从事营业活动的一种形态。如某人以个人名义获得了个体工商户的营业执照，又以个人名义买了一辆小车，以供家里人使用，一个层面上他是商个人，另一层面则是自然人，以自然人所采取的行为与商法无直接关联。

（2）资格的法定性。商个人从事商事活动也必须遵循法定程序，通过登记获得法律资格。

（3）责任的无限性。商个人投资者以个人财产对其商事活动所产生的债务承担无限责任。换句话说，商个人从事商事活动产生了债务，如果是个人经营，则以个人财产承担，如果是家庭经营，则以家庭财产承担。

（4）行为的营利性。商行为就是以营利为主要目的，由于其具有营利性，商个人从事商事经营活动的行为由商法来调整。

2. 商个人的分类

依据我国法律，商个人的主要表现形态有以下三种：

（1）个人独资企业，是一种营利性的非法人经济组织，由单个人出资，以企业形式从事商事活动，因此它须具备固定的生产经营场所、一定数额的资金和从业人员。

个人独资企业的特点表现为：①由一个自然人出资组建，不涉及法人或其他任何经济组织和社会团体来出资组建个人独资企业。②是非法人经济组织，不独立承担法律责任，而是由其投资人以其个人财产承担无限责任，对企业债务负责。③在形式上表现为企业。用一句通俗的话来理解这三个特点就是：一人拥有、控制并承担无限责任的营利性企业。

【案例 2-1】

个人独资企业的设立条件

汪某所在单位因经营不善倒闭，因而汪某只能下岗在家，生计困难。其朋友钱某在当地一家知名出版社的销售部工作，为了帮助汪某，他提议汪某在某高校附近开办一家书店，代销其出版社的书籍。汪某因拿不出办书店的钱去注册而担心工商管理部门不给登记。钱某说，个人独资企业的设立没有最低注册资本金的要求，它不同于公司的设立条件，因而汪某的担心是多余的。

（2）个体工商户，是指公民以个人财产或家庭财产投资，依法登记，依法从事商事活动的商主体。

个体工商户的特点表现为：①既可以由一个自然人出资建立，也可以由一个家庭出资组建。②投资设立个体工商户的自然人或家庭对其债务承担无限责任。③自然人从事个体工商业经营必须依法核准登记。

（3）农村承包经营户，是指农村集体经济组织的成员，按照农村承包合同的规定，依法独立从事商事活动的商主体。

农村承包经营户的法律特征与个体工商户的差异主要表现在：①只能是农村集体经济组织的成员。②从事经营须按照已订立的农村承包合同。③无须办理工商注册登记。

（二）商合伙

商合伙是指两个或两个以上的合伙人以营利为目的，按照法律和合伙协议的规定共同出资经营、共享收益、共担风险，且合伙人对合伙经营所产生的债务承担无限连带责任的组织体。

1. 商合伙的特征

商合伙的特征主要表现在以下四点：

（1）商合伙的合伙人必须具有民事行为能力，可以是自然人、法人或其他经济组织，个数在两个或两个以上。

（2）商合伙的设立基础是合伙协议，通过它合伙人确定商合伙的经营活动以及相互间的权利义务，借以建立一种长期合作关系。

（3）商合伙具有显著的"人合性"特征，这种特征主要表现为商合伙人之间的受托信托关系，每个合伙人既是商合伙的所有者、代表者，又是其他合伙人的代理人。

（4）商合伙也是非法人经济组织，虽然它可以自己的名义独立从事商事活动，但是不具有独立的财产责任能力，各合伙人对商合伙的债务承担无限连带责任。

2. 商合伙的分类

依据我国法律，商合伙的主要表现形态有以下三种：

（1）个人合伙。根据我国《民法通则》第30条规定，个人合伙是指两个以上的自然人按照合伙协议，各自提供资金、实物、技术等，共同经营、共享收益、共担风险，并对合伙组织承担无限连带责任的商事组织。

（2）合伙企业。我国《合伙企业法》第2条规定，合伙企业是指自然人、法人和其他组织依照本法在中国境内设立的普通合伙企业和有限合伙企业。普通合伙企业由普通合伙人组成，合伙人对合伙企业债务承担无限连带责任。有限合伙企业由普通合伙人和有限合伙人组成，普通合伙人对合伙企业债务承担无限连带责任，有限合伙人以其认缴的出资额为限对合伙企业债务承担责任。

【案例 2-2】

合伙企业的效力问题

甲在一海滨城市居住，拥有3间房屋，乙经人介绍认识了甲，期望租下甲两间房来做海鲜生意。甲表示愿意出租，但表示和乙以利润分成的方式进行：甲不收乙的租金，负责店面的装修、设施的安装，待乙开始营业后，和乙以4∶6的比例分配利润，交由乙使用房子4年，在整个过程中，甲不参与所有的经营管理。甲、乙达成了协议，并签订了合同，于是乙顺利到工商局登记为合伙企业，领取营业执照。在前一年半的时间内，甲、乙都是按照合同进行利润分配，甲从中共盈利12万元，但在一年半后的某月，乙由于不慎购进一批存在质量问题的海鲜，造成18人中毒，赔偿费用加起来达到80万元之多。这对于乙来说是一个打击，于是要求甲也承担一部分赔款。甲认为自己并没有参与生意的经营，只是出租房子，且乙没有经过自己允许登记为合伙企业，应该视为无效，因此中毒事件与自己毫无关系。双方发生了争执，乙只有将甲起诉至法院。

【分析】 本案例涉及的是合伙企业的效力问题，尤其涉及不参与经营管理的合伙人的责任。本案中的甲明确表示不参与经营管理，属于不执行合伙事务的合伙人，但这并不表示甲就可以不承担合伙债务，甲同样也对合伙企业的债务承担连带责任。根据过错责任原则，造成这次事故的主要原因是乙所采购的海鲜质量存在问题，因此，乙承担主要责任，在分担亏损时，在按照4:6的基础上，乙要承担得更多一些。

（3）合伙型联营。根据我国《民法通则》、《企业法人登记管理条例》的规定，合伙型联营是指企业事业单位之间按照联营合同组建的，共同出资经营、共享收益、共同承担无限连带责任的商事组织。

（三）商法人

商法人是指商法将法律意义上的人格赋予一定的社会组织，从而使其成为商业法律关系的主体，具备相应的权利能力和行为能力。商法人是现代商事活动中最基本的商主体类型。

商法人的特征主要表现在以下几点：①具有独立的人格，经商业登记后商法人便可取得主体资格，以自己的名义从事生产经营及诉讼活动。②具有独立的财产和财产权，商法人的财产独立于法人成员（所有权人）的财产之外。③具有统一的组织机构，作为法律上的主体，商法人对外具有统一的法律资格，对内具有统一的组织机构。④为有限责任主体，创设商法人的所有权人仅以其出资额对商法人的债务承担有限责任。

二、普通商人、中间商人和辅助商人

（一）普通商人、中间商人、辅助商人的区别与联系

根据商人在商事交易中的不同作用将商人分为普通商人和中间商人，普通商人是直接从事商品交易的商人，中间商人是媒介商人之间交易行为的商人。中间

商人与后面要谈的辅助商人在功能上具有相同点，但是两者有着本质的区别：中间商人是独立的商事主体，可以是商个人、商合伙，也可以是商法人，其名称中常带有"中介公司"、"代理公司"、"经纪公司"等；辅助商人通常是某个商主体的雇员，不是独立的商事主体。

（二）中间商人

中间商人主要包括以下三种：

1. 代理商

代理商是指因接受他人的委托，固定地为其他业主或者以其他业主的名义促成交易或缔结交易的商事主体。

代理商具有以下特点：①无法定代理、指定代理的类型，因为商事代理权来源于被代理人的委托。②要经过注册，并且进行连续经营。③行为具有营利性，被代理方可以是商人或者非商人。④独立的商事主体，有自己独立的商号，在实施代理行为时有独立的权利。⑤代理形式具有灵活性。

2. 居间商

居间商是指为获取佣金而积极促成契约缔结的商事主体。

居间商具有以下特点：①是一种独立的商事主体，可以自由独立地支配自己的行为，但是须承担据实介绍的义务，不得恶意促成交易。②只是合同的中介人，促进合同的缔结，委托人与第三人所订立的合同对其没有约束力。③收取佣金的权利只有在合同缔结成立后才能行使。

3. 行纪商

行纪商是指以自己的名义为委托人从事贸易活动的商主体。

行纪商具有以下特点：①是以自己的名义在与第三人进行贸易时实施商行为的。②实施商行为必须遵从委托人的指示。③是与第三人合同中的当事人，直接对该合同享有权利和承担义务，而委托人与第三人不发生法律关系。④由于行纪商是为委托人的利益从事贸易活动的，因此其活动所产生的权利、义务、风险最终都由委托人承受，但若由于第三人不履行义务而致使委托人受到损害，则行纪人应当承担损害赔偿责任。

（三）辅助商人

1. 辅助商人的概念及特点

辅助商人受商事主体委任或雇用，在商事交易中，辅助该商事主体的经营活动。辅助商人从属于其所受雇的商主体。

辅助商人所进行的商事活动行为不视为其自身的行为，而视为其所委任或受雇的商主体的行为，因此其行为的法律后果由商主体承担。在辅助商人与特定商主体的委任或雇用合同中规定了辅助商人应该享有的权利以及应该承担的义务，这些权利义务受合同法调整，不受商法制约。

2. 辅助商人的类型

（1）经理人，是指由商主体直接授权、对内管理日常经营活动、对外全权代表该商主体在营业范围内从事的与营业有关的一切行为的人。经理人取得经理权除要经商主体"明确意思表示"授予外，还需经过商事登记，并且国家也对经理权的范围进行了必要的限制，主要涉及对营业的处分，如禁止破产宣告、禁止变更、禁止转让经理权等。经理人在行使代表权时，应同时使用其签名和商主体商号，以与其个人行为区别开来。

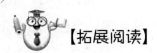

【拓展阅读】

经理人的担任限定

经理人的经理权不具有排他性和唯一性，一个商主体可以同时聘用几个经理人，但是我国《公司法》第 147 条和第 149 条规定以下几类人不得担任经理人：国家机关公职人员、民事行为能力欠缺者、有商业犯罪前科者、经营管理能力欠缺者、基于竞业禁止要求受限制者、有严重违法经营记录者、个人债务巨大者。

（2）代办商，是指不经授予经理权，而有权以商主体的名义营业或有权实施属于营业的一定种类行为的人。相比于经理人的经理权，代办商代办权的权限范围受到更多限制，一般均被限定在对外业务的某些范围内，并且第三人不得相信代办人所具有的未经证明的某种权限。代办权的授予，可以不由商主体亲自实施，而经过代理人来授予，并且无须经过工商登记。

【案例 2-3】

甲是乙公司的一名员工，2011 年，乙公司授权给甲去选购十部照相机，给了甲 3 万元，乙公司对照相机的型号进行了明确规定，但对质量、外观等没有作规定。甲按照乙公司所规定的型号在电子市场上购买了十部照相机，并在购买的当场就进行了试拍，确定不存在质量问题后付款给店家，店家所开发票上的单位是乙公司，但并没有提供保修卡。拿回相机后，甲跟公司表示当场试拍一下，但公司认为没有必要，并和甲结清了货款。不久，乙公司在使用过程中发现其中一部相机出现质量问题，无法拍摄，而修理部检查后认为该相机已经没有使用价值了。公司找到甲，要求其与店家调换，但店家不予换货，甲也无能为力。无奈之下，乙公司要求甲支付修理费用，但甲拒绝支付，纠纷产生。

【分析】乙公司授权给甲去购买照相机，甲就充当了代办人的身份，根据相关法律规定，代办人不能逾越授权范围，否则由代办人承担责任。但在本案例中，甲购买照相机的全过程并没有出现越权行为，没有故意损害乙公司的利益，在其或甲将照相机交给乙公司时，双方都结清了货款，甲的代理行为已经完成。因此，乙公司所受损失由其自身承担。

第三节　商行为

商行为是商人的重要标志，通常情况下，各国商法都会根据商人身份而推定商行为之存在；抑或根据商行为的存在而断定商人身份之有无。

——叶林、黎建飞

一、商行为的概念及特征

商行为是商主体依据自己的意志，为追求盈利而依法实施的各种营业活动。

商行为的特征主要体现在以下几个方面：

（一）主体的商人性

任何具有民事行为能力的人或组织都可实施民事行为，但是并非所有人都可实施商行为，实施商行为必须具有商事能力，而商事能力的取得需要经过商业登记，所以商行为主体的商人性是商行为与民事行为相区别的一大重要特征。

（二）行为的法定性

第一，有些行为是法律明确规定的，任何人为之都被认定为商行为；第二，商行为应该遵循适用于商人之间特定商业事务的共同条款。

（三）行为的营利性

商行为的一大特征是具有营利性，但这是就商行为的目的而言，非针对商行为的结果而言，也就是说商主体实施商行为的目的是为了盈利，假设最终结果没有实现盈利，也不影响该行为的商行为属性。

（四）行为的技术性

商法对商事活动的技术性要求越来越高，尤其是票据行为、保险行为、期货交易行为、证券交易行为、网上交易行为等，这一特点不仅要求行为人熟悉法律规定，而且要严格遵照操作规程进行。

（五）规制的严格性

如商法规定的方式定型化、外观主义、公示原则、严格责任等都体现了商行为规制的严格性这一特点。

二、商行为的分类

根据不同的分类标准，商行为可以有不同的分类，具体如表 2-1 所示。

表 2-1　商行为的分类

商行为的分类	
分类标准	内　　容
商行为在同一营业活动内的作用与地位的不同	基本商行为，是指直接以营利为目的，以商品交易为内容的商行为，又称为"买卖商行为"或"固有商行为"
	辅助商行为又称附属商行为，一般是指间接媒介商品交易的行为，其行为本身虽不具有直接营利性内容，但是可协助基本商行为的实现，通俗地讲就是为了营业而附带进行的行为，如广告行为、代理行为等
行为双方当事人是否都是商事主体	单方商行为又称为"混合交易行为"，是指行为双方当事人中一方不是商事主体，或者其中一方实施的是非商事行为的交易行为。如销售商与消费者之间的买卖行为，商业银行与市民之间的存款、取款行为等，其中销售商和商业银行是商事主体，而消费者和市民则是非商事主体
	双方商行为，是指行为双方当事人均为商主体所从事的营利性营业行为。如制造商与销售商之间的买卖行为、批发商与零售商之间的购销行为等。商法主要规范商人与商人之间的行为，从而为双方商行为提供了更多的法律保障
法律对商行为的不同确认方式	纯然商行为又称"传统商行为"、"固有商行为"、"纯粹商行为"，这种商行为的范围比较明确，直接根据商法的一些列举性规定就可以认定
	推定商行为又称"准商行为"、"非完全商行为"、"非固有商行为"，这种商行为的范围并不是很明确，因此不能直接依照商法的列举性规定来加以认定，需要通过事实或法律来推定其具有商行为性质

三、一般商行为

一般商行为是指在商事交易中广泛存在的一种行为，受商法规则调整。对于一般商行为所包括的内容，学者有不同的观点，我们认为一般商行为包括商法上的债权行为、商法上的物权行为以及商事交易计算。

（一）商法上的债权行为

商法上的债权行为是民事法律行为的特殊形式。它需要同时遵守民法基本原则和商法的基本规定，但在法律效力上，商法的规定优先于民法的一般规定。

商法上的债权行为主要涉及商事买卖、默示承诺和商事保证。

1. 商事买卖

对于商事买卖，商法在民法的基础上规定了一些特殊规则，商事买卖制度主要包括买受人的检查义务、及时通知义务、保管义务、出卖人的寄存权与自主变卖权以及定期买卖的解除等内容。

2. 默示承诺

默示承诺是指只要从特定的行为中能够间接地推知行为人有承诺的意思表示，就可认定行为人做出了承诺，而不管该意思表示是否需要通知要约人。

3. 商事保证

商事保证旨在保护相对人的利益，并且不像民法一样需要以书面形式表示，它可根据当事人的意愿灵活采取表示形式。

【案例 2-4】

商事代理问题

甲、乙两公司签订了一份为期两年的商事合同，合同规定：乙公司在湖北地区独家代理甲公司的产品——空调机，而甲公司应该按照乙公司的需求随时供货，双方就年供货的最低额也达成了协议，乙公司自己负责产品的推销等工作及相关费用。刚开始一年两公司合作非常好，但是第二年开始甲公司拒绝给乙公司供货，乙公司出现货物短缺，即便乙公司多次向甲公司要求供货，甲公司都拒绝供货，导致乙公司损失惨重。甲公司随后提出终止合同，并提出只赔偿损失的代理费，但乙公司要求甲公司还要赔偿为产品所花费的宣传费用以及因为供货不足给乙公司带来的经济损失、人员费用等相关费用。

【分析】本案例涉及商事代理过程中的一些问题，尤其是如何保护商事代理人的利益。乙公司从谈判、签合同到营销、人员培训、产品推广等一系列的程序下来所花费的成本都是与甲公司相关的，因而应保护乙公司的合法权益，甲公司应赔偿商事代理商的所有法院认可的损失，而不仅仅是代理费。

（二）商法上的物权行为

对于物权，民法已经做了诸多规定，这些规定构成商事物权的基础，但是对于一些特殊商行为，商法又作了特殊的补充性规定。商事物权在内容上主要涉及商事所有权、商事质权、商事留置权。

商事所有权是指商行为中所涉及的财产所有权的特殊性问题，如股东权等；

商事质权是指商行为所涉及的动产质权的设定、动产质权的时效、动产质权的实现等；商事留置权是指商事留置权的形成与排除、商事留置权的效力等，如《合同法》中保管人的留置权、承运人的留置权等。

（三）商事交互计算

商事交互计算是指商事交易的双方或多方定期对相互交易产生的债权债务进行计算，从而使债权债务相互抵消，最终仅需支付差额的行为。这种计算方法可以降低交易成本，提高商事交易的效率，是一种值得提倡的商行为。

四、特殊商行为

特殊商行为是指在商事领域，只能由专门的商人组织依据商法的特别规定才可以实施的行为，它是受商法中的特别法或特别规则调整的商行为。其特点是：专业性、服务配套性及行业经营性。专门的商人组织在实施特殊商行为时需按要求取得专业营业资格，没有取得专业营业资格前不得对外营业。

特殊商行为包括：商事代理、行纪、居间、信托、担保、咨询、买卖、仓储、商业保险、融资租赁、证券交易、期货交易等。

第四节　商业登记

商业登记，就好比在户口本上写下自己的名字一样，是证明自己存在与否的一个重要步骤，遵循正确的步骤进行商业登记是保证知识产权不被侵犯的一种必要的且非常有效的手段。

——佚名

一、商业登记的概念

商业登记是指为了设立、变更或终止商主体资格，当事人依照法律规定，向登记主管机关提出申请，经核准后将登记事项记载于登记簿，并公之于众，从而获取商人资格的法律行为。

二、商业登记的主管机关

商业登记的主管机关，也即负责商事登记的管理机构，是指依据相关商事法规的相关规定、接受商事主体的商事登记申请、具体办理相关商事登记业务的国家机关。

对于我国来说，商业登记的主管机关是国家工商行政管理机关，它可以独立行使登记管理权，在行使登记管理权时实行分级登记管理的原则。根据分级登记管理的原则，可以将我国工商行政管理机关分为三个等级：第一等级是国家工商行政管理局；第二等级是地方的省、自治区、直辖市工商行政管理局；第三等级是市、县、区工商行政管理局。一般来说，公司或企业若是全国性的，则应在国家工商行政管理局办理商业登记或者工商登记，而其他不是全国性的公司或企业则在地方工商行政管理局办理即可。

当然，虽然将工商管理行政管理机关分为三个等级，但也需遵循我国关于登记机关管理权的行使和监督所奉行的原则：这三个等级的工商机关在行使其职权时都是独立的，互相不干涉，但是若下级登记主管机关的行为不符合国家相关法律法规和政策规定，那么其上一级登记主管机关有权纠正其行为。

三、商业登记的种类

（一）开业登记

开业登记又称设立登记，为了设立商主体，商主体的创设人会向登记主管机关提交申请，登记主管机关审核合格后赋予创设人合法主体资格并进行登记，这整个法律行为就是开业登记，它是所有登记中最基础、最重要的登记类型。

商主体开业登记事项因商主体类型（如一般内资企业、外商投资企业、外商投资企业设立分支机构）的不同而不同。一般来说，开业登记包括以下内容：登记名称、登记出资人、登记住所、登记法定代表人、登记注册资金、登记章程、登记企业的类型和经济性质、登记经营范围等。

（二）变更登记

变更登记是指在商主体的存续期间，已合法登记注册的事项发生变化时，商主体在法定期限内向原登记机关申请变更登记的法律行为。

根据我国《公司登记管理条例》的规定，公司改变名称、住所、法定代表人、注册资本、经营范围等，应当在规定的时间内向原公司登记机关提出申请变更登记。

【案例 2-5】

公司合并后使用原公司字号，应进行何种登记？

A、B 两家公司都属于某市国有独资公司，该市国有资产管理部门决定将两公司合并，成立一家新的股份有限公司，新公司仍使用 A 公司的字号，现欲办理商业登记，那么新公司进行的是哪类商业登记呢？

【分析】属于开业登记，也即设立登记。合并成立后的股份有限公司，虽仍使用原 A 公司的字号，但无论从公司形式还是资本等方面都已不同于原公司，而是一个新公司，因此该登记是开业登记。

（三）注销登记

注销登记出现在商主体因歇业、被撤销、解散、宣告破产或其他原因而终止营业时，这时商主体为了消灭其商事主体资格，而向登记机关办理注销登记。办理注销登记时，原登记机关应当收缴其营业执照、公章，撤销其登记注册号，通知其开户银行并进行公告。

《公司登记管理条例》第43条规定，"有下列情形之一的，公司清算组织应当自清算结束之日起30日内向原公司登记机关申请注销登记：

（1）公司被依法宣告破产；

（2）公司章程规定的营业期限届满或者公司章程规定的其他解散事由出现，但公司通过修改公司章程而存续的除外；

（3）股东会、股东大会决议解散或者一人有限责任公司的股东、外商投资的公司董事会决议解散；

（4）依法被吊销营业执照、责令关闭或者被撤销；

（5）人民法院依法予以解散；

（6）法律、行政法规规定的其他解散情形。"

【案例 2-6】

未履行注销登记及清算法律义务，法人资格是否丧失？

2010年6月，A公司向B公司购买了一批三星手机，欠下了100万元的货款未付，长久都没有支付货款，B公司于是在2011年8月向法院起诉A公司。法院经过调查发现A公司已经连续两年没有接受年检而被工商部门于2011年7月吊销了营业执照，即被告主体A公司已经不存在，因而法院驳回B公司的诉讼请求。B公司认为此判定不合理，它认为A公司虽然被吊销营业执照，但并没有进行注销登记，也没有进行清算，仍然具有法人资格。于是B公司提起上诉。

【分析】本案中A公司没有履行注销登记和清算的法律义务，不能被认定为法人资格丧失，因而应依法还清货款。这个例子说明了注销登记和清算的重要性。

四、商业登记的效力

（一）情况属实的登记效力

1. 对登记人的效力

对登记人而言，商事登记具有创设性效力、免责效力和公示效力。

所谓创设性效力是指商事登记具有创设商事主体的效力，凡是未经登记者不得以商主体的身份从事经营活动。所谓免责效力是指根据商主体变更登记、废止登记的记载，商主体可以部分或全部免除责任。所谓公示效力是指业已登记的内容具有相应的法律效力，善意第三人根据登记事项所为的行为有效。

2. 已登记事项对第三人的效力

这又可进一步分为两种情况：一种是事项已登记但还未公告，这时仅可以以此对抗恶意第三人；另一种是已登记并且也对外公告了，这时可以以其登记公告事项对抗善意第三人。

3. 应登记而未登记事项不得以之对抗善意第三人

对于应登记而未登记事项，该事项实际未成立，登记人则不得以该登记事项来对抗善意第三人。

（二）情况不实的登记效力

若商主体所登记的事项不存在或者存在但不符合实施情况，那么除了所登记事项不得对抗善意第三人之外，商主体还要依法接受一定的处罚。

【案例 2-7】

法定代表人变更引发的纠纷

某市几个自然人依法成立甲有限责任公司，由乙作为公司的法定代表人，担任公司的执行董事。公司运营半年后，各股东发觉乙不能胜任执行董事的工作，遂召开股东大会决议由丙担任公司的执行董事。但甲公司章程中规定"执行董事任期三年，三年内不得无故解职"，乙遂以该决议不符公司章程为由，拒绝接受这项决议，并拒绝在临时股东会的会议记录上签字。当天乙扣下了公司的公章，并拒绝交出，其余股东前往派出所报案，派出所出具了"公章被原董事长乙拿走"的证明，于是其余股东持这一证明在报纸上刊登了遗失声明，并另刻公章。次日乙持公司营业执照、公司章程和公章到该报纸要求更正声明。

资料来源：http：//www.law-bridge.net/LAW/20051/0220355174787.html.

【分析】公司法定代表人是公司商业登记中的一项重要事项，我国《公司登记管理条例》规定当公司变更法定代表人时须向登记机关申请变更登记。案例中，股东会的决议有效，但在未向登记机关进行变更登记之前，甲仍是公司的法定代表人，他以法定代表人的名义与公司之外的第三人进行的民事行为对该公司仍有约束力。

五、商业登记的程序

商业登记的程序如图 2-1 所示：

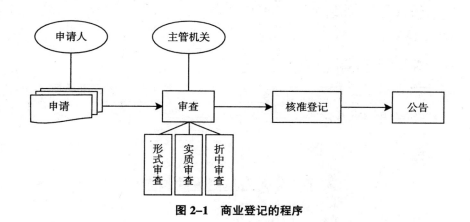

图 2-1　商业登记的程序

（一）申请

申请是指商事主体创办人或者商主体向登记机关提出创设商主体或变更商事主体已登记事项的行为，是整个程序的起点。

【拓展阅读】

申请法人登记（不包括外商投资企业）应具备的条件

（1）其名称和章程符合规定。

（2）注册资金符合规定数额并与经营范围相适应。

（3）有国家授予的企业经营管理的财产或者企业所有的财产，并能够以其财产独立承担民事责任。

（4）经营管理机构、财务机构、劳动组织以及法律或者章程规定必须建立的其他机构都应与生产经营规模相适应。

（5）经营场所和设施应是必要的，且与生产经营范围相适应。

（6）从业人员应与生产经营规模和业务相适应。

（7）财会制度应该健全，且能够实行独立核算、自负盈亏、独立编制企业资金平衡表或者资产负债表。

（8）经营范围应符合国家法律、法规和政策的规定。

（9）法律、法规规定的其他条件。

（二）审查

主管登记机关接受申请后，应进行审查，其审查行为在学说上有三种主张。

1. 形式审查

在审查时，登记机关仅从形式上对申请者所提交的申请书和其他文件进行审查，确定其是否符合法律要求，而不对登记事项的真伪进行调查核实。

2. 实质审查

登记机关主要审查申请文件和欲登记事项的真伪，以保证登记的法律效果。对股份公司的审查，多采用实质性审查。

3. 折中审查

对于登记事项，登记机关应该有重点地进行审查，尤其是要调查核实有疑问的事项，对不符合法律要求的事项不予登记。我国商事登记审查采取的是折中审查的方法。

（三）核准登记

在审查后，商事登记机关应在法定期限内将核准登记或不予登记的决定及时通知申请人，颁发有关证照，并将登记事项一一记载于企业注册登记簿，以供备查。根据法律规定，登记机关需要在发出商事登记申请受理通知书之日起 30 日内作出是否准予登记的决定，并在核准登记之日起 15 日内通知申请人，否则需要承担有关行政违法的法律责任。

（四）公告

对已登记的事项，登记主管机关应在所在地及时发布登记公告。但我国现行法律、法规和条例等对于公告的方法都未作具体规定，实践中多通过登记管理机关指定的报纸、期刊或其他方式来进行公告。我国《公司登记管理条例》第 47 条还规定，公司登记机关应当将登记的公司登记事项记载于公司登记簿上，供社会公众查阅、复制。

第五节　商业名称及商业名称权制度

京师置杂物，置内所需之物，而内东门复有字号，经下诸行市场，以供禁中。

——《东轩笔录》

一、商业名称的概念

商业名称又称商号，是指商主体用来从事商事活动的名称，该名称可以帮助商事主体在从事商事活动中表彰自己营业。它是特定商主体的无形资产，可以继承、转让，也可以用作投资。

二、我国有关商业名称选定的立法规定

通常认为我国在商业名称选定上采用了自由主义，即商事主体可以根据自己的需要选定商业名称，法律原则上不加限制。但同时法律上也对商业名称的选用作了一些特别的限制：

（一）在形式上商业名称的选用必须符合法律要求

根据我国《企业名称登记管理条例》和《企业名称登记管理实施办法》的规定，公司的商业名称应由以下四部分构成：

1. 地区名称

即企业所在的省、自治区、直辖市或市、州或县、市辖区的行政区划名称。但是经过国家工商行政管理局核准的下列企业的名称中可以不冠以企业所在地行政区划的名称：经申请并获同意在企业名称中使用"中国"、"中华"或者冠以"国际"字样的企业；历史悠久、字号驰名的企业；外商投资的企业。

2. 字号

能够区别于其他企业的特有文字。如北京的"全聚德"、天津的"狗不理"、西安的"老孙家"等，就是商业名称的字号。

3. 经营对象、经营范围或所处行业或经营特点

如"某钢铁公司"的经营对象是自产自营的钢铁产品；其经营范围就是生产、销售不同类型的钢铁；所处行业为钢铁行业；经营特点：钢铁工业属于资金、劳动密集型工业，也属于基础工业，它是为国民经济各部门提供原材料的重要工业部门，其经营受到市场需求、资源供应、宏观调控等情况的影响。

4. 企业的性质或组织形式

如"有限责任公司"、"股份有限公司"。

（二）法律对商业名称的限制或禁止

对商业名称的特别要求主要包括：

1. 商主体使用商业名称时不得与其性质相悖

商主体应该依照不同的法律规定来定位商业名称，体现该商业名称的性质。比如，依照公司法设立公司的商主体，需要在自己的商业名称中标明有限责任公司、股份有限公司等字样。

2. 联营企业的名称不允许使用联营成员的字号

需要注意的是，联营企业的名称不能使用联营成员的商业名称，且应在其名称中标明"联营"或者"联合"的字样。

3. 对设立分支机构的商主体的规定

（1）若在商业名称中使用了"总"公司或其他类似字样，必须下设三个以上分支机构。

（2）若分支机构能够独立承担民事责任，则应当使用独立的名称，也可以使用其所属企业的商业名称中的名称。当然，若它再设立分支机构，那么它所设立的分支机构不得在其名称中使用总机构的名称。

（3）若分支机构不能独立承担民事责任，那么应在它的名称上冠以其所从属的商事主体的名称，同时缀以"分公司"、"分厂"、"分店"等字样，并标明该分支机构的行业和所在地的行政区划名称。

4. 商业名称单一制原则的限制

原则上只允许一个商事主体使用一个商业名称，确有特殊需要的，经省级以上工商行政管理局核准，商主体可以在规定的范围内使用一个从属的商业名称。

5. 商业名称不得违背公序良俗

商业名称中的内容和文字不得有损于国家、社会公共利益，也不得对公众造成欺骗或者误解；商业名称不能是外国国家（地区）名称、国际组织名称，也不能是国内外政党、党政军机关、群众组织等名称。此外，其他法律、行政法规规定禁止的内容也不得出现在商业名称中。

6. 不得使用不具有惟一性或可辨认性的商业名称

使用人不得以不正当目的使用可能令人们误认为是他人营业的商业名称，否则应依法追究侵权人的法律责任。

三、商业名称与商号、商标

（一）商业名称与商号

商业名称的含义与商号相同。从习惯上讲，商号是对商业名称的一种传统称谓，而且主要用于个体工商户和独资企业。严格来讲，商号和商业名称是包含关系，商号是商业名称的核心组成部分，在进行企业设立登记前，应先进行商号的核准登记，在设立登记后，商号才具有法律效力。如前面所说的"北京王府井百货（集团）股份有限公司"，这是其商业名称，其商号就是北京王府井。

（二）商业名称与商标

商业名称与商标既有联系又有区别，主要表现在：商业名称与商标之间的联系主要表现在两者都属于绝对权，都具有财产性，都可以有偿转让，现实中存在重叠性。

商业名称与商标之间的区别如表2-2所示：

表2-2　商业名称与商标之间的区别

商业名称与商标之间的区别		
	商业名称	商标
① 性质不同	表征商主体，不能离开商主体而存在，属于名称权	表征商品，不能脱离其所依附的特定商品存在，属知识产权
② 年限限制	无年限限制，随商主体的消灭而终止	有年限限制，在商标注册有效期内有效
③ 地域效力不同	效力只在登记机关的管辖范围内有效	其专用权覆盖全国
④ 形式不同	只能用文字表示	可以选用文字、图形、线条、记号等元素构成
⑤ 法律约束不同	受包括企业法、公司法、商业登记法等在内的相关法律法规调整，并必须向各级工商行政管理机关进行登记	受商标法的调整，以自愿形式向国家商标局注册
⑥ 效力不同	具有宣示效力和创设效力	具有宣示效力

四、商业名称权

（一）商业名称权的概念

商业名称权是指商业名称经依法登记后，商事主体享有对其商业名称的专有权和专用权。需要注意的是，在我国，商业名称权的取得以商业名称登记作为发生效力的条件。商业名称权具有唯一性、公开性、可转让性、稳定性、不可分性和区域性。

（二）商业名称权的内容

1. 专有使用权

专有使用权是指商事主体在对某一商业名称进行登记后，即可取得该商业名称的专有使用权，其他人不可使用该登记注册过的商业名称。

2. 转让权

转让权是指商业名称权利人可依法转让该名称。

3. 独占权

独占权是指商业名称一经登记，就具有法律上的排他效力，同行业的其他人就不能使用相同或类似的商业名称。

4. 变更权

变更权是指商业名称权利人在存续期间内因生产经营需要，可按规定程序变更已登记的商业名称，法律规定未经履行变更登记擅自使用未登记的名称，对外不发生效力。

5. 请求保护权

请求保护权是指当商业名称权利人的权利受到不法侵害时，该权利人有权要求行政保护或司法保护。

（三）商业名称权的效力

1. 创设效力

创设效力是指商事主体要想取得商业名称权，则必须要经过登记，登记后该商业名称权才具有法定权利，否则，即便该商业名称事实上存在，也没有专用权，不会得到法律的保护。

2. 宣示效力

宣示效力是指经过登记的商业名称须进行公示，以此使其获得公信力。

3. 排他效力

排他效力是指商业名称一经登记，同行业的其他人就不能使用相同或类似的商业名称从事商事活动。当由于商业名称相同引发纠纷时，按申请登记的先后顺序进行处理，具体情况可参照我国《企业名称登记管理条例》的相关规定。

4. 救济效力

救济效力是指商主体对自己的商业名称进行登记后就取得了该商业名称的专有使用权，若他人使用与自己商业名称相同或相似的商业名称来从事同一营业活动，商主体有权请求他人进行损失赔偿。

【案例 2-8】

姓名权与商业名称权

Pierre Bordas 和 Henri Bordas 是法国 Bordas 出版有限公司的创办人，Pierre Bordas 担任公司董事长。该公司后来变更为股份有限公司，两位创办人也将所持的大部分股份转让给一家金融集团公司。再后来，Pierre Bordas 辞去董事长职务，但公司名称始终没有改变。Pierre Bordas 离开公司后，即以"姓名不能让与"原则为依据，主张 Bordas 出版公司不是该"姓氏"的所有人。法国上诉法院支持了原告的诉讼请求，但最高法院判决认为："姓氏不可让与的原则并不妨碍订立使用这个姓氏作为公司名称的协议。Bordas 这个姓氏由于列入公司章程而成为一个区别性标志。它已脱离了使用这个姓氏的自然人，从而适用于它所区别的那个法人，成为无形所有权的标的。"判决认为，该让与"为公司的得益创造了一项权利"。换言之，落入商业交易中的姓氏，从此时起成为一项能让与、能变成钱的财产。对此，Pierre Bordas 毫无办法。

资料来源：沈达明. 法国商法引论 [M]. 北京：对外经济贸易大学出版社，2001.

第六节　商业账簿

一切具有商人身份的自然人和法人，均应对影响其企业财产的活动进行会计登记。

——《法国商法典》

一、商业账簿的概念

商业账簿是指为了维护商事主体和社会公众的权益，以及社会交易秩序，商主体根据商业会计原则制作的用来记载其营业活动和资本运动状况的书面簿册。本书所称的商业账簿是指按照商事立法所置备的各种账簿。

二、商业账簿的种类与内容

依据我国现行的法律法规，我国的商业账簿主要有会计凭证、会计账簿和财务会计报告三种类型。

商业账簿的种类和内容如图 2-2 所示。

（一）会计凭证

会计凭证是指记录商主体日常经营活动情况，经审核无误后作为记账依据的书面凭证。

按照会计凭证填制程序以及用途的不同，将会计凭证分为原始凭证和记账凭证两种。

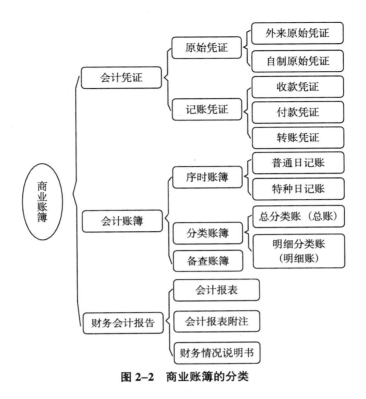

图 2-2 商业账簿的分类

1. 原始凭证

原始凭证又称单据，是进行会计核算的原始资料，它是在进行商事交易时取得或填制的原始记账依据，用以证明交易活动已经发生或者完成。原始凭证按其来源又可以分为外来原始凭证和自制原始凭证两种。

外来原始凭证是从外单位取得的原始凭证，如发票、收据、银行结算凭证等；而自制原始凭证则是由商事主体自行编制的原始凭证，如领料单、产品入库单、收货单、发货单、现金收据等。

2. 记账凭证

记账凭证是指根据审核无误的原始凭证或原始凭证汇总表制作的会计凭证，用来记载经营活动的简要内容以及确定会计分录，它可以直接作为制作会计账簿的依据。根据记账凭证所反映的经营业务内容的不同，可以分为收款凭证、付款凭证和转账凭证。

（二）会计账簿

会计账簿是依会计凭证所编制的全面、系统地综合记录和反映商事主体的各项经营活动的书面簿册，它由有专门格式并互有联系的账户所组成，会计账簿对于保障商事主体的财产安全和资金的合理使用具有十分重要的意义。按照性质和用途的不同，会计账簿可以分为序时账簿、分类账簿和备查账簿三种类型。

1. 序时账簿

序时账簿又称日记账，是按照经营业务发生的先后顺序逐日逐笔连续登记的账簿。根据序时账簿用途的不同，又可以将其分为普通日记账和特种日记账两种。

普通日记账又称分录簿，是按照时间先后和复式记账原理，将全部经营业务进行登记的一种账簿。该账登记的工作量大，查阅也不太方便。特种日记账是只对某种经营业务按照其发生的时间先后顺序进行登记的账簿，如现金日记账、银行存款日记账等。

2. 分类账簿

分类账簿是以发生事项所归属的会计科目分别进行登记的账簿。按照反映内容的详细程度，分类账簿可以分为总分类账（总账）和明细分类账（明细账）两种。总分类账包括了全部账户，分类记载经营业务的总体情况，而明细分类账则记载某一类经营业务的详细情况。

3. 备查账簿

备查账簿又称辅助账簿，是指对序时账簿和分类账簿所记载的有关事项进行补充登记的一种账簿。它可以为某些经营业务活动的内容提供参考。

（三）财务会计报告

财务会计报告是商主体对外提供的依据会计账簿编制的、反映商主体在某一时期的财务状况以及某一会计期间的经营成果、现金流量等会计信息的书面文件。按服务对象不同可分为对内报告和对外报告，按编制和报送时间不同可分为月份报告、季度报告和年度报告。

根据我国《会计法》规定，财务会计报告由会计报表、会计报表附注和财务情况说明书三项内容组成。

1. 会计报表

会计报表又称会计表册，它是指综合反映商主体在一定的会计期间内生产经营活动和财务状况的书面文件。根据法律规定，会计报告主要包括资产负债表、损益表、财务状况变动表以及其他附表。

2. 会计报表附注

会计报表附注是为了帮助理解会计报表的内容，对会计报表中所列示项目作进一步说明，或对未列示项目进行列示说明等。

3. 财务情况说明书

财务情况说明书是指为了方便会计报表的使用者查看而对商主体的财务情况作出的具体说明。

三、商业账簿的法律关系及效力

（一）商事账簿的法律关系

商事账簿的法律关系是商事账簿当事人之间的一种权利义务关系，商行为中要涉及商事账簿的设置、核算、监督、记账和保管等行为，这些行为都会在相关当事人之间发生权利义务关系，当然，该法律关系是要受与商事账簿法律规范的相关法律规范所调整的。一般来说，商事账簿的法律关系主要表现为以下几个方面：

1. 商事账簿核算关系

这种关系发生在商事账簿会计核算实务过程中，主要是商主体的会计人员、会计机构或商事账簿代理人与他人发生的权利义务关系。

2. 商事账簿信息披露关系

这种关系主要发生在商主体和投资人之间，是二者因信息披露问题而产生的权利义务关系。对于投资人来说，信息披露是相当重要的，因此商事主体对信息进行披露也是其义务所在，投资人享有的获取商事账簿信息的权利自然要给予保障。

3. 商事账簿管理关系

不同于商事账簿核算和信息披露关系的是，商事账簿管理关系不仅涉及商事主体，还涉及商事账簿管理机关。商事账簿管理机关在对商事主体的商事账簿进行管理时会形成管理机关，该机关与被管理的商主体（包括商事账簿制作人）之间所形成的法律关系就是商事账簿管理关系。

4. 商事账簿监督关系

这种关系是发生在监督过程中的，一般来说，它主要分为商主体内部监督关系和政府监督关系两个方面，通俗来说，可以理解为内部监督关系和外部监督关系。

（1）内部监督关系是一种通过设置商事账簿来实现内部制约而形成的法律关系，这种内部制约主要是为了保障商主体资金流动安全、经营合法、控制各方面风险、提高经营绩效与效率。内部监督主要是由商主体的会计人员、会计机构等对商主体的各项经济活动的会计核算全过程都进行监督的一种监督方式，监督的内容具体包括审查记账凭证、审核财务收支、制作会计账簿、编制财务报告、提供会计信息等。

（2）政府监督关系更像一种外部监督关系，也与商事账簿管理关系有很大类似性。该关系是政府相关部门在对被监督商主体行使商事账簿监督权时所形成的法律关系。这里的政府相关监督部门包括政府财政部门、审计部门、税务部门、证券监管部门等。

（二）商事账簿的效力

商事账簿具有的法律效力主要表现在三个方面：①是商事交易各方进行财务清点核算的重要依据；②是商事主管部门进行稽核审计、计算税率、资产评估等的重要依据；③在法律诉讼中具有重要的证据效力。

本章小结

作为对第一章的扩展，本章对商法进行了具体的探析。商法作为法律存在的意义就是要对从事商行为的商主体进行监督和保障，那么首先要弄清楚何为商主体以及何为商行为。并非人人生来就可以成为商主体，需要满足各种条件，而不同的商主体也需要有不同的要件约束着。商行为看似专业的术语，简言之就是商主体从事的与商业相关的行为。正如人人都有一个属于自己的名字一样，商业登记为商主体的商业名称提供了保障基础。需要注意的是，要严格按照符合法规的程序进行商业登记，合理维护自己的商业名称权，否则"丢了姓名"就可怕了！最后，商业账簿就好比自己的"日记本"，依法好好记账，将获益无穷。

第三章 公司法

吊销营业执照不应成为逃债的保护伞——公司的解散与清算

永春龙湖贸易有限公司（以下简称龙湖公司）是由黄子烟、黄子建和黄秀丽投资设立的有限责任公司。2000 年 9 月 30 日，龙湖公司向中国工商银行永春支行（以下简称永春工行）贷款人民币 50 万元。双方约定：贷款期限为 2000 年 9 月 30 日起至 2001 年 7 月 25 日止，月利率为 6.3375‰，按月结息；龙湖公司到期如不清偿本息，永春工行有权限期清偿，并对逾期借款按日计收 2.1‰的利息。永春县永星空心砖有限公司（以下简称永星公司）为上述借款提供了连带责任保证。2000 年 12 月 20 日，龙湖公司被永春县工商局吊销了营业执照，但未进行清算。之后，龙湖公司未再支付上述借款合同的利息，贷款期满后虽经永春工行多次催收也未能偿还该笔贷款。永星公司也未承担保证责任。故永春工行以龙湖公司、黄子烟、黄子建、黄秀丽和永星公司为被告，向永春县人民法院提起诉讼，要求龙湖公司承担还款付息责任，永星公司承担担保责任。

法院经审理后认为，原告永春工行与被告龙湖公司、永星公司签订的借款合同、保证合同依法有效，应受法律保护。贷款期满后，原告多次催收，而被告龙湖公司未履行还款义务，应承担违约责任。鉴于被告龙湖公司被吊销营业执照后，被告黄子烟、黄子建和黄秀丽未履行清算义务，应责令其组织清算，逾期清算则承担连带赔偿责任。被告黄子建以未实际出资和参与公司经营为由否认其具有股东身份缺乏事实依据，不予采信。被告永星公司依保证合同的约定应对龙湖公司的债务承担连带保证责任，在其承担了保证责任后，有权向被告龙湖公司追偿。故判决如下：①被告龙湖公司应于判决生效之日起 30 日内偿还原告永春工行借款本息，并支付逾期利息，息随本清；②被告黄子烟、黄子建、黄秀丽应于判决生效之日起 60 日内组织清算，并以清算财产偿还所欠债务，逾期清算则应承担连带赔偿责任；③被告永星公司对被告龙湖公司的上述债务承担连带保证责任，在其承担了保证责任后，有权向被告龙湖公司追偿；④案件受理费由被告龙湖公司负担。

本案的法律关系是比较清晰的。被告龙湖公司应承担违约责任、被告永星公司承担保证责任这两点是无须争议的。但本案的主要问题在于在原告永春工行对龙湖公司提出起诉之前，龙湖公司已经被工商局吊销了营业执照。那么，公司在被吊销了营业执照之后是否仍有法人资格呢？而对于已被吊销营业执照的企业，能够要求其承担违约责任吗？通俗地说，吊销营业执照能否成为逃债的保护伞呢？

本案涉及被吊销营业执照的企业的法律地位问题，这个问题在理论和实践中都存在不同的分歧和认识。从理论上看，最高人民法院认为，吊销营业执照仅仅是工商局对违规公司所采取的一种行政处罚，并不会导致企业法人资格的消失，只有公司经过清算，并在工商局进行注销登记，才能算是公司的法人资格消灭了。但是，从实践上看，很多被吊销营业执照的公司或者企业，会认为有工商登记机关所授予的法人资格已经消灭了，从而导致法院认为公司主体资格已经不存在，债权人讨债无门。这也是很多被吊销营业执照公司常常采取的一种躲避债务的方式。

资料来源：刘永光，许先丛.公司法案例精解 [M].厦门大学出版社，2005.

【案例启示】 本案是现代公司常出现的问题，公司或企业常常拿被吊销营业执照、法人资格被取消来作为逃避各种责任和义务的借口，因此引发了很多公司纠纷。案例给出的答案是，公司经过清算之后才能算作被取消法人资格。这就涉及接下来本章所要讲述的有关公司法的内容。

本章您将了解到：

- 公司法对公司的相关规定
- 公司法对有限责任公司的相关规定
- 公司法对股份有限公司的相关规定
- 公司法对财务会计和利润分配制度的规定
- 公司变更、清算、解散的程序

第一节 《公司法》概述

能够认识到共同利益也是自己的利益，并借助别人认识到的利益来控制自己履行权利，使人意识到，权利应该得到履行。这也就意味着，应该有权利存在，而权利应该通过相互承认得到控制。

——格林

一、公司的概念和特征

（一）公司的概念

公司是依法设立的、以营利为目的的、由股东出资形成且股东以其出资额或认购的股份对企业负责，而企业以其全部资产对企业债务承担责任的企业法人。

（二）公司的特征

公司有三个重要特征：①法定性；②营利性；③法人性。公司具有独立的法人资格，依法独立享有财产权等其他民事、商事权利，以其全部资产对公司债务独立承担责任，并且具有独立的民事、商事行为能力。

【案例 3-1】

A 市曾经以其地煤炭资源丰富而经济发展非常好，有很多家经营不错的大型国有煤炭企业。随着我国加入 WTO，尤其是全球主导建立环保型社会，市场的煤炭需求也越来越个性化，这些国有企业所生产的煤炭越来越不能与市场需求相符，各个企业的经济效益明显下降。最终导致一家破产，数家大幅度裁员。在这种情况下，当地政府探讨后决定，利用政府开支在当地设立教育基金，成立专门的学校来为下岗员工提供学习新技能的机会。这种做法得到了各界人士的热烈欢迎，因为它可以促进下岗职工再就业，从而促进当地经济的发展。等到所有工作都准备就绪的时候，对于培训学校的命名却争执不下，有观点认为应将学校命名为"下岗员工再就业培训公司"，有观点认为应命名为"下岗员工再就业培训中心"。

【分析】本案所涉及的是公司的特征之一"营利性"的问题。学校是不以营利为目的的法人，下岗工人再就业培训学校也是属于学校的范畴，它和公司的性质、目的、组织原则安全等各方面都不同，因而不能被称为公司。

二、《公司法》的调整对象和内容

《公司法》调整公司的全部组织关系以及部分与公司组织关系密切相关的经营关系，公司的全部组织关系包括四类：发起人相互间或股东相互间的关系；股东与公司相互间的关系；公司内部组织机构间的相互关系；公司与国家经济行政机关之间的关系。

此外，公司法调整的经营关系包括股票的发行和交易、债权的发行和转让、资本变更、出资转让等。

【拓展阅读】

我国《公司法》概述

我国现行的《公司法》总共 13 章 219 条，第一章总则是对公司的一般规定，包括对公司登记、公司名称、营业执照、经营范围、法定代表人、工会与职工代表大会等的规定；第二章和第三章对有限责任公司的设立、组织机构和股权转让进行了规定，并对一人有限责任公司和国有独资公司进行了特别规定；第四章和第五章是关于股份有限公司的设立、组织机构和股份发行与转让的规定；第六章规定了公司董事、监事和高级管理人员的资格和义务；第七章规定了公司债券的发行和转让；第八章规定了与公司组织关系密切的财务、会计制度，如财务会计报告的公示、公积金的提取和用途等；第九章和第十章是关于公司合并、分立、解散清算、增资、减资的规定；第十一章是关于外国公司在中国境内设立分支机构的规定；第十二章规定了公司活动违反了法律规定时需要承担的法律责任，这些规定有关于公司资本的、财务会计的、公积金的、公司登记的、变更与清算的，并有关于公司严重违法时所承担的刑事责任的规定；第十三章是附则，规定了本法相关用语的含义，外资公司的法律适用以及本法的实施日期。

三、公司的分类

公司的分类主要有学理分类和大陆分类，其中大陆法系将公司分为：无限责任公司、有限责任公司、两合公司、股份有限公司以及股份两合公司（见图 3-1）。

（一）无限责任公司

无限责任公司简称无限公司，是指全体股东对公司债务承担连带责任的公司，无限责任公司由两个以上股东组成，各股东不论其出资或盈亏分配的比例如何，都对公司债务负连带责任。

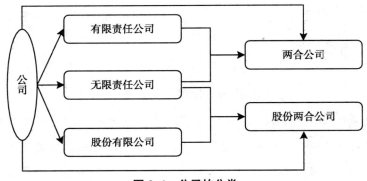

图 3-1 公司的分类

（二）有限责任公司

由法律规定的一定人数（两个或两个以上）的股东组成的，出资人仅以自己的出资额为限对公司债务承担责任，公司以其全部资产对其债务承担责任的公司。我国《公司法》规定了国有独资公司和一人公司等是有限责任公司的特殊形式。

（三）两合公司

由承担有限责任和无限责任的股东混合组成的公司，其中，有限责任股东以出资额为限对公司债务承担有限责任，无限责任股东对公司债务承担连带责任。我国《公司法》没有规定这种公司。

（四）股份有限公司

对资本进行均等划分后，股东以其认购的股份为限对公司债务承担有限责任，公司以其全部资产对其债务承担责任。股份有限公司在现代企业中十分普遍。

（五）股份两合公司

由无限责任股东和有限责任股东共同投资设立的股份公司形式。股份两合公司是无限责任公司和股份有限公司的结合形态，其有限责任部分的资本划分为股份，可以发行股票，股东以其认缴的股份为限对公司承担有限责任。我国《公司法》不承认该类公司。

【司法小·测试 3-1】

下列关于公司分类的哪一种表述是错误的？（2006 年司法考试卷三单选第 34 题）

A. 一人公司是典型的人合公司

B. 上市公司是典型的资合公司

C. 非上市股份公司是资合为主兼具人合性质的公司

D. 有限责任公司是以人合为主兼具资合性质的公司

【答案】A

四、公司的能力

（一）公司的权利能力

公司的权利能力是指公司依法享有权利和承担义务的资格，其特殊性表现在：

1. 公司权利能力受其固有性质的限制

公司的人格是由法律赋予的，它不同于有生命的自然人，因而与自然人特质相关的权利能力，公司不能享有。但公司享有与自然人生命体质无关的人格权，如名称权、名誉权、商标权。

2. 公司权利能力受法律的限制

包括公司法和其他法律的限制。

（1）公司转投资行为的限制。我国《公司法》第 15 条和第 16 条分别对公司转投资的投资对象、投资程序和投资规模做了规定。

（2）公司担保行为的限制。根据我国《公司法》第 16 条规定，公司向其他企业投资或者为他人提供担保，依照公司章程的规定，由董事会或者股东会、股东大会决议；公司为公司股东或者实际控制人提供担保的，必须经股东会或者股东大会决议。

（3）处于特定状态的公司的权利能力的限制。我国现行《公司法》第187条规定，清算期间，公司存续，但不得开展与清算无关的经营活动，这是对清算中的公司经营权利的限制；此外，我国《公司法》也有关于公司经营范围、债券发行等方面的限制。

3. 公司权利能力受公司章程的限制

除了受法律约束外，公司的章程也对公司的经营范围进行了限制。

【司法·小·测试 3-2】

甲公司注册资金为120万元，主营建材，乙厂为生产瓷砖的合伙企业。甲公司为稳定货源，决定投资30万元入伙乙厂。对此项投资的效力，下列表述哪一项是正确的？（2004年司法考试卷三单选第31题）

A. 须经甲公司股东会全体通过方为有效

B. 须经甲公司董事会全体通过方为有效

C. 须经乙方全体合伙人同意方为有效

D. 无效

【答案】D

（二）公司的行为能力

公司的行为能力，是指公司能够以自己的意志独立地从事法律行为，并取得权利和承担义务的资格。公司不同于自然人，它只有通过股东会、董事会、监事会等公司机关才能形成自己的意思表示，并将其付诸实施，因此公司行为指公司机关在公司法授权范围之内以公司名义实施的行为。

与公司行为能力相关的是公司越权行为及其效力问题。所谓越权行为，是指公司超越其权限范围（包括公司的目的范围和权力范围）的行为。《民法通则》第49条规定，法人超出其经营范围从事经营活动为非法经营。但近年来随着经济的发展这一规定出现了严重的弊端，因此在司法实务中，公司越权所为的民商事行为均认为是相对有效的行为。

【司法·小·测试 3-3】

甲公司章程规定：董事长未经股东会授权，不得处置公司资产，也不得以公司名义签订非经营性合同。一日，董事长任某见王某开一辆新款宝马车，遂决定以自己乘坐的公司旧奔驰车与王某调换，并办理了车辆过户手续。对任某的换车行为，下列哪一种说法是正确的？（2005 年司法考试卷三单选第 25 题）

A. 违反公司章程处置公司资产，其行为无效

B. 违反公司章程从事非经营性交易，其行为无效

C. 并未违反公司章程，其行为有效

D. 无论是否违反公司章程，只要王某无恶意，该行为就有效

【答案】D

（三）公司的责任能力

公司的责任能力，又称公司的侵权行为能力，是指公司对其行为承担法律责任的资格。公司责任能力有如下特点：

1. 公司的法人资格是独立的

投资者的责任能力与公司的责任能力是相分离的。

2. 同一性

公司的责任能力、权利能力、行为能力是同时产生、同时消灭的。

3. 公司的责任能力平等

公司具有平等的责任能力，任何公司都应对自己的行为承担法律后果。

4. 公司责任能力仅与公司自身行为相联系

作为独立主体，公司的责任能力只与其自身的行为有关系，也即公司只对自己的行为承担相应责任。

公司的责任能力主要包括民事责任能力、行政责任能力、刑事责任能力。在公司承担行政责任和刑事责任时，往往还会对应依法承担责任的直接责任人和公

司负责人进行行政或刑事处罚。

五、公司的组织机构

公司的组织机构，是指公司依法设置的实现公司权利能力和行为能力的公司经营与管理组织体系。公司的组织机构通常包括三部分，股东大会、董事会、监事会，其中股东大会是公司的议事机关，董事会是公司的执行机关，监事会是公司内部监督机关。可以用图3-2来表示这三者之间的关系。

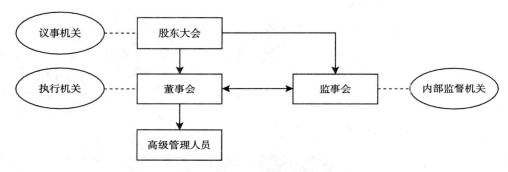

图3-2 公司组织机构之间的关系

（一）股东大会

依据公司法的规定，有限责任公司和股份有限公司须设立股东大会，国有独资公司和一人公司不设股东大会。根据我国《公司法》第38条和第100条的规定，我国公司股东大会的职权有：

（1）决定公司的经营方针和投资计划；

（2）选举和更换非由职工代表担任的董事、监事，决定有关董事、监事的报酬事项；

（3）审议批准董事会的报告；

（4）审议批准监事会或者监事的报告；

（5）审议批准公司的年度财务预算方案、决算方案；

（6）审议批准公司的利润分配方案和弥补亏损方案；

（7）对公司增加或者减少注册资本作出决议；

（8）对发行公司债券作出决议；

（9）对公司合并、分立、变更公司形式、解散和清算等事项作出决议；

（10）修改公司章程；

（11）公司章程规定的其他职权。

【司法·小·测试 3-4】

甲上市公司在成立 6 个月时召开股东大会，该次股东大会通过的下列决议中哪项符合法律规定？（2006 年司法考试卷三单选第 26 题）

A. 公司董事、监事、高级管理人员持有的本公司股份可以随时转让

B. 公司发起人持有的本公司股份自即日起可以对外转让

C. 公司收回本公司已发行股份的 4% 用于未来 1 年内奖励本公司职工

D. 决定与乙公司联合开发房地产，并要求乙公司以其持有的甲公司股份作为履行合同的质押担保

【答案】C

（二）董事会

董事会由股东大会选举产生的董事组成，行使经营决策管理权。按照《公司法》第 47 条和第 109 条的规定，董事会行使下列职权：

（1）召集股东大会，并向股东大会报告工作；

（2）执行股东大会的决议；

（3）决定公司的经营计划和投资方案；

（4）制订公司的年度财务预算方案、决算方案；

（5）制订公司的利润分配方案和弥补亏损方案；

（6）制订公司增加或者减少注册资本以及发行公司债券的方案；

（7）制订公司合并、分立、变更公司形式、解散的方案；

（8）决定公司内部管理机构的设置；

（9）决定聘任或者解聘公司经理及其报酬事项，并根据经理的提名决定聘任或者解聘公司副经理、财务负责人及其报酬事项；

（10）制定公司的基本管理制度；

（11）公司章程规定的其他职权。

【案例 3-2】

董事会职责及权利无效

某服装公司由各占股份 20%、40%、40% 的张某、胡某、汪某三个股东投资设立，在公司成立之初，公司章程就有关事项有明确的规定：由股东会选任公司董事，对于会议所议事项，股东会都应做成会议记录，而出席会议的股东都应当在会议记录上签名。第一任公司董事为张某、胡某，汪某为监事。

2010 年 3 月，公司召开股东会议，会议提出免去张某董事职务并由汪某接任董事的决议。但是，在召开会议的过程中，没有专人记录，股东均没有就决议签名。4 月，公司就以董事的名义发出了解聘和聘任的相关通知。张某对此项通知完全不服，认为股东会议的决议和结果无论从程序上还是实体上都不符合《公司法》的相关规定，侵犯了其作为公司股东、董事的合法权益，从而诉至法院。

【分析】 本案中，首先，公司股东会临时召开换选董事的会议的程序就不符合法律规定；其次，公司股东会的三个股东均未签名，则会议召开的事实都值得怀疑；最后，公司的重大决议应该采取股东会决议的形式，而不是以董事会的名义。从各方面说，该决议违反法定程序，法院应认定其无效。

（三）监事会

监事会是独立地对公司的经营和管理实施监督的公司内部监督机构。

我国《公司法》规定，监事会为股份有限公司的必设机构；有限公司经营规模较大、人数较多的设立监事会；股东人数较少或者规模较小的有限责任公司，可设 1~2 名监事，不设监事会。监事会应当包括股东代表和适当比例的公司职工代表，公司董事、高级管理人员不得兼任监事。监事任期 3 年，期满可连选连任。

我国《公司法》第 56 条和第 120 条第 1 款规定，有限责任公司监事会每年至少召开一次会议；股份有限公司监事会每 6 个月召开一次会议；监事可以提议召开临时监事会会议。监事会决议应当经半数以上监事通过。

根据我国《公司法》第 54 条的规定，我国公司监事会、不设监事会的监事的职权是：

（1）检查公司财务；

（2）对董事、高级管理人员执行公司职务的行为进行监督，对违反法律、行政法规、公司章程或者股东大会决议的董事、高级管理人员提出罢免的建议；

（3）当董事、高级管理人员的行为损害公司的利益时，要求董事、高级管理人员予以纠正；

（4）提议召开临时股东大会会议，在董事会不履行本法规定的召集和主持股东大会会议职责时召集和主持股东大会会议；

（5）向股东大会会议提出议案；

（6）依照本法第 152 条的规定，对董事、高级管理人员提起诉讼；

（7）公司章程规定的其他职权。

（四）公司高级管理人员

我国《公司法》第 217 条规定，公司高级管理人员是指公司的经理、副经理、财务负责人、上市公司董事会秘书和公司章程规定的其他人员。

根据我国《公司法》第 50 条的规定，经理对董事会负责，行使下列职权：

（1）主持公司的生产经营管理工作，组织实施董事会决议；

（2）组织实施公司年度经营计划和投资方案；

（3）拟订公司内部管理机构设置方案；

（4）拟定公司的基本管理制度；

（5）制定公司的具体规章；

（6）提请聘任或解聘公司副经理、财务负责人；

（7）决定聘任或解聘除应由董事会决定聘任或者解聘以外的负责管理人员；

（8）董事会授予的其他职权。公司章程对经理职权另有规定的，从其规定；经理列席董事会会议。

（五）公司董事、监事、高级管理人员的义务

我国《公司法》第148条对公司董事、监事、高级管理人员义务的规定主要体现为忠实义务和勤勉义务。

1. 忠实义务

忠实义务是指公司董事、监事、高级管理人员应当忠实履行职责，当自身利益与公司利益发生冲突时，应当维护公司利益，不得利用其在公司的地位牺牲公司利益为自己或者第三人谋利。忠实义务要求不为某些行为，属于消极义务。根据我国《公司法》第149条的规定，董事、监事、高级管理人员的忠实义务主要包括：

（1）不得挪用公司资金；

（2）不得以个人名义或者其他个人名义将公司资金开立账户进行存储；

（3）不得违反公司章程的规定或未经股东会、股东大会、董事会同意，将公司资金借贷给他人或者以公司财产为他人提供担保；

（4）不得违反公司章程的规定或未经股东会、股东大会同意，与本公司订立合同或者进行交易；

（5）不得未经股东会或者股东大会同意，利用自身职务便利来为自己或他人谋取属于公司的商业机会，自营或者为他人经营与所任职公司同类的业务；

（6）不得将他人与公司交易的佣金归为己有；

（7）不得擅自披露公司秘密；

（8）不得进行违反公司忠实义务的其他行为。

2. 勤勉义务

勤勉义务又称注意义务或善管义务，是指董事、监事和高级管理人员在执行公司事务时，应以一个合理谨慎的人在相似的情形下所应表现的谨慎、勤勉和技能履行其职责。勤勉义务属于积极义务。

六、公司的股东诉讼制度

（一）代表诉讼制度

我国《公司法》第 152 条规定了公司权益受损时股东享有的诉讼权利的情形：

（1）如果董事、高级管理人员有我国《公司法》第 150 条规定的情形的，并损害了公司利益，那么有限责任公司的股东、股份有限公司连续 180 日以上单独或者合计持有公司 1% 以上股份的股东，可以书面请求监事会或者不设监事会的有限责任公司的监事向人民法院提起诉讼；同时，如果监事有本法第 150 条规定的情形的，前述股东可以书面请求董事会或者不设董事会的有限责任公司的执行董事向人民法院提起诉讼。

（2）监事会、不设监事会的有限责任公司的监事，或者董事会、执行董事收到前款规定的股东书面请求后拒绝提起诉讼，或者自收到请求之日起 30 日内未提起诉讼，或者情况紧急、不立即提起诉讼将会使公司利益受到难以弥补的损害的，前款规定的股东有权为了公司的利益以自己的名义直接向人民法院提起诉讼。

（3）他人侵犯公司合法权益，给公司造成损失的，有限责任公司的股东、股份有限公司连续 180 日以上单独或者合计持有公司 1% 以上股份的股东，可以依照上述规定向人民法院提起诉讼。

【司法·小·测试 3-5】

杨某持有甲有限责任公司 10% 的股权，该公司未设立董事会和监事会。杨某发现公司执行董事何某（持有该公司 90% 股权）将公司产品低价出售给其妻开办的公司，遂书面向公司监事姜某反映。姜某出于私情未予过问。杨某应当如何保护公司和自己的合法权益？（2006 年司法考试卷三单选第25 题）

A. 提请召开临时股东会，解除何某的执行董事职务

B. 请求公司以合理的价格收回自己的股份

C. 以公司的名义对何某提起民事诉讼要求赔偿损失

D. 以自己的名义对何某提起民事诉讼要求赔偿损失

【答案】D

（二）股东直接诉讼

我国《公司法》第 153 条规定了股东权益受损时享有的诉讼权利，董事、高级管理人员违反法律、行政法规或者公司章程的规定，损害股东利益的，股东可以向人民法院提起诉讼。

（三）公司人格否认之诉讼

根据我国《公司法》第 20 条第 3 款的规定，公司股东滥用公司法人独立地位和股东有限责任，逃避债务，严重损害公司债权人利益的，公司人格被否认，相关股东应当与公司对债权人承担连带责任。

（四）其他股东诉讼制度

《公司法》第 22 条规定了公司决议无效或被撤销的情形：

（1）公司股东会或者股东大会、董事会的决议内容违反法律、行政法规的无效。

（2）股东会或者股东大会、董事会的会议召集程序、表决方式违反法律、行政法规或者公司章程，或者决议内容违反公司章程的，股东可以自决议作出之日起 60 日内，请求人民法院撤销。

（3）股东依照前款规定提起诉讼的，人民法院可以应公司的请求，要求股东提供相应担保。

（4）公司根据股东会或者股东大会、董事会决议已办理变更登记的，人民法院宣告该决议无效或者撤销该决议后，公司应当向公司登记机关申请撤销变更登记。

第二节　有限责任公司

有限责任公司重点体现在"有限"两个字，这两个字也构成了有限责任公司的特点和优势。

——佚名

一、有限责任公司的概念和设立条件

（一）有限责任公司的概念

有限责任公司是由 50 名以下股东出资设立的企业法人，其中每个股东以其所认缴的出资额为限对公司承担责任，而公司以其全部资产对其债务承担责任。

（二）有限责任公司的设立条件

除国有独资公司外，自然人和法人都可以成为股东，有限责任公司由 50 名以下的股东出资设立。

股东出资要求有：

1. 最低注册资本

根据我国《公司法》第 26 条第 2 款的规定，有限责任公司注册资本的最低限额为人民币 3 万元，法律、行政法规对有限责任公司注册资本的最低限额有较高规定的，从其规定。

2. 出资形式

股东可用作出资的形式除有形货币外，也可以用实物、知识产权、土地使用权等能用货币估价且可以依法转让的非货币财产作价出资；但是法律、行政法规规定不得作为出资的财产除外。不得出资的财产形式有：劳务、信用、自然人姓名、商誉、特许经营权以及设定担保的财产。

3. 出资责任

公司章程对各个股东所认缴的出资额都进行了规定，股东应当按期足额缴纳，若出现股东不按照前款规定缴纳出资的情况，该股东除应当向公司足额缴纳外，还应当向已按期足额缴纳出资的股东承担违约责任。

4. 出资证明书

有限责任公司成立后，应当向股东签发出资证明书，出资证明书由公司盖章。

二、有限责任公司股东权利和义务

（一）有限责任公司股东权利

根据我国《公司法》第 34 条和第 35 条的规定，有限责任公司的股东享有以下权利：

（1）股东有权查阅及复制公司章程、股东会会议记录、董事会会议决议、监事会会议决议和财务会计报告。

（2）股东可以要求查阅公司会计账簿，公司拒绝提供查阅的，可以请求人民法院要求公司提供查阅。

（3）股东有权按照实缴的出资比例分取红利；公司新增资本时，股东有权优先按照实缴的出资比例认缴出资，但是，全体股东约定不按照出资比例分取红利或者不按照出资比例优先认缴出资的除外。

（4）强制解散公司的权利，当公司经营管理发生严重困难，继续存续会使股东利益受到重大损失，通过其他途径不能解决的，持有公司全部股东表决权10%以上的股东，可以请求人民法院解散公司。

（5）代位诉权。

（6）股权买回请求权。

（7）临时股东会的召集权。

（8）股东会的主持权。

（9）提案权。

（二）有限责任公司股东义务

在享有作为公司股东的权利时，公司股东也应承担相应的义务：不得抽逃出资；足额缴纳出资。

公司股东未按照有关规定缴纳出资的，除应当向公司足额缴纳外，还应当向已按期足额缴纳出资的股东承担违约责任。

【司法小·测试 3-6】

李某花 1.5 万元购买了某股份公司发行的股票 2000 股，但该公司股票尚未上市。现李某欲退还已购股票。在下列哪些情况下李某可以要求发起人退股？（2004 年司法考试卷三多选第 69 题）

A. 发起人未按期召开创立大会

B. 公司股东大会同意

C. 公司董事会同意

D. 公司未按期募足股份

【答案】AD

三、有限责任公司股东的出资转让

根据我国《公司法》第 72 条，有限责任公司的股东进行出资转让时需要遵循以下几条规定：

（一）股东之间的转让

有限责任公司的股东之间可以相互转让其全部或者部分股权。

（二）股东向股东以外的人转让

应当经过其他股东过半数同意，当半数以上股东不同意转让时，不同意的股东应当购买该转让的股权；不购买的，视为同意转让。

（三）经股东同意转让股权

在同等条件下，其他股东有优先购买权。公司章程对股权转让另有规定的，从其规定。

（四）股权买回请求权

根据我国《公司法》第75条的规定，有下列情形之一的，对股东会该项决议投反对票的股东可以请求公司按照合理的价格收购其股权：

（1）公司连续五年不向股东分配利润，而公司在这五年连续盈利，并且符合本法规定的分配利润条件的；

（2）公司合并、分立、转让主要财产的；

（3）公司章程规定的营业期限届满或者章程规定的其他解散事由出现，股东会会议通过决议修改章程使公司存续的。

【司法·小·测试3-7】

甲、乙、丙是某有限公司的股东，各占52%、22%和26%的股份。乙欲对外转让其所拥有的股份，丙表示同意，甲表示反对，但又不愿意购买该股份。乙便与丁签订了一份股份转让协议，约定丁一次性将股权转让款支付给乙。此时甲表示愿以同等价格购买，只是要求分期付款。对此各方发生了争议。下列哪一选项是错误的？（2007年司法考试卷三单选第30题）

A. 甲最初表示不愿意购买即应视为同意转让

B. 甲后来表示愿意购买，则乙只能将股份转让给甲，因为甲享有优先购买权

C. 乙与丁之间的股份转让协议有效

D. 如果甲、丙都行使优先购买权，就购买比例而言，如双方协商不成，则双方应按照2:1的比例行使优先购买权

【答案】B

四、一人有限责任公司的特别规定

我国《公司法》第 58~64 条对一人有限责任公司作了特殊规定：

（一）定义

一人有限责任公司，是指只有一个自然人股东或者一个法人股东的有限责任公司。

（二）最低注册资本和法定资本制

一人有限责任公司的注册资本最低限额为人民币 10 万元，股东应当一次足额缴纳公司章程所规定的出资额。

（三）投资人的限制

一个自然人只能投资设立一个一人有限责任公司；另外，该一人有限责任公司不能投资设立新的一人有限责任公司。

（四）设立

一人有限责任公司应当在公司登记中注明自然人独资或者法人独资，并在公司营业执照中载明。一人有限责任公司的章程由股东制定。

（五）组织机构

一人有限责任公司不设股东会，股东作出本法第 38 条第 1 款所列决定，也即股东会的主要权利事项时，应当采用书面形式，并由股东签名后置备于公司。

（六）一人公司人格否认制度

一人有限责任公司的股东不能证明公司财产独立于股东自己财产的，应当对公司债务承担连带责任。

【司法·小·测试 3-8】

王某依公司法设立了以其一人为股东的有限责任公司。公司存续期间，王某实施的下列哪一行为违反公司法的规定？（2006 年司法考试卷三单选第 24 题）

A. 决定由其本人担任公司执行董事兼公司经理

B. 决定公司不设立监事会，仅由其亲戚张某担任公司监事

C. 决定用公司资本的一部分投资另一公司，但未作书面记载

D. 未召开任何会议，自作主张制定公司经营计划

【答案】C

【案例 3-3】

一人公司不能转成普通有限责任公司

某一人公司合法成立的两个月后，其法定代表人与另外 4 人签订了协议，由 5 人共同出资设立公司，其中也规定了各自的出资额、公司的经营期限、利润分配、股权转让、股东权利义务以及解散清算等事宜。然而，5 人之间签订的协议书未向工商部门登记备案，工商部门也没有对该公司的性质与注册资本等事项进行变更登记。

2007 年 10 月 8 日，该公司向上海市金山区人民法院提起诉讼，称原法定代表人之外的另外 3 人在未征得其他股东同意的情况下，擅自将公司账户内的 81 万元资金转出，给公司造成严重的经济损失。因此该公司要求确认上述 3 人为公司的股东。

12 月 25 日，上海市金山区人民法院对此案作出一审判决，驳回原告要求确认 3 人为公司股东的诉讼请求。理由是，原告与被告虽然订立了投资协议，但该协议未得到工商部门的确认，更未进行相应的变更登记，该公司的性质仍为一人有限责任公司。并且 5 人的投资协议未经登记，而仅仅是一种合同关系，不直接

发生股东身份的实质变化，因此法院对该公司的诉讼请求不予支持。

资料来源：http://finance.stockstar.com/SS2008020330018429_1.shtml.

【分析】针对本案的判决法理，主审法官阐释到之所以不支持一人公司转变为普通有限责任公司是出于以下几个方面的原因：①一人公司通过增资扩股方式转变为普通有限责任公司面临制度衔接难题。一人公司与普通有限责任公司存在着较大的差异，以致《公司法》将它们分别规定在两个不同的章节，作为两类不同的公司来对待。②在法律未就具体的操作流程作出明确规定的情况下，一人公司难以在内部运行机制和外部责任承担等方面实现和普通有限责任公司的衔接。③如果一人公司可以转化为普通有限责任公司的话，对于一人公司存续期间的债务就可能出现有限责任股东和无限责任股东并存的情形：设立一人公司的股东因《公司法》第64条而承担无限责任；新加入的股东则按照普通有限责任公司的规定仅仅承担有限责任。这种双重股东责任并存的公司运行机制在我国现行的《公司法》中是不被认可的。④《公司法》事实上是对一人公司转变为普通有限责任公司持否定态度。《公司法》就增资扩股流程对普通有限责任公司作出了明确的规定，对一人公司则未作出规定。根据"法无规定即禁止"的商事组织法原则，《公司法》对一人公司通过增资扩股转变组织形态事实上持否定态度。

五、国有独资公司的特别规定

我国《公司法》第65条规定国有独资公司，是指国家单独出资、由国务院或者地方人民政府授权本级人民政府国有资产监督管理机构履行出资人职责的有限责任公司。

我国《公司法》第66~71条就股东会、董事会、监事会的设立、权利与义务事项对国有独资公司作了特别规定。

第三节 股份有限公司

假如必须等待积累去使某些单个资本增长到能够修建铁路的程度，那么恐怕直到今天世界上还没有铁路。但是，集中通过股份公司转瞬之间就把这件事完成了。

——卡尔·马克思

一、股份有限公司的设立

股份有限公司是指以 2 人以上 200 人以下为发起人，公司全部资本划分为等额股份，股东以其认购的股份为限对公司承担责任，公司以其全部资产对公司债务承担责任的公司。

（一）股份有限公司的设立方式

股份有限公司的设立方式有两种形式：一种是发起设立；另一种是募集设立。

1. 发起设立

发起设立是指由发起人认购公司应发行的全部股份而设立公司。

（1）发起人的规定。根据我国《公司法》第 79 条的规定，设立股份有限公司，应当有 2 人以上 200 人以下为发起人，其中需有半数以上的发起人在中国境内有住所。

（2）发起设立注册资本的分期缴纳制，根据我国 《公司法》第 81 条的规定，股份有限公司采取发起设立方式设立的，注册资本为在公司登记机关登记的全体发起人认购的股本总额。公司全体发起人的首次出资额不得低于注册资本的 20%（即 100 万元人民币），其余部分由发起人自公司成立之日起 2 年内缴足；

其中，投资公司可以在 5 年内缴足。在缴足前，不得向他人募集股份。

【司法·小·测试 3-9】

某市国有资产管理部门决定将甲、乙两个国有独资公司撤销，合并成立甲股份有限公司，合并后的甲股份有限公司仍使用原甲公司的字号，该合并事项已经有关部门批准现欲办理商业登记。甲股份有限公司的商业登记属于下列哪一类型的登记？（2005 年司法考试卷三单选第 26 题）

A. 兼并登记

B. 设立登记

C. 变更登记

D. 注销登记

【答案】B

---

2. 募集设立

募集设立是指由发起人认购公司应发行股份的一部分，其余股份向社会公开募集或者向特定对象募集而设立公司。

（1）募集设立的法定资本制，根据我国《公司法》第 81 条的规定，股份有限公司采取募集方式设立的，注册资本为在公司登记机关登记的实收股本总额。

（2）募集设立一般遵循如下程序：发起人认购股份→制作招股说明书→签订承销协议和代收股款协议→申请批准募集→公开募股→召开创立大会→申请设立登记。

（3）最低注册资本，根据我国《公司法》第 81 条的规定，股份有限公司注册资本的最低限额为人民币 500 万元。法律、行政法规对股份有限公司注册资本的最低限额有较高规定的，从其规定。

（4）发起人的出资规定：根据我国《公司法》第 85 条的规定，以募集设立方式设立股份有限公司的，发起人认购的股份数不得少于公司股份总数的 35%；法律、行政法规另有规定的，从其规定。

【司法·小·测试 3-10】

甲、乙两公司拟募集设立一股份有限公司。他们在获准向社会募股后实施的下列哪些行为是违法的？（2006 年司法考试卷三多选第 71 题）

A. 其认股书上记载：认股人一旦认购股份就不得撤回

B. 与某银行签订承销股份和代收股款协议，由该行代售股份和代收股款

C. 在招股说明书上告知：公司章程由认股人在创立大会上共同制订

D. 在招股说明书上告知：股款募足后将在 60 日内召开创立大会

【答案】ABCD

（二）股份有限公司的出资

根据我国《公司法》第 90 条的规定，发行股份的股款缴足后，必须经依法设立的验资机构验资并出具证明。当出现以下三种情形时，认股人可撤资：

（1）发行的股份超过招股说明书规定的截止期限还没有募足的；

（2）发行股份的股款缴足后，发起人在 30 日内未召开创立大会的；

（3）创立大会决议不设立公司的，认股人可以按照所缴股款并加算银行同期存款利息，要求发起人返还。

【司法·小·测试 3-11】

湘西船运有限公司共 8 个股东，除股东甲外，其余股东都已足额出资。某此股东会上，7 个股东一致表决同意因甲未实际缴付出资而不能参与当年公司利润分配。3 个月后该公司船只燃油泄漏，造成沿海养殖户巨大损失，公司的全部资产不足以赔偿。甲向其他 7 个股东声明：自己未出资，也未参与分配，实际上不是股东，公司的债权债务与己无关。下列哪些选项是正确的？（2007 年司法考试卷三多选第 78 题）

A. 甲虽然没有实际缴付出资，但不影响其股东地位

B. 其他股东决议不给甲分配当年公司利润是符合公司法的

C. 就公司财产不足清偿的债务部分，只应由甲承担相应的责任，其他 7 个股东不承担责任

D. 甲的声明对内具有效力，但不能对抗善意第三人

【答案】ABC

（三）有限责任公司变更要求

根据我国有关法律的规定，有限责任公司变更为股份有限公司的要求折合的实收股本总额不得高于公司净资产额。

二、股份有限公司的股份

股份有限公司的股份是公司的各类股东对公司的出资，是公司资本的构成部分。股份有限公司的股份的表现形式是股票，股票是由股份有限公司签发的证明股东权利的书面凭证，可以在法定的场所自由地流通和转让，但法律、行政法规另有规定的除外。下面主要介绍我国特有的股份类型。

表 3-1　股东登记前后比较

登记前	登记后
认股人、发起人	股东
认股书	股票
创立大会	股东大会
选举董事会、监事会（发起设立中股东大会选）	更换
通过章程	修改
三种情形可以撤资	不可以
发起人合伙	法人
认股人对出资财产仍享有所有权	公司财产

（一）股份的分类

股份有多种分类方式，我国特有的股份主要有以下几种（见图 3-3）。

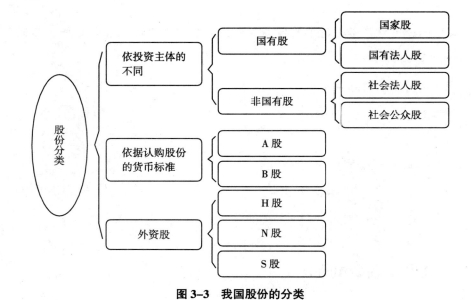

图 3-3　我国股份的分类

1. 依投资主体的不同，可将股份分为国有股与非国有股

（1）国有股是国有资产股，包括国家股和国有法人股。国家股是指有权代表国家投资的部门或机构，以国有资产向公司投资形成的股份，如"中国南方航空股份有限公司"的股份类型就是国有股，其是由国家向公司投资形成的股份。国有法人股是指包括国有资产比例超过50%的国有控股企业在内的国有法人单位以其依法占有的法人资产向股份有限公司出资形成或者依据法定程序取得的股份，其中也包括国有企业、国有控股公司和国家设立的事业团体法人以其依法占有的资产向公司出资或依法取得的股份，如"广东省高速公路发展股份有限公司"就是国有法人股的典型代表，它是由"广东省交通集团有限公司"这家国有企业所控股的上市公司。

（2）非国有股包括社会法人股和社会公众股。社会法人股是指非国有法人以其依法占用或可经营的资产向公司投资所形成的股份。社会公众股是指社会个人投资者所认购的股份，包括一般社会公众股和内部职工股，内部职工股是指以个人合法财产投入公司形成的股份。

2. 依据认购股份的货币标准将股份划为 A 股和 B 股

作为人民币普通股的社会公众股和法人股限于境内自然人、法人及"合格境外机构投资者"买卖，被称为 A 股。B 股又称为人民币特种股，是指以人民币标明股票面值，在境内发行和上市，以外汇认购或进行交易的股份。

3. 我国的外资股

即外国和港澳台地区的企业、其他组织或个人向准许外商投资的公司投资而形成的股份，如 H 股（指在香港首次发行的股票）、N 股（指在纽约首次发行的股票）、S 股（指在新加坡首次发行的股票）。

（二）股份的发行

股份发行是股份有限公司以募集资本为目的，出售或配送自己股份的行为。根据我国《公司法》第 127 条的规定，股份的发行遵循公平、公正的原则，同种类的每一股份应当具有同等权利。

依股份发行目的的不同，可以分为设立发行和新股发行。所谓设立发行，是指为使公司成立而募集资本，并以此为目的所进行的股份发行。所谓新股发行，是指股份有限公司成立后，为了增加资本，再次发行股份的行为，我国《公司法》第 134~137 条规定了发行新股应遵守的规定。

（三）股份转让

股份的转让是股东将自己的股份让与他人，从而转让股东权的法律行为。根据我国《公司法》第 140 条的规定，记名股票由股东以背书方式，或者法律、行政法规规定的其他方式转让，转让后由公司将受让人的姓名或者名称及住所记载于股东名册。无记名股票的转让，股东在依法设立的证券交易场所，将该股票交付给受让人后即发生转让效力。

《公司法》第 142 条对股份转让作出了限制规定：

（1）发起人持有的本公司股份，自公司成立之日起 1 年内不得转让。

（2）公司公开发行股份前已发行的股份（如发起人认购的 35%），自公司股票在证券交易所上市交易之日起 1 年内不得转让。

（3）公司董事、监事、高级管理人员在任职期间每年转让的股份不得超过其

所持有本公司股份总数的 25%；所持本公司股份自公司股票上市交易之日起 1
年内不得转让。上述人员离职后半年内，不得转让其所持有的本公司股份。

（4）公司章程可以对公司董事、监事、高级管理人员转让其所持有的本公司
股份作出其他限制性规定。

【司法小·测试 3-12】

下列有关股份有限公司的股份转让的表述哪些是正确的？（2003 年司法
考试卷三多选第 63 题）

A. 发起人持有的本公司的股份，自公司成立之日起 5 年内不得转让

B. 通常情形下，公司不得收购本公司的股票

C. 公司董事、监事、经理所持有的本公司的股份在任职期间内不得转让

D. 公司不得接受本公司的股票作为质权的标的

【答案】BCD

【案例 3-4】

两公司转让股票引发的纠纷

2002 年，甲股份有限公司与乙房地产开发有限公司签订股票转让协议，约
定由被告乙房地产开发有限公司将自己认购的某股份有限公司普通法人股 100 万
股（每股价值人民币 1 元）以 300 万元的价格转让给甲股份有限公司。协议还就
生效、付款以及上市后的交易手续等作了约定。同日某公司普通法人股在某省证
券交易中心挂牌交易。甲股份公司依约定向乙股份有限公司交付了转让价款。第
二天，某股份有限公司董事会同意乙房地产有限公司将其所持 100 万股普通法人
股转让；甲股份有限公司的职员持乙房地产开发有限公司向其提交的认股协议原
件、乙房地产有限公司营业执照复印件、法定代表人委托书、法定代表人身份证
明书，在某省证券交易中心办理了股票托管手续，但托管仍记在乙房地产有限公
司名下。后甲股份有限公司以股票转让违反证券交易法规为由向法院提起诉讼，
要求判令其与乙房地产有限公司的股票转让协议无效。此案一审法院以该股票转

让未经该省证券监督管理委员会批准和未到该省证券交易中心办理过户手续为由，认定上述股票转让协议书无效，并判令乙房地产有限公司承担向甲股份有限公司返还股票转让价款及利息之责任。宣判后被告不服，提起上诉，请求二审法院撤销原判，驳回原告诉讼请求。二审法院经审理认为：一审法院认定事实有误，甲股份有限公司与乙房地产开发有限公司之间的股票转让协议合法有效，遂判决撤销原判，驳回原告诉讼请求。

资料来源：徐晓松. 公司法学案例教程［M］. 北京：知识产权出版社，2002.

【分析】本案中的股票转让协议是有效的。股票转让协议无须经过证券监督管理部门批准，未办理股票过户手续并不影响股票转让协议的成立，但转让仅在出让人和受让人之间发生效力，不能对公司发生法律效力。

（四）股份收购

我国《公司法》第143条规定，股份有限公司不得收购本公司股份。但是，有下列情形之一的除外：

（1）减少公司注册资本；

（2）与持有本公司股份的其他公司合并；

（3）将股份奖励给本公司职工；

（4）股东因对股东大会作出的公司合并、分立决议持异议，要求公司收购其股份的。

值得注意的是，公司因前款第1项至第3项的原因收购本公司股份的，应当经股东大会决议。公司依照前款规定收购本公司股份后，属于第1项情形的，应当自收购之日起10日内注销；属于第2项、第4项情形的，应当在6个月内转让或者注销。公司依照前款第3项规定收购的本公司股份，不得超过本公司已发行股份总额的5%；用于收购的资金应该从公司的税后利润中支出；所收购的股份应该在一年内转让给职工。

（五）股份质押

根据我国《担保法》的规定，依法可转让的股票可以提供质押。出质人和质权人应当订立书面合同，并向证券登记机构办理出质登记，出质人依法转让股票的价款应当向质权人提前清偿所担保的质权，或者向与质权人约定的第三人提存。对于股份的质押，《担保法》也作了限制性规定，如公司一般不得接受本公司的股票作为抵押权的标的。

三、股份有限公司的资本

（一）公司资本的概念和特征

公司资本又称注册资本或股本，是指公司成立时由章程所确定的、由股东出资构成的公司财产总额。

它具有以下法律特征：首先，注册资本是股东对于公司的永久性投资，公司不会在存续期间内退还该投资；其次，注册资本是公司法人对外承担民事责任的财产担保。当公司资不抵债时，公司股东承担的清偿责任以其出资额为限。

（二）公司资本的原则

公司立法对公司资本作出了一系列规定，一般概括为"资本三原则"，即资本确定原则、资本维持原则和资本不变原则。

1. 资本确定原则

资本确定原则是指在设立股份有限公司时，必须有经公司章程明确记载且经股东全部认足的资本，否则公司不能成立。

2. 资本维持原则

资本维持原则又称资本充实原则，是指公司需要在存续期间内经常保持与其确定的资本额相当的实有财产。

3. 资本不变原则

资本不变原则是指已经确定资本的公司不得随意增减资本，除非按照严格的法定程序。

（三）公司资本的变动

虽然公司资本需要遵守资本不变原则，但是在一定情况下可以变动，公司法也规定了相应的资本变动制度。

股份有限公司资本的变动必须履行法定的程序，即由股东大会作出资本增减的决议（我国《公司法》规定，股份有限公司增减资本，须由出席股东大会的股东所持表决权的半数以上通过），修改公司章程并办理相应的变更登记和公告手续。

公司资本的变动分为两种情况：一种是增加资本；另一种是减少资本。

1. 增加资本

增加资本简称增资，公司成立后，为生产经营的需要依照法定条件和程序增加公司资本总额的行为。

股份有限公司增加资本的方式主要有三种：

（1）在每股股份的资本额不变的条件下增加公司的股份数额，这种方式也就是发行新股，即公司在原定股份总数之外发行新股份，这是一种很直接的给公司增加资本的方式。

（2）在不改变公司股份数额的条件下，增加每股股份的资金额。这种方式实际上是增加了原有股东的股份出资数额。

（3）既增加股份的数额，又增加每股的资金额，这种方法实际上是上面两种方法的综合。

2. 减少资本

减少资本简称减资，指公司经营期间，由于公司营业的实际需要，依法定条件和程序减少公司资本总额的行为。

和股份有限公司的增值方法相对应，其减资方法也有三种：

（1）在每股股份的资本额不变的条件下减少公司的股份数额，即每股金额不减少，只是减少股份总数。这种方法可以由两种途径实现：一是直接注销部分或特定股份；二是将原来的几股合并为一股，这样就可以减少股份数量了。

（2）在不改变公司股份数额的条件下，减少每股股份的资金额，即不改变股份总数，只减少每股的金额。具体来说，这种方法可以由三种途径实现：免除股东未缴足的股款、发还股东已缴的部分股款和注销每股部分金额。

（3）既减少股份的数额，又减少每股的资金额，这种方法实际上是上面两种方法的综合。

减少资本有可能会危害债权人的利益，因此为了维护债权人的利益，根据我国《公司法》第 178 条的规定，公司减资时必须编制资产负债表及财产清单，并且自作出减资决议之日起 10 日内通知债权人，并于 30 日内在报纸上公告。

【案例 3-5】

1998 年 8 月成立的宁夏绿谷制药公司是由宁夏药物研究所和上海绿谷共同出资成立的，总注册资本为 1000 万元，其中宁夏药物研究所出资 700 万元，上海绿谷出资 300 万元。2000 年 8 月，宁夏绿谷制药公司股东会决议对公司注册资本进行增资，由 1000 万元增资到 3800 万元，其中宁夏药物研究所增资 1200 万元、上海绿谷增资 1600 万元，新增加的出资额应于 2000 年 9 月 30 日前分批缴足。

而 2000 年 9 月 26 日，经宁夏绿谷公司股东会决议，同意宁夏药物研究所将部分出资转让给宁夏君信和临河兴科，其中转给宁夏君信 200 万元，临河兴科 100 万元；同意上海绿谷将部分出资转让给北京大地、北京君益润泰、上海北融，其中北京大地 300 万元，北京君益润泰 100 万元，上海北融 200 万元，原股东一致同意放弃对本次转让的优先认购。

2000 年 10 月，7 名股东订立了《发起人协议》，同意设立宁夏博尔泰力公司，该协议也约定了发起人未履行出资义务时的违约责任，即"每违约一天，违约方应将其违约部分出资额的 5‰作为违约金缴付给履约方"。10 月 26 日宁夏博尔泰力公司成立。

2003 年 10 月 21 日，原告宁夏君信公司起诉称：被告上海绿谷公司虚假出资 1307 万元，依据《发起人协议》约定，被告应当承担违约责任，违约金为 309.3277 万元。

一审期间，被告上海绿谷公司提出管辖权异议称：被告公司注册所在地为上海，在宁夏没有任何经营地，因此宁夏高院对于本案没有管辖权，请求将本案移送至上海有关法院管辖审理。宁夏回族自治区高级人民法院经审理，驳回该异议。2003 年 12 月 19 日，原审被告又上诉到最高人民法院，称本案一审法院认定为出资纠纷，不能依照合同纠纷确定管辖法院；被上诉人主张的出资不实的事实发生在宁夏博尔泰力公司成立之前，当时双方没有签订《发起人协议》，不存在"合同履行地"，宁夏高级人民法院不具备合法的管辖权。请求撤销原审裁定，将此案移送有管辖权的人民法院审理。最高人民法院于 2004 年 2 月 25 日作出终审裁定，驳回上诉，维持原裁定。

资料来源：http：//www.renrenlawyer.net/news/html/？488.html.

【分析】对于本案的处理，主要包括两个方面：①七家公司签订的发起人协议属于合同，而宁夏绿谷公司的股东会决议不能认定为合同，因此本案的出资纠纷具备合同纠纷的性质。②根据《合同法》第 62 条的规定，履行地点不明确，给付货币的，在接受货币一方所在地履行。本案增资义务的履行地就是宁夏博尔泰力公司的所在地银川，因此出资行为的履行地为宁夏银川，宁夏高级人民法院对本案是有管辖权的。所以应当予以维持原审关于驳回上海绿谷公司的管辖权异议申请。

四、上市公司的特别规定

上市公司是指其股票在证券交易所上市交易的股份有限公司。

（一）上市公司的特别决议事项

根据我国《公司法》第 122 条的规定，上市公司在一年内购买、出售重大资产，或者担保金额超过公司资产总额 30% 的，应当由股东大会作出决议，并经出席会议的股东所持表决权的 2/3 以上通过。

（二）独立董事制度

独立董事制度的存在是为了更好地解决公司治理中存在的问题。根据我国《公司法》第 123 条的规定，上市公司应当设立独立董事，具体办法由国务院规定。上市公司的独立董事除具备公司法和其他相关法律法规赋予董事的职能外，还具有特别的职权，包括对重大关联交易的事前认可权、提议权、独立决定权、集投票权、独立发表意见权。

（三）关联董事的回避制度

我国《公司法》第 125 条规定，上市公司董事与董事会会议决议事项所涉及的与企业有关联关系的，不能对该项决议行使表决权，也不能代理其他董事行使表决权。该董事会会议由过半数的无关联关系董事出席即可举行，董事会会议所作决议须经无关联关系董事过半数通过。如果出席董事会的无关联关系董事人数不足 3 人，应将该事项提交上市公司股东大会审议。

（四）上市公司的财务披露义务

根据我国《公司法》第 146 条的规定，上市公司必须依照法律、行政法规的规定，公开其财务状况、经营情况及重大诉讼，在每会计年度内半年公布一次财务会计报告。

五、各种公司形式的比较

公司形式的比较如表 3-2 所示：

表 3-2　有限责任公司和股份有限公司的比较

有限责任公司和股份有限公司的区别	
有限责任公司	股份有限公司
股东会或没有（如国有独资公司）	股东大会
董事会或执行董事	董事会
监事会或者只有 1~2 名监事	监事会
可以发行债券	可以发行债券
不可以发行可转换公司债券	可以发行可转换公司债券
规模小、准则主义设立、封闭、人合性，股权一般内部转让，不发行股份	公开发行股份、发行股票、规模大、纯资合性

公司的最低资本限额如表 3-3 所示：

表3-3　各类公司最低资本限额

各类公司最低资本限额	
有限责任公司	一般来说，3万元为认缴资本
	一人有限责任公司，10万元为实缴资本
股份有限公司	注册资本的最低限额为人民币500万元
商业银行	全国性商业银行的注册资本最低限额为10亿元人民币
	城市合作商业银行的注册资本最低限额为1亿元人民币
	农村合作商业银行的注册资本最低限额为5000万元人民币
证券公司	经纪类证券公司的注册资本最低限额为5000万元人民币
	综合类证券公司的注册资本根据经营项目分别为最低限额1亿元、5亿元人民币
拍卖公司	一般拍卖公司的注册资本最低限额为100万元人民币
	经营文物拍卖的拍卖公司的注册资本最低限额为1000万元人民币
保险公司	保险公司的注册资本最低限额为2亿元人民币，且必须为实缴货币资本

第四节　公司财务会计与利润分配制度

对于公司来说，财务会计和利润分配是公司运营的必要环节；对于公司外参与者来说，财务会计和利润分配则是了解公司的必要渠道。

——佚名

一、公司的财务会计制度

（一）公司财务会计制度的概念及内容

公司财务会计制度指公司依据会计相关法规、会计原则，通过会计报表的形式，用货币作为主要计量形式，反映公司的财务和经营状况，为企业内外部提供相关会计信息，以提高经济效益的一项制度。

公司财务会计制度从内容上可以划分为公司财务制度和公司会计制度两部分。公司的财务制度是公司在生产经营中所发生的有关资金筹集、使用和收益分配制度的总称。公司的会计制度指公司依据会计原则，用货币作为计量方式，对公司的整个经营活动进行记账、算账、报账的制度。

（二）财务会计报告

根据我国《公司法》第 165 条的规定，公司应当在每一个会计年度终了之时编制财务会计报告，并依照法律规定经会计师事务所审计。

公司的财务会计报告可以划分为年度、半年度、季度和月度财务会计报告。其中，年度及半年度财务会计报告应包括会计报表（包括资产负债表、利润表、现金流量表及相关附表）、会计报表附注和财务情况说明书；季度、月度财务会计报告一般情况下只是指会计报表，其中至少应包括资产负债表和利润表。

（三）财务会计报告的提供与审计

根据相关规定，公司每年需要将财务会计报告及时报送给两类人：公司股东及相关社会公众；持有合法依据的国家有关部门和机构。另外，根据《企业财务会计报告条例》的规定，国有企业、国有控股的或者占主导地位的企业还应该向本企业的职工代表大会公布财务会计报告。

我国公司法对公司财务会计报告设定了强制审计制度，由会计师事务所负责公司财务会计报告的审计工作，根据审计的结果出具相关的结论，公司有义务向会计师事务所提供相关会计资料。

【案例 3-6】

公司财务会计报告的真实性、准确性和完整性

2009 年 6 月 21 日，广东一家光电股份有限公司 A 公司开始发行股票，并于 7 月 10 日在深圳证券交易所上市。但是好景不长，才上市 3 个月，A 公司就被迫接受中国证监会对其的立案调查，原因是 A 公司对自己公司的利润进行了造假。2010 年 3 月，调查结果出来：A 公司在发行股票并且上市的过程中，为了使自己的账面漂亮，通过伪造一些进口的设备融资租赁合同，虚构增加了固定资产 8000 多万元；虚构购销合同等来增加其公司收入 4000 多万元；虚构降低成本 2000 多万元；还有其他虚构 9000 多万元。

当然，造成 A 公司造假的原因并非仅仅只是它本身而已，其中还有 B 证券有限公司所编制的发行申报文件严重失实、C 会计师事务所的审计报告严重失实、D 资产评估有限公司所出具的资产评估报告严重失实；E 律师事务所的法律意见书严重失实等。

【分析】 本案例主要讲述了公司财务会计报告的真实性、准确性和完整性，这些对于上市公司来说是非常重要的，有时候甚至决定了公司的兴亡成败。本案中，不仅 A 公司要对此次虚报信息负责，连 B、C、D 相关单位都需要负责。

二、公司的利润分配

公司是以营利为目的的企业法人，股东对其投资依法享有投资收益权，我国《公司法》对公司的利润分配进行了一些强制性的规范。在公司自治范围内，公司的利润分配方案由董事会负责制订然后交由股东会或股东大会审议批准。

根据我国《公司法》的规定，公司税后利润应按照下列顺序进行分配：弥补亏损、提取公积金、分配股利。具体的公司税后利润分配顺序如图 3-4 所示。

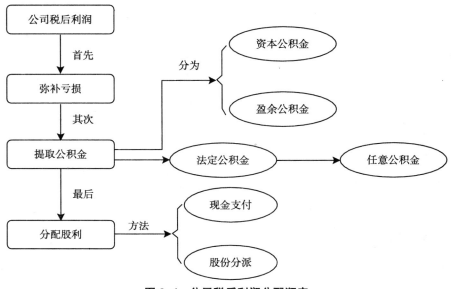

图 3-4 公司税后利润分配顺序

（一）弥补亏损

我国《公司法》第 167 条规定，公司的法定公积金不足以弥补以前年度亏损的，在依照前款规定提取法定公积金之前，应当先用当年利润弥补亏损。即公司的利润应首先用于弥补公司的亏损，只有当公司亏损得以补足而公司仍有盈余时才可对公司的股东进行利润分配。

（二）提取公积金

公积金是企业为巩固公司资产、弥补公司经营亏损、扩大公司业务规模等特定目的，依据法律或公司章程的规定以及股东大会的决议，按确定比例在营业利润中提取的一种基金。

公积金主要包括资本公积金和盈余公积金。资本公积金一般是指由公司的资本形成的公积金，如股份公司中的资本溢价收入、法定资产评估中的增值以及公司接受捐赠的资产等。盈余公积金是公司弥补亏损后，分配股利前，在税后利润中所取得的公积金。根据公积金的提取是法定的还是任意性的，公积金还可划分为法定盈余公积金和任意盈余公积金。

根据公司法规定，在公积金的提取上首先提取法定公积金，我国《公司法》第 167 条规定："公司分配当年税后利润时，应当提取利润的 10% 列入公司法定公积金。公司法定公积金累计额为公司注册资本的 50% 以上的，可以不再提取。"另据其规定，公司在从税后利润中提取法定公积金之后，经股东会或者股东大会决议，还可以从税后利润中提取任意公积金，这是公司根据自身发展情况自由决定所提取的公积金，因此称为任意公积金，如果公司没有取得盈余或利润，则不能提取该项公积金。

（三）分配股利

为保证股东权益，吸引投资，公司法需要规范公司的利润分配。我国《公司法》对公司利润分配的规范主要是力图遵循"无盈不分，无利不分；多盈多分，少盈少分"的原则，但是对股东的股利分配不能侵蚀或削弱公司的资本，同时，公司持有的本公司的股份不得分配利润。

无论有限责任公司还是股份有限公司，对股东支付股利的基本标准是股东对公司的出资额或其所持股份的数额。但是，公司股东之间利润分配的比例可视情况而定，我国《公司法》第167条对这一问题作了规定。

公司向股东支付股利的方式一般有现金支付和股份分派两种。另外，由于在我国发行新股意味着需要通过修改公司章程来增加公司的资本，所以我国《公司法》规定，若股份有限公司以股份分派形式分配股利，须由股东大会作出决议，并且必须经过出席股东大会的股东所持表决权的2/3以上通过。

【案例 3-7】

道奇诉福特汽车公司案

福特公司是一家封闭持股公司，其中亨利·福特拥有58.5%的股票，而道奇兄弟拥有10%的股票，前者是支配人物。公司运营极为成功，每年的利润去掉负债后，除了支付固定股息，还会支付一定的特别股息（也即红利）。但福特让公司停止支付特别股息，这让同是股东的道奇兄弟感到不满，遂提出诉讼。福特对停止股息的解释是：公司想通过降低汽车的价格而服务于社会，降低价格会导致销售数量增加，所以公司需要资金扩展业务建造一家工厂，但公司不想从销售收入（虽然很容易办到）中来获取资金。虽然福特并不认为降低汽车价格所提高的销售额能够提高公司的利润，也即降低价格的政策将损害公司的利润，但他也认为股东赚的钱绰绰有余，美国的消费者和工人应得到价格下降的好处，因为一味追求利润并不是光彩的。密歇根州最高法院不赞同福特的这种"社会福利"观点：从道德上来说，慷慨大方是好的，你有权对自己的钱慷慨大方，但无权对别人的钱慷慨大方。福特假定股东对普通公众负有义务，但法律上他和他的董事对中小股东也负有义务，这二者是不能混淆的。商业公司主要是为了股东的利益，董事权利的行使应当围绕这个目的进行。董事行使支配权也需在能达到这个目的的方法中进行选择，而不能扩展到改变这种目的本身，如为了服务于其他目的而导致股东的利润减少或者不分配利润，这是不可取的。

资料来源：http://www.360doc.com/content/10/1020/23/3232818_62613910.shtml.

【分析】本案例中福特的"社会福利"观点从道德上来说是好的，但是，公司是营利性的组织，包括福特自身在内，股东投资公司的根本目的就是获取公司经营所得利润，股利分配请求权是股东的一项重要权利，理应受到法律的保护，而公司利润分配也需要遵循一定的强制性的规范。

第五节　公司变更、解散与清算

正所谓，人有悲欢离合，月有阴晴圆缺。公司变更、解散与清算并不可怕，可怕的是不能合法化、程序化、清晰化地进行。

——佚名

一、公司变更

公司变更，指在公司存续期间里，依法改变公司构成要素的法律行为。

（一）公司合并

公司合并是指依照法定条件和程序，两个或两个以上的公司订立合并契约，并且不经过清算程序，归并为一个公司的法律行为。

1. 公司合并的类型

（1）吸收合并，是指数个参与合并的公司中，一个公司的法人资格存续，其他被吸收的公司的法人资格均归于消灭，存续公司需办理变更登记。可表示为：A+B=A，B 公司的人格消灭，A 公司的人格存续。

（2）新设合并，是指参与合并的公司的法人资格均归于消灭，成立一个新的公司，新公司须办理设立登记。可表示为：A+B=C，A 公司、B 公司的法人资格都消灭，产生新的公司 C。

2. 公司合并的程序

公司合并的程序分为七个步骤，具体如图 3-5 所示：

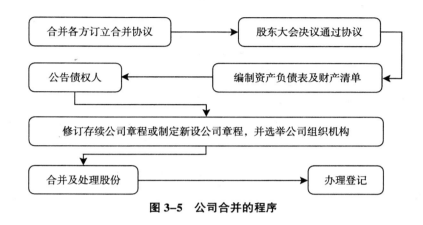

图 3-5 公司合并的程序

（二）公司分立

公司分立是指依照法律规定的条件和程序，一个公司分为两个或两个以上公司的法律行为。

1. 公司分立的类型

（1）派生分立，是指原公司资产的一部分或若干部分分出而成立一个或数个公司，原公司存续。可表示为：**A=A+B，B** 公司的人格派生出来，**A** 公司的人格继续存续。

（2）新设分立，是指原公司消灭，其资产被分割为若干部分而成立数个公司。可表示为：**A=B+C，A** 公司的人格消灭，产生两个或者两个以上的新公司。

2. 公司分立的程序

公司分立的具体程序分为五个步骤，如图 3-6 所示。

3. 公司减资的程序

根据我国《公司法》第 178 条的规定，公司需要减少注册资本时，必须编制资产负债表及财产清单。公司应当自作出减少注册资本决议之日起 10 日内通知债权人，并于 30 日内在报纸上公告。债权人自接到通知书之日起 30 日内，未接到通知书的自公告之日起 45 日内，有权要求公司清偿债务或者提供相应的担保。

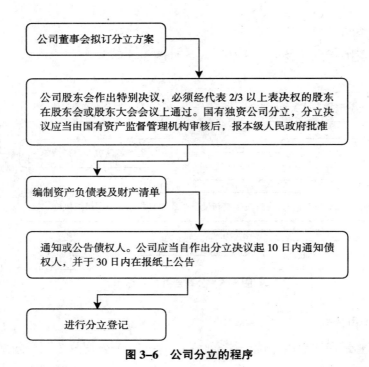

图 3-6　公司分立的程序

公司减资后的注册资本不得低于法定的最低限额。

【司法小·测试 3-13】

庐阳公司系某集团公司的全资子公司。因业务需要，集团公司决定将庐阳公司分立为两个公司。鉴于庐阳公司已有的债权债务全部发生在集团公司内部，下列哪些选项是正确的？（2007 年司法考试卷三多选第 79 题）

A. 庐阳公司的分立应当由庐阳公司的董事会作出决议

B. 庐阳公司的分立应当由集团公司作出决议

C. 庐阳公司的分立只需进行财产分割，无须进行清算

D. 因庐阳公司的债权债务均发生于集团公司内部，故其分立无须通知债权人

【答案】BC

（三）公司组织形式的变更

公司组织变更是指公司以不中断其法人资格为前提，依法定程序，由一种法定形态转变为另一种法定形态的法律行为。

1. 公司组织变更的效力

变更后，公司的组织形式发生改变，公司变更前的债权、债务由变更后的股份有限公司继承。

2. 公司组织变更的程序

公司组织变更的程序分为九个步骤，具体如图 3-7 表示。

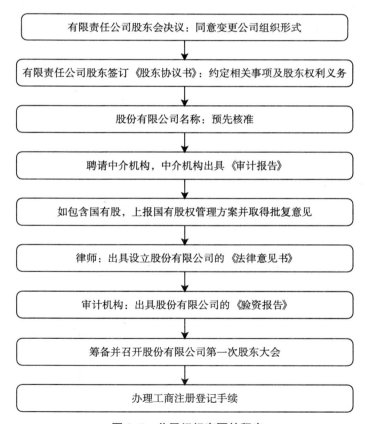

图 3-7　公司组织变更的程序

资料来源：范健，王建文.商法学 [M].北京：法律出版社，2007.

二、公司解散

（一）公司解散的概念

公司解散是指因法律或公司章程中规定的解散事由出现，公司丧失经营资格，并使其法人资格最终归于消灭的法律行为。

（二）解散事由

根据我国《公司法》第181条的规定，公司解散的原因有以下几种：

1. 自愿解散事由

（1）公司章程规定的营业期限届满或者公司章程规定的其他解散事由出现。

（2）公司股东会或股东大会决议解散。

（3）公司合并、分立而解散。

2. 强制解散事由

（1）依法被吊销营业执照，责令关闭或被撤销。

（2）人民法院依照我国《公司法》第183条的规定予以解散。

（三）公司解散的效力

1. 公司进入清算程序

根据我国《公司法》的规定，公司应于解散事由出现之日起的15日内成立清算组进行清算，清算组代为行使公司原组织机构的权利。

2. 公司解散后清算终了前

公司法人的权利能力受到限制，只能在清算范围内从事法律许可的活动，不能对外开展新业务。

3. 公司清算结束后

公司被依法注销，公司法人资格消灭。

【司法·小·测试 3-14】

某有限责任公司股东会决定解散该公司，其后股东会、清算组所为的下列哪一行为不违反我国法律的规定？（2005 年司法考试卷三多选第 24 题）

A. 股东会选派股东甲、股东乙和股东丙组成清算组，未采纳股东丁提出吸收一名律师参加清算组的建议

B. 清算组成立次日，将公司解散一事通知全体债权人并发出公告，一周内全体债权人均申报债权，随后清算组在报纸上又发布一次最后公告

C. 在清理公司财产过程中，清算组发现设备贬值，变现收入只能够清偿 75% 的债务，遂与债权人达成协议：剩余债务转由股东甲负责偿还，清算继续进行

D. 在编制清算方案时，清算组经职代会同意，决定将公司所有的职工住房优惠出售给职工，并允许以部分应付购房款抵消公司所欠职工工资和劳动保险费用

【答案】AB

三、公司清算

（一）公司清算的概念

清算是指按照一定的法律程序，了结已解散公司的一切既存的法律关系，使公司的法人资格归于消灭。根据我国《公司法》的规定，公司应于解散事由出现之日起的 15 日内成立清算组进行清算。一般认为，清算终了时公司的法人资格消灭。

（二）公司清算组的职责

1. 清算组的产生

根据我国《公司法》第 184 条的规定，有限责任公司的清算组由股东组成，股份有限公司的清算组由董事或者股东大会确定的人员组成。逾期不成立清算组进

行清算的，债权人可以申请人民法院指定有关人员组成清算组进行清算，人民法院应当受理该申请，并及时组织清算组进行清算。

2. 清算组的职责

根据我国《公司法》第185条的规定，清算组在清算期间行使下列职权：

（1）清理公司财产，分别编制资产负债表和财产清单；

（2）通知、公告债权人；

（3）处理与清算有关的公司未了结的业务；

（4）清缴所欠税款以及清算过程中产生的税款；

（5）清理债权、债务；

（6）处理公司清偿债务后的剩余财产；

（7）代表公司参与民事诉讼活动。

（三）公司清算的程序

公司清算的程序主要分为七个步骤，具体如图3-8所示。

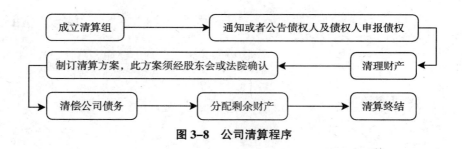

图3-8　公司清算程序

【案例3-8】

公司的普通清算程序

G公司是一家主要从事养殖业的企业，从20世纪90年代开始成立，在曾经一个阶段发展非常好，业务蒸蒸日上，知名度在全国都很高。但自近几年来开始，养殖业原材料的价格上涨非常厉害，再加上公司管理层发生频繁变动，管理方面混乱不堪，因此经营状况日渐衰退，公司效益也急剧下降，不堪负债累累的重压，于2010年10月宣布解散公司。由于公司负债过多，股东经过衡量发现清算后所能分配的财产也不多了，因此迟迟不肯办理清算手续，而这时债权人甲在向公司追讨欠款时才发现其已经决议解散公司，为了保护自身利益，甲通过法律程序于 2010 年 12 月迫使 G 公司成立了清算组，开始公司清算。在清算期间，公司只通知了部分债权人，而对于偏远地方的债权人则只以公告的方式通知，且公司在地方报纸上敦促债权人必须在 2011 年 2 月 1 日之前申报债权，否则视为放弃债权。在清算期间，一个客户反映，公司所养殖的猪发生停止生长的情况，要求 G 公司赔偿。清算期间所有成员都不愿意出庭回应，只得由公司的董事长出庭应诉。2011 年 3 月，清算组发现公司已经出现资不抵债，向债权人发出通知，让债权人申请宣告 G 公司破产，自动解散，G 公司的清算活动也全部终止。

【分析】本案中的 G 公司属于自愿解散的情况，其违法之处主要有以下几点：清算的消息并没有书面告知所有的债权人；应公告债权人不少于 3 次；未收到通知的债权人申报债权的时间少于 90 天；对于清算期间的民事诉讼，应该由清算组代表公司参与；一旦清算组发现公司财产资不抵债，就应终止普通程序，向法院申请破产。

本章小结

公司是商业活动中的"活跃分子"，因此商法中对于公司也有相应的法律给予"调教"，这就是《公司法》。公司有各种不同的类型，如有限责任公司、股份有限公司等，各种类型的公司具有不同的设立条件、股东也具有不同的权利与义务，这些都需要很好的掌握和区分，才能更好地利用《公司法》来维护公司的权益。一个好的公司，必定在财务会计和利润分配上面都能做到"无愧于自己，无愧于投资者"，反过来，要想成为一个好的公司，也必须让自己的财务会计"清清白白"，利润分配"公公平平"。最后，公司要持有一颗平常心，面对变更、解散、清算，要按照合规的流程和步骤进行，凡事"慢着来，悠着来"，这样必定会减少不必要的纠纷和损失。

第四章 保险法

出险了，保险公司却不赔——出险通知义务的履行

2001 年 6 月 3 日，某保险公司和投保人郭先生以其所有的宝马轿车为标的物签订了一份机动车保险合同，保险险别包括车辆损失险、第三者责任险，附加险为不计免赔特约险等，保险期为 2001 年 6 月 4 日零时起至 2002 年 6 月 3 日 24 时止，并规定第三者责任险的赔偿限额为 10 万元。签订合同后，郭先生按时向保险公司缴纳了保险费。2001 年 8 月 11 日，郭先生的驾驶员曾某在驾驶该辆车时发生交通事故，不慎将第三人撞伤，经过交通部门的检验，需由曾某对该事故负全部责任。无奈之下，曾某赔付了所有的费用，总计 6 万余元。

当初与郭先生签订保险合同的两个人分别是林某和叶某，林某是该保险公司寿险部的业务员，而叶某既不是该公司工作人员，也无保险代理人的资格，但能够在公司营业区域内办理有关保险事务，郭先生的全部手续都是由林某和叶某承接办理的。出险当天，郭先生除了及时向公安局报案，也立即通知了林某，而林某也立即通知了叶某，但两人并没有将该情况告知保险公司。2001 年 9 月，郭先生向保险公司提出索赔，保险公司以郭先生没能在出险 48 小时内通知本公司为由而拒绝予以赔付，并发出了拒赔通知书。郭先生将保险公司诉至法院，要求其赔偿第三者责任险保险金 6 万余元。

资料来源：贾林青，陈晨.保险合同案例评析 [M].北京：专利文献出版社，2003.

【处理办法】本案郭先生延迟履行保险事故通知义务，是由于对保险公司业务人员的误解所致，所导致的后果直接反映出保险公司对内欠缺严格管理机制，对外欠缺规范的业务行为。对此，保险公司应负有责任。本案保险事故已经查清，保险责任已经明确，同时又不存在扩大损失的情况，因此，对于本案中的保险公司的拒赔行为，法院不予支持，它有违公平原则。对于原投保人合理的损失，保险公司应全部赔偿。

【案例启示】本案也是保险行为中比较常见的一种现象，延迟通知保险事故是否应得到保险赔偿，这是一个问题。但从这个问题可以折射出一个道理：不要认为买了保险就一定可以得到保险赔偿，一定要清楚《保险法》的各种规则；否则，让保险公司找到漏洞、钻了空子，那就得不偿失了。

本章您将了解到：

● 《保险法》对保险的相关规定

● 保险合同的履行、变更和终止

● 财产保险和人身保险

● 保险公司的经营规则及涉及的人员

第一节　保险与《保险法》

如果我办得到，我一定要把保险这两个字写在家家户户的门上，以及每一位公务员的手册上，因为我深信，通过保险，每一个家庭只要付出微不足道的代价，就可免除遭受万劫不复的代价。

——丘吉尔

一、保险的概念与构成要件

（一）保险的概念

我国《保险法》第 2 条规定，本法所称保险，是指投保人根据合同约定，向保险人支付保险费，保险人对于合同约定的可能发生的事故因其发生所造成的财产损失承担赔偿保险金责任，或者当被保险人死亡、伤残、疾病或者达到合同约定的年龄、期限时承担给付保险金责任的商业保险行为。

（二）保险的构成要件

1. 保险以特定的危险为对象

能够作为保险对象的危险必须具备以下条件：①危险是否发生不确定，并且其发生是当事人非故意造成的；②危险发生的时间不确定；③危险造成的后果不确定；④危险仅是少数人才遭受的。

2. 保险以多数人的互助救济为基础

保险业的经营是通过集合多数人缴纳的保险费用建立集中保险基金来补偿少数人遭受的损失，因此保险必须集合有同类危险的多数单位，才能发挥应有作用。

3. 追求负担的公平合理

保费的确定是利用大多数法则和概率论对危险进行测算拟定的，现代保险的精算技术为公平合理地负担保险费提供了技术基础。

4. 保险的权利与义务对等

保险人与被保险人都须依法承担各自的义务，享有各自的权利。

二、《保险法》的概念和主要内容

（一）《保险法》的概念

保险法是指调整保险关系的法律规范的总称。现行《保险法》是 2009 年 2

月 28 日第十一届全国人民代表大会常务委员会第七次会议修订的，包括八章共187 条。

我国《保险法》概述

我国现行《保险法》第一章为总则，规定了本法的适用范围、从事保险活动的原则、经营主体、监督管理机构等；第二章是有关保险合同的规定，包括保险合同的订立、生效、法律效力、当事人的权利和义务、保险合同的解除等方面，本章还分别对人身保险合同和财产保险合同的有关事项进行了特别规定；第三章、第四章是有关保险公司设立、登记、变更、经营活动及其他相关行为应遵守的法律规定；第五章是有关保险活动使用保险代理人和保险经纪人从事保险业务时应遵守的法律规定；第六章规定了对保险业的监督管理内容；第七章规定了投保方、保险方、保险公司、工作人员、非法从事保险业务等的违法犯罪行为应承担的法律责任；第八章为附则，补充规定了本法的适用范围，包括海上保险、外资参股公司及外国保险公司、农业保险及其他保险组织的法律适用。

（二）《保险法》的主要内容

1. 保险合同法

这是关于保险双方当事人的权利义务关系的法律，包括财产保险合同和人身保险合同，我国《保险法》第二章对这两类保险合同进行了规定。

2. 保险业法

又称保险事业监督法，是国家对保险业进行管理和监督的法律法规。我国的保险业法主要由《保险公司管理规定》、《保险法》第三、第四、第五、第六章构成。

3. 保险特别法

这是规范某一种险种的保险关系或规范保险活动某一方面的保险关系的法律

和法规，如《海商法》中关于海上保险合同的规定等。

三、《保险法》的基本原则

（一）最大诚信原则

我国《保险法》中的最大诚信原则主要体现在：

1. 告知义务

告知义务又叫披露信息的义务，在订立保险合同的过程中，投保人、被保险人及保险人都应该向对方披露明确的信息。具体来说，投保人应该将自己或被保险人所知的或者推定其应知的与保险标的相关的各种情况及信息清楚地告知保险人；保险人应该将保险条款的全部内容都详细清晰地告知投保人。若在签订保险合同后保险标的发生危险状况，或者发生危险程度明显超过订立合同时所预期的危险时，投保人或被保险人需及时通知保险人。

2. 说明义务

我国《保险法》第17条第1款规定订立保险合同，保险人应当向投保人说明保险合同的条款内容。我国《保险法》第17条第2款规定，保险合同中规定有关于保险人责任免除条款的，保险人在订立保险合同时应当向投保人明确说明，未经明确说明的，该条款不产生效力。

3. 弃权与失权

弃权是指签订保险合同的双方当事人中有一方放弃了其在合同中的某项权利，这些权利包括合同的解除权、抗辩权、终止权、拒赔权等。失权又称禁止反言、不容否认、禁止抗辩，是指合同的双方当事人中有一方放弃了其在合同中的某项权利，或者放弃了其做出的某种陈述，那么其不得再向他人要回这种权利或者继续维持该种陈述。

【案例 4-1】

保险法中最大诚信原则的应用

保险人系一艘船舶所有者，他签订的保险单上表明在一次航行中需配备 50 名以上船员，即船舶被保证航行前需配备 50 名以上船员，可事实上船舶开航时只配备了 45 名船员，以后在航行途中又增加了 6 名船员。后法官判定，保险人有权宣告保单无效，因为该保单违背了保险法中"最大诚信原则"。

（二）损失补偿原则

损失补偿原则是指在保险期限内如果保险标的发生了保险合同中约定的保险事故，保险人应依约对所产生的损害予以补偿。损失补偿的范围主要包括实际损失、合理费用和其他费用。损失补偿原则主要体现在以下几个方面：

1. 保险代位求偿权

保险代位求偿权又称代位追偿权，是指在损失补偿保险合同中，若被保险人发生保险事故，且损失应该由第三人承担，也即第三人对该保险事故负有民事赔偿责任，那么被保险人可以要求保险人赔付其损失，其后，保险人可以在赔付的限额内依法取得对第三人请求赔偿的权利，换句话说，这种保险人向第三人取得赔偿的权利就被称为代位求偿权。

可以这样理解代位求偿权：B 在 A 保险公司购买了保险，C 作为第三人对 B 造成了伤害，本应承担民事责任，但 B 因为买了保险可以直接找 A 要求赔偿，故 A 赔付 B 损失费，但 A 可以在赔偿 B 之后再回头找 C 承担这笔赔偿费，不过前提是赔偿费在保险限额内。

【案例 4-2】

是否签发权益转让书不影响保险人代位求偿权

某造纸公司需要经常运输木浆到转运站，为了保险起见，其于 2010 年 4 月 12 日向保险公司投了一切险、战争险，保险金额为货物发票金额的 110%。2010

年 11 月 22 日，造纸公司委托某运输公司将一批木浆运至某转运站，25 日下午，运输公司在承运过程中因机器发生故障而使得木浆倒入水中沉没，造纸公司损失金额达 70 多万元。

2011 年 1 月，保险公司向造纸公司赔付了保险金，赔付完之后，保险公司向运输公司代位求偿。运输公司拒绝赔偿，其理由是：保险公司并没有向造纸公司取得权益转让书，因此无权要求本公司承担责任。保险公司于是向法院提起诉讼。法院经审理后认为，保险公司向造纸公司支付赔付款后就已经取得了代位求偿权，因此，运输公司应该对该事故所造成的损失承担全部责任。

【分析】本案争议的焦点是被保险人未签发权益转让书是否影响保险人代位求偿权的取得。本案发生于承运期间，运输公司是造成事故的原因，应当对货损承担赔偿责任。

2. 重复保险与超额保险

我国《保险法》第 56 条规定："重复保险是指投保人对同一保险标的、同一保险利益、同一保险事故分别向两个以上保险人订立保险合同的保险。"超额保险则是指保险金额大于保险价值的财产保险。

【案例 4-3】

有关重复保险，该如何赔付？

某制造厂是广东一家私营企业性质的制造厂，2010 年 3 月，其在北京购买了一批价值 35 万元的制造原材料，打算以火车运送的方式运回广东。由于路途遥远，为了保险起见，制造厂向 A 保险公司投保了货物运输险，保险金额是 25 万元，保险的责任期限为原材料从北京出售地仓库到该制造厂的仓库这整个期间。之后，制造厂又向 B 保险公司投保了相同的货物运输险，保险金额也是 25 万元。这批货物顺利到达制造厂所在的城市——广州火车站，制造厂于是委托 C 仓库将其分装，这样便于运送到制造厂的仓库。但是，C 仓库职工在分装原材料时，由于操作不当，导致货物全部泡水被毁。之后，制造厂分别向 A、B 保险公司提出索赔。

【分析】本案中涉及保险实务中的重复保险和代位求偿问题，由于该制造厂重复购买保险，那么该如何赔付？本案中，A、B 两个保险公司的承保金额之和已经是 50 万元，大大超出了保险物的价值，根据法律规定，各保险人应该按比例承担赔偿责任，以防止投保人获取额外利益。所以，根据此案的实际情况和保险责任比例分摊原则，A、B 保险公司只需各赔付 15 万元。

（三）保险利益原则

保险利益又称可保利益，是指投保人或被保险人享有法律承认的关于保险标的的经济性利益，因保险标的的完好无损而受益，因保险标的的发生保险事故而受损。

【拓展阅读】

保险合同

订立保险合同的目的并不是保险标的本身，而是保障被保险人对保险标的所具有的利益，这种利益就是保险利益。保险利益的成立需满足三个条件：必须是合法的利益；必须是经济上的利益；必须是可以确定的利益。因而，若保险事故发生并使保险标的的经济利益受到损害，则表示投保人对保险标的的有保险利益；否则，若保险事故发生并没有影响其经济利益，则表示投保人对保险标的的无保险利益。

【案例 4-4】

转让手续不完全，可以拒赔吗？

刘某是某市一名汽车司机，2010 年 1 月，他向保险公司为其一辆货运卡车投保了机动车辆损失保险，保险金额是 5 万元，保险期限为一年。但是同年的 6 月，刘某将卡车卖给了他的同事王某，在转让的时候，也将保单转让给了王某，卡车卖家中也包含了保险费。2010 年 11 月，王某驾车时出了车祸，损失金额达 2 万余元，事发后，王某拿着保单找保险公司索赔，但保险公司拒绝赔款。双方就是否应该赔款达不成一致意见。

王某认为，保险公司应该赔偿，原因是：首先，王某在接受刘某转让的保单时，里面已经包含了保险费，因此，事实上可以认为自己已经缴纳了保费，因此有权获得保障；其次，王某的汽车出险是在保险有效期内的，符合赔偿条件。但是，保险公司认为，王某承保的卡车是刘某的，公司是与刘某签订的保险合同，只与刘某存在保险关系，虽然王某取得了保单，但是并没有成为被保险人，因此，双方不存在契约关系，不应给予赔偿。

资料来源：郑美琴. 保险案例评析 [M]. 北京：中国经济出版社，2004.

【分析】本案实质上是财产保险中可保利益与保险合同的效力关系及保险合同主体的变更问题，保险公司拒绝王某的索赔是合理的。因为，王某得到刘某转让的保单时并未征得保险公司的同意和认可，王某要想得到索赔，除非他与刘某在买卖车辆时征得保险公司的同意并更改了保险单中的被保险人的名字，否则，保险公司是有理由拒赔的。因此，本案中，王某的车辆损失由王某自己承担，而刘某在转让给王某汽车时，王某交付的保险费，则属于刘某和王某之间的经济关系，与保险公司是无关的。

（四）近因原则

近因原则是指在确定导致承保标的损失的原因时，将效果上最接近承保标的损失的原因确定为致损原因，适用于同时存在多个致损原因的保险。

第二节　保险合同总论

保险的意义，只是今日做明日的准备，生时做死时的准备，父母做儿女的准备，儿女幼小时做儿女长大时的准备，如此而已。今天预备明天，这是真稳健；生时预备死时，这是真旷达；父母预备儿女，这是真慈爱；能做到这三步的人，才能算作是现代人。

——胡适

一、保险合同的概念和分类

（一）保险合同的概念

我国《保险法》明确规定："保险合同是投保人与保险人约定保险权利义务关系的协议。"

（二）保险合同的分类

根据不同的分类标准，保险合同可以分为不同的类型，具体如表 4-1 所示：

表 4-1　保险合同的分类

保险合同的分类		
分类标准	类别	内　　容
根据保险金额与保险价值的关系	足额保险合同	指保险金额等于保险价值的保险合同
	不足额保险合同	指保险金额低于保险价值的保险合同。对于不足额的保险合同，保险人对被保险人损失的赔偿责任以保险金额为限
	超额保险合同	保险金额超过保险价值的保险合同。保险金额不得超过保险价值；超过保险价值的部分无效
根据保险标的的不同属性	财产保险合同	以财产和财产利益为保险标的的保险合同
	人身保险合同	以人的身体和寿命为保险标的的保险合同

保险合同的分类		
分类标准	类别	内　容
根据保险价值在保险合同中是否预先确定	定值保险合同	定值保险合同一般适用于海上保险合同、内陆货物运输合同以及艺术品、矿石标本等不易确定价值的财产为标的的财产保险，在订立合同时，双方当事人就已确定保险标的的价值，并将其明确记载于合同中
	不定值保险合同	是指在订立合同时，保险双方当事人并没有对保险标的的价值进行预定，而是在合同上载明会根据保险事故发生后所确定的损失来估计标的的价值。适用于大多数财产保险
根据保险标的的数量状况	个别保险合同	指以一人或者一物为保险标的的保险合同
	集合保险合同	指集合多数性质相似的保险标的而订立的保险合同
	总括保险合同	又称"统保单"，是指无特定保险标的，仅按一定标准所限定的可以变动的多数人或者物的集体为标的的保险合同
根据保险人所负责任的次序	原保险合同	又称第一次保险合同，是指投保人与保险人原始订立的保险合同。既可以是财产保险合同，也可以是人身保险合同
	再保险合同	又称第二次保险合同或分保险合同，是指保险人将其承保的保险危险转向其他保险人再为保险的保险合同

资料来源：范健，王建文.商法学［M］.北京：法律出版社，2007.

二、保险合同的相关概念

（一）保险金额

保险金额是指约定的赔偿额，也叫保额。

（二）保险金

保险金是指实际的赔偿额。

（三）保险价值

保险价值也称保险价额，是指投保人与保险人订立保险合同时，作为确定保险金额基础的保险标的的价值。保险价值的确定有三种方法，分别是按照市价确定、依合同双方约定、依照法律规定。

（四）保单的现金价值

在保险合同初期，所交保险费较高，而后期则相对少一些，因此初期所交的高额保费中就有一部分是储蓄性质的，当解除合同时，保险公司须退还给投保人一部分金额，这部分金额就是保单的现金价值。

三、保险合同当事人与关系人

（一）保险合同当事人

保险合同当事人，是指订立保险合同，享有并承担保险合同所确定的权利义务的人，包括保险人和投保人。

1. 保险人

保险人又称承保人，一般是指保险公司，它与投保人签订保险合同，并承担相应的责任和义务。

2. 投保人

投保人又称要保人或保单持有人，是指与保险公司签订合同并缴纳保费的人。

（二）保险合同关系人

保险合同关系人，是指在保险事故或者保险合同约定的条件满足时，对保险人享有保险金给付请求权的人，包括被保险人和受益人。

1. 被保险人

被保险人是指约定的保险事故可能在其财产或人身上发生的人。被保险人既可以是投保人，也可以是受益人。

2. 受益人

受益人又称保险金受领人，是指由投保人或被保险人在保险合同中指定的，在保险事故发生时享有赔偿请求权的人。

受益人有以下特征：受益人既可以由保险人指定，也可以由投保人指定，不过当由投保人指定时，需要经过被保险人的同意；受益人享有保险金的请求权；受益人可以是投保人、被保险人或第三人；受益人不受有无行为能力及保险利益的限制；只在人身保险合同中才出现受益人；受益人的资格可以被取消，也可以依据相关法律而丧失。

四、保险合同的履行

（一）投保人履行的义务

（1）签订保险合同后按期缴纳保费。

（2）保险事故发生后及时通知保险人，否则保险人可以在一定条件下不承担赔偿责任。

（3）维护保险标的安全的义务。

（4）在财产保险合同的有效期内，保险标的危险程度增加的，投保人按照合同约定应当及时通知保险人，保险人有权要求增加保险费或者解除合同。

（5）我国 《保险法》规定，投保人在保险事故发生后，应尽力采取必要的措施，防止或减少损失的产生。

【案例 4-5】

用别人的财产投保，是保险欺诈还是无效合同？

张某是一家保险公司的推销员，他外出推销保险时碰到投保人梁某，梁某用别人的庄园以自己的名义和编造的假名字向张某投保多项保险，这些事情张某是知情的，但是为了业绩和提成，张某并未告知公司。之后，所报保险中有一部分出险，保险公司根据相关规定，派人勘查现场后给予了相应的赔付。之后，梁某又以同样的方式投保了数项，共累计得到保险赔偿数十万元。

【分析】在本案中，梁某用别人的财产投保，是保险欺诈还是无效合同呢？根据相关法律规定，应认同该保险合同自始无效，但不能认同为保险欺诈。梁某是与张某合谋才获得这些利益的，这一方面是梁某的原因，另一方面也是保险公司没有严格执行承保管理制度造成的结果。根据规定，被保险人对投保标的物具有法律上承认的利益是具备投保条件的必要前提，否则即便签订保险合同，也是自始无效的合同，对于合同成立"假生效"后产生的后果，被保险人要负责。在本案中，梁某和张某都要负责。

（二）保险人履行的义务

1. 说明义务

在订立保险合同时，保险人应当向投保人说明保险合同的条款内容。根据我国《保险法》第17条的规定，保险合同中规定的有关保险人责任免除条款的，保险人在订立保险合同时应当向投保人明确说明，未明确说明的，该条款不产生效力。

2. 保守秘密的义务

我国《保险法》规定，保险人对于在保险业务中知道的有关投保人、被保险人、受益人的财产情况及个人隐私的情况，负有保密的义务。

3. 给付保险金的义务

（1）保险人的先予赔付义务。

根据我国《保险法》第25条第1款的规定，保险人自收到赔偿或者给付保险金的请求和有关证明、资料之日起60日内，对赔偿或者给付保险金的数额不能确定的，应当按照已有证明和资料可以确定的最低数额先予支付；保险人最终确定赔偿或者给付保险金的数额后，应当支付相应的差额。

（2）保险金给付请求权的时效。人寿保险的保险金给付请求权的时效为5年诉讼，人寿保险以外的其他保险的保险金给付请求权的时效为2年诉讼。

【案例4-6】

出险后迟延通知案

易先生在保险公司为自己的汽车投了责任保险，2011年3月的一天，其20岁儿子驾车发生事故，撞伤两人。交通部门调查表明，其子是因为过量饮酒而肇事，因此，其子因交通肇事罪被判处1年徒刑。宣判后，被害人又向其子提起民事赔偿诉讼。易先生在这段时间后才想起自己购买过汽车责任保险，依据保险合同规定，发生保险事故后应尽快通知保险公司。易先生立马通知保险公司，但保险公司认为易先生迟延通知，没遵守保险合同的约定，不给予保险金。易先生不服保险公司的结果，起诉至法院。

【分析】本案争议的焦点是：易先生是否履行了通知义务，易先生的通知是否符合合同的约定。虽然保险公司较晚得到通知，但是这个通知对其并没有造成什么损害。对于"尽快通知"的理解，一定要考虑具体情况，给予合理的时间，易先生在当时需要处理官司问题，没有充足的时间通知保险公司是情有可原的。故此，易先生要求保险公司承担责任应当予以支持。

五、代位求偿权

代位求偿权是指保险事故发生后，保险标的的损失应由第三方承担赔偿责任时，保险公司自支付保险金之日起，在保险金的额度限制内向第三方请求赔偿的权利。代位求偿权有以下几个特点：

（1）代位求偿权是一种债权转移。

（2）代位求偿权是被保险人因保险事故对第三者享有的赔偿请求权。

（3）代位求偿权的取得必须以保险人支付了保险金为基础，保险人在赔付后自动取得代位求偿权。

（4）代位求偿权的范围不得超过保险人的赔付金额。仅适用于财产保险，不适用于人身保险。

（5）根据我国《保险法》第61条的规定，保险事故发生后，保险人赔偿保险金之前，被保险人放弃对第三者的请求赔偿的权利的，保险人不承担赔偿保险金的责任；保险人向被保险人赔偿保险金后，被保险人未经保险人同意放弃对第三者请求赔偿权利的，该行为无效；由于被保险人的过错致使保险人不能行使代位请求赔偿权利的，保险人可以相应扣减保险赔偿金。

（6）根据我国《保险法》第62条的规定，除被保险人的家庭成员或者其组成人员故意造成保险事故以外，保险人不得对被保险人的家庭成员或者其组成人员行使代位请求赔偿的权利。

（7）代位求偿权仅适用于财产保险，不适用于人身保险。

【司法·小·测试 4-1】

李某让其子小李（16 岁）学习开车，投保了 10 万元责任险。某日小李独自开车时不慎撞坏叶某的轿车，叶某为此花去修车费 2 万元。下列哪些选项是正确的？（2007 年司法考试卷三多选第 77 题）

A. 应当由李某对叶某承担侵权赔偿责任

B. 应当由小李对叶某承担侵权赔偿责任

C. 因李某疏于管理保险财产，保险公司有权单方通知李某解除保险合同

D. 保险公司支付保险赔款后不能对小李行使代位追偿权

【答案】AD

六、保险合同变更和终止

（一）保险合同的变更

保险合同的变更是指在保险合同的有效期内，合同当事人根据主客观情况的变化，按照法律规定的条件和程序，对原合同的某些条款进行修改或补充。分为主体变更、内容变更和效力变更。

1. 主体变更

保险合同主体变更通常是指保险合同中投保人、被保险人、受益人发生变更，变更的实质是保险合同发生转让，但是保险标的一般不发生变化，通常也不包括保险人的变更。

【案例 4-7】

以个人名义为企业财产投保，保险合同有效吗？

2010 年 5 月，广州市 A 工厂购买了一辆奔驰轿车。6 月，该厂司机陈某在厂长的指示下为该车购买了车辆损失保险的第三者责任保险。但是，在投保中，

为了方便起见，陈某在投保人和被保险人两栏中都填写了自己的名字，也即投保人和被保险人都是自己。2011 年 3 月，该车发生撞车事故，车身严重毁损。于是，陈某向保险公司索要赔款，但是经过调查后，保险公司发现，虽然车辆损失都在保险责任范围之内，可陈某所投保的轿车并非其个人财产，而是 A 工厂的企业财产，也即陈某以个人的名义为企业财产进行的投保，保险公司认为该合同无效，拒绝赔款。

【分析】 本案的焦点在于这份保单是否有效，虽然该辆轿车并非陈某所有，但是陈某的职业是司机，他对这辆轿车具有管理利益、收益利益以及责任利益，而这些根据保险法规的规定都是保险利益的具体表现形式。因而，该保险合同有效。

2. 内容变更

保险合同内容变更是指合同中约定的、体现合同双方当事人权利义务关系的条款发生变化，如保险期限、金额的变化。

3. 效力变更

保险合同效力的变更包括合同的解除和中止。

（1）保险合同的解除。保险合同的解除是指在保险合同生效后，有效期尚未届满前，有合同解除权的一方向他方作意思表示，使得已生效的合同不再具有约束力的行为。保险人解除保险合同分为法定条件解除和约定条件解除两种。我国《保险法》规定了保险合同法定条件解除的五种情况。约定条件解除是指保险合同成立后，投保人和保险人通过协商将保险合同解除。

（2）保险合同的中止。保险合同的中止是指保险合同生效后，由于某些情况的出现使得保险合同暂时失去效力。在此期间，当保险事故发生时，保险人并不负担保险责任。人身保险和财产保险均存在保险合同的中止。

4. 保险标的的转让

保险标的的转让应当依据保险标的转让的相关规定依法变更保险合同，但货物运输保险合同和另有约定的除外。进行保险标的转让时，应注意以下几点：

（1）转让财产保险合同的保险标的的，其保险权利义务由受让人自然承继，保险合同继续有效，保险关系也应继续维持稳定。

（2）保险标的转让后，其危险程度显著增加的，保险人可以要求增加保险费或者解除合同，以保护保险人的权利。

（3）在保险标的转让后，投保人有义务尽快通知保险公司。

（二）保险合同的终止

保险合同的终止是指因法定原因出现，保险合同规定的当事人之间的权利义务关系也随之消灭。保险合同终止的原因有两种：

（1）因行使《保险法》及相关法律规定的或者是保险合同约定的保险合同终止权而终止合同。

（2）保险合同的自然终止，主要有以下几种情形：保险合同期间届满；因履行而终止；因失去保险标的而终止。

【司法·小·测试 4-2】

张某到保险公司商谈分别为其 62 岁的母亲甲和 8 岁的女儿乙投保意外伤害保险事宜。张某向保险公司详细询问了有关意外伤害保险的具体条件，也如实地回答了保险公司的询问。请回答以下两题：（2005 年司法考试卷三不定项第 91~92 题）

91. 张某为甲和乙投保的保险合同均约定为分期支付保费。张某支付了首期保费后，因长期外出，第二期超过 60 日未支付当期保费，这有可能引起什么后果？

A. 合同效力中止

B. 合同终止

C. 保险人有权立即解除合同

D. 保险人按照约定条件减少保险金额

92. 张某续交保费两年后，由于经济上陷入困境，无力继续支付保费，遂要求解除保险合同并退还已交的保费。对于张某的这一请求，应当如何认定？

    A. 张某有权解除合同，但无权要求退还任何费用

    B. 张某有权解除合同，保险公司应当退还已交的保费

    C. 张某有权解除合同，保险公司应当退还保险单的现金价值

    D. 张某有权解除合同并要求按规定退还保费，但保险公司有权收取违约金

【答案】91. AD 92. C

第三节　保险合同分论

我对资本主义向来没有好感，但保险制度却是资本主义唯一可取的地方。

——赫鲁晓夫

一、财产保险合同

（一）财产保险合同的概念

财产保险合同是以投保人或被保险人的财产及其有关利益为标的而订立的保险合同。

财产保险合同的标的分为经济性保险利益和具体性保险利益。所谓经济性保险利益是指以"特定财产及其有关利益"作为保险标的，所谓具体性保险利益是财产保险有关保险标的的事故必须是在财产保险合同中的事故范围内，并给投保人造成了财产损失，否则保险人不承担责任。

（二）财产保险合同的主要内容

财产保险合同的主要内容涉及保险标的、保险金额、保险费、保险责任以及

除外责任等方面，投保人与保险人须就这些方面在合同中达成协议。协议达成后，合同即生效，投保人须及时缴纳保险费，保险人须对保险标的负责。

【司法·小·测试 4-3】

刁某将自有轿车向保险公司投保，其保险合同中含有自燃险险种。一日，该车在行驶中起火，刁某情急之下将一农户晾在公路旁的棉被打湿灭火，但车辆仍有部分损失，棉被也被烧坏。保险公司对下列哪些费用应承担赔付责任？（2004 年司法考试卷三多选第 64 题）

A. 车辆修理费 500 元

B. 刁某误工费 400 元

C. 农户的棉被损失 200 元

D. 刁某乘其他车辆返回的交通费 30 元

【答案】AC

（三）财产保险合同的类型

根据我国《保险法》的规定，财产保险业务包括财产损失保险、责任保险、信用保险等保险业务。

1. 财产损失保险合同

财产损失保险合同，是以各种有形财产为保险标的的财产保险合同。它的常见形式有：企业财产保险合同、家庭财产保险合同、工程保险合同、运输工具保险合同和货物运输保险合同。

2. 责任保险合同

责任保险合同与其他保险合同的不同之处就体现在其保险标的，责任保险合同的保险标的是被保险人对第三者所负的赔偿责任。此类保险非常注重控制风险，除规定责任限额外，通常还规定了和解与抗辩的控制条款，限制被保险人与第三人自行和解，赋予保险人参与权、抗辩控制权，要求被保险人提供必要的协助之权利等。也即，若 A 为保险人，B 为被保险人，C 为第三者，B 对 C 造成伤害，那么责任保险合同就是针对 B 需对 C 承担的责任作为保险标的物，因为保险标的物是"责任"，故而称为责任保险合同。

责任保险可以按照责任发生的原因分为过失责任保险和无过失责任保险。过失责任保险主要承保的是被保险人因疏忽或过失行为而致使他人人身伤亡或财产损毁时依法应承担的赔偿责任，如厂家责任保险、场所责任保险、职业责任保险、个人责任保险等。无过失责任保险主要承保的是被保险人无论有无过失，都须依法承担损失赔偿的赔偿责任，如产品责任保险、雇主责任保险、核电站责任保险等。

【司法·小·测试 4-4】

甲厂生产健身器，其产品向乙保险公司投保了产品质量责任险。消费者华某使用该厂健身器致损伤而状告甲厂。甲厂委托鉴定机构对产品质量进行鉴定，结论是该产品确有质量缺陷，后甲厂被法院判决败诉并承担诉讼费。在此情形下，乙保险公司应承担的保险赔偿责任应包括下列哪些范围？（2003 年司法考试卷三多选第 53 题）

A. 法院判决甲厂赔偿给华某的经济损失 3 万元

B. 甲厂因上述诉讼所造成的名誉损失 2 万元

C. 甲厂花去的鉴定费 8000 元

D. 甲厂承担的诉讼费 1500 元

【答案】ACD

---

3. 信用保险合同

信用保险是指保险人对被保险人所从事的商品销售或商业贷款业务活动提供的保险。信用保险主要包括国内商业信用保险合同、出口信用保险合同、外国投资信用保险合同等。

二、人身保险合同

（一）人身保险合同的概念

人身保险合同是指由投保人与保险人订立的，以被保险人的寿命和身体为保险标的的保险协议。

（二）人身保险合同的分类

根据保障范围以及我国《保险法》的规定，人身保险合同可分为人寿保险、健康保险、人身意外伤害保险。

1. 人寿保险

人寿保险是指以人的生命为保险标的，以被保险人的生存、死亡或者生存死亡两全为保险金给付条件的人身保险，一般可以细分为生存保险、死亡保险和生存死亡两全保险等。

2. 健康保险

健康保险是指以被保险人因患病、分娩生育所造成的医疗费用支出和工作能力丧失、收入减少为保险事故的人身保险，一般可以细分为工资收入保险、医疗费给付保险和遗属生活费、教育费、婚嫁费、丧葬费给付保险等。

3. 人身意外伤害保险

人身意外伤害保险是指以被保险人在合同期限内因遭受意外伤害事故导致残废或死亡为保险金给付条件的人身保险。

（三）人身保险合同的特征

人身保险合同具有如下特征：

1. 保险标的的不可估价性

人身保险合同的保险标的是人的生命或身体，而人的生命或身体的价值是不能用金钱来衡量的，因此人身保险的标的具有不可估价性。

2. 保险金额的定额给付性

人身保险通常采用约定给付的方式，在保险期满时，无论保险事故有无发生，保险人都要按约定支付特定的保险金额。

3. 保险期限的长期性

人身保险一般都持续几年、几十年甚至是被保险人的全部生命过程。

4. 保险费的储蓄性

人寿保险的保险费由危险保费和储蓄保费组成，储蓄保费实际上是投保人存放于被保险人处的储蓄存款。

5. 保险人代位求偿权的禁止

我国《保险法》第46条规定："人身保险的被保险人因第三方的行为而发生死亡、伤残或者疾病等保险事故的，保险人向被保险人或者受益人给付保险金后，不得享有向第三者追偿的权利，但被保险人或者受益人仍有权向第三者请求赔偿。"

【司法小·测试4-5】

某保险公司开设一种人寿险：投保人逐年缴纳一定保费至60岁时可获得20万元保险金，保费随起保年龄的增长而增加。41岁的甲某精心计算后发现，若从46岁起投保，可最大限度地降低保费，遂在向保险公司投保时谎称自己46岁。3年后保险公司发现甲某申报年龄不实。对此，保险公司应如何处理？（2006年司法考试卷三单选第33题）

A. 因甲某谎报年龄，可以主张合同无效

B. 解除与甲某的保险合同，所收保费不予退还

C. 对甲某按41岁起保计算，对多收部分保费退还甲某或冲抵其以后应缴纳的保费

D. 解除与甲某的保险合同，所收保费扣除手续费后退还甲某

【答案】C

（四）财产保险合同和人身保险合同的比较

财产保险合同与人身保险合同的比较如表4-2所示：

表 4-2　财产保险合同和人身保险合同的比较

	财产保险合同	人身保险合同
保险标的	财产或财产利益	人的生命或者身体
保险金的计算	在保险金额内，不定额支付	不存在超额问题，保险金定额支付
保障职能	补偿性保险	给付性保险
兼有功能	无	兼有储蓄性质
代位求偿权	适用	不适用

（五）人身保险合同的特别规定

《保险法》对人身保险合同还有一些特别的规定，主要有以下几项：

1. 人身保险合同的保险利益

保险利益原则是我国《保险法》第 31 条的规定，在人身保险合同中，投保人对下列人员具有保险利益：①本人；②配偶、子女、父母；③前项以外的与投保人有抚养、赡养或者扶养关系的家庭其他成员、近亲属；④与投保人有劳动关系的劳动者、除前三项外，被保险人同意投保人为其订立合同的，视为投保人对被保险人具有保险利益。订立合同时，投保人对被保险人不具有保险利益的合同无效。

【案例 4-8】

受益人签名不实，人身保险合同是否有效？

2009 年 10 月 31 日，张某到某人寿保险公司为其丈夫投保了终身保险，并以其子欧某为受益人。当时办理手续时，张某在"被保险人签名"中签了其丈夫的名字，并于当日交付了首期保险费，整个过程公司的业务员严某都清楚。11 月 2 日，保险公司签发了保险单。2010 年 1 月 29 日，其丈夫因病去世，张某立即通知了保险公司。处理完家里后事，张某于 2 月 6 日请求保险公司理赔，但保险公司以签订合同时未经张某丈夫签字认可而使得保险合同无效为由发出拒赔通知书。张某认为，当时和保险公司签约及审批时，公司并没有要求必须是被保险人本人亲自签名，且保险公司已经收取了保险费并签发了保险单，发生保险事故时却拒绝理赔，这是典型的只享有合同权利却不承担合同义务，不符合诚信原则。无奈之下，张某只有向法院起诉，诉请法院判令保险公司承担缔约过失责任，赔偿张某经济损失。

【分析】本案例涉及两个方面的问题：一是人身保险合同的效力问题，二是缔约过失责任的承担问题。首先，张某并没有获得其丈夫书面同意而替他签字，这是客观事实，根据保险法的相关规定，该保险合同是无效的；其次，业务员严某知道其丈夫不在场，没有对张某的代签行为加以制止，也没有要求张某出示其丈夫的书面同意材料，并继续签发了保险单，这一系列的行为都表示保险公司已经默认了张某的代签行为。由于保险公司没有履行告知义务，并默许张某代签，导致了保险合同无效。因此，主要的责任在保险公司，其应对合同形式上的瑕疵承担缔约过失责任。

2. 以死亡为保险金给付条件的合同的特别规定

（1）投保人的限制。根据我国《保险法》第33条的规定，投保人不允许为无民事行为能力人投保以死亡为给付保险金条件的人身保险，保险人也不允许承保。当然，父母为其未成年子女投保的人身保险，不受前款规定限制，但是死亡给付保险金额总和不得超过保险监督管理机构规定的限额。

（2）根据我国《保险法》第34条的规定，以死亡为给付保险金条件的合同，未经被保险人书面同意并认可保险金额的，合同无效。依照以死亡为给付保险金条件的合同所签发的保险单，未经被保险人书面同意的，不得转让或者质押。

【案例 4-9】

这张合同是否有效？

谢某在2010年1月为其丈夫吴某投保了保险金额为20万元的长期人寿险，不幸的是吴某在2011年4月遇车祸死亡，谢某于是向保险公司提出索赔。保险公司审核单证时发现，投保单上投保人的签字和被保险人签字字体完全一样，即签字出自同一人之手。谢某也坦承两个签字都是她签的。保险公司根据相关规定认为该保险单为一张无效保单，拒绝给予支付。谢某不服保险公司的评定，向法院提起诉讼。

【分析】 在本案中，虽然表面上看来这是一张无效保险合同，但是需要经过具体分析，可以有两种情况：一种情况是，在谢某与保险公司签订保险单时，保险代理人并没有告知谢某必须亲自签字的投保规则，所以谢某没有让丈夫书面签字，而保险代理人也没有提出异议；另一种情况是，谢某知道该规则，并将该规则告知了丈夫，但由于丈夫当时不在场，所以委托谢某代签。无论从哪种情况上来看，保单都是有效的，保险公司应该全额赔偿保险金。

3. 除外责任

在人身保险合同中，法律规定了以下几种除外责任：

（1）根据我国《保险法》第 43 条的规定，投保人、受益人故意造成被保险人死亡、伤残或者疾病的，保险人不承担给付保险金的责任。投保人已交足 2 年以上保险费的，保险人应当按照合同约定向其他权利人（含受益人、被保险人继承人等）退还保险单的现金价值。受益人故意造成被保险人死亡或者伤残的，或者故意杀害被保险人未遂的，丧失受益权。

（2）根据我国《保险法》第 44 条的规定，以被保险人死亡为给付保险金条件的合同，自保险合同成立或者合同效力恢复之日起 2 年内，被保险人自杀的，保险人不承担给付保险金的责任，但被保险人自杀时为无民事行为能力的除外。保险人依照前款规定不承担给付保险金责任的，应当按照合同约定退还保险单的现金价值。

（3）根据我国《保险法》第 45 条的规定，被保险人故意犯罪或者抗拒依法采取的刑事强制措施导致其自身伤残或者死亡的，保险人不承担给付保险金的责任。投保人已交足 2 年以上保险费的，保险人应当按照合同约定退还保险单的现金价值。

【司法·小·测试 4-6】

李某为其子投保了以死亡为给付保险金条件的人身保险，期限 5 年，保费已一次缴清。两年后其子因抢劫罪被判处死刑并已执行。李某要求保险公司履行赔付义务。对此，保险公司应如何处理？（2004 年司法考试卷三单选第 25 题）

A. 按照合同规定给付保险金

B. 根据李某已付保费，按照保单的现金价值予以退还

C. 可以不承担给付保险金的义务，也不返还保险费

D. 可以解除合同，但应全额返还保险费

【答案】B

【案例 4-10】

除外责任条款

陈某在其新出生女儿 6 个月大的时候为女儿买了一份少儿住院医疗保险，为期一年。投保后的两个多月，女儿因为肺炎而住院治疗，共花去医疗费 3000 元。陈某向保险公司要求索赔，遭到拒绝。

保险公司的拒赔理由是：双方签订的保险合同中"除外责任"载明：被保险人自保险单生效之日起 30 日内因疾病住院治疗所支出的医疗费用属除外责任。陈某的女儿生病在投保后不满 90 天内，因而属于此条款规定的免责期间内，故不予理赔。

4. 保险金的继承

被保险人死亡后，遇有下列情形之一的，保险金作为被保险人的遗产，由保险人向被保险人的继承人履行给付保险金的义务：没有指定受益人的；受益人先于被保险人死亡，但是也没有其他受益人的；受益人依法丧失受益权或者放弃受益权，也没有其他受益人的。

【司法·小·测试 4-7】

甲为自己投保一份人寿险，指定其妻为受益人。甲有一子 4 岁，甲母 50 岁且自己单独生活。某日，甲因交通事故身亡。该份保险的保险金应如何处理？（2002 年司法考试卷三单选第 20 题）

A. 应作为遗产由甲妻、甲子、甲母共同继承

B. 应作为遗产由甲妻一人继承

C. 应作为遗产由甲妻、甲子继承

D. 应全部支付给甲妻

【答案】D

第四节　保险业法

为了保存明天，我们今天必须行动；对于国家大事如此，保险行业亦是！

——罗纳德·里根

一、保险公司

（一）保险公司的概念和设立条件

保险公司是指依照我国《保险法》、《公司法》、《公司登记管理条例》等有关法律所设立的，股东仅以其出资对公司债务承担有限责任，公司以其全部财产对公司债务承担独立责任的，经营保险业务的企业法人。根据我国《保险法》的规定，保险公司应当采取股份有限公司和国有独资公司的组织形式。

我国《保险法》第 68 条和第 69 条规定了设立保险公司应具备的条件：①有符合本法和公司法规定的章程；②有符合本法规定的注册资本最低限额，即不少于人民币 2 亿元的注册资本，且为实缴货币资本；③有具备任职专业知识和业务工作经验的高级管理人员；④有健全的组织机构和管理制度；⑤有符合本法要求的营业场所和与业务有关的其他设施。

（二）保险公司的经营规则

1. 分业经营和禁止兼业

分业经营是指同一保险公司不得同时兼营财产保险业务和人身保险业务。禁止兼业是指保险公司除资金运用以外，不得兼营保险业以外的业务；除保险组织以外，其他组织也不得经营保险业务。

2. 最低偿付能力规则

保险公司的偿付能力是指保险公司所具有的对外支付保险赔偿金和承担损失的能力。

我国《保险法》第 101 条规定，保险公司应当具有与其业务规模相适应的最低偿付能力。保险公司的实际资产减去实际负债的差额不得低于保险监督管理机构规定的数额；低于规定数额的，应当增加资本金，补足差额。

3. 风险管理规则

为控制保险公司的风险，采取的方法主要有：

（1）保险保证金。我国《保险法》第 97 条规定，保险公司成立后应当按照其注册资本总额的 20%提取保证金，存入保险监督管理机构指定的银行，除保险公司清算时用于清偿债务外，不得动用。经中国保监会批准，保险公司可以以保监会认可的有价证券缴存保证金。

（2）保险准备金。这是保险公司从保险费收入中提存的一笔准备资金，就好比我们家庭为了预防意外开支而存放的一笔现金一样。保险准备金是用于承担未到期责任和处理未决赔款的，它一般包括未到期责任准备金、未决赔款准备金、公积金以及保险保障基金等。

4. 再保险安排

再保险是指保险人将自己的部分风险与责任向其他保险人进行保险的行为。

我国《保险法》第 103 条规定，保险公司对每一危险单位，即对一次保险事故可能造成的最大损失范围所承担的责任，不得超过其实有资本加公积金总和的10%；超过的部分，应当办理再保险。

5. 保险资金运用

我国《保险法》第 106 条规定：保险公司的资金运用必须稳健，遵循安全性原则，并保证资产的保值增值；保险公司的资金运用，限于银行存款、买卖政府债券、金融债券和国务院规定的其他资金运用形式；保险公司的资金不得用于设立证券经营机构，不得用于设立保险业以外的企业。

二、保险代理人、保险经纪人和保险公估人

（一）保险代理人

保险代理人是经保险人委托授权的，在授权范围内代为办理保险业务并依法向保险人收取代理手续费的单位或个人。

根据代理权限的不同，可以将保险代理人分为总代理人、营业代理人和特约代理人。一般来说，在财产保险中，总代理人及营业代理人均拥有代保险人签订保险合同的权利，但在人身保险中，二者都无权代理。特约代理人则一般是指受保险人委托来处理特定事务的人，其权限范围依保险人委托的内容而确定。

【司法·小·测试 4-8】

公民甲通过保险代理人乙为其 5 岁的儿子丙投保一份幼儿平安成长险，保险公司为丁。下列有关本事例的哪一表述是正确的？（2003 年司法考试卷三单选第 14 题）

A. 该份保险合同中不得含有以丙的死亡为给付保险金条件的条款

B. 受益人请求丁给付保险金的权利自其知道保险事故发生之日起 5 年

内不行使而消灭

    C. 当保险事故发生时，乙与丁对给付保险金承担连带赔偿责任

    D. 保险代理人乙只能是依法成立的公司，不能是个人

【答案】B

（二）保险经纪人

根据我国《保险法》第118条的规定，保险经纪人是指基于投保人的利益，为投保人与保险人订立保险合同提供中介服务，并依法收取佣金的单位。保险经纪人只能采取有限责任公司或股份有限公司的组织形式，不能采取个人或合伙等组织形式。

一般将保险经纪人分为直接保险经纪人和再保险经纪人。直接保险经纪人是指为投保人与保险人订立保险合同提供中介服务的保险经纪人。再保险经纪人则是为保险人与再保险人订立再保险合同提供中介服务的保险经纪人。

（三）保险公估人

保险公估人是指受保险人或被保险人委托，向委托人收取酬金，为其办理保险标的的评估、勘验、鉴定、估损、理算等业务的人。因而，其主要职能就是按照委托人的委托要求，对保险标的进行检验、鉴定和理算，并出具保险公估报告，它不代表任何一方的利益，使保险赔付趋于公平、合理，从而有利于调停保险当事人之间关于保险理赔方面的矛盾。

三、保险业的监督管理

（一）保险业的监督管理的概念和机构

保险业的监督管理是指保险监督管理机构依据保险法律、法规的规定，运用行政和法律手段对保险机构及其营业活动进行规制的一系列行为的总称。

进行保险监管的机构狭义上仅指政府保险监管机构，广义上除政府机构外，还包括保险行业协会、保险服务机构以及保险组织内部监管机构等。

（二）保险业的监督管理的内容

保险业的监督管理主要包括行政监管和业务监管：

1. 行政监管

内容包括各类保险机构的设立、变更、终止的审批、业务范围的核定、资本金的审验等。

2. 业务监管

内容包括保险费率、偿付能力、准备金提取、保险资金运用、财务状况、经营风险等的监管。

本章小结

2012 年世界末日的预言曾震慑了整个世界，同时，它也在某种程度上促进了保险业的发展，所谓"天有不测风云，人有旦夕祸福"，祸事将至才发现没买保险，则悔之晚矣！本章对保险与保险法的概念及相关的基本原则的讲述，旨在提供一种宏观的保险观念。无论对于保险的当事人还是关系人来说，加入保险就必须要签订保险合同，那就要对保险合同签订双方的权利与义务、保险合同的变更与终止等都有一个清晰的了解。一般来说，签订保险合同时常常涉及的是财产保险合同和人身保险合同，也就是"人"和"财"，二者内容不同，自然要求也不同，清晰地区分才能避免"掉进陷阱"。保险业的主要经营主体有保险公司、保险代理人和保险经纪人，对他们都有不同的要求，当然，为了保障投保人的权益，必须进行有效的保险监督。

第五章　合同法

开篇案例

拒收同源不同果——要约

甲公司于某年 11 月承包某小区建设工程。当时由于钢材供应短缺，又没有存货，工程急等着施工。为此，甲公司向乙公司、丙公司和丁公司发出通知，在通知中说明："我公司因为建设需要标号为××的钢材 1000 吨，如贵公司有货，请速与我公司联系。我公司希望购买此类钢材。"甲公司于同一天收到三家钢材公司的复函，都说自己公司备有甲公司需要的钢材，并将价格一并通知了甲公司。乙公司在发出复函的第二天派本公司车队先行载运 200 吨钢材送往甲公司。甲公司在收到三家公司的复函后，认为丙公司所提出的价格更为合理，且其为老牌钢厂，产品质量信得过，所以于当天下午即去函称将向其购买 1000 吨钢材，请其速备货。丙公司随即复函甲公司，说其有现货并于第三天将钢材运往甲公司。在甲公司收到丙公司的复函的第二天，乙公司的车队运送钢材到了甲公司，并要求甲公司收货并支付货款。甲公司当即函电丙公司，请其仅运送 800 吨到甲公司。丙公司复电说，全部 1000 吨钢材已经发往甲公司。甲公司收到丙公司复电后，就对乙公司说，为照顾其损失，仅收下其 100 吨钢材，其余的不收。乙公司对此不服，认为甲公司应当收取全部钢材。甲公司再次向丙公司发函称，本公司将仅收其中的 900 吨钢材，如因丙公司多运送钢材而造成的损失，由丙公司自行负责。第三天，丙公司的钢材 1000 吨运到甲公司，甲公司仅收取了其中的

900 吨，剩余的 100 吨不予收货，为此双方发生纠纷。丙公司和乙公司分别向人民法院起诉，要求甲公司承担赔偿责任。

资料来源：王利明. 合同法要义与案例析解：总则[M]. 北京：中国人民大学出版社，2001.

解决本案例问题的关键就是确定当事人之间的合同是否成立，如果合同成立，那么当事人对于未履行的合同应该承担违约责任，否则，就无须承担违约责任。本案例涉及三个当事人，应该分别来进行分析。

首先，对于甲公司和乙公司之间的合同的成立问题。甲公司所发的通知是要求对方在有其需要的货物时与其联系，而并没有表明一定会订立买卖合同，即并非一经对方承诺就成立合同。同时，通知对于钢材的价格等信息并没有确定，从这一方面来说，并没有构成买卖合同成立的主要内容，因而，甲公司的通知不符合要约的构成要件，不是要约，只是要约邀请。而乙公司在未得到甲公司答复的情况下私自载运钢材到甲公司，这一行为是属于要约，是以行为的方式发出要约的，需要得到甲公司的承诺才能成立合同。总体上来说，甲公司并没有发出承诺，因而合同是不成立的，甲公司拒收也是正当的。

其次，对于甲公司和丙公司之间的合同的成立问题。甲公司向三家钢材公司发出的通知是要约邀请，而对于丙公司的复函，甲公司去函称向其购买 1000 吨钢材，这已经表示甲公司对丙公司的要约已经承诺了，即合同已经成立了。而对于已经成立的合同，甲公司未能遵守合同规定，拒不接收 100 吨钢材是属于违约行为的，应承担违约责任。

【案例启示】合同是当今社会一个使用频率较多的词汇，无论是在正规的商事交易中，还是在非正规的日常生活中，合同都带着其独特的法律强制色彩，为人们提供法律上的保障。

本章您将了解到：

● 合同法的概念及适用范围

● 合同的订立、履行和解除

● 合同违约的解决办法

● 合同法对各类合同的规定

第一节 《合同法》总则

在商业时代，财富大都是由合同构成的。

——庞德

一、合同法的概念和适用范围

（一）概念

合同法是调整平等民事主体之间交易关系的法律规范的总称。

【拓展阅读】

我国《合同法》概述

我国现行《合同法》分为总则和分则两大部分，总则共有8章，分别规定了合同法的基本原则、法律认可成立的合同的订立过程及要件、各种方式订立的合同的效力、合同的履行、合同的变更转让、合同权利义务的终止、合同违约责任，以及无名合同、涉外合同、有争议合同的法律适用；分则共有15章，分别对买卖合同、供用电水气热力合同、赠与合同、借款合同、租赁合同、融资租赁合同、承揽合同、建设工程合同、运输合同、技术合同、保管合同、仓储合同、委托合同、行纪合同、居间合同的有关事项进行了规定。

（二）适用范围

根据我国《合同法》第 2 条第 1 款的规定，合同法的适用范围应该包括各类由平等主体的自然人、法人和其他组织之间设立、变更和终止民事权利义务关系的协议。简单地说，合同法应适用于各类民事合同。不过，根据《合同法》第 2 条第 2 款的规定："婚姻、收养、监护等有关身份关系的协议，适用其他法律的规定。"

【案例 5-1】

收养协议是合同法上的"合同"吗？

胡某与徐某达成协议，由徐某收养胡某 6 岁的孩子，当时胡某向徐某一次性支付了 5 万元作为孩子的生活补助，两人随后在当地民政部门办理了登记手续。第二年，孩子进学校读书，但是在校期间特别顽皮，常常打架闹事，徐某无奈之下以孩子太顽皮作为借口要求解除收养协议。胡某考虑到孩子已无法同徐某共同生活，于是只有同意解除收养协议，同时胡某要求徐某退还 5 万元的生活补助，并承担违约责任。徐某不同意，于是二人上诉法庭。

【分析】本案的焦点问题在于胡某是否可以向徐某要求其承担违约责任，与之密切相关的问题即是合同法的适用范围问题。5 万元是孩子的生活补助，而不是收养的报酬，因而，应该被视为对孩子的一种赠与，且赠与已经生效。徐某只是作为孩子的监护人，保有孩子的财产，当胡某和徐某的协议解除后，也即解除收养关系后，应当将孩子的财产返还给胡某，因为胡某成为了孩子的新的监护人。

二、合同法的基本原则

（一）平等公平原则

1. 平等原则

根据我国《合同法》第 3 条的规定，平等原则是指合同当事人法律地位平等的原则，具体表现为合同当事人平等地适用合同法确定的相互之间的权利和义务。

2. 公平原则

根据我国《合同法》第5条的规定，公平原则要求合同当事人按照公平合理的标准正当行使权利和履行义务，在民事活动中兼顾他人利益和社会公共利益。

【案例5-2】
10万元违约金太高——违背公平原则案

周某是一名大学毕业的计算机专业学生，毕业后到深圳一家电脑公司上班，从事软件开发工作。在刚开始工作时，周某与公司签订了劳动合同，根据合同规定，周某的月薪是3000元，劳动期限为5年，若周某在5年劳动合同期满之前调离或辞职，则应赔付10万元违约金。

工作一年后，另一家软件开发公司提出以更优厚的月薪、福利待遇来聘请周某，令周某怦然心动，毅然提出辞职。电脑公司多次挽留无望，只能提出要求周某支付10万元违约金才能走。周某拒绝支付，于是电脑公司向法院提起诉讼。

【分析】本案最终的结果是，法院认为电脑公司所提的违约金10万元过高，违反了公平原则，应改为2万元。10万元违约金明显地违反了公平原则。最终判定周某支付2万元的违约金。

（二）意思自愿原则

我国《合同法》第4条明确规定：当事人依法享有自愿订立合同的权利，任何单位和个人不得非法干预。意思自愿原则表现为在缔结合同、选择相对人、决定合同内容以及在变更和解除合同、选择合同补救方式等方面合同当事人依法享有的自由。

（三）诚实信用原则

我国《合同法》第6条规定了诚实信用原则，该原则要求合同当事人在从事民事活动时以善意的方式履行义务，不得通过滥用权利或其他方式来规避法律及合同规定履行的义务。诚实信用原则体现在合同从订立到终止之后的整个过程，包括订立阶段、订立后至履行前、履行中，终止以后的保密和忠实义务也是诚实信用原则的体现。

【案例 5-3】

新买的商品房与广告不符案

周某是一个在一线城市打拼了几年的上班族，前不久到本市某房地产公司了解房子信息，根据该公司的宣传广告以及销售人员的介绍，看中了一套正在预售的房子，周某对该房子所属小区周边的环境非常满意，并且房地产公司介绍该房子东边所面临的是只有三层高的度假村，这让周某非常心动，立即与公司签订了预售合同。半年后，房屋建成，完成交付，可周某去看房时才发现，原本所说的三层高的度假村变成了十几层高的综合楼，而周某房子所处楼层的东面正好被这栋楼房挡住。周某感觉被欺骗，向法院提起诉讼，要求公司赔偿一定的损失费。随后的几个月，一审法院委托专业机构对周某所居住环境的变化所带来的损失进行了价值评估，并判决房地产公司予以赔偿。房地产公司对这项决议不服，遂向该市第二中级人民法院提起上诉。

经过法院的调查，认为：周某在购房时，关注的不仅仅是房子本身，还包括房子周边的环境等，这些都是构成周先生买房的重要因素。房地产公司明知周边是十几层高的综合楼，却欺骗周某说是三层高的度假村，这是对订立合同的重要因素提供虚假情况的一种表现，误导了周某，使得房屋价值减少，因此本着诚信原则，驳回房地产公司的上诉，要求其赔偿。

【分析】周围的环境，尤其是三层高的度假村是周某决定购房的因素之一，该承诺虽然没有成为合同条款及附件内容，但在周某将此作为购房因素，并实际购房之后，房产公司就受该宣传广告及口头约定的约束，理应提供与其所作宣传相符合的外部环境。房产公司违背诚实信用原则，周某有权请求赔偿。

（四）守法与公序良俗原则

我国《合同法》第 7 条规定："当事人订立、履行合同，应当遵守法律、行政法规，尊重社会公德，不得扰乱社会经济秩序，损害社会公共利益。"守法与公序良俗原则体现在两个方面：一是当事人在订约和履行时必须遵守全国性的法律和行政法规；二是当事人必须遵守社会公德，不得损害社会公共利益。

【案例 5-4】

"借腹生子"纠纷

甲某是一家民营企业的老总，结婚多年一直没有孩子，后来去医院检查才知道是妻子的原因，为了延续香火，甲某决定采用"借腹生子"的方法。他与一女子乙某自愿达成了"借腹生子"（租借）的协议，具体内容：甲某支付给乙某 2 万元的定金，并将乙某安排居住在自己的别墅中，租期 2 年，乙某必须为甲某生下孩子后才能离开，所有行为均属自愿；若生下男孩，可获奖励 20 万元，生下女孩，则获奖励 10 万元；生完孩子，乙某与甲某以及孩子间无任何关系。

【分析】本案中双方所订立的协议违反了合同法的守法与公序良俗原则，不能产生法律效力。双方实施"借腹生子"违反了社会道德，甲某限制乙某不得离开别墅、乙某在孩子出生接受报酬后即断绝母子关系、放弃亲权等都侵犯了乙某的基本人权。

三、合同的概念、条款和形式

（一）合同的概念

我国《合同法》第 2 条规定，合同是平等主体的自然人、法人及其他组织之间设立、变更、终止民事权利义务关系的协议。

（二）合同条款

1. 合同条款的概念

合同条款是当事人按照一定程序所订立的拥有一致的意思表示且具有法律效力的合同内容，它规定了当事人各方的权利义务。

2. 合同条款的内容

根据《合同法》第 12 条的规定，合同的内容由当事人约定，一般包括以下条款：①当事人的名称或者姓名和住所；②标的，即是合同权利、义务指向的对象；③数量；④质量；⑤价款或报酬；⑥履行期限、地点和方式；⑦违约责任；⑧解决争议的方法。

（三）合同的形式

合同的形式是指合同内容的载体，主要有两种形式：一种是口头形式；另一种是书面形式。

四、合同的订立

（一）合同订立的概述和条件

1.合同订立的概念

合同订立是指缔约人进行意思表示并达成合意，包括要约和承诺两个阶段。

2.合同订立的条件

一般而言，合同订立的要件主要有：①存在双方或多方当事人；②当事人对主要条款达成合意；③合同的成立应具备要约和承诺阶段。

另外，根据合同性质及内容的不同，有些合同还伴有其他特定的订立要件。

【案例 5-5】

略谈合同成立

2001 年 10 月 25 日，孙某向某市房地产开发公司购买一套三居室的住宅，双方在签订的买卖合同中约定：房地产开发公司应当在 2002 年 8 月 1 日前将房屋交付孙某使用，孙某在合同签订后 10 天内交付 1 万元定金；房款共 30 万元，孙某应当分期付款，于 2001 年 10 月 30 日前支付第一笔款项 10 万元，第二笔 10 万元于 2002 年 3 月 1 日支付，其余 10 万元于办理房地产过户手续后立即一次性付清。双方在签订合同后，未办理预售合同登记手续。合同签订后，孙某以房价过高为由拒绝支付房款，并请求归还其定金。房地产公司则以合同已成立生效为据要求孙某履行合同，支付房款。双方产生纠纷诉至法院。

资料来源：王利明，姚欢庆，张俊岩.合同法教程 [M].北京：首都经济贸易大学出版社，2002.

【分析】 本案主要涉及对未办理预售房屋登记手续的房屋买卖合同是否成立的问题。在本案中，就原告（房地产开发公司）与被告（孙某）之间的合同是否成立存在不同的看法。第一种观点认为，原告与被告之间自愿合法地订立了房屋预售合同，并已经支付了定金，所以该合同已经成立。第二种观点认为，原告与被告虽然订立了合同，但由于没有办理预售合同登记手续，所以合同没有成立。其实，原告与被告之间的合同是否已经成立，关键是看是否已经符合合同成立的条件，以及正确区别合同的成立与合同的生效。根据相关规定，该合同是生效的，因而，双方当事人应当依据合同约定履行自己的义务。

（二）要约

1. 要约的概念

要约又称发盘、出盘、发价或报价等，是希望和他人订立合同的意思表示。发出要约的人称为要约人，接受要约的人则称为受要约人、相对人或承诺人。

2. 要约的主要构成要件

一个有效的要约包括四个要件，直白地说，按照要约的形成过程，可分为四个要件：①有明确的订立合同的意图，即要约人须表示出其有意订立合同；②作出明确的意思表示，这个意思表示应该是由具有订约能力的特定人作出的；③发出要约，这个步骤应由要约人与受约人发出；④确定要约内容，要约内容应是具体的。

3. 要约的法律效力

要约在发出以后即开始对要约人和受要约人产生一定的拘束力。对要约人的约束力是指要约发出到达受要约人之后，要约人不得随意撤销或者变更要约；对受要约人的约束力主要是指受要约人在要约生效时即取得依其订立合同的法律地位。

要约发生法律效力的期间分为两类：一类是在要约中约定存续期间，受要约人需要在此期间内作出承诺；另一类是要约中未约定存续期间，我国《合同法》第23条规定了这种情况下要约的存续期间。

要约的生效时间因对话人而异，向对话人发出要约，采取了解主义，只要受要约人了解了要约，要约即生效；向非对话人发出要约，采取到达主义，即要约以送达受要约人时生效。随着经济与科技的发展，采取数据电文形式订立合同越来越普遍，我国《合同法》第16、第34条，《中华人民共和国电子签名法》第11条对此类合同要约的生效时间作了规定。

4. 要约的撤回和撤销

（1）要约的撤回是指要约在发出以后未到达受要约人之前，要约人有权宣告取消要约。我国《合同法》第17条规定，要约撤回的通知先于或同时与要约到达受要约人，才能产生撤回的效力。

（2）要约的撤销是指在要约生效以后，受要约人作出承诺通知之前，要约人将该项要约取消，从而使要约的效力归于消灭的意思表示。

根据我国《合同法》第18条的规定，要约是允许撤销的，当然，也有例外情况，我国《合同法》第19条同时规定，若要约中规定了承诺期限或者以其他形式表明要约是不可撤销的，或尽管没有明示要约不可撤销，但受要约人有理由信赖要约是不可撤销的，并且已经为履行合同作了准备工作，则要约是不可撤销的。如果受要约人在收到要约以后，基于对要约的信赖，已为准备承诺支付了一定的费用，那么在要约撤销以后应有权要求要约人给予适当补偿。

5. 要约消灭

要约消灭是指要约丧失了法律拘束力，不再对要约人和受要约人产生拘束。要约消灭以后，受要约人即使向要约人表示了承诺，也不能导致合同成立。我国《合同法》第20条、第23条规定了要约消灭的情形。

（三）承诺

1. 承诺的定义

承诺是指受要约人同意接受要约的条件并缔结合同的意思表示。承诺的法律效力在受要约人的承诺已经做出并送达要约人后合同便告成立。

2. 承诺的构成要件

承诺的构成要件如下：①承诺的作出方是受要约人，接收方是要约人；②承诺作出的有效时间必须是要约的存续期间内；③承诺的内容要与要约的内容保持一致；④承诺的方式要符合要约的要求。

3. 承诺的效力

承诺的生效时间以到达要约人时而定，承诺一旦生效，合同便宣告成立。我国《合同法》第 25 条、第 32 条、第 36 条、第 37 条对具体的承诺生效的确定方法作了规定。

4. 承诺的撤回

承诺的撤回是指受要约人在发出承诺通知后，承诺正式生效前撤回其承诺。根据我国《合同法》第 27 条，承诺可以撤回。撤回承诺的通知应当在承诺通知到达要约人之前或者与承诺通知同时到达要约人。

五、格式合同

（一）格式合同条款的概念

格式合同条款是指在附合缔约下，即合同条款由一方当事人预先拟定，对方只有附合该条款才能成立合同的缔约方式，这种一方当事人所提供的条款就是格式合同条款。

（二）格式合同条款提供者的义务

我国《合同法》第 39 条第 1 款规定，采用格式条款订立合同的，提供格式条款的一方应当遵循公平原则确定当事人之间的权利和义务，并采取合理的方式提请对方注意免除或者限制其责任的条款，按照对方的要求，对该条款予以说明。

（三）格式合同的效力

由于格式合同条款是一方制定的，制定者有可能在制定时作出有利于自己的但侵害对方当事人的利益的规定，鉴于此，我国《合同法》第 40 条对存在这种严重违反公平原则的合同加以限定并确认其无效，表现在以下几个方面：

（1）具有《合同法》第 52 条规定的五种情形之一的，该格式合同无效：①一方以欺诈、胁迫的手段订立合同，损害国家利益；②恶意串通，损害国家、集体或者第三人的利益；③以合法形式掩盖非法目的；④损害社会公共利益；⑤违反法律、行政法规的强制性规定。

（2）具有《合同法》第53条规定的以下两种情形的免责条款无效：①造成对方人身伤害的；②因故意或者重大过失造成对方财产损失的。

（3）格式条款免除提供格式条款一方责任，加重对方责任，排除对方主要权利的条款无效，目的是保护非提供格式条款方的权益。

（四）格式条款争议的处理

关于格式条款争议的处理，我国《合同法》在兼顾双方利益的基础上规定了特殊的解释原则，如第41条规定，若对格式条款的理解发生争议的，应当按照通常的理解予以解释。对格式条款有两种以上解释的，合同法有两个规则：①应当作出不利于提供格式条款一方的解释；②格式条款文本和非格式条款文本不一致的，应采用非格式条款。

【案例5-6】

格式条款的解释

胡某是一名记者，2011年3月应公司要求到某市出差，居住在该市一家宾馆。在进宾馆登记时，宾馆出示了"注意事项"，其内容为：为确保您的人身安全，请旅客按《旅馆业治安管理办法》规定，务必将现金和贵重物品行李包裹存入保管室。不愿存者，责任自负。请签名。胡某没有存放，并在"注意事项"上签了名字。第二天一早醒来，胡某发现随身携带的相机、手机以及其他一些贵重物品被盗，公文包里所装的3100元现金也被盗，房门是开着的。胡某立即找到宾馆老板，要求赔偿，宾馆则以胡某在"注意事项"上签了字而拒绝赔偿。于是胡某只有向当地法院起诉，要求宾馆赔偿经济损失以及精神损失共50000元。

【分析】本案主要涉及格式条款的解释问题，即对"注意事项"这一格式条款的解释问题。该注意事项的含义应当为：为了确保旅客的人身安全，因此按照有关部门制定的《旅馆业治安管理办法》的规定，请旅客将其现金和贵重物品行李包裹存入保管室。否则，旅客因为随身携带现金和贵重物品有可能因遭受抢劫、盗窃而蒙受人身伤害，所谓"不愿存者，责任自负"是指如果不将现金和贵重物品存入保管室，则遭受人身伤害后，宾馆不应承担责任，该条款并不是指如果因现金和物品被盗窃使旅客遭受财产损失宾馆也不承担任何赔偿责任。因此，虽然因为旅客不愿接受保管服务而导致丢失了现金和贵重物品，旅客自己有一定责任，但这并不能完全免除宾馆的保护义务。

六、合同的效力

（一）合同生效的概念和内容

合同生效是指已经成立的合同在当事人之间产生一定的法律拘束力，具体体现在权利和义务两个方面：

（1）从权利方面来说，合同当事人所享有的权利及正当行使该权利而获得的利益，这些只要是符合合同规定的，都受到法律的保障。

（2）从义务方面来说，合同对当事人的拘束力表现在两个方面：一方面，当事人根据合同所产生的义务具有法律强制性；另一方面，如果当事人违反合同义务就应当承担相应的违约责任。

（二）合同的生效要件

一般而言，合同的生效要件相应如下：①行为人具有相应的民事行为能力，即行为人可以正确地理解自己行为的性质，预见此行为产生的后果；②意思表示真实，是指表意人的表示行为能够真实地反映其内心的效果意思；③不违反法律，不损害社会公共利益；④合同必须具备法律所要求的形式。

（三）无效合同

无效合同是指已经成立的但由于其在内容或形式上违反了法律、行政法规的强制性规定，损害了社会公共利益，而被确认为无效的合同。

根据我国《合同法》第 52 条的规定，有下列情形之一的，合同无效：①其中一方以欺诈、胁迫的手段订立合同，损害国家利益；②恶意串通，损害国家、集体或第三者利益的；③以合法形式掩盖非法目的；④损害社会公共利益；⑤违反法律、行政法规的强制性规定的。

（四）效力待定的合同

效力待定的合同是指合同虽然已经成立，但因其不完全符合有关生效要件的规定，而不能确定其效力能否发生。

效力待定的合同的范围包括：①无行为能力人所订立的合同；②限制民事行为能力人依法不能独立订立的合同；③因无权代理而订立的合同；④因无权处分而订立的合同。

【案例 5–7】

无权代理人订立合同是否有效力

甲是一家公文包商店的老板，某天，顾客乙进店内看中一个价值 1000 元的公文包，两人就价格正在讨价还价中，这时，隔壁有人有事找甲，于是甲去了隔壁，他嘱咐来做客的朋友丙说："帮我看一下店，我去去就回"。甲走后，顾客乙以有事不能久留为借口，要求丙立即将公文包卖给他。丙提出要等甲回来后才能卖给乙，两人周旋了一下，后来丙见乙急切要走，怕这单生意吹了，于是与乙协商以 900 元的价格售给乙。事后，甲回来得知公文包以 900 元的价格被出售，觉得卖亏了，于是找到乙并要求其退回公文包，自己退款。但是，乙认为，该单生意构成表见代理，拒绝退回公文包。双方就此难以达成一致意见，只能寻求法院的帮助。

资料来源：http://china.findlaw.cn/shpc/qinquansunhaipeichang/wqdl/2090.html.

【分析】 本案是一个典型的无权代理人订立的合同的效力问题。在本案中，关键问题是丙以甲的名义与乙达成购买协议，这个买卖过程是否有效力，丙是否有权代理甲出售公文包的问题。很明显，从甲对丙所说的话可以看出，甲仅仅是让丙代为看店，而没有授权丙出售该公文包。此外，乙在要求丙尽快将公文包卖给他时，丙提出要等待甲回来，由此可见，乙不能认为"丙能够出售该公文包"。

从根本上讲，丙的错误出售，乙是存在过错的，从某种程度上说，乙也可以说是非善意的，即他明知丙无权出售而催促其出售。乙以丙的行为构成表见代理为抗辩理由不能成立，买卖合同为无权代理合同，甲有权向乙要求归还公文包，同时甲应向乙归还900元的公文包款。

（五）可变更、可撤销的合同

可变更、可撤销的合同是指当事人在订立合同时，由于意思表示不真实，法律允许撤销权人通过行使撤销权而使已经生效的合同归于无效，它有四类：①因重大误解订立的合同；②在订立时显失公平的合同；③因欺诈、胁迫而订立的合同；④乘人之危而订立的合同。

因意思表示不真实而受损害的当事人才享有撤销权，且有权提出变更合同。在行使撤销权的过程中，若双方对撤销达成一致意见，则可以直接撤销合同；否则，发生争议且无法解决时，则应该提起诉讼或者仲裁，寻求人民法院或仲裁机关的裁决。

（六）合同被确认无效或被撤销的后果

无效的合同或者被撤销的合同自始至终没有法律约束力，对当事人不具有任何拘束力，当事人也不得再基于原合同而主张任何权利或享受任何利益。

七、合同的履行

合同的履行是指合同债务人全面正确地履行合同所约定或者法律规定的义务，使债权人的合同债权得到完全实现。

（一）合同履行的原则

1. 实际履行原则

实际履行原则是指当事人应严格按照合同规定的标的履行。这一原则要求：①合同当事人须严格按照约定的标的履行，不能以其他标的代替；②合同当事人一方不履行合同时，他方可以要求继续实际履行。

2. 协作履行原则

协作履行原则是指在合同的履行中，合同当事人互相协劲对方履行其义务。

3. 适当履行原则

适当履行原则是指当事人应按照法律的规定或合同的约定全面正确地履行债务，故又称全面履行或正确履行原则。

4. 情事变更原则

情事变更原则是指合同成立后至履行前，由于发生了当事人在订约时所预料不及的客观情况，致使按原合同履行显失公平时，一方当事人可请求变更或解除合同。

（二）合同履行的规则

1. 履行主体

一般情况下都是由债务人向债权人履行义务，相对于债权人而言，债务人就是履行主体。但在某些情况下，债务人、债权人以外的第三人也可成为履行主体。

2. 履行标的

履行标的是指债务人向债权人履行义务时交付的对象，又称给付标的。债务人须严格按照合同约定的标的履行义务，只有在法律规定或者合同约定允许以其他标的代替履行，并经债权人同意后，才能以其他标的履行。

（1）对标的物质量的规定。若合同中对标的物质量的规定不明确，按照国家质量标准履行；没有国家质量标准的，按部颁标准或者专业标准履行；没有部颁标准或者专业标准的，按经过批准的企业标准履行；没有经过批准的企业标准的，按标的物的同行业其他企业经过批准的同类物品质量标准履行。在标的物需要包装的场合，包装须符合合同的约定。当事人没有具体规定包装要求的，应按照货物性能的要求予以包装。

（2）对不同履行义务方式的规定。以完成一定工作或劳务来履行义务的，债务人应当严格按合同和法律规定的质量、数量完成工作或提供劳务，否则应承担相应的民事责任。

以货币履行义务的，除法律另有规定的以外，必须用人民币计算和支付。除国家允许的现金交易外，法人之间的经济往来，必须通过银行转账结算。在支付标的的价金或酬金时，当事人应按照由合同约定的标准和计算方法确定的价款来履行。合同中约定价款不明确的，按照国家规定的价格履行；国家没有规定价格的，参照市场价格或者同类物品的价格或者同类劳务的报酬标准履行。

3. 履行期限

履行期限是指债务人向债权人履行义务和债权人接受债务人履行的时间。合同当事人可在合同中约定履行期限，法律对履行期限有规定的，还要遵守法律的规定。如果合同中约定的期限不明确，债务人可以随时向债权人履行义务，债权人也可以随时要求履行，但应当给对方必要的准备时间。

4. 履行地点

履行地点是指债务人履行义务和债权人接受履行义务的地方。当事人应当在法定或约定的履行地点履行。法律没有规定且合同没有约定的合同的履行地点可由交易习惯和合同性质而定。按照上述规则仍不能确定履行地点的，按照法律规定："给付货币的，在接受给付一方的所在地履行，其他标的在履行义务一方的所在地履行，但标的为工程项目和建筑物的，应在标的的所在地履行。"凡符合上述规定的履行地点的履行，为适当履行，否则，债务人的履行为不适当的，应改在合法的履行地点履行并承担相应的费用。

5. 履行方法

履行方法是指债务人履行义务的方式，由法律规定或合同约定，如果债务人不按照法律规定或合同约定的方法履行，同样视为不适当履行，应承担相应的民事责任。

【案例 5-8】

买卖苹果合同纠纷

左某是一个苹果园的园主。2010 年底，周某与左某洽谈了苹果买卖，周某到左某的苹果园观看了苹果，达成了苹果买卖合同。合同规定，周某向左某订购苹果 3000 公斤，单价为 4 元；左某负责选果、包装、运车以及办理特产税、准运证等，而周某则负责提供包装箱等。合同还规定了周某须预付8000 元定金，并规定了果品的规格、质量、交货期限等。周某按约支付了8000 元的定金。在合同履行期间，周某要求左某按约选果、包装，但是左某则要求周某提供包装箱并和他一起到外地提货，而不是在自己的果园提货。双方产生了争议。之后，周某自己雇用了人员和车辆到左某果园自己选果，并运走了 2500 公斤，并未付款。后来，周某向法院起诉，称左某应承担不提供自产苹果的违约责任；左某则称周某不提供包装箱，并拒绝与其一起到外地提货，自己并不违约。

　　资料来源：中国高级法官培训中心，中国人民大学法学院. 中国审判案例要览 [M]. 北京：中国人民大学出版社，1998.

　　【分析】本案主要涉及履行内容（在本案中，主要是履行地点与履行标的物）的确定方法。在本案中双方并未就苹果的来源作出明确约定。但在合同签订之前，周某到左某的果园查看了果品，才达成苹果合同，所以，应该默认苹果的来源为左某自己的果园，故此，左某应当按照合同约定向周某提供自产苹果，合同的履行地点应该是左某的果园，左某没有权利要求周某到外地提货。当然，周某自行到左某果园选取苹果并拒付款项的行为也属于违约行为。左某在合同履行过程中不能在自己所在地交付约定的货物，理应对此承担违约责任。

八、双务合同履行中的抗辩权

（一）概述

　　双务合同履行中的抗辩权是指在符合法定条件时，当事人一方对抗另一方当事人的履行请求权，暂时拒绝履行其债务的权利。包括同时履行抗辩权、先履行抗辩权和不安抗辩权。

双务合同中的抗辩权是为了免去抗辩权人履行合同义务后而合同相对人不履行合同的风险，保护抗辩权人，迫使合同相对人产生及时履行合同、提供担保的压力。

（二）同时履行抗辩权

1. 同时履行抗辩权的定义

同时履行抗辩权是指双务合同的当事人在无先后履行顺序时，一方在对方未对待给付以前，可拒绝履行自己的债务的权利。

2. 同时履行抗辩权的构成要件

（1）双方在同一双务合同中互负债务。

（2）履行的先后顺序在双务合同中并未规定。

（3）双方互负的债务均已届清偿期。

（4）对方未履行债务或未提出履行债务。

（5）双方当事人的对待履行是可能履行的。

3. 同时履行抗辩适用范围

同时履行抗辩制度主要用于双务合同，如买卖、互易、租赁、承揽、有偿委托、保险、雇佣、劳动等合同。

【案例 5-9】

房屋买卖合同纠纷

A 公司是一家房地产公司，2010 年 2 月，它与 B 公司签订了一份房屋买卖的合同，根据合同的规定，A 公司于 2010 年 11 月 1 日向 B 公司交付 50 套房屋，而 B 公司则分三次付款给 A 公司：第一次付 1000 万元；第二次付 1500 万元；第三次也即 2010 年 9 月 1 日 A 公司向 B 公司交付房屋时付 2500 万元。事后，B 公司按照合约分别支付了两次款项，但 2010 年 9 月 1 日，A 公司将房屋钥匙交付给 B 公司，却并未立即办理房产所有权转移登记手续，这就相当于房屋产权仍然在 A 公司，为了保险起见，B 公司表示剩下的 2500 万元在 A 公司的房产所有权转移登记手续完成后再付。一个星期后，B 公司仍未付款，A 公司就认为 B

公司违约，将其告上法庭，要求 B 公司承担违约责任；B 公司则以 A 公司未按期办理房产所有权转移登记手续为由抗辩。

资料来源：http://www.lawbox.cn/2011/0725/117302.html.

【分析】本案是一个典型的涉及同时行使履行抗辩权的条件和法律后果的例子。从表面上看，A 和 B 公司似乎都违约了，首先，A 公司未能按期办理房地产所有权转移登记手续，其次，B 公司也在合同预定付款日期 7 日之后未付款，构成履行迟延。但在考虑主体是否应当承担违约责任时，还需要考虑主体是否享有法定的抗辩权。从本案情况看，B 公司按期向甲公司支付了前两次款项，无违约情形，A 公司无理由行使后履行抗辩权，因此，A 公司未按期办理房产所有权转移登记手续属于违约行为，其应当承担相应的违约责任。

（三）先履行抗辩权

1. 先履行抗辩权的定义

根据我国《合同法》第 67 条的规定，先履行抗辩权，是指当事人互负债务，有先后履行顺序的，先履行一方未履行之前，后履行一方有权拒绝其履行请求。先履行一方履行债务不符合约定的，后履行一方有权拒绝其相应的履行请求。

2. 先履行抗辩权的构成要件

（1）须双方当事人互负债务。

（2）两个债务须有先后履行顺序。

（3）先履行一方未履行或未适当履行。

3. 先履行抗辩权的效力

先履行抗辩权行使后，后履行一方可中止履行自己的债务，直到先履行一方采取了补救措施，变违约为适当履行。

（四）不安抗辩权

1. 不安抗辩权的定义

根据我国《合同法》第 68 条的规定，不安抗辩权，是指先给付义务人在有证据证明对方的经营状况严重恶化，或者转移财产、抽逃资金以逃避债务，或者丧失商业信誉，以及其他丧失或可能丧失履行债务能力的情况时，可中止履行。

根据我国《合同法》第 69 条的规定，当事人在依照第 68 条的规定中止履行的，应及时通知对方，对方提供适当担保的，应当恢复履行。中止履行后，双方在合理的期限内未恢复履行能力或未提供适当担保的，中止履行的一方可解除合同。

2. 不安抗辩权的构成要件

（1）双方当事人因同一双务合同而互负债务。

（2）双方当事人中有一方有义务先履行合同，而且已经到了履行义务的时期。

（3）双方当事人中另一方履行义务的能力降低了，有丧失后者可能丧失先履行债务能力的情形出现。

3. 不安抗辩权的效力

不安抗辩权行使后，先履行义务一方可暂时中止履行合同，直至后履行一方提供适当担保。我国《合同法》第 69 条规定，在先履行义务人中止履行后，如果相对人在合理期限内未恢复履行能力，也未提供担保的，中止履行的一方可解除合同。

九、合同履行中的安全措施

合同履行中的安全措施又称合同的保全、债的保全，债务人的财产不当减少会给债权人的债权带来危害，为了防止这种危害，法律允许债权人代债务人向第三人行使债务人的权力，或者请求法院撤销债务人与第三人的法律行为的法律制度。我国《合同法》第 73 条、第 74 条确定了代位权及撤销权制度，由于这两项权利是债权人对于债务人以外的人实施的一种法律的效力，所以又被称为债的对外效力。

（一）债权人代位权

1. 债权人代位权的定义

债权人代位权是债权人对第三方享有的权利，是指债权人对债务人拥有债权，而债务人对第三人也享有权利，但债务人怠于行使其对第三人的权利，致使债权人的债权也无法实现，因此，债权人为了保全自身的债权，以自身名义代债务人行使对第三人的权利。代位权的行使一般须通过诉讼程序进行。通俗来讲，若 A 是 B 的债权人，B 对 C 享有某些权利，但 B 没有很好行使对 C 的权利，那么 A 为了保全自己对 B 的债权，就会以自己名义代 B 行使对 C 的权利。

2. 债权人代位权成立的条件

（1）须债权人对债务人的债权以及债务人对第三人享有的债权均合法有效，同时，债务人对第三人享有的债权并不是专属于债务人自身的权利，因为在这种情况下，债权人才能对第三方行使代位权。

（2）须债务人陷于迟延履行。

（3）须债务人怠于行使权利，法释［1999］19 号第 13 条对债务人怠于行使权利做了界定。

（4）对债权人造成损害。

【案例 5-10】

连环欠款，催款纠纷

A 公司是一家电脑公司，B 公司是一家商务咨询公司，2010 年 6 月 B 公司因为业务需要，向 A 公司购买了一批电脑，双方采取的是先提货后付款的方式，且总货款为 20 万元，付款终止日期为 2010 年 9 月 30 日。A 公司按约将电脑送至 B 公司，而 B 公司也在付款日期截止之际向 A 公司支付了 10 万元，剩下的 10 万元一直未付。A 公司经过多次催讨无果，偶然发现 B 公司经营不善，严重亏损到即将破产，也发现 B 公司对 C 公司有一笔到期的 8 万元债权。A 公司凭借这些信息又多次向 B 公司催讨，但 B 公司既不向 C 公司收款，也不偿还欠 A 公司的款项。无奈之下，A 公司只能找 C 公司，要求 C 公司直接将其欠 B 公司的 8 万元还给自己，但 C 公司拒绝支付。最终，A 公司只有寻求法院的帮助，C 公司认为，虽然本公司欠 B 公司 8 万元，但 A 公司无权过问。

资料来源：http://www.lawbox.cn/2011/0725/117305.html.

【分析】本案主要涉及代位权的效力问题。B 公司已经濒临破产，其无法偿还 A 公司的债务，但 B 公司同时拥有对 C 公司的到期债权，其不行使该债权，使得A 公司无法实现其对 B 公司的 10 万元债权，根据相关法律规定，A 公司是有权向 C 公司行使代位权的，C 公司不得以 A 公司无权过问为由拒绝偿还 B 公司的货款。所以，C 公司应将其欠 B 公司的 8 万元债务偿还给 A 公司，这时，B 公司欠A 公司的 8 万元债务不存在了，而 C 公司欠 B 公司的 8 万元债务也不存在了，但 B 公司欠 A 公司的剩下的 2 万元则另行解决。

（二）债权人的撤销权

1. 债权人撤销权的定义

债权人撤销权是指当债务人处分自己财产的行为足以影响债权人的利益时，债权人有权请求法院予以撤销。

2. 债权人撤销权的成立要件

根据债务人的行为是无偿行为还是有偿行为，债权人撤销权的成立要件分为两种情况，在无偿行为场合，只需要具备客观条件；在有偿行为场合，需要具备如下要件：

（1）须有债务人的行为，我国《合同法》第74条规定了债权人可以撤销的债务人的行为。

（2）债务人的行为必须以财产为标的。

（3）债务人的行为有害于债权人的债权。

债权人撤销权须通过诉讼方式行使，即债权人须以自己的名义诉请法院撤销债务人实施的有害于债权的财产处分行为。

【案例 5–11】

债务人赖账，债权人行使撤销权

肖某和余某两人合伙经营一家健身器材业务，由于市场行情不好，经营不善，不久二人欠下外债 20 万元。债主多次上门催债，但由于肖某连续几年做亏本生意，资金紧张，拿不出资金来偿还债务，于是余某替肖某还清了二人的 20 万元欠款。事后余某多次找肖某催要其应分担的 10 万元，都因肖某没有支付能力而未果。后来余某得知，在二人合伙经营一家健身器材业务之前，肖某在本市繁华地带购了一套住房，该住房现已升值为 15 万元，这是肖某的主要财产。但肖某为了避免用房子抵债，故意将该房赠送给了其收入颇丰的前妻，并以此为借口告知余某自己无力偿还债务。余某于是诉至法院，法院经审理后认为，肖某赠送其前妻的行为无效。

资料来源：http://www.szls.net/lawCase/2007419/lawCase19438.htm.

【分析】在本案中，余某具备行使撤销权的条件，可以请求人民法院撤销肖某的赠与行为。债权人余某可以向肖某前妻要求返还住房，并将所返还的住房并入到债务人肖某的总财产中，这样肖某的总财产就足以偿付其所欠余某的债务了。

十、合同的解除

（一）概念

合同的解除也是一种法律制度，是指在合同成立后、履行完毕前，当解除的条件具备时，当事人中的一方或者双方作出意思表示，要求使合同自始或仅向将来消灭的行为。

（二）类型

1. 协议解除

协议解除是指在合同成立后履行完毕前，当事人双方通过协商同意将合同解除的行为，它不以解除权的存在为必要。所谓解除权，是指合同当事人可以将合同解除的权利。

2. 法定解除

法定解除是指在合同成立后、履行完毕前，合同满足法律规定的解除条件而致使合同效力消灭的法律行为。

3. 约定解除

约定解除是指当事人在合同中约定为一方或双方保留解除权的解除。

（三）合同解除的条件

合同解除的条件，大致有四大类型：①协议解除的条件；②约定解除的条件；③不可抗力致使不能实现合同目的；④违约行为，如迟延履行、拒绝履行、不完全履行等。

1. 协议解除的条件

协议解除的条件是当事人双方协商一致，将原来的合同废弃，使基于原合同发生的债权债务归于消灭。

2. 约定解除的条件

约定解除的条件是当事人双方在合同中约定的或在其后另订的合同中约定的解除权产生的条件。只要不违反法律的强制性规定，当事人可以约定任何可产生解除权的条件。

3. 不可抗力致使不能实现合同目的

我国《合同法》允许当事人通过行使解除权的方式将因不可抗力致使不能实现合同目的的合同解除。

4. 违约行为

原则上一般是指债务人违反合同的主义务。

（1）迟延履行的。我国《合同法》规定，若当事人一方延迟履行其债务，且经催告后在合同期限内仍未履行的，债权人可以解除合同。

【案例5-12】

烟花购销合同纠纷

甲公司向乙公司订购一批烟花，双方在合同中约定，为保证甲公司赶上春节前后的旺季以及农历十二月初一开始的展销会，乙公司应当在农历十一月二十前交货，双方订立了合同，且甲公司依照约定向乙公司交纳预付款10万元。但交货期限届满时，乙公司因赶制其他订单尚未制作该批烟花。甲公司十分不满，多次催促，但至农历十一月二十五，乙公司才开始制作，展销会开始后，乙公司仍未交货，甲公司无法参展，遂通知乙公司解除合同并要求其退还预付款。乙公司表示三日内就可以交货，但甲公司表示拒绝。农历十二月初三，乙公司将货物送到，甲公司拒绝受领，乙公司则拒不退还预付款。甲公司遂诉至法院，请求解除合同、收回预付款并赔偿其全部利润损失。乙公司则表示该批烟花系按照甲公司的要求订做，无法向其他单位出售，而且甲公司仍然能赶上春节前后的烟花销售旺季以及刚刚开始的展销会，因此甲公司不能解除合同。

资料来源：俞里江. 合同法典型案例 [M]. 北京：中国人民大学出版社，2003.

【分析】本案主要涉及的是在一方当事人迟延履行的情况下，对方在何种条件下才能解除合同的问题。本案毫无疑问乙公司的行为已构成了迟延履行，依据相关规定，甲公司有权解除合同。

（2）拒绝履行的。拒绝履行又称毁约，是指债务人具备履行合同的能力，但却拒绝履行合同，这是一种很直接的毁约方式。拒绝履行分为两种：一种是预期违约，这种违约是发生在合同期限届满之前的，当事人一方在这时明示或默示其将不履行合同；另一种是实际拒绝履行，这种行为是发生在合同期限届至之时，债务人在这时明确表明不履行债务。对于后一种情况以及在前一种情况中债务人明确表示不履行合同的，债权人有权解除合同。

（3）不完全履行的。不完全履行是指当事人虽然履行了合同，但是不符合法律的规定或者合同的约定。如果不履行部分构成了重大违约致使合同目的不能实现，那么另一方可解除合同。

（四）合同解除的程序

当具备合同解除的条件时，还必须经过一定的程序，才能解除合同。解除的程序包括以下三种：协议解除的合同解除程序、行使解除权的合同解除程序和法院裁决的合同解除程序。

1. 协议解除的合同解除程序

协议解除的合同解除程序是指当事人双方经过协商同意将合同解除的程序。

2. 行使解除权的合同解除程序

行使解除权的合同解除程序必须以当事人享有解除权为前提。行使解除权的程序适用于不可抗力致使合同不能履行、当事人一方违约和约定解除等场合。

3. 法院裁决的合同解除程序

法院裁决的合同解除程序是指由法院根据案件的具体情况以及情势变更原则，裁决合同解除的程序。这种合同解除程序不是协议合同解除程序以及行使解除权的程序中法院当事人诉请法院解除合同。

（五）合同解除的效力

1. 合同解除与溯及力

溯及力分为有溯及力和无溯及力，所谓合同解除有溯及力，是指解除合同使得合同关系全部消灭，合同如自始未成立，而合同解除无溯及力，是指解除合同仅仅使合同关系在将来消灭，解除之前的合同关系仍然有效。根据我国《合同法》第97条的规定，合同解除后，尚未履行的，终止履行；已经履行的，根据履行情况和合同性质，当事人可以要求恢复原状，采取其他补救措施，并有权要求赔偿损失。

2. 合同解除与恢复原状

恢复原状是有溯及力的解除所具有的直接效力，是指双方当事人基于合同发生的债务全部免除，当事人恢复到合同订立前的状态。恢复原状时，当事人应该将受领的给付返还给付人，也可采取其他补救措施。

3. 尚未履行的债务免除与不当得利返还

前面已经提到，在合同解除无溯及力的情形下，解除前的合同关系仍然有效。若合同当事人中一方已经部分或全部履行了债务，而对方却未履行对待给付，或者尽管双方都履行了债务，但各自的履行在数量上不对等，那么可以运用不当得利制度加以解决，即受领人将其多得的利益按不当得利规则加以返还。

4. 合同解除与赔偿损失

我国《民法通则》第 115 条规定，合同解除不影响当事人要求赔偿损失的权利。

十一、违约责任

（一）违约行为

1. 违约的定义

违约是指不履行合同义务或者履行合同义务不符合约定。违约行为是指违反合同债务的行为。这里的合同债务，包括当事人在合同中约定的义务、法律直接规定的义务以及当事人根据法律原则和精神的要求必须遵守的义务。

2. 违约的分类[①]

（1）预期违约，包括明示毁约和默示毁约两种。所谓明示毁约，是指一方当事人在合同履行期到来之前无正当理由而明确、肯定地向另一方表示将不履行合同的意思。所谓默示毁约，是指在履行期到来之前，一方当事人有确凿的证据证明另一方当事人在履行期到来时将不履行或不能履行合同，而另一方又不愿提供必要的履约担保。预期违约表现为未来将不履行合同义务，而不是实际违反合同义务。

（2）实际违约，包括拒绝履行、不适当履行、迟延履行以及其他违约行为。拒绝履行也即不履行，指一方当事人在合同已经到期的情况下无正当理由也不履行合同全部义务；不适当履行也叫质量有瑕疵的履行，发生在当事人所交付的标的物不符合合同规定的质量要求的情况下；迟延履行则指合同当事人在合同期限已过后才履行合同规定，换句话来说，就是违反了履行期限的规定。

（二）违约责任

1. 违约责任的定义

违约责任是合同当事人不履行合同义务或者履行合同义务不符合约定时，依

---

① 屈茂辉. 中国合同法学 ［M］. 长沙：湖南大学出版社，2003.

法应承担的法律责任。

2. 违约责任的承担方式

我国《合同法》共规定了五大类违约责任形式：

（1）继续履行又称强制履行，指在违约方不履行合同时，由法院强制违约方继续履行合同债务。

（2）采取补救措施，根据我国《合同法》第111条规定，质量不符合约定的，应当按照当事人的约定承担违约责任。对违约责任没有约定或者约定不明确，依照本法第61条的规定仍不能确定的，受损害方根据标的的性质以及损失的大小，可以合理选择要求对方承担修理、更换、重作、退货、减少价款或者报酬等违约责任。

（3）赔偿损失，即债务人不履行合同债务时依法赔偿债权人所受损失的责任。我国《合同法》上的赔偿损失是指金钱赔偿，即使包括实物赔偿，也限于以合同标的物以外的物品予以赔偿。

（4）定金责任，我国《合同法》第115条规定，当事人可以依照《中华人民共和国担保法》约定一方向对方给付定金作为债权的担保。债务人履行债务后，定金应当抵作价款或者收回。给付定金的一方不履行约定的债务的，无权要求返还定金；收受定金的一方不履行约定的债务的，应当双倍返还定金。

（5）违约金责任又称违约罚款，是由当事人约定的或法律直接规定的，在一方当事人不履行合同时，须向另一方当事人支付一定数额的金钱。我国《合同法》第114条规定，约定的违约金低于造成的损失的，当事人可以请求人民法院或仲裁机构予以增加，约定的违约金过分高于造成的损失的，当事人可以请求人民法院或者仲裁机构予以适当减少。

【案例5-13】

损害赔偿金、定金和违约金并存

2009年3月1日，A公司和B公司签订了一份租赁合同。合同规定：B公司将其下属的一个厂租赁给A公司经营，租期2年，任何一方违约，除了赔偿对方的损失，还需向对方赔付 40 万元违约金。签订合同后，A 公司向 B 公司交付了 10 万元的定金，第一年 A 公司经营状况非常好，每月盈利达 5 万元。2010 年 9 月，B 公司单方面要终止与 A 公司的租赁合同。A 公司认为双方合同还没有到期，于是将 B 公司告上法院，要求其赔偿违约金、双倍返还定金，并赔偿所造成的经济损失。

【分析】本案例中 B 公司单方终止合同显然构成违约，应当承担由此产生的违约责任。承担违约责任的方式主要是实际履行、采取补救措施、赔偿损失、支付违约金以及返还定金。B 公司首先应赔偿因其违约给 A 公司造成的损失，该损失的计算应以 A 公司每月 5 万元为标准，自 2010 年 9 月计至 2011 年 3 月。在违约金和定金的适用上应由 A 公司自己选择对其更有利的一种手段。就本案而言，可选择违约金。

（三）违约责任的归责原则

对违约责任归责原则的规定主要有过错责任原则、过错推定原则以及严格责任原则三种：

1. 过错责任原则

过错责任原则是指一方当事人不履行或不适当履行合同义务时，应以该当事人主观过错作为确定其违约责任的依据，没有过错就不应承担违约责任。举证责任由主张权利的人来承担。过错责任原则一般调整缔约过错责任、合同无效责任、预期违约责任、加害给付责任、实际违约责任中的惩罚性赔偿金责任。

2. 过错推定原则

过错推定原则是指若当事人没有证据来证明自己的行为没有过错，而且法院也推定其有错，那么该当事人就必须承担相应的法律责任。在过错推定原则下，实行举证责任倒置的方式，即举证证明自己没有过错，若不能证明，就推定其有过错。

3. 严格责任原则

严格责任原则又称无过错责任，是指当事人一方有违约的，不论其主观上有无过错，均承担合同责任的原则。我国《合同法》中违约责任的归责原则采用的是以严格责任原则为主、过错责任原则为补充的归责原则体系。[①]

（四）免责事由

（1）免责事由又称免责条件，是指法律明文规定的当事人对其不履行合同也不用承担违约责任的条件。

（2）我国法律规定的免责条件：

1）不可抗力，我国《合同法》第117条规定，因不可抗力不能履行合同的，根据不可抗力的影响，部分或者全部免除责任，但法律另有规定的除外。当事人迟延履行后发生不可抗力的，不能免除责任。本法所称的不可抗力，是指不能预见、不能避免而且不能克服的客观情况。

2）货物本身的自然性质、货物的合理损耗。

3）债权人过错，即指违约行为或者违约损害后果的发生或扩大是由于债权人的过错导致的，在这种情况下债务人不承担责任。

4）免责条款，即当事人双方为了限制或者免除未来责任而事先约定的条款。我国《合同法》中规定了对免责条款的限制，主要有以下几点：①免责条款不得违反法律的强制性规定；②免责条款不得免除造成对方人身伤害的责任；③免责条款不得排除故意或者重大过失责任；④免责条款不得排除合同当事人应负的基本义务。

【案例 5-14】

新加坡某贸易有限公司与广州某酒家月饼购销合同违约纠纷案

2001年10月1日是中秋佳节。8月5日，申请人（新加坡某贸易有限公司）通过电子邮件 E-mail 向被申请人（广州某酒家）订购月饼，并在 E-mail 中表明订购月饼的种类、数量和金额，并约定以跟单信用证付款，约定交付日期为2001年8月15日至9月25日，并且双方如果发生合同纠纷，将提交中国国际

---

① 陈慧芳，陈笑影. 合同法 [M]. 上海：格致出版社，上海人民出版社，2009.

经济贸易委员会深圳分会仲裁解决。被申请人收到申请人发来的 E-mail 后，以传真的方式答复申请人，接受订货，并要求申请人预付 20% 的货款即新币 22500元。申请人收到传真后，即电汇了新币 22500 元预付款给被申请人。但是到了 9月 26 日，申请人仍未收到被申请人发运来的月饼，申请人又通过 E-mail 通知被申请人解除合同，要求返还 22500 元预付款，并索赔新币 45000 元。10 月 2 日，被申请人于 9 月 29 日发运的月饼抵达新加坡。申请人拒绝收货，并向中国国际经济贸易委员会深圳分会申请仲裁，请求裁决被申请人返还新币 22500 元预付款，并索赔新币 45000 元。因单证不符，被申请人未取得信用证下的新币 90000元货款，被申请人答辩并提出反请求：没有收到申请人 2001 年 9 月 26 日发来的 E-mail，现货物已运抵新加坡，不同意解除合同及返还预付款，反请求申请人立即支付货款余款 90000 元新币。

资料来源：http://www.9ask.cn/souask/q/q2273181.htm.

【分析】本案中申请人 2001 年 8 月 5 日发给被申请人的 E-mail，使用了"订购贵酒店自产的（月饼）"的语句，表明其希望与被申请人订立合同的意思十分清楚，并且包含了标的、数量、价款、履行期限、地点、方式、解决争议的方式等条款，内容具体确定。并且申请人在其 E-mail 中已经包含如果被申请人承诺，合同即成立的意思表示。综上分析，申请人 8 月 15 日发给被申请人的 E-mail 构成了一项要约。但是被申请人的传真回复不构成承诺。根据《合同法》的有关规定，承诺的内容应当与要约的内容一致，受要约人对要约的内容作出实质性变更的，为新要约。案例中，被申请人的传真回复中要求申请人预付 20% 的货款，对价款的支付期限和支付方式作了实质性变更，因此，虽然对申请人要约中提出的其他条款都接受了，该回复不构成承诺，而是被申请人向申请人发出的一项新要约。

根据《合同法》的有关规定，当事人订立合同形式有：书面形式、口头形式和其他形式。其中书面形式是指合同书、信件和数据电文（包括电报、电传、传真、EDI 和 E-mail）等可以有形地表现所载内容的形式。本案中申请人向被申请人发出的要约采用了 E-mail 这种书面形式，被申请人发回的新要约采用了传真的书面形式，而申请人作出的承诺则采用了行为（汇款）形式。

本案中的合同应当予以解除。首先，本案中，由于标的物月饼的销售和消费都有很强的时间约束，而被申请人延期履行，使得申请人订立合同的目的已经落空，被申请人的延迟履行构成根本违约，符合《合同法》规定的合同解除条件，所以，申请人关于解除合同的请求应予以支持。其次，被申请人是否收到2001年9月26日申请人发来的E-mail不影响合同的解除，其提出的货物已运抵新加坡的抗辩也不成立，有关损失应自行负责。

第二节　《合同法》分则

不同的合同法会更加有针对性地为人们提供权利保障，而合同法则成为当代商务交易的一个非常重要的保障交易有效性的武器。

——佚名

一、买卖合同

（一）买卖合同的概念和内容

根据我国《合同法》第130条的规定，买卖合同，是指出卖人转移标的物所有权于买受人，买受人支付价款的合同。

买卖合同主要包括以下内容：标的，标的的数量、质量及价款，合同履行期限、地点及方式，违约责任，争议解决方法等。除此以外，合同当事人还可在买卖合同中约定标的的包装方式和检验标准，价款的结算方式等内容。

（二）买卖合同的效力

1. 出卖人的义务

根据我国《合同法》的规定，买卖合同成立后，出卖人应承担的义务有：

（1）按照合同约定的时间、地点、标的物的质量和数量等条款交付标的物。

（2）转移标的物的所有权。我国《合同法》第 133 条规定，标的物的所有权自标的物交付时起转移，但法律另有规定或者当事人另有约定的除外。根据我国现行立法的规定，动产的所有权依交付而转移，不动产的所有权转移自不动产的所有权转移登记手续办完时完成。

（3）瑕疵担保责任。出卖人的瑕疵担保责任是指出卖人对其所交付的标的物应担保其权利完整无缺，并且依通常交易观念或当事人的意思，认为应当具有价值、效用或品质，据此定义出卖人的瑕疵担保责任分为物的瑕疵担保责任和权力的瑕疵担保责任。

（4）从合同义务，即出卖人需要担负按照合同约定或者交易习惯向买受人交付标的物或提取标的物的单证以外的有关单证和资料的义务。

2. 买受人的义务

根据我国《合同法》的规定，买卖合同成立后，买受人应承担的义务有：

（1）按照合同约定的时间、地点足额支付价款。

（2）检验标的物。买受人收到标的物时，需要及时检验标的物。买卖合同当事人一般会在合同中约定检验期间，买受人需要在检验期间内及时检验标的物，并将标的物不符合约定的情形及时通知出卖人，没有约定检验期间的，买受人需要在应当发现标的物不符合约定的合理期间内通知出卖人，否则视为标的物如约交付。

（3）保管义务。当出卖人未按照合同约定交付标的物时，买受人需要替出卖人暂时保管标的物。

（4）及时受领义务。买受人需要按照买卖合同的约定及时受领标的物，否则承担相应的违约责任。

【案例 5-15】

螺纹钢买卖纠纷

某金属材料公司与某建筑公司签订买卖合同，约定由金属材料公司向建筑公司出卖 2 万吨、总价款为 5000 万元的上海宝钢产螺纹钢，建筑公司须在 6 月 20

日前支付价款 4000 万元，款到金属材料公司后，金属材料公司就会将这 2 万吨螺纹钢的仓单交付给建筑公司，建筑公司凭此仓单可到该物资仓库提货，建筑公司自收到仓单后的 10 日内，须向金属材料公司付清余款。合同签订后，建筑公司于同年 6 月 18 日将 4000 万元货款存入金属材料公司的银行账户，但金属材料公司却要求其再付 500 万元才把仓单交与建筑公司，双方发生争执，多次协商未果，于是建筑公司将金属材料公司告上法庭，请求判决金属材料公司交付仓单，并承担违约责任。

资料来源：杜万华. 合同法精解与案例评析 [M]. 北京：法律出版社，1999.

【分析】 我国《合同法》第 135 条规定："出卖人应当履行向买受人交付标的物或者交付提取标的物的单证，并转移标的物所有权的义务"，本案中，金属材料公司作为出卖人有义务将出卖标的物交付给建筑公司，并转移标的物的所有权，本案中标的物所有权的物权证券是仓单，取得仓单就取得了标的物的所有权。而且按照合同的约定，建筑公司在将 4000 万元货款存入金属材料公司的银行账户后就可取得仓单，现在金属材料公司拒绝交付仓单，违反了合同法的规定，因此建筑公司有权要求其交付仓单，并承担逾期未交付的违约责任。

二、赠与合同

根据我国《合同法》第 185 条的规定，赠与合同是指赠与人将自己的财产无偿给予受赠人，受赠人表示接受赠与的合同。

（一）赠与合同的成立条件

赠与合同的成立主要有以下几种情况：

（1）动产赠与合同：合同自赠与物的交付时起成立。

（2）不动产赠与合同：合同自双方当事人意思表示一致时成立。

（3）具有救灾、扶贫性质等社会公益、道德义务性质的赠与合同：合同自双方当事人意思表示一致时起成立。

（4）经公证的赠与合同：自公正时起成立。

（二）赠与人的义务

赠与人的义务主要有以下两点：

1. 按照赠与合同的约定交付赠与标的物

由于赠与合同是无偿的单务合同，因此当标的物不能如约交付时，赠与人一般不承担赔偿责任，但是根据我国《合同法》第189条的规定，因赠与人故意或者重大过失致使赠与的财产毁损、灭失的，赠与人应承担损害赔偿责任。

2. 瑕疵担保责任

合同法规定在下列两种情形下，赠与人需要承担瑕疵担保责任：

（1）附义务赠与中，赠与财产有瑕疵的，赠与人在附义务的限度内承担与出卖人相同的瑕疵担保责任。

（2）根据我国《合同法》第191条的规定，赠与人故意不告知赠与的财产有瑕疵或者保证赠与的财产无瑕疵，造成受赠人损失的，赠与人应承担损害赔偿责任。

（三）受赠人的义务

在赠与合同中，受赠人是无偿接受财产的赠与的，因此受赠人无须具备完全行为能力，但是根据我国《合同法》的有关规定，赠与合同附义务的，受赠人应当按照约定履行义务。

（四）赠与合同的撤销

1. 任意撤销

根据我国《合同法》第186条的规定，赠与人在赠与财产的权利转移之前可以撤销赠与，但是具有救灾、扶贫等社会公益、道德义务性质的赠与合同或者经过公证的赠与合同，不得撤销赠与。

2. 赠与人撤销

根据我国《合同法》第192条的规定，受赠人有下列法定情形之一的，无论赠与财产的权利是否转移，赠与是否具有救灾、扶贫等社会公益、道德性质或者经过公证，赠与人均可以撤销赠与：①严重侵害赠与人或其近亲属；②对赠与人有扶养义务而不履行；③不履行赠与合同约定的义务。赠与人的撤销权，自知道或者应当知道撤销原因之日起 1 年内行使。

3.由赠与人的继承人或监护人撤销

根据我国《合同法》第 193 条的规定，因受赠人的违法行为致使赠与人死亡或者丧失民事行为能力的，赠与人的继承人或者法定代理人可以撤销赠与；赠与人的继承人或者法定代理人的撤销权，应当自知道或者应当知道撤销原因之日起 6 个月内行使。

【案例 5-16】

赠与物有瑕疵，获赠人有经济损失，如何赔偿？

郑某和马某是两个关系要好的邻居，且二人都是摄影爱好者。郑某家庭条件不错，拥有几台进口的高级照相机，马某仅有一台普通的照相机。有一次，马某参加一次摄影比赛，需要外出摄影，然后拿摄影产品去参赛。马某于是向郑某借一台高级相机，热心的郑某表示愿意无偿赠送一台高级相机给马某。但是，郑某在取相机的时候不小心掉落在地上，他个人认为应该不存在大的问题，因而也没有过于在意，随即将相机赠与马某了。等到马某摄影回来，才发现所照的相片模糊不清，这次参赛的作品完全作废了，后查知，出现这种问题是由于相机质量导致的。马某气愤之下，找郑某赔偿，郑某不同意，二人于是向法院提起诉讼。

资料来源：http://www.9ask.cn/souask/q/q2273181.htm.

【分析】郑某应当承担损害赔偿责任。但是，由于郑某赠与马某相机是自愿、无偿的行为，因而，郑某只需赔偿马某的直接经济损失，而不赔偿间接损失。

三、供用合同

供用合同是指供应人向用户供应电力、水、燃气、热力等能源，用户支付相应价款的合同。下面以供电合同为例，来介绍供用合同。

（一）电力供用合同的内容

在电力合同中，双方应在合同中明确规定供电方式、供电时间、质量、用电容量、用电地址、用电性质、计量方式及电价、电费的结算方式，并约定供电设施的维护责任等。

（二）电力供用合同当事人的义务

1. 供电人的义务

在正常情况下，供电人应该按供电合同约定和国家有关规定提供安全的电力，指导并帮助用电人安全用电和节约用电，准确计量电度并正确收费。在特殊情况下：①因故中断供电时，需要及时通知用电人；②因自然灾害等原因断电时，需要及时抢修。

2. 用电人的义务

用电人需要严格按照合同约定的用电时间和其他有关要求安全用电，并及时交付电费。

四、租赁合同

根据我国《合同法》第 212 条的规定，租赁合同是指出租人将租赁物交付承租人使用、收益，承租人向出租人支付租金的合同。

（一）租赁合同的内容

1. 租赁物的名称

租赁标的物必须是有形的、特定的、合法的消费物，且在合同中应确切地写清楚。

2. 租赁物的数量

租赁物的数量要确切，在确定租赁物的数量时，首先，确定双方共同接受的计量单位，其次，确定双方都认可的计量方法。

3. 租赁物的用途

承租人必须合法、正当地使用租赁物，在合同中约定好后，承租人必须按照约定的用途使用租赁物，否则出租人有权要求解除合同，收回租赁财产。

4. 租赁期限及租赁合同的形式

（1）根据我国《合同法》第 214 条的规定，租赁期限不得超过 20 年。超过 20 年的，超过部分无效。

（2）租赁期间届满，当事人可以续订租赁合同，但约定的期限自续订之日起不得超过 20 年。

（3）根据我国《合同法》第 215 条的规定，租赁期限 6 个月以上的，应当采用书面形式。当事人未采用书面形式的，视为不定期租赁（任意解除权）。

5. 租金的支付方式和期限

租金的标准按照国家规定签订，如无规定，双方协商解决。租金的支付期限也以商定的方式在合同中明确约定。

6. 租赁物的维修

一般在法律及合同没有例外的情况下，由出租人承担租赁物的大修，在合同中明确约定日常的保养责任。

（二）出租人与承租人的义务

我国《合同法》第 220、221 条针对有关租赁物维修的情况规定了出租人、承租人应承担的义务，第 222、223、224 条规定了承租人使用出租屋应履行的义务，第 228 条规定了第三人主张权利时承租人享有的权利。

（三）承租人权利

承租人享有的权利有：正常损耗免责权、占有、使用、收益权、买卖不破租赁权、优先购买权、共同居住人的继续租赁权。

【案例 5-17】

房屋租赁纠纷

2002 年 2 月 6 日，李某与刘某签订了房屋租赁合同，合同约定刘某租住李某两室一厅的房屋，租期为 3 年，月租金 500 元。2002 年 11 月 5 日，李某由于资金需要，与陈某签订了房屋抵押合同，合同约定李某向陈某借款 8 万元，若李某在 1 年内不能还清借款，则将该套房屋作价转让给陈某，并办理抵押登记手续。此时李某已告知陈某该房屋已出租的事实。2003 年 11 月，李某由于经营不善无力偿还这 8 万元借款，于是 12 月 2 日，李某、陈某达成协议约定将房屋作价 8 万元转让给陈某，冲抵全部债务，当月 10 日二人去房管部办理了产权转移手续，12 日，陈某通知刘某李某已将房屋的产权转移给他，并要求刘某搬出该房屋。刘某认为自己的租赁期未满，不同意搬出。双方协商未果，陈某于是诉讼至法庭，请求法庭宣告原租赁合同无效。

资料来源：郭明瑞，张平华.合同法学案例教程［M］.北京：知识产权出版社，2003.

【分析】 本案涉及租赁物所有权发生转移后租赁合同的效力问题。案中李某在已出租的租赁物上设定了抵押权，并且在租赁期间内抵押权实现，于是租赁物的新所有人与原承租人之间产生了矛盾。本案的关键是租赁权是否具有对抗第三人的物权效力。根据我国《合同法》第 229 条的规定，"租赁物在租赁期间发生所有权变动的，不影响租赁合同的效力"以及《最高人民法院关于适用〈担保法〉若干问题的解释》第 65 条规定，"抵押人将已出租的财产抵押的，抵押权实现后，租赁合同在有效期内对抵押物的受让人继续有效"，租赁权有对抗第三人的物权效力，这正是"买卖不破租赁"原则的体现。因此案中陈某取得的房屋所有权是有租赁债权负担的所有权，他代替李某作为出租人继续与刘某的租赁关系至租赁期满。

五、借款合同

借款合同是指当事人一方按照约定，将一定种类和数量的货币转移给对方，他方于一定期限后返还货币的合同。

（一）借款合同的内容

我国《合同法》列举了借款合同的主要条款，主要应该包括借款种类、币种、数额、利率、期限和还款方式、担保条款以及违约责任。

（二）借款合同当事人的权利和义务

1. 贷款人的义务和权利

贷款人的义务就是按照借款合同约定提供借款给借款人。

贷款人的权利有：①贷款人有权请求返还本金和收取利息；②根据我国《合同法》第 203 条的规定，有权监督和检查借款人对贷款的使用情况，借款人未按照约定的借款用途使用借款的，贷款人可以停止发放借款，提前收回借款或者解除合同。

2. 借款人的义务

借款人的义务有：①按照约定使用借款；②向贷款人定期提供有关财务会计报表等资料；③按照约定还借款本金和利息。

六、融资租赁合同

根据我国《合同法》第 237 条的规定，融资租赁合同是出租人根据承租人对出卖人、租赁物的选择，向出卖人购买租赁物，提供给承租人使用，承租人支付租金的合同。它集融资与融物于一体。

（一）融资租赁合同的主要条款

我国《合同法》第 238 条规定，融资租赁合同需要包括租赁物的名称、质量、数量、规格、型号、技术性能、检验方法等。一般来说，租金包括租金总额、支付方式、地点和次数、计算方法等；租赁期限一般是当事人双方根据租赁物的情况商定；租赁期满时租赁物的归属，在合同中需明确规定。

（二）融资租赁合同当事人的权利义务

1. 承租人的权利和义务

（1）承租人的权利包括：对出卖人和租赁物进行选择；向出租人请求交付租赁物；当出租人不交付租赁物或者出租人所交付的租赁物有瑕疵，甚至瑕疵给承租人带来伤害时，承租人可以要求索赔；在租赁期间对租赁物享有独占的使用收益权；租赁期满时，承租人可以选择返还租赁物、继续承租或者留购，即享有租赁物归属选择权。

（2）承租人的义务包括：接受租赁物；向出租人支付租金；对于租赁物应妥善使用、保管以及维修；租赁期满时，需返还租赁物。

2. 出租人的权利和义务

（1）出租人的权利包括：向承租人收取租金；在租赁期间享有租赁物的所有权。

（2）出租人的义务包括：购买租赁物；将租赁物交付给承租人；当出卖人不履行买卖义务时，出租人可以协助承租人向出卖人索赔；保证承租人对租赁物的占有权和使用权。

【案例 5-18】

纺织机有问题谁承担责任？

某纺织厂为了扩大生产而向某租赁公司租用了 3 台纺织机，双方签订了财产租赁合同。合同规定：由租赁公司出租 3 台纺织机给纺织厂使用，租期为 5 年，每年 12 月付租金 8 万元，租金合计 40 万元，在承租期间，纺织机的所有权归租赁公司，使用权归纺织厂，租赁公司不得干涉纺织厂的使用。此外，合同还规定，租赁公司向某纺织机械厂购买纺织机所花的价格与租给纺织厂所收租金所差的 5 万元视为纺织厂在租期届满后向租赁公司购买所租纺织机的货款，也即租赁期届满，纺织厂全部交纳租金后，纺织机的所有权即归纺织厂。合同还规定若纺织机有缺陷，则租赁公司将索赔权转让给纺织厂，租赁公司不承担责任。

随后，双方签订了租赁纺织机的合同，并按时将货运到纺织厂。纺织厂检验设备后发现无法运转，于是依照租赁合同的规定向纺织机械厂索赔，但纺织机械厂认为纺织厂无权向其索赔。纺织厂只有找租赁公司，租赁公司则以索赔权已转让为由，其不负任何责任。纺织厂见两处都无着落，也就拒付租金。不到一年，经过日晒雨淋，纺织机就报废了。租赁公司以纺织厂为被告向法院提起诉讼，要求纺织厂一次性给付租金 40 万元。纺织厂则辩称设备有瑕疵，无法使用，纺织机械厂拒不赔偿，因而其拒付租金是合法的，要求驳回租赁公司的诉讼请求。

资料来源：兰花. 合同法案例 [M]. 太原：山西教育出版社，2004.

【分析】本案是一起典型的融资租赁合同纠纷。在融资租赁关系中存在三方当事人：出租人、承租人和供应人（出卖人），其中，出租人和供应人是买卖关系，出租人和承租人是租赁关系，它们分别有相应的权利与义务。在本案中，租赁公司出租纺织机时应保证其质量可靠，然而事实上却存在质量缺陷，租赁公司应承担责任。承租人纺织厂在机器有缺陷时，一方面找责任人交涉，另一方面应妥善保管，而不应听任不管，致其报废。对此纺织厂也有一定责任，租赁公司未尽协助义务，也有过错。

七、承揽合同

根据我国《合同法》第251条的规定，承揽合同是指承揽人按照定做人的要求完成工作，交付工作成果，定作人给付报酬的合同。

（一）承揽人的权利和义务

承揽人的权利包括：要求定作人支付报酬的权利以及在未取得报酬前对定作物的留置权。

承揽人的义务包括：按约定完成工作的义务；提供或接受原材料的义务；及时通知和保密的义务；接受定作人监督和检查的义务；交付工作成果的义务；对工作成果的瑕疵担保的义务。

（二）定作人的权利和义务

定作人有任意解除定作合同的权利。

定作人的义务包括：按照约定提供材料的义务；支付报酬的义务；协助义务；验收并受领工作成果的义务。

（三）承揽合同中的风险承担

承揽合同的风险承担分为两种情况：①工作成果的风险承担：工作成果交付前和交付后分别由承揽人和定作人承担风险，但若工作成果的毁损、灭失发生于定作人受领迟延后的，由定作人承担风险。②原材料的风险承担：在定作物所有权转移之前，由承揽人承担风险。

八、建设工程合同

根据我国《合同法》第 269 条第 1 款的规定，建设工程合同是指承包人进行工程建设，发包人支付价款的合同。发包人一般是建设工程建设单位，承包人是实施建设工程的勘查、设计、施工等业务的单位。

（一）发包人的义务

发包人的义务包括：按规定向对方交付施工图和有关施工的技术资料的义务；按双方商定的分工，按时、按质、按量供应建筑材料和设备的义务；及时验收单项工作和全部工程的义务；因发包人原因致使工程中途停建、缓建的赔偿义务以及变更计划后的费用增补义务；按照合同约定支付价款的义务。

（二）承包人的权利和义务

承包人的权利有工程价款的优先权，即发包人逾期不支付价款时对工程折价或拍卖所得价款的优先受偿权。

承包人的义务包括：采购、供应和保管建筑材料、设备和构件的义务；严格按照施工图纸和操作规程施工，保证工程质量的义务；接受发包人监督的义务；按期完成建设工程，提出竣工验收资料及竣工图，及时向对方交付的义务；依据合同在一定期限内负责保修的义务。

九、运输合同

根据我国《合同法》第 288 条的规定，运输合同是指承运人将旅客或者货物从起运地点运送到约定地点，旅客、托运人或者收货人支付票款或者运输费用的合同。

（一）客运当事人的义务

客运合同指的是旅客和承运人之间所建立的合同，其中承运人要按照规定将旅客及其行李安全送至目的地，而旅客须为此服务支付相应的运费。合同中涉及旅客和承运人两个当事人。

旅客的义务包括：持有效客票乘运的义务；按时乘运的义务；限量携带行李的义务；遵守安全规则的义务；损害赔偿的义务。

承运人的义务包括：按约定运送的义务；不擅自变更运输路线的义务；保障旅客在运输途中安全的义务；旅客发生危险时的救助义务；提供必要生活服务的义务。

（二）货运当事人的义务

货运合同则是承运人将托运人所托付的货物送至约定地点，托运人支付相关运费的合同。其中收货人既可以是托运人，也可以是第三人。

托运人的义务包括：如实申报货运基本情况的义务；办理有关手续的义务；包装货物的义务；危险品的特别包装和标志义务；支付运费和其他有关费用的义务。

承运人的义务包括：按合同约定提供适当的运输工具和设备的义务；接收货物的义务；按期将货物运到指定地点的义务；从接收货物时起至交付收货人之前，负有安全运输和妥善保管的义务；货物运到指定地点后，及时通知收货人收货的义务；除不可抗力、货物本身自然属性或者合理损耗以及托运人、收货人的过错之外的原因造成的货物损坏的赔偿义务。

收货人的义务包括：检验货物的义务；及时提货的义务；提货后将提单或其他提货凭证交还承运人的义务；支付托运人少交或未交的运费或其他费用的义务。

十、技术合同

根据我国《合同法》第 322 条的规定，技术合同是指当事人就技术开发、转让、咨询或者服务订立的，确立相互之间权利和义务的合同。技术合同分为四类，主要有技术开发合同、技术转让合同、技术咨询合同、技术服务合同。

（一）技术合同的订立

根据我国《合同法》的规定，技术开发合同、技术转让合同应当采用书面形式订立，但对技术咨询合同、技术服务合同未作规定。另外，技术合同订立当事人应恪守诚实信用原则，技术合同不得以妨碍技术进步、侵害他人技术成果或非法垄断技术为目的。

（二）技术合同的主要内容

我国《合同法》规定了技术合同的主要条款，包括项目名称、标的、履行、保密、风险责任、成果以及收益分配、验收、价款、违约责任、争议解决方法和专门术语的解释等条款。

【案例 5-19】
技术开发合同纠纷

刘某与某五金材料厂签订了一份技术开发合同，合同约定：五金材料厂提供技术开发的设计费、实验费、厂房，由刘某进行技术设计，产品投产后该材料厂付给刘某 2000 元报酬，并从该产品第一年的销售额中提成 1% 给刘某。合同签订后，刘某用了 4 个月时间将产品开发出来，两个月后，五金材料厂将该产品投产，并按约定付给刘某 2000 元。后来刘某与另一器材厂签订了该技术的技术转让合同，并到该器材厂进行该项技术的指导，器材厂在收到全部技术资料后支付给刘某 1 万元报酬，计划批量生产。五金材料厂得知后，与刘某协商停止转让该技术，但未达成一致，于是五金材料厂拒绝付给刘某 1% 的销售提成，器材厂向市场推出产品后，五金材料厂于是向法院起诉称：该产品的技术是我厂首先提出设计的，并承担了该技术的全部研发费用，因此该技术应归我厂独有，刘某只是协助我厂进行技术设计，并且我厂已向他支付了报酬，因此刘某无权将此项技术转让给别的厂家，现在刘某擅自转让该技术侵犯了我厂的技术权益，因此不再付给刘某 1% 的销售提成，器材厂也应立即停止该产品的生产。对此，刘某辩称：在研发过程中五金材料厂只提供资金支持，自己本人负责全部技术工作，因此，只有自己有这项技术的转让权，原告已销售该产品，因此需按合同约定支付 1%

的提成。

资料来源：唐德华. 合同法案例评析 [M]. 北京：人民法院出版社，2000.

【分析】 本案的关键在于该技术归谁所有。本案刘某与五金材料厂签订的是委托开发合同，由于双方在合同中没有约定技术成果的归属，因此据《合同法》第 340、341 条的规定，"委托开发合同中委托开发完成的发明创造，申请专利的权力属于研究开发人。研究开发人取得专利权的，委托人可以免费实施该专利，研究开发人转让专利申请权的，委托人享有以同等条件优先受让的权利；无论是委托开发还是合作开发完成的技术秘密成果当事人均有使用和转让的权利。但委托开发的研究开发人不得在向委托人交付研究成果之前，将研究开发成果转让给第三人"。案中刘某与五金材料厂均有该技术的使用权、转让权，并且刘某是在将研究成果先交付于五金材料厂后才又转让给器材厂的，因此刘某并没有违约，五金材料厂应该按约定支付刘某报酬。

十一、保管合同

保管合同是保管人有偿地或无偿地为寄存人保管物品，并在约定期限内或应寄存人的请求，返还保管物品的合同。

（一）合同当事人的权利和义务

1. 寄存人的权利和义务

寄存人的权利包括随时领取保管物的权利，原物以及利息的返还请求权。

寄存人需要履行支付保管费的义务，对标的物情况的告知义务。

2. 保管人的权利和义务

保管人的权利有保管费用请求权以及寄存人未如约支付应付费用时对标的物的留置权。

保管人需要履行给付保管凭证的义务、妥善保管标的物的义务、亲自保管的义务、不使用保管物的义务、返还标的物的义务、第三人主张权利时的返还和通知义务。

（二）责任承担

根据我国《合同法》第 374 条的规定，保管期间，医保管人保管不善造成保管物毁损、灭失的，保管人应当承担损害赔偿责任；如果保管是无偿的，保管人证明自己没有重大过失或不是故意的，不承担损害赔偿责任。

【案例 5-20】

停车被盗，宾馆该不该赔？

2010 年 7 月，钱某与朋友入住一家宾馆，其随行的一辆奥迪轿车在保安人员的指挥下进入停车场内，保安人员在停车登记本上记下了该车的车牌号，但并未发放停车牌。第二天一早，钱某发现轿车被盗，报案后经警局调查发现，轿车在晚上被不明人士开走，当时保安人员并未查验有关手续就放行了。钱某认为这是宾馆的责任，向法院起诉，要求宾馆赔偿损失 60 多万元。但是，宾馆则以未发放停车牌和未收取保管费为由驳回钱某的诉讼请求。

资料来源：http://mxylawyer.findlaw.cn/lawyer/jdal/d9748.html.

【分析】本案争议的焦点是双方之间的保管关系是否成立。综观本案，钱某将轿车停放在被告的停车场内，保安人员将该车牌号登记于停车登记本等一系列的行为已使双方之间形成了保管关系。保安人员将原告的车牌登记于停车登记本上，但未发放停车牌，属义务履行瑕疵，这并不影响保管合同的成立，故被告以未发放停车牌而合同不成立的抗辩理由不能成立。

十二、仓储合同

根据我国《合同法》第 381 条的规定，仓储合同是保管人储存存货人交付的仓储物，存货人支付仓储费的合同。

（一）保管方的义务

保管方的义务包括：给付仓单的义务；妥善保管货物的义务；做好入库的验收和接收工作的义务；对危险品和易腐货物按规定操作和妥善保管的义务；在储存的仓储物出现危险时的通知义务；不得转让保管义务和使用保管的货物。

（二）存货方的义务

存货方的义务包括：对货物的说明义务；配合保管方做好货物的交接工作的义务；按合同规定的时间提取委托保管的货物的义务；按合同规定的条件支付仓储保管费的义务；向保管方提供必要的货物验收资料的义务；对于危险品货物，提供有关此类货物的性质、注意事项、预防措施、采取的方法等义务。

【案例 5-21】

空调少了谁赔？

A 商贸大厦正处于维修期间，仓库不够用，因此，大厦与本市 B 仓库签订了仓储保管合同，将 1000 台空调放到仓库进行保管，期限为 3 个月。入库的那天，商贸大厦要求仓库保管员验收，但是保管员以"A 商贸大厦有很高的信誉，不用验收了"而没有验收，直接入库。3 个月后，A 商贸大厦装修完毕，其工作人员去提货，却发现少了 50 台空调，于是要求 B 仓库赔偿损失。仓库负责人表示，仓库大门一直锁着，三把锁分别由三个保管人员拿着钥匙，不可能存在问题，拒绝赔付。A 商贸大厦于是将 B 仓库告上法庭。

【分析】要正确处理本案，需要理解仓储保管合同中双方当事人的主要义务。法院经过审理后认为，A 商贸大厦与 B 仓库负有"应当按照约定对入库仓储物进行验收"的义务，但仓库的保管员在对方要求验收的情况下怠于履行这一义务，导致发生货物短少，其责任应由仓库承担。

本章小结

在当今商业时代，"合同"二字是用得非常频繁的一个词汇，之所以频繁，是因为它能够以法律的震慑力和强制性来为交易的有效性提供支持。本章从合同法总则和分则两个部分展开对合同法的讲述。合同法总则从合同的概念、原则以及合同签订前后的整个流程进行了讲述，合同的订立、履行、解除三个步骤所涉及的相关要求、原则等，以及所包含的订立的合同的效力、履行合同时的抗辩权以及保护措施、解除合同时的违约责任等，这些都是作为合同法的重要内容，自然也是要进行合同交易的当事人必须了解的。而合同法分则这部分则是在合同法总则所提供的基础内容的基础上所进行的实操性应用，里面涉及商务交易中比较常见的合同类型：买卖合同、赠与合同、供用合同、租赁合同、借款合同、融资租赁合同、承揽合同、建设工程合同、运输合同、技术合同、保管合同、仓储合同等。合理合规地使用这些合同，可以在商务交易中真正达到"事半功倍"的效果。

第六章 票据法

持票人恶意取得票据的法律后果

A 公司与 B 公司签订了一份合同，协议规定，A 公司负责给 B 公司提供一定数量的建材，B 公司负责销售，建材总金额为 200 万元，B 公司选择用银行承兑汇票的方式来进行支付，票面记载：出票人 B 公司，承兑银行为甲银行，票面金额为 200 万元。票据上也载明了出票日期和到期日。

实际上，A 公司根本没有建材货源，其意图拿到汇票贴现后，利用贴现所得现金去购买建材，再供货给 B 公司。因此，签订合同后，A 公司都未能按时供货，且后来所供建材的质量都不符合双方合同上的约定。A 公司不久就拿着银行承兑汇票到乙银行申请贴现，并得到乙银行的受理，通过两次贴现，将汇票上的总额全部贴现完毕。其后，乙银行在法定期限内向甲银行提示付款，但遭到了甲银行的拒绝，将票据退回。随后，乙银行通知了 A 公司，并向法院起诉甲银行，要求甲银行付款。

本案例最终定焦到两个当事人上，即甲银行和乙银行，焦点问题就是乙银行是恶意取得票据还是善意取得票据。若是恶意取得票据，那么甲银行可以采用票据抗辩权不履行付款义务；若是善意取得票据，则乙银行依法享有票据权利，甲银行应该履行付款义务。虽然案中没有明说乙银行是否知道 A 公司的恶劣行为，但乙银行从 A 公司的行为中都可以知道 A 公司是属于诈骗范围的，即乙银行明知 A 公司以欺诈手段取得票据，却给予贴现，这是恶意取得票据的行为，依法不享有票据权利，因而乙银行请求付款的请求是得不到法院支持的。

【案例启示】票据最伟大的地方就是将"一大堆现金"转化成了"一张薄薄的纸"，这固然给商务交易带来了很大的便利，但是"凡事有利就有弊"，这张"薄薄的纸"上所记载的数字却会带来麻烦甚至是犯罪。正如案例中所说，对于持票人所持的票据，是该履行付款义务还是拒绝履行付款义务，主要取决于票据是善意取得还是恶意取得。票据不仅仅是"一张纸"这么简单的事情了，要合法合规行使票据权，就必须对票据法有很好的了解。

本章您将了解到：

● 票据的概念、特征及分类

● 票据权利的行使、保全和消灭

● 票据法对汇票的相关规定

● 票据法对本票的相关规定

● 票据法对支票的相关规定

第一节　《票据法》概述

助长流通乃法律上对票据所采取之最高原则，票据法之一切制度，无不以此原则为出发点。

——郑玉波

一、票据的概念、特征

（一）概念

本章所讨论的票据仅指狭义上的票据，是指一种有价证券，该种有价证券由出票人按照法律规定签发，约定由自己或委托他人无条件支付一定金额给收款人或持票人。

票据可用来作为支付，也可汇兑，除此之外，票据的另外一种重要作用是流通功能，票据可用作信用货币，且票据背书制度赋予了票据这项功能。另外，票据还具有结算以及融资功能，票据的结算作用就是指可以使用票据进行相互支付相互抵销债权债务，票据的融资作用就是通过票据贴现来筹集、融通或调度资金。

（二）票据的特征

1. 票据是金钱债权证券

由于票据所表示的权利是以一定金额的给付为标的的债权，并且仅限于对一定数量的金钱的请求权，所以，票据是金钱债权证券。

2. 票据是设权证券

票据作为设权证券是指票据权利的产生必须首先做成证券，在证券做成以前票据权利不存在。

3. 票据是文义证券

票据作为文义证券是指票据权利义务的内容完全按照票据上的记载确定，即使该记载与实际情况不符。

4. 票据是要式证券

当事人需遵守法律关于票据格式、应记载事项、票据签发、转让、承兑、付款、追索等行为的规定，否则会影响票据的效力以致使票据无效。

5. 票据是完全有价证券

所谓完全有价证券，是指票据权利脱离票据后就没法存在，也即存在是没有意义的，因此，要发生、转移或行使票据权利，都必须持有票据。

6.票据是无因证券

作为无因证券，票据权利仅以票据法的规定发生，只要权利人持有票据，就享有票据权利，不需考虑票据权利发生的原因关系。

【案例6-1】

票据的流通性和无因性

2010年12月，A公司向B公司购买了一批建筑材料，付款形式是向B公司签发了以甲工商银行为付款银行的远期银行承兑汇票，付款期限为出票后3个月，金额为300万元，收款人为B公司。2011年1月，B公司将该票据提示承兑，并背书转让给C钢筋厂。而2011年2月，C钢筋厂又将该票据转让给D公司。2011年3月，正值付款期限到期之日，D公司持该汇票到甲工商银行要求其付款，但是甲工商银行则认为B公司所提供的建筑材料不符合合同规定的质量，予以退票。无奈之下，D公司只有向人民法院提起诉讼，要求其承担票据责任。

【分析】人民法院经审理后认为，票据最大的特征在于其流通性和无因性，票据签发之后，票据关系就与赖以签发的原因关系相分离，承兑人不能以原因关系对抗持票人的合法票据权利，故依法判决被告甲商业银行应承担票据责任。

二、票据的种类

在票据法上，我国将票据分为汇票、本票和支票三种。在票据法理论上，可以根据不同的标准对票据进行分类，如表6-1所示。

表 6-1　票据的分类

分类标准	类别	内　容
根据票据对不同权利人的不同记载方式	记名式票据	指在票据上记下特定权利人的名字，这种票据只能以背书支付方式转让
	无记名式票据	指在票据上不记载权利人的名字，或者将权利人记作"持票人"或"来人"，只要持有票据就能享有和行使票据权利，它以单纯交付的方式转让
	指示式票据	指在票据上记载"特定人或指定的人"为权利人，这种票据以背书方式转让，出票人、背书人不得作"禁止转让"的记载
根据票据的不同功能	支付票据	指只能由银行或其他金融机构来充当付款人，并见票即付的票据，如支票
	信用票据	指票据金额在发票日后的指定到期日才能支付的票据，如汇票和本票
根据出票人是否同为付款人	预约票据	指出票人约定自己在一定时间内支付票据金额的票据，如本票
	委付票据	指出票人委托他人来支付票据金额的票据，如汇票、支票
根据制作票据的出票人不同	银行票据	指以银行为出票人的票据，如本票、银行汇票
	商业票据	指以银行以外的人为出票人的票据，如支票、商业汇票

三、《票据法》的概念

《票据法》是调整票据关系以及与票据关系有关的其他社会关系的法律规范。票据法有广义和狭义之分。

广义的票据法除了包括票据专门立法之外，还包括各个法律部门中所作的关于票据的相关规定，例如民法、刑法、破产法、诉讼法等法律中所涉及票据的一切规定。如《民法》中关于民事法律行为、代理、质押等规定；《刑法》中关于伪造、变造有价证券罪等规定；《破产法》中关于票据当事人破产宣告等规定；《诉讼法》中关于票据诉讼及公示催告、除权判决等规定。这些都属于广义的票据法的范围。

狭义的票据法，则指票据的专门立法，包括以"票据法"为名称的单行法律、民法典或商法典中以票据为名称的编、章或节以及与票据法有关的施行法规及实施细则等。我们一般所说的票据法，主要是指狭义的票据法。

【拓展阅读】

我国《票据法》概述

我国现行《票据法》共有七章，第一章总则，是关于票据活动的一般性规定，包括票据活动的基本原则、票据行为、票据权利、票据责任、票据代理、票据应记载事项、票据抗辩、各种形式取得的票据的效力、票据丧失及其救济、票据时效等；第二、三、四章分别是关于汇票、本票、支票的特别规定；第五章是关于涉外票据的法律适用的规定；第六章规定了违反本法规定的行为当事人应承担的法律责任；第七章为附则，规定了期限计算的法律适用，并授权中国人民银行制定票据管理的具体实施办法，最后规定本法的实施日期。

四、票据法上的法律关系

（一）票据关系

票据关系是基于票据本身产生的票据法律关系，是指因各种票据行为而形成的票据上的债权债务关系。票据关系体现为各种票据行为下当事人的权利与义务关系。

（二）其他与票据有关的法律关系

1. 票据基础关系

票据基础关系是票据关系赖以产生的基础，一般分为三种：票据原因关系、票据资金关系以及票据预约关系。票据基础关系受民法的调整。

（1）票据原因关系是指授受票据的直接当事人之间基于授受票据而产生的法律关系。票据原因关系与票据关系原则上是分离的，二者相分离原则如下：①票据发行、背书转让等票据行为的有效性不以票据行为背景的原因关系为必要；

②票据权利人行使票据权利时，不以取得票据的原因作为必要条件；③票据债务人不得以原因关系有缺陷、错误、无效等事由，对抗与其无直接原因关系的持票人。

特殊地，我国票据法规定了票据原因关系与票据关系存在的牵连关系，即所谓的票据无因性的例外规则，主要体现在三种情形下：①若与自己有直接债权或债务关系的持票人并没有按约履行义务，那么票据债务人可以进行抗辩；②若持票人取得了票据，但是无对价，则不能享有优于前手的权利，要受前手原因关系的牵连；③若持票人明知前手的票据关系中存在着原因关系的抗辩，但仍然取得了票据，那么前手原因关系的抗辩可以延续用来对抗该知情的持票人。

【案例 6-2】

票据原因关系

A 公司为一家货物保管公司，B 公司是一家外资公司，2010 年 7 月 15 日，A 公司称其有一批集装箱可以卖，而当时 B 公司正好需要购进一些集装箱，于是派员工陈某前往 A 公司看货。A 公司实际上并无这批集装箱，只能将陈某领到存货地，谎称另一公司交其保管的集装箱为自己的。陈某并没有过多怀疑，两天后双方签订了一份集装箱购买合同，并且以银行承兑汇票的方式付款。7 月 20 日，陈某签发了汇票并向银行申请承兑，交与 A 公司。A 公司收到汇票后立即背书转让给 C 公司。当汇票到期那天，C 公司持票要求银行付款，银行以该汇票的签发不具有票据原因关系而拒绝付款。C 公司立即找 A 公司和 B 公司，要求其承担票据责任，但 A 公司已无偿债能力，而 B 公司则认为汇票无票据真实原因关系，拒绝付款。8 月，C 公司将 A、B 两家公司告上法庭。

【分析】法院审理后认为，该汇票的签发无任何票据原因关系，因此票据是无效的，三家公司只能自己解决纠纷，于是驳回了 C 公司的诉讼请求。

（2）票据资金关系指汇票、支票的付款人与出票人之间有关票据付款的法律关系。票据资金关系有以下四种：①资金存付关系，出票人预先将资金交付给付款人；②资金信用合同关系，付款人承诺为出票人垫付资金；③付款人与出票人的债务关系，即付款人对出票人欠有债务，双方约定以此来清偿；④付款人与出票人之间的其他合同关系。

票据资金关系与票据关系原则上也是相分离的，主要有三种情形：①持票人享有的票据权利，不受有无资金关系的影响；②付款人对票据是否予以承兑、付款，由付款人自行选择，不受资金关系的影响；③发票人虽然与付款人有资金关系，并以资金关系为基础发出票据，但票据没有获得付款时，发票人不能以已有资金关系作为抗辩理由，对抗持票人或其他后手的追索权。

但是在一些特殊情形下，票据资金关系与票据关系也会存在牵连关系。在支票关系中，若出票人与付款人之间没有资金关系，则持票人的付款请求权就有可能无法实现。

（3）票据预约关系是指在发生票据行为之前，票据行为人之间就票据行为的具体内容所达成的合意。实务中，当事人往往通过书面形式进行约定，并称为预约合同。票据的预约关系与票据关系是分离的，主要表现在以下两个方面：①是否遵守票据预约关系，对票据本身不产生影响，发票人、背书人等票据行为人，即使违反预约发生发行、背书等票据行为，只要该票据行为具备法定要件，仍能成立有效的票据关系。预约关系当事人，只能按照民法的规则解决预约的违约。②票据预约关系的消灭对票据关系不发生影响，票据预约关系消灭后，已发行的票据仍然有效。

2.《票据法》上的非票据关系

所谓《票据法》上的非票据关系，是指由票据法所规定的与票据行为或票据关系有关的法律关系，该法律关系并不基于票据行为而存在。根据我国票据法的规定，票据法上的非票据关系主要有三种：

（1）利益返还关系。由于票据权利具有短期的消灭时效，因此，我国《票据法》第18条规定，持票人因超过票据权利时效或者因票据记载事项欠缺而丧失票据权利的，可以请求出票人或者承兑人返还其与未支付的票据金额相当的利益。如A持有B公司所签发的票据，但是逾期没有去银行承兑，那么A有权要求 B 公司直接偿还与票据上所签金额相等的利益。

（2）票据返还关系。我国《票据法》第 12 条规定，以非法手段或出于恶意而取得票据者不得享有票据权利。丧失票据或已履行票据义务的人享有票据返还的请求权，即要求不当占有票据者返还票据。

（3）损害赔偿关系。当票据关系主体不遵守法定规则时，需要承担因此而造成的损害赔偿责任。我国《票据法》规定的损害赔偿责任主要有三种：①若发生票据追索权，追索权人没有及时将追索一事在规定期间内及时通知给其前手，并给前手造成了损害，那么追索权人需承担相应的赔偿责任；②根据我国《票据法》第 62 条第 2 款的有关规定，持票人提示承兑或者提示付款被拒绝的，承兑人或付款人必须出具拒绝证明，未出具拒绝证明或者退票理由书的，该承兑人或付款人应承担由此产生的损害赔偿责任；③对于伪造或编造票据的人，虽然根据票据文义性的特点或按照票据编造规则不用承担相应的票据责任，但应承担因伪造、变造票据而产生的损害赔偿责任，这也就是说，在变造票据的情形下，必须将编造票据的票据责任和损失赔偿责任相区别。

【案例 6-3】

票据纠纷

1998 年 3 月 13 日，青岛澳柯玛销售公司与利津物资配套公司签订了一份总价值为 1 亿元的购销合同，由澳柯玛公司向利津物资公司供应澳柯玛系列产品，并以银行承兑汇票的方式结算。次日，利津公司与中国银行利津中行签订了 20 份银行承兑契约，双方也分别在每一份契约上签章，每份契约约定银行承兑汇票金额为 500 万元，同时也约定利津物资公司需要在汇票到期 7 日前将应付票款足额交付到利津中行，如果在到期日前不能足额交付，利津中行将把不足支付部分的票款转为逾期贷款。当日，利津物资公司、利津中行、澳柯玛销售公司和青岛澳柯玛电器公司四方签订了银行承兑保证协议，四方都在该协议上签章，并于当月 28 日由山东省利津县公证处对该协议进行了公证。该协议约定澳柯玛销售公司和澳柯玛电器公司为利津中行和利津物资公司签订的合同编号为

98001-1 到 98001-20 的银行承兑契约承担连带保证责任，若利津物资公司违约，利津中行有权直接向保证人追偿，澳柯玛销售公司和澳柯玛电器公司保证在接到利津中行书面索款通知后 5 个营业日内清偿；保证人如违约未按期代为清偿到期债务，利津中行有权委托保证人的开户金融机构直接扣收其账户中的存款或直接扣收保证人的其他财产权利，并可视情况按担保总额的 2% 向其收取违约金。

之后，利津中行如约签发并签章了 20 张载有"不得转让"字样的银行承兑汇票，编号从 Ⅶ 00103276 到 Ⅶ 00103295，到期日为 1998 年 9 月 14 日。同年 9 月 5 日和 10 日，由于未足额供货，澳柯玛销售公司将其中 11 张汇票分两次退回给利津中行，之后，澳柯玛销售公司于 9 月 10 日和 11 日将其编号为 Ⅶ 00103276 到 Ⅶ 00103284 的 9 张汇票共计 4500 万元委托其三家开户银行向利津中行提示付款。利津中行拒绝付款，同时将汇票扣留，理由是"与澳柯玛销售公司有约定的债权债务关系，澳柯玛销售公司违约"。9 月 23 日。利津中行出具拒付证明。1999 年 7 月 5 日，澳柯玛销售公司诉讼至山东省高级人民法院，请求利津中行对上述 9 张汇票承担付款责任，并赔偿相应损失。

资料来源：http：//www.fzwgov.cn/Article/ShowInfo.asp？InfoID=27682.

【分析】案例中涉及的关系有：

（1）利津物资公司、利津中行、澳柯玛销售公司三方之间存在票据关系，利津物资公司是出票人，利津中行是承兑人，澳柯玛销售公司是持票人，享受向债务人请求支付票据金额的权利。

（2）澳柯玛销售公司与利津物资公司签订了购销合同，存在票据原因关系。

（3）利津中行与利津物资有限公司签订了银行承兑契约，之后利津中行、利津物资有限公司、澳柯玛销售公司、澳柯玛电器公司又签订了银行承兑连带保证契约，所以利津中行与利津物资公司、澳柯玛销售公司、澳柯玛电器公司形成了票据资金关系。我国《票据法》第 13 条第 2 款规定，票据债务人可以对不履行约定义务的与自己有直接债权债务关系的持票人进行抗辩。案中澳柯玛销售公司对利津中行负有直接的债务且不加履行，因此利津中行有权据此进行抗辩。在利津物资有限公司未在到期日时将相关资金注入利津中行的账户上，而澳柯玛销售公司仍然提示利津中行付款时，利津中行有权以票据资金关系行使抗辩，拒绝承担相应的付款责任。

第二节　票据权利

票据之所以这么迷人，是因为其自身所拥有的权利。而票据权利之所以让人悲喜交加，是因为对其的行使方式。正确地行使票据权利，票据就会永远那么魅力四射。

——佚名

一、票据权利概述

票据权利是持票人以取得票面金额为目的，凭票据向票据行为人所行使的权利。票据权利主要表现为持票人所享有的票据金钱债权，票据权利的内容包括付款请求权和追索权。

付款请求权也称第一次请求权，是指由持票人向票据主债务人或关系人请求支付票据金额的权利；追索权也称第二次请求权，是当持票人的付款请求权得不到实现时，持票人行使的向所有票据债务人请求支付票据金额及法定费用的权利。

（一）票据权利的取得条件

（1）除了因税收、继承、赠与而取得票据的情况之外，在其他情况下，持票人取得票据都必须给付对价。

（2）持票人应在主观上对票据的取得是善意的；否则，若持票人在取得该票据时，有恶意或有重大过失的，则不得享有票据权利。

（3）票据人取得票据的手段必须合法，不能采取欺诈、偷盗或胁迫等不法手段取得票据，以不合法手段取得票据的不能享有票据权利。

（二）票据权利的取得方式

1. 依出票而取得

票据的出票人制作票据，并将票据交付给持票人，这时持票人就拥有了票据权利。

2. 依法定而取得

包括以税收形式、继承形式取得，企事业单位、机关团体等合并或者分立而取得，法院的司法裁定或者主管部门的行政决定取得，票据保证人或者其他被追索人清偿追索款项后取得票据等。

3. 依转让而取得

持票人在法律允许的条件下将票据转让给另外人，那么另外人就获得了票据权利。

4. 特别规定：票据权利的善意取得

善意取得是指持票人按照票据法规定的票据转让方式，从无处分权人手中善意受让票据，从而取得票据权利。善意取得的构成要件有：①取得人必须从无处分权人处取得票据；②取得人必须按照票据法规定的权利转让方法取得票据；③取得人在取得票据时必须是善意的；④取得人必须给付了相应的对价。

【案例6-4】

出票人 A 签发一张汇票给收款人 B，B 在背书处签章但未记载被背书人时遗失，被 C 拾得后，直接补充 D 的名称将票据转让给 D，而 D 又背书转让给 E，此时 E 虽然明知 C 为无票据权利人，但他相信其直接前手 D 为支付了对价的善意持票人而接收了票据的转让，在这种情况下，D 若对 C 为无处分权人一事不知或尽到了必要的注意仍未察知，D 构成善意，如果 D 因疏于注意则不构成善意取得。但 E 虽然明知前手 C 为无处分权人，却因相信其直接前手 D 的正当权利，而接受票据转让，也构成善意，可以主张善意取得。

二、票据权利种类

从票据立法角度看，票据权利包括付款请求权和追索权。

（一）付款请求权

票据法规定持票人最基本的权利是请求付款人按票据金额支付款项，实践中人们常称此权利为主票据权利。付款请求权须符合以下条件：①持票人持有的票据是处在有效期内的，其中，汇票和本票的有效期为自票据到期日起 2 年以内；见票即付的汇票和本票，自出票日起 2 年以内；支票自出票起 6 个月以内。②持票人须将原来票据向付款人提示付款，并需提供票据原件。③持票人只能请求付款人支付票据上确定的金额，付款人须一次性将债务清偿。

另外，付款人付款后，如发现该票据有伪造、变造等情况，有权向持票人请求返还所给付的金额。

（二）追索权

1. 追索权的概念及法律性质

追索权是指持票人行使付款请求权受到拒绝承兑或拒绝付款时，或有其他法定事由请求付款未果时，向其前手请求支付票据金额的权利。

2. 追索权行使的原因

（1）汇票到期被拒付的，或者付款人提出付款条件的。

（2）汇票未到期但被拒绝承兑的。

（3）根据我国《票据法》第 61 条第 2 款的规定，承兑人或付款人死亡、逃匿的或者承兑人或付款人被依法宣告破产的，或因违法被责令终止业务活动的，在这些情况下，持票人有两种选择：第一种是行使追索权，请求其他的债务人履行汇票义务；第二种是放弃追索权，以汇票金额向破产清算组提出破产债权申报，从破产人处得到汇票金额的偿还。

3. 再追索

再追索是指被追索者清偿债务后，再向其他汇票债务人行使追索权，依此顺序，直至该汇票的债权债务关系因履行或其他法定原因消灭为止。根据我国《票据法》第 71 条第 2 款的规定，行使再追索权的被追索人获得清偿时，应当交出汇票和有关拒绝证明，并出具所收到利息和费用的收据。

表 6-2 表明了付款请求权与追索权之间的主要差异：

表 6-2　付款请求权与追索权的主要差异对比

	付款请求权	追索权
次序	第一次权利	第二次权利，非因付款请求权受阻不得行使
对象	承兑人或付款人	出票人、背书人、承兑人和保证人
金额	票据金额	票据金额、法定利息、取得有关拒绝证明和发出通知之费用
行使次数	一次	数次，可一直追索至票据权利义务消灭
行使条件	票据未过时效；持票人持有票据原件；票据所载金额必须一次性得以完整履行；持票人得到付款后必须向付款人移转票据	有法定追索原因；已按《票据法》提示承兑或提示付款；做成相关证明；在追索时效内
消灭时效	汇票和本票自票据到期日起 2 年内有效；见票即付的汇票和本票自出票日起 2 年内有效；支票自出票日起 6 个月内有效	自被拒绝承兑或被拒绝付款之日起 6 个月；再追索权时效为清偿日或被提起诉讼之日起 3 个月

三、票据权利的行使方式

（一）提示承兑

根据我国《票据法》第 38 条的规定，承兑是指汇票付款人承诺在汇票到期日时向汇票持有人支付汇票金额的票据行为。

提示承兑，是指持票人向付款人出示汇票，并要求付款人承诺付款的行为。

我国《票据法》第 39 条规定，定日付款或出票后定期付款的汇票持票人，首先要在汇票到期日前向付款人提示承兑。根据我国《票据法》第 40 条第 1 款的规定，见票后定期付款的汇票，持票人应当自出票日起，1 个月内向付款人提示承兑，这是付款人行使票据权利的必经程序。

（二）提示付款

提示付款，是指持票人在法定期间内，向付款人提示票据请求付款的票据行为。

根据我国《票据法》第 91 条的规定，支票持有人自出票日起 10 日内向付款人提示付款；根据该法第 78 条的规定，本票持有人自出票日起 2 个月内向付款人提示付款；根据该法第 53 条第 1 款的规定，见票即付的汇票持有人 1 个月内向付款人提示付款；定日付款、出票后定期付款或见票后定期付款的汇票持有人，自到期日起 10 天内向付款人提示付款。

（三）行使追索权

根据我国《票据法》第 61 条的规定，票据到期被拒绝付款的，持票人可以对背书人、出票人以及票据的其他债务人行使追索权，在票据到期日前，若汇票被拒绝承兑的，或者承兑人付款人死亡、逃匿的，或者承兑人付款人被依法宣告破产的，以及因违法被责令终止业务活动的，持票人也可以行使追索权。

【司法·小·测试 6-1】

汇票持票人甲公司在汇票到期后即请求承兑人乙公司付款，乙公司明知该汇票的出票人丙公司已被法院宣告破产仍予以付款。下列哪一表述是错误的？（2006 年司法考试卷三单选第 23 题）

A. 乙公司付款后可以向丙公司行使追索权

B. 乙公司可以要求甲公司退回所付款项

C. 乙公司付款后可以向出票人丙公司的破产清算组申报破产债权

D. 在持票人请求付款时乙公司不能以丙公司被宣告破产为由而抗辩

【答案】B

四、票据权利的保全和消灭

（一）票据权利的保全

票据权利的保全，指票据权利人为防止票据权利丧失所采取的行为。票据权利的保全方式包括进行按期提示、做成拒绝证书、中断时效。

1. 按期提示

持票人在法定期间内提示票据行使票据权利，这是保全票据权利的方式之一，我国《票据法》明确规定持票人只有在法定期间内提示票据请求付款被拒绝的，才可以行使追索权；期前追索的进行也以按期提示请求承兑被拒绝为条件之一。

2. 做成拒绝证书

我国《票据法》规定，持票人行使追索权时，应当提供被拒绝承兑或被拒绝付款的有关证明，而在持票人提示承兑或者提示付款被拒绝时，承兑人或者付款人必须出具证明。

3. 中断时效

中断时效是指为了防止因消灭时效的完成而使得票据权利归于消灭，票据权利人依法所采取的通过中断时效而保全票据权利的行为。一般说来，与普通民事债权相同，诉讼可以中断时效，保全票据权利。

（二）票据权利的消灭

票据权利的消灭是指票据权力因法定事由的出现而归于消灭。依我国《票据法》的规定，票据权利消灭的情形主要有以下几种：

1. 已付款

我国《票据法》第 60 条规定，付款人依法足额付款后，全体票据债务人的责任解除。

2. 被追索人清偿票据债务及追索费用

我国《票据法》第 72 条规定，被追索人依法清偿债务后，其责任解除。

3. 票据时效届满

我国《票据法》第 17 条规定，持票人在票据时效内对相应的票据债务人不行使票据权利的，因时效届满而使得票据权利消灭。

4. 票据权利保全手续欠缺

按照票据法的一般规定，持票人如果没有按照法律规定的期限提示票据，就会丧失对出票人以外其他前手的追索权。我国《票据法》第 65 条规定持票人不能出示拒绝证明、退票理由书或者未按照规定期限提供其他合法证明的，丧失对其前手的追索权。

5. 票据记载事项欠缺

我国《票据法》第 18 条规定，因票据记载事项欠缺的，丧失票据权利，享有利益返还请求权。

6. 其他

持票人的票据权利还可以由其他原因而消灭。如票据债权被抵销、混同、提存而使票据权利消灭等。

五、票据的伪造和变造

票据伪造指假冒或虚构他人名义来采取票据行为并在票据上签章。被伪造人不承担任何票据责任，伪造人亦不承担票据义务但须承担其他法律责任。

票据变造指无合法变更权限之人，对除签章外的票据记载事项加以变更。变造人在票据上没有签章，则不承担票据义务，但应负相应刑事、民事及行政责任；若变造人在票据上有签章，则按其变造以后的票据记载事项承担票据义务，并承担相应刑事、民事及行政责任；根据我国《票据法》第 14 条第 3 款的规定，在变造之前签章的其他人对原记载事项负责；在变造之后签章的其他人对变造后的记载事项负责；不能辨别在变造之前签章或变造之后签章的，视为在变造之前签章。

如 A 是公司的员工，公司出具给 B 一张支票，A 对票据上的内容进行了变造，造成 B 发生经济利益损失，那么如何确定 A 的责任呢？若 A 在支票上没有签章，那么只需承担涉及的有关刑事、民事及行政责任；若 A 在支票上有签章，那么除了承担前面所述责任，还得按新的票据记载事项承担票据义务。

六、票据的更改和涂销

票据的更改是指更改票据上记载事项的行为。我国《票据法》第9条规定，票据金额、日期、受款人名称不得更改，更改的票据无效。对票据上的其他记载事项，包括付款人名称、付款日期、付款地、出票地等，原记载人可以更改，更改时应当由原记载人签章证明。

票据涂销是指将票据上的签名或其他记载事项涂抹消除的行为。

【案例6-5】

变造转账支票纠纷

2002年1月9日，A公司向B公司签发了一张金额为9657元、未记载收款人的交通银行某市分行的转账支票。1月11日，B公司从C公司购入一批货物，并用该支票付款，此时该支票的金额已被改为99657元，后来，C公司持该支票到交通银行某市分行某营业所转账，该营业所从A公司银行账户上划走人民币99657元转入C公司银行账户。1月29日，A公司发现其银行账户上存款短缺9万元，经双方检查，发现该转账支票金额与存根不同，正好差额9万元。经双方协商未果，A公司将该银行告上法庭，称转账支票已被变造，而银行在付款时未能识别出来，造成了自己的经济损失，故请求法院确定该票据无效，并由交通银行某市分行赔偿经济损失9万元。交通银行认为此票据变造属于"无法识别"，而非原告所称的"未能识别"。交通银行认为所谓的"未能识别"是指通过正常审查就可识别出来但却由于过失行为没有尽到职责而识别不出的情形，而本案是"无法识别"，利用肉眼根本没法识别，必须通过科学的鉴定手段或先进的科学仪器才能识别真伪，因此银行不应当承担责任，并且本行已严格按照有关规定履行了审查手续，因此银行没有错。经司法鉴定，认为该支票上的金额字迹均系消退后书写所成。

资料来源：http://221.215.210.225/selfnet/jrfgxy/anli/pj-4.htm.

【分析】本案涉及对变造的票据付款后的责任承担问题。与票据伪造不同，票据变造是无权变更票据内容的人伪造了票据行为的客体，而票据本身或其主体是真实的，并且变造前后票据形式上均有效，它涉及所有在票据上签名的人的责任问题。按照票据法的规定，在变造前签章的人只对变造前票据所载文义承担责任，在变造后签章的人对变造后的文义承担责任，案中 A 公司在票据变造前签章，因此只对变造前的票据承担责任，那么现在 9 万元的经济损失由谁承担？按照我国《票据法》第 57 条第 2 款的规定，付款人及其代理付款人以恶意或重大过失付款的，应当自行承担责任。最高人民法院《关于审理票据纠纷案件若干问题的规定》第 69 条第 1 款也规定："付款人或者代理付款人未能识别出伪造、变造的票据或者身份证而错误付款的，属于我国《票据法》第 57 条的规定'重大过失'，给持票人造成损失的，应当依法承担民事责任。付款人或者代理付款人承担责任后有权向伪造者、变造者依法追偿。"因此本案中的银行是最该对原告的损失承担赔偿责任的，但是前提是银行是"恶意或重大过失付款"，所以案中银行如果不能证明自己没有"重大过失"，就需要承担赔偿责任，不过承担责任后它还可以向变造票据的行为人追索赔偿。

七、票据抗辩

一般认为，票据抗辩是指票据上记载的债务人以一定的合法事由对票据债权人提出的请求予以拒绝的行为。

（一）票据抗辩的种类

票据法理论根据不同的抗辩原因，常将票据抗辩分为物的抗辩和人的抗辩。

1. 物的抗辩

物的抗辩又称客观的抗辩或绝对的抗辩，是指一切票据债务人或特定的票据债务人可以对抗一切票据债权人的抗辩。根据行使抗辩权的主体范围不同，可分为下列两种：

（1）一切票据债务人可以对一切票据债权人行使的抗辩，这类抗辩主要包括以下四种：①票据上没有票据法所规定的绝对必要记载事项，或者票据上记载了不得记载的事项，使得票据无效；②还没有到票据的付款日期；③票据因法院作出除权判决而被宣告无效；④票据债务人已依法付款或提存而使票据权利归于消灭。

（2）特定票据债务人可以对一切票据债权人行使的抗辩，这类抗辩主要包括以下六种：①票据上记载的债务人是欠缺民事行为能力的；②票据上记载的债务人是被伪造的；③票据上发生变造，票据上记载的债务人是在变造前签章的；④票据上记载的债务人是被他人无权代理的或者越权代理的；⑤票据上记载的债务人是被法院宣告破产或者被行政主管部门责令终止业务活动的；⑥票上记载的债务人因持票人时效经过或持票人欠缺权利保全手续而解除了票据责任。

2. 人的抗辩

人的抗辩又称相对抗辩或主观抗辩，是指一切票据债务人或特定票据债务人可以对抗特定债权人的抗辩。在人的抗辩中，票据债务人对抗某一个持票人的抗辩事由不能同时用来对抗其他持票人。人的抗辩可分为下列两种：

（1）一切票据债务人可以对特定票据债权人行使的抗辩，这类抗辩主要包括以下四种情况：①票据债权人欠缺实质上受领票据金额的资格，如被法院宣告为欠缺行为能力人或破产；②票据债权人欠缺形式上受领票据金额的资格，如背书不连续；③票据债权人恶意取得票据因而不享有票据权利；④其他理由。

（2）特定票据债务人可以对特定票据债权人行使的抗辩，这类抗辩主要包括以下五种情况：①基于原因关系的抗辩，如原因关系欠缺，原因关系非法等；②欠缺对价的抗辩，我国《票据法》第 10 条第 2 款规定，要取得票据，必须给付对价，即应当给付票据双方当事人认可的相对应的代价，假设欠缺对价，与持票人有直接交易关系的票据债务人便可以此为由行使抗辩权，不过，我国《票据法》第 11 条规定，因税收、继承、赠与而无偿取得票据的，不受给付对价的限制；③欠缺交付的抗辩，出票、背书等票据行为均以票据的交付为成立要件，如未经交付，出票人、背书人可以此为由对抗持票人，但不能对抗善意第三人；④禁止背书所引起的抗辩，如出票人或背书人在票据上记载了"不得转让"字样；⑤基于当事人之间特别约定的抗辩。

（二）票据抗辩的限制

票据抗辩的限制，主要针对人的抗辩而言，是指票据法规定的票据债务人对特定持票人不得抗辩的限制，又称票据抗辩切断制度。

1. 票据抗辩限制的内容

（1）票据债务人不得以自己与出票人之间的抗辩事由对抗持票人。

（2）票据债务人不得以自己与持票人前手之间的抗辩事由对抗持票人。

2. 票据抗辩限制的例外

票据法在对票据抗辩进行限制的同时，为维护票据债务人的利益，又作出了例外规定，即允许票据债务人在例外情形下，以自己与出票人或与持票人的前手之间的抗辩事由来对抗持票人。这种例外情形有两种：一是恶意抗辩，我国《票据法》第 12 条规定明知有以欺诈、偷盗或胁迫等手段取得票据的情形，仍出于恶意而取得票据的，不得享有票据权利；二是对无对价取得票据者，票据债务人也不受票据抗辩限制的规定的限制。[①]

【司法·小·测试 6-2】

朱某持一张载明金额为人民币 50 万元的承兑汇票，向票据所载明的付款人某银行提示付款。但该银行以持票人朱某拖欠银行贷款 60 万元尚未清偿为由拒绝付款，并以该汇票票面金额冲抵了部分届期贷款金额。对付款人（即某银行）行为的定性，下列哪一选项是正确的？（2007 年司法考试单选卷三第 32 题）

A. 违反票据无因性原则的行为

[①] 范健. 商法 [M]. 北京：高等教育出版社，北京大学出版社，2002.

B. 违反票据独立性原则的行为

C. 行使票据抗辩之对人抗辩的行为

D. 行使票据抗辩之对物抗辩的行为

【答案】C

【案例 6-6】

票据抗辩限制

A 百货公司向 B 公司采购了一批货物而向 B 公司签发了一张支票，之后 B 公司将该支票背书转让给了 C 公司，从而偿还其以往欠 C 公司的货款。之后，C 公司于支票到期日向银行请求付款，但银行以"出票人账户上资金不足"为由退票。无奈之下，C 公司只有找 A 公司请求支付票款，但 A 公司则解释：B 公司给本公司提供的货物质量有很大问题，所以我们拒绝承担票据责任。双方僵持不下，于是，C 公司只能将 A 公司告上法庭。

【分析】本案例中出票人 A 公司以 B 公司提供的货物质量有问题而抗辩持票人 C 公司，其抗辩事由不能成立。

第三节　汇票

汇票虽好，但需按规谨慎使用。尤其是其涉及诸多当事人，更需小心翼翼。

——佚名

一、汇票的概念及特征

（一）汇票的概念

根据我国《票据法》第 19 条的规定，汇票是指由出票人签发的，委托付款人在见票时，或者在指定日期无条件支付确定的金额给收款人或持票人的票据。汇票是各种票据中涉及当事人较多、关系比较复杂的一种票据，在票据立法技术上，通常对有关汇票的规定会比较详尽，而有关本票、支票的规定则采用准用汇票若干规定的做法。

（二）汇票的特征

1. 汇票具有委付性，也即汇票是一种委托票据

汇票的出票人委托付款人付款给收款人，因此出票人只负责签发票据，其委托他人向收款人支付汇票上指定的金额。

2. 汇票的付款日期具有多样性

这里的付款日期也就是汇票的到期日。汇票可以以多种方式来确定到期日，如见票即付、定期付款、见票后定期付款、出票后定期付款等。

3. 汇票关系中的基本当事人有三个

这里的基本当事人也就是汇票一经签发就存在的当事人，包括出票人、付款人、收款人这三个当事人。出票人签发票据来委托付款人付款给收款人，付款人接受出票人的委托付款给收款人，收款人从出票人处取得票据，获得付款人支付的汇票金额，享有票据权利。

汇票所涉及的具体当事人以及具体流程如图 6-1 所示。

二、汇票的出票

（一）汇票出票及相关概念

根据我国《票据法》第 20 条的规定，汇票的出票是指出票人签发票据，并将

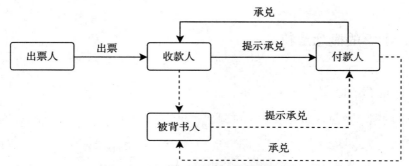

图 6-1　汇票当事人间的汇兑流程简图

其交付给收款人的票据行为。出票由作成票据和交付票据两项行为构成。

作成票据，是指按照票据法的规定，出票人在票据上记载法定内容并签名或盖章的行为。交付票据，是指出票人依据自己的本意将已作成的票据实际交给他人占有的行为。缺少任何一项，作成行为或交付行为的出票行为都不成立，这实际上就是出票人做出票据，并将票据交付给他人的过程。

（二）汇票出票的款式

汇票出票的款式决定了出票人在汇票上记载的使汇票生效的事项。根据不同记载事项对汇票效力产生的不同影响，可以将汇票出票的记载事项分为以下四类：

1. 绝对必要记载事项，汇票若不记载这些事项则出票行为无法成立

根据我国《票据法》第 22 条规定，汇票的绝对必要记载事项包括：

（1）标明"汇票"的字样。出票时必须在汇票上记载标明"汇票"的字样。

（2）无条件支付的委托。汇票的委托或指示必须是无条件的。

（3）确定的金额。汇票是金钱证券，因此必须记载确定的金钱数额。

（4）付款人的名称。付款人是受出票人委托支付汇票金额的汇票当事人。付款人承兑汇票后便成为汇票的第一债务人。

（5）收款人的名称。收款人是汇票的最初权利人或第一权利人，是汇票关系中的基本当事人之一。

（6）出票日期。

（7）出票人签章。出票人在汇票上签名或盖章表明他愿意成为汇票债务人，负有担保承兑和付款的责任。

2. 相对必要记载事项

根据我国《票据法》的相关规定，相对必要记载事项包括付款日期、付款地和出票地。

（1）付款日期，是指付款日付款的日期，付款日期一般应在汇票上明确记载，但是否欠缺付款日期并不影响票据的效力。我国《票据法》第 23 条第 2 款规定了汇票上未记载付款日期的，见票即付。

（2）付款地，是指汇票债务人履行汇票义务的地点，一般应在汇票上明确记载，是否记载并不影响票据效力。我国 《票据法》第 23 条第 3 款规定，汇票上未记载付款地的，付款人的营业场所、住所或者经常居住地为付款地。

（3）出票地，是指出票人在发行汇票时所记载的出票地点。出票地以记载为准，而不以实际出票地为准。我国《票据法》规定，汇票上未记载出票地的，出票人的营业场所、住所或者经常居住地为出票地。

3. 任意记载事项

任意记载事项是指可以记载也可以不记载的事项，这个记载权是属于出票人的，一经记载，即发生票据法上的效力。如汇票上关于使用何种货币的记载就属于任意记载事项。

4. 不得记载事项

不得记载事项是指出票人在出票时不得记载的事项，即使记载也不发生票据法上以及其他法上的效力。

图 6-2 是银行承兑汇票的一个示意，汇票的出票的记载事项和它是大同小异的。

（三）签发汇票的法律后果

汇票一经签发后，即代表一定的资金数额。出票人须将汇票交付给收款人才算签发，收款人收取汇票后即享有票据权利；汇票签发后，付款人承担的票据责任是按时付款，以及为付款作准备的承兑汇票的转让。

某某银行		银行承兑汇票			
		出票日期 ＿＿＿ 年＿月＿日			
出票人名称		收款人	全称		
出票人账号			账号		
付款行全称			开户银行		
出票金额	人民币（大写）：			（小写）	
汇票到期日		付款行	行号		
承兑协议编号			地址		
本汇票请你行承兑，到期无条件付款。 　　　　　　　　出票人签章		被汇票已经承兑，到期日由本行付款。 　　　　　　承兑行签章 承兑日期＿＿年＿月＿日			复核　记账

图 6-2　银行承兑汇票示意

【案例 6-7】

出票所必须记载的事项

2010 年 11 月 1 日，广州市 A 超市向当地一家冰箱厂购买了一批冰箱，总价款是 15 万元，双方约定以商业承兑汇票的方式支付款项。两天后，A 超市的财务人员曾某签发了一张以 A 超市为承兑付款人的商业承兑汇票，金额为 15 万元。但是，由于曾某是新进员工，一时疏忽，出票时忘记记载出票人 A 超市了，仅仅在汇票上签了自己的姓名，然后将该汇票交付给冰箱厂。11 月 20 日，该冰箱厂将该汇票背书转让给与之有贸易合作关系的制冷厂。12 月 5 日，制冷厂持该银行承兑汇票到其指定的开户银行申请贴现。银行审查后认为，A 公司开出的汇票虽然有付款人的承兑记载，但是没有记载出票人签章，因而汇票是无效的，拒绝贴现。

三、汇票背书

（一）汇票背书的概念

背书，是指持票人为了转让汇票权利或者授予他人一定的汇票权利，在汇票背面或粘单上载明有关事项并签章的票据行为。通俗地讲，就是持票人将汇票权利转让或者授给别人时所需要执行的手续。

（二）汇票背书的种类

1. 以背书的目的为标准，将背书分为转让背书与非转让背书

转让背书是指持票人以转让汇票权利为目的所作的背书，它是通常意义上的背书；非转让背书是指持票人不是以转让汇票权利为目的，而是以授予他人一定的汇票权利为目的所作的背书。

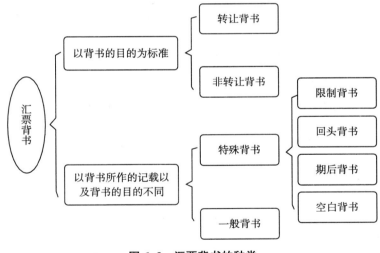

图6-3 汇票背书的种类

2. 以背书所作的记载以及背书的目的不同，可将背书分为一般背书与特殊背书

一般背书是指以转让票据权利为目的、根据票据法规定的背书内容来进行完整的背书记载的背书；而特殊背书是一般背书以外的、在背书记载及背书人等方

面有特别情况的背书。根据我国《票据法》，特殊背书主要包括：

（1）限制背书，在背书中附加某些特别的记载，从而对票据转让效力给予一定限制的背书；

（2）回头背书，以先前已在票据上签名的票据债务人为被背书人的背书，通俗地讲，票据权利又转到票据债务人手中了；

（3）期后背书，在票据被拒绝承兑、被拒绝付款或超过付款提示期限后所进行的背书；

（4）空白背书，背书人在背书中未指定被背书人，而在被背书人记载上留有空白的背书。

【司法·小·测试6-3】

甲公司于2004年4月6日签发一张汇票给乙公司，到期日为2004年7月6日。乙公司于2004年5月6日向付款人提示承兑，被拒绝。乙公司遂将该汇票背书转让给丙公司。乙公司在此汇票上的背书属于什么性质？（2004年司法考试卷三单选第24题）

A. 回头背书　　　　　　　　　B. 限制背书

C. 期后背书　　　　　　　　　D. 附条件背书

【答案】C

（三）汇票背书的效力

就一般转让背书而言，产生的效力有三个方面：

1. 权利移转效力

权利移转效力是转让背书的主要效力。背书成立后，汇票上的所有权利从背书人转给被背书人，被背书人则成为新的汇票权利人，取得了背书权利。

2. 权利担保效力

背书成立后，背书人对被背书人及其后手均负有担保承兑和担保付款的责任。因此，被背书人也即最后的持票人在请求承兑或者付款时遭到拒绝，那么被背书人可以向背书人行使追索权。这里值得注意的是，背书人不仅对其直接后手，而且对全体后手均负有担保责任，但禁止转让背书的除外。

3. 权利证明效力

权利证明效力也称资格授予效力，就是证明背书有效。具体来说，只要持票人所持汇票上的背书具有形式上的连续性，那么依我国《票据法》规定，该持票人就应当被认定为正当的汇票权利人，享有汇票上的一切权利。同时，背书的权利证明效力还体现在：若背书不连续，则对持票人的付款请求，汇票债务人具有免除责任的效力，但若汇票债务人主张背书连续的持票人不是真正的权利人，应负举证责任。

（四）汇票的转让限制

限制背书是指在票据上记载特别内容，对背书转让加以一定限制。限制背书实际上是对背书人的担保责任以及被背书人的权利施加一定限制，主要有以下几种情况：

1. 出票人限制背书

出票人记载"不得转让"字样，汇票不得转让，背书转让后的受让人不得享有票据权利。

【司法小·测试 6-4】

若原背书人在汇票上记载有"不得转让"字样时，下列表述中哪一说法是正确的？（2002 年司法考试卷三单选第 19 题）

A. 若持票人就此票据再行背书转让，该背书行为无效

B. 在特定条件下，持票人可以将此票据再行背书转让

C. 若持票人再行背书转让，原背书人对现持票人不承担保证责任

D. 此票据只能背书记载"委托收款"字样，不能背书记载"质押"字样

【答案】B

---

2. 背书人限制背书

根据我国《票据法》第 34 条的规定，背书人在票据上记载"不得转让"字样，若其后手再背书转让（如贴现、质押），原背书人对后手的被背书人不负票据责任。

3. 票据权利不得分割

汇票须完整转让，将票据金额部分转让或分别转让给不同被背书人，背书无效，票据权利不发生转移。

4. 附条件背书

背书附有条件的，所附条件不具有票据上的效力。

【案例 6-8】

背书的连续性

A 公司以远期汇票的方式支付给 B 公司货款，汇票是以甲银行为付款人、以 B 公司为收款人，且该家银行已经对该汇票进行了承兑。B 拿到汇票后，几经转手，最终在汇票到期之前转到了 F 公司手中，但当 F 公司在到期日之前持票要求甲银行予以付款时，却遭到了拒绝，甲银行的解释是：背书不连续，无法确定 F 公司是合法权利人。之所以会出现这种情况，还需要从头说起，该汇票的流转过程是这样的：B 公司因业务关系将汇票背书给 C 公司，而 C 公司不久被 D 公司收购，理所当然该汇票的债权也归属于 D 公司了，D 公司之后又将其背书给 E 公司，E 公司没有经过背书就直接将汇票交给 F 公司，用以偿还其对 F 公司的欠款。

【分析】本案涉及背书以及背书的连续性，背书连续性是指在转让背书中，转让票据的背书人与受让票据的被背书人在票据上的签章需要衔接，即票据的前手、后手之间的签章与名称记载要顺序相连。转让票据权利应当采用背书方式进行转让，且以背书转让的汇票，背书应当连续；非经背书转让，以其他合法方式取得汇票的，需依法举证证明其票据权利。案中票据转让过程中 C 公司和 D 公司没有进行背书转让，而 E 公司和 F 公司也没有背书就转让了，若 F 公司能证明其是合法取得票据的，就可以享受该票据权利。但 F 公司若不能证明其票据权利，那么它仍保有对 E 公司的债权，可以采取其他途径实现债权。

四、汇票的承兑及票据保证

（一）汇票承兑

1. 汇票承兑的概念

汇票承兑是一种附属票据行为，须先有出票，然后才有承兑，并且要以汇票原件为行为对象，持票人须凭票提示承兑，付款人须在该票正面签章准予承兑。根据我国《票据法》第 43 条规定，付款人承兑汇票不得附有条件，否则为拒绝承兑。

【司法·小·测试 6-5】

乙公司在与甲公司交易中获得金额为 300 万元的汇票一张，付款人为丙公司。乙公司请求承兑时，丙公司在汇票上签注："承兑。甲公司款到后支付。"下列关于丙公司付款责任的表述哪个是正确的？（2003 年司法考试卷三单选第 17 题）

A. 丙公司已经承兑，应承担付款责任

B. 应视为丙公司拒绝承兑，丙公司不承担付款责任

C. 甲公司给丙公司付款后，丙公司才承担付款责任

D. 按甲公司给丙公司付款的多少确定丙公司应承担的付款责任

【答案】B

2. 持票人的提示承兑

（1）提示承兑的概念，我国《票据法》第 39 条规定，定日付款或出票后定期付款的汇票，持票人应当在汇票到期日前向付款人提示承兑。

（2）提示承兑的时效，根据我国《票据法》第 40 条的规定，见票后定期付款的汇票，持票人应当自出票日起 1 个月内向付款人提示承兑；汇票未按照规定期限提示承兑的，持票人丧失对其前手的追索权；见票即付的汇票无须提示承兑。

（3）提示承兑的例外，见票即付的汇票无须承兑，付款人不得以该汇票未经承兑而拒绝立即付款，否则就构成拒绝付款，并须承担相应的行政责任和财产责任。

3. 付款人的承兑程序

（1）根据我国《票据法》第 41 条第 1 款的规定，付款人对向其承兑的汇票，应当在收到提示承兑的汇票之日起 3 日内承兑或拒绝承兑，该法第 41 条第 2 款同时规定，付款人收到持票人提示承兑的汇票时，应当向持票人签发收到汇票的回单，回单上应当注明提示承兑的日期并签章。

（2）承兑的记载事项，根据我国《票据法》第 42 条的规定，付款人承兑汇票的，应当在汇票正面记载"承兑"字样和承兑日期并签章；见票后定期付款的汇票，应当在承兑时记载付款日期。

4. 汇票承兑的效力①

付款人承兑汇票并将汇票交还给持票人后，承兑即发生法律效力。

（1）对付款人的效力。承兑汇票后，付款人便成为承兑人，理所当然地对汇票债务承担第一位或主要的责任。这种第一位或主要的责任具有绝对性，表现在以下几个方面：对持票人来说，无须考虑承兑人与出票人之间是否存在现实资金关系；若承兑人到期不付款时，承兑人不仅应支付票据金额，而且还要支付延迟付款的利息及追索费用；在持票人未按时提示付款时，即使已超过提示付款期限而导致追索权消灭，也不影响对于承兑人的权利。

（2）对持票人的效力。持票人在付款人承兑之前所享有的付款请求权为期待权，它是一种不确定的权利；一经付款人承兑，持票人的付款请求权就变成现实的权利，以承兑人的责任为保障。

---

① 赵万一. 商法 [M]. 北京：中国人民大学出版社，2006.

（3）对出票人和背书人的效力。在汇票尚未承兑前，出票人和背书人可能要承担前期追索的责任，即汇票在没有得到承兑时，持票人可以向出票人或前手行使追索权。

【司法·小·测试 6-6】

甲公司与乙公司交易中获面额为 100 万元的汇票一张，出票人为乙公司，付款人为丙公司，汇票上有丁、戊两公司的担保签章，其中丁公司担保 80 万元，戊公司担保 20 万元。后丙公司拒绝承兑该汇票。以下判断哪些是正确的？（2003 年司法考试卷三多选第 54 题）

A. 甲公司在被拒绝承兑时可以向乙公司追索 100 万元

B. 甲公司在被拒绝承兑时只能依据与乙公司的交易合同要求乙公司付款

C. 甲公司只能分别向丁公司追索 80 万元和向戊公司追索 20 万元

D. 丁公司和戊公司应当向甲公司承担连带责任

【答案】AD

【案例 6-9】

汇票承兑的效力

A 公司向 B 公司购进一批价值 50 万元的建材，A 公司没有立即现金付款，而是于 2010 年 5 月 18 日开具了一张银行承兑汇票，以当地某商业银行为付款人，收款人则为 B 公司，票据金额是 50 万元，到期日是 9 月 18 日。B 公司收到汇票后于 6 月 23 日将该汇票背书转让给 C 公司。2010 年 9 月 18 日，C 公司委托开户银行向承兑行提示付款，承兑银行却表示：A 公司的账户上现存资金不足 50 万元，因此该汇票不能付款。

（二）票据保证

1. 保证人责任

我国《票据法》第49条规定，保证人对合法取得汇票的持票人所享有的汇票权利承担保证责任，但是被保证人的债务因汇票记载事项欠缺而无效的除外。我国《票据法》第50条还规定，被保证的汇票，保证人应当与被保证人对持票人承担连带责任。汇票到期后得不到付款的，持票人有权向保证人请求付款，保证人应足额付款。

2. 保证人的代位权

根据我国《票据法》第52条的规定，保证人清偿汇票债务后，可以行使持票人对被保证人及其前手的追索权。

3. 保证附有条件的法律后果

根据我国《票据法》第48条规定，保证不得附有条件；保证附有条件的，不影响对汇票的保证责任。即汇票保证如果附有条件，保证依然有效，所附条件视为无记载，无论条件成立与否，保证人均须承担保证责任。

【司法·小·测试6-7】

乙公司与丙公司交易时以汇票支付。丙公司见汇票出票人为甲公司，遂要求乙公司提供担保，乙公司请丁公司为该汇票作保证，丁公司在汇票背书栏签注"若甲公司出票真实，本公司愿意保证"。后经了解甲公司实际并不存在。丁公司对该汇票承担什么责任？（2005年司法考试卷三单选第32题）

A. 应承担一定赔偿责任

B. 只承担一般保证责任，不承担票据保证责任

C. 应当承担票据保证责任

D. 不承担任何责任

【答案】C

五、汇票的付款

（一）付款的期限

我国《票据法》第 53 条规定，持票人应当按照下列期限提示付款：

（1）见票即付的汇票，自出票日起 1 个月内向付款人提示付款；

（2）定日付款、出票一定期付款或者见票后定期付款的汇票，自到期日起 10 日内向承兑人提示付款；

（3）持票人未按照票据法规定的期限提示付款的，在作出说明后，承兑人或者付款人仍应当继续对持票人承担付款责任。

（二）提示付款

提示付款人应为合法持票。持票人也可以委托代理人进行提示。我国《票据法》第 53 条第 3 款规定，通过委托收款银行或者通过票据交换系统向付款人提示付款的，视同持票人提示付款。

（三）付款程序

我国《票据法》第 54~60 条规定了汇票付款应遵循的法律规定：

（1）持票人在票据法规定的提示期限内提示付款的，付款人必须在当日足额付款。

（2）持票人获得付款的，应当在汇票上签收，并将汇票交给付款人。持票人委托银行收款的，受委托的银行将代收的汇票金额转账收入持票人账户，视同签收。

（3）持票人委托的收款银行的责任，限于按照汇票上记载事项将汇票金额转入持票人账户。

（4）付款人及其代理付款人付款时，应当审查汇票背书的连续，并审查提示付款人的合法身份证明或者有效证件。

（5）对定日付款、出票后定期付款或者见票后定期付款的汇票，付款人在到期日前付款的，由付款人自行承担所产生的责任。

（6）汇票金额为外币的，按照付款日的市场汇价，以人民币支付。

（7）付款人依法足额付款后，全体汇款债务人的责任解除。

第四节　本票

本票虽为自身签发，但仍具强烈法律效力。不要做"赖账"者，做个堂堂正正的"商人"。

——佚名

一、本票的概念与特征

根据我国《票据法》第 73 条的规定，本票是出票人签发的，承诺自己在见票时无条件支付确定金额给收款人或者持票人的票据。

本票除具有一切票据的共同性质外，也具有自己的法律特征：①本票的基本当事人只有两方，即出票人和收款人。②本票是自付证券。本票的付款人即出票人，由出票人向收款人支付，并且出票人要承担绝对的付款责任。③本票一经出票，收款人即取得现实的付款请求权，不需要承兑即可请求出票人付款。但是见票后定期付款的本票，需要遵循"见票"的程序。所谓"见票"是指持票人按规定的期限提示本票，请求确定付款日期，那么出票人需在本票上签名并记载见票文义和时间的行为。

二、本票的出票

（一）本票出票的概念

本票的出票是指出票人表示自己承担支付本票金额债务的票据行为。作成票据时出票人必须在票据上记载必要的事项。

我国《票据法》第75条规定，本票的必要记载事项包括：①表明"本票"的字样；②无条件支付承诺；③确定金额；④收款人名称；⑤出票日期；⑥出票人签章。付款地和出票地是相对必要记载事项。如果本票上未记载付款地，则出票人的营业场所为付款地；如果本票上未记载出票地，则出票人的营业场所为出票地。

（二）本票出票的效力

本票出票的效力，是指出票人签发本票后承担的责任以及收款人因此享有的权利。对持票人而言，本票出票后，持票人即取得对出票人的付款请求权和追索权。对持票人而言，本票出票后，持票人即取得对出票人的付款请求权和追索权。出票人必须向持票人承担付款责任，一旦本票到期，出票人就必须对持票人付款。

三、本票的见票制度

（一）本票见票的概念

本票见票，是指本票的出票人因持票人的提示，为确定见票后定期付款本票的到期日，在本票上记载"见票"字样和见票日期并签名的一种行为。

（二）见票的期间

我国《票据法》第78条规定，持票人的提示见票时间须有一定的限制，付款期限自出票日起，不得超过2个月。

（三）见票的效力

见票的效力表现在两个方面：①确定到期日；②保全追索权，出票人拒绝见票的，持票人可在规定期限内作成拒绝证书，以便行使追索权，持票人未在规定期限内提示见票的，丧失对其前手的追索权。

【司法·小·测试 6—8】

甲拾得某银行签发的金额为 5000 元的本票一张，并将该本票背书送给女友乙作生日礼物，乙不知本票系甲拾得，按期持票要求银行付款。假设银行知晓该本票系甲拾得并送给乙，对于乙的付款请求，下列哪一种说法是正确的？（2005 年司法考试卷三单选第 31 题）

A. 根据票据无因性原则，银行应当支付

B. 乙无对价取得本票，银行得拒绝支付

C. 虽甲取得本票不合法，但因乙不知情，银行应支付

D. 甲取得本票不合法，且乙无对价取得本票，银行得拒绝支付

【答案】D

四、汇票规则的准用

本票与汇票在很多地方都是相似的，除了汇票具有承兑、拒绝承兑证明等特征外，本票的其他各项制度与汇票都是相同的。因此，汇票的相关规则都适用于本票，本票中另有规定的规则除外。具体来说，汇票规则中适用于本票的规则有以下几个：

（一）本票出票对汇票规则的适用

关于本票的出票规则，我国《票据法》都有很详细的规定，因此准用汇票的比较少。当然，本票的出票行为也有适用汇票规则的，如本票的出票行为适用《票据法》第 24 条规定，即本票上可以记载票据法规定以外的事项，但该记载事

项不产生票据效力。

（二）本票背书对汇票规则的适用

在方式上，本票与汇票的背书转让没有本质的区别，因此，两者可以准用相同的规则。

（三）本票保证对汇票规则的适用

对本票的保证来说，有关汇票保证的规则完全适用于本票保证，这里的汇票保证的规则包括保证行为的形式、记载事项、原则、效力等。

（四）本票付款对汇票规则的适用

除了在提示付款的期限上本票付款与汇票付款有不同的规定外，本票付款其他方面的规则与汇票付款的规则是完全相同的。

（五）本票追索权对汇票规则的适用

对于本票追索权的行使，我国《票据法》没有作出特别规定。根据我国《票据法》第 61 条第 1 款的规定，本票的持票人在本票到期日被拒绝付款的，可以对背书人、出票人及本票的其他债务人行使追索权。但由于本票具有见票即付性，因此本票不可能发生期前追索的问题。此外，本票追索权不适用于汇票追索中所涉及的有关承兑的一些规则。

第五节　支票

支票上记下来的是数字，流出来的是现金。切记谨遵票据法，不然"空白支票"所带来的就是"悲剧"了。

——佚名

一、支票的概念

根据我国《票据法》第 81 条的规定，支票是由出票人签发的，委托办理支票存款业务的银行或者其他金融机构在见票时无条件支付确定的金额给收款人或者持票人的票据。《票据法》理论认为支票仅为单纯的支付证券，只具有支付功能，不具有信用功能。支票和汇票类似，涉及三个当事人，只不过付款人没有汇票的付款人范围那么广，支票的付款人主要是银行或其他金融机构。

二、支票的出票

支票的出票是指出票人将作成的票据交付给收款人的票据行为。我国《票据法》第 84 条规定，支票出票必须包括以下事项：①标明"支票"的字样；②无条件支付的承诺；③确定的金额；④付款人名称；⑤出票日期；⑥出票人签章。支票上未记载上述事项的，支票无效。

对于未记载事项的补救：①我国《票据法》第 85 条规定，支票上的金额可以由出票人授权补记，未补记前的支票，不得使用。②我国 《票据法》第 86 条规定，支票上未记载收款人名称的，经出票人授权，可以补记。同时，该条还规定支票上未记载付款地的，付款人的营业场所为付款地，未记载出票地的，出票人的营业场所、住所或经常居住地为出票地。

三、支票出票后的效力

（一）对出票人的效力

根据我国《票据法》第 89 条第 1 款的规定，出票人必须按照签发的支票金额承担保证向该持票人付款的责任。

（二）对付款人的效力

根据我国《票据法》第 89 条第 2 款的规定，出票人在付款人处的存款足以支付支票金额时，付款人应当在当日足额付款。

（三）对收款人的效力

只要一签发支票，出票人就取得向付款人请求付款的权利。除此以外，在一定条件下，收款人也可以行使追索权。

四、支票的资金关系

一般来说，各国票据法都会规定，签发支票的出票人必须与付款人之间存在资金关系。支票的资金关系具体包括三项规则：

（一）开立支票存款账户

出票人委托银行或其他金融机构向持票人支付票款，使用的是支票，因此，出票人签发支票并委托其开户银行代替付款的前提是出票人必须先成为某个银行的客户。申请人在开立支票存款账户时应当预留其本名的签名式样和印鉴。

（二）不允许签发空头支票

根据我国《票据法》第 87 条第 2 款的规定，空头支票就是指出票人所签发的支票金额，超过其在付款人处实际存款金额的支票。简单来说，也就是出票人在付款人处存的资金不足以支付给收款人或者持票人。在现实中，出票人所签发的支票是否为空头的，所判断的标准就是，出票人在持票人向付款人提示付款时是否有足额的存款来支付给付款人，而不是看出票人在出票时是否有足额的存款。

（三）足额付款

出票人与付款人之间的资金关系是支票合同或者透支合同。我国《票据法》第 89 条第 2 款规定，出票人在付款人处的存款足以支付支票金额时，付款人应当在当日足额付款。

五、支票的付款

（一）提示付款

根据我国《票据法》第 91 条的规定，支票的持票人应当在出票日起 10 日内提示付款；异地使用的支票，付款提示期限由中国人民银行另行规定；超过付款提示期限的，付款人可以拒绝付款；付款人不予付款的，出票人仍应当对持票人承担票据责任。

（二）逾期提示的法律后果

因超过提示付款期限付款人不予付款的，持票人仍享有票据权利，出票人仍应对持票人承担票据责任，支付票据所载金额。

（三）伪造、变造支票

根据我国《票据法》第 102 条的规定，因出票人签发空头支票或者签发与其预留的本名签名式样或印鉴不符的支票，骗取财物的，支票的出票人和背书人应当依法承担刑事责任。

【司法·小·测试 6-9】

熊某因出差借款。财务部门按规定给熊某开具了一张载明金额 1 万元的现金支票。熊某持支票到银行取款，银行实习生马某向熊某提出了下列问题：你真的是熊某吗？为什么要借 1 万元？熊某拒绝回答，马某遂拒绝付款。根据票据法原理，关于马某行为，下列哪些选项是正确的？（2007 年司法考试卷三多选第 71 题）

A. 侵犯熊某人格尊严

B. 违反票据无因性原理

C. 侵犯持票人权利

D. 违反现金支票见票即付规则

【答案】BCD

六、汇票规则的准用

我国票据法关于支票对汇票规则的准用主要集中在出票、背书、付款、追索权等方面。

（一）支票出票对汇票规则的适用

在形式上，支票与汇票的出票是相同的。我国《票据法》第93条规定，支票出票准用《票据法》第24条、第26条关于汇票出票的规定。当然，由于支票是不需要承兑的，因此，从出票的效力看，支票的出票人只需要承担付款保证的责任，这是与汇票不同的地方。

（二）支票背书对汇票规则的适用

根据我国《票据法》的规定，在支票背书转让的规则方面，都与汇票的规定相同。同样，由于支票是不需要承兑的，因此，背书人也不需因没有承兑支票而承担责任。

（三）支票付款对汇票规则的适用

支票的付款与汇票的付款具有相同的要求。汇票中存在期前付款以及相应的责任问题、承兑问题，但支票是见票即付的票据，因此汇票中的这些规则在支票中是不存在的。

（四）支票追索对汇票规则的适用

支票行使追索权的规定也适用于汇票。但是也有例外，与支票性质不一致的规定就不适用于有关汇票的规定，如支票的无承兑制度，因而汇票追索中关于承兑的规定就不适用于支票追索。

本章小结

　　票据这个类似"圣旨"的东西给当代商务交易带来了很大的便利，但是如若使用不当，则也会引来很多麻烦，票据法这个"程咬金"就适时"杀进来"，给票据交易提供了强有力的保障与支持。对票据的种类以及票据法相关内容的描述可以从整体上把握票据法。提供或者拥有了票据，则要明白拥有哪些票据权利、怎么行使和保全自己的票据权利，这样才能充分利用好票据。一般来说，主要的票据可以分为三类：汇票、本票、支票。这三种票据有共同点，也有不同之处，一定要将它们明确地区分开来，这样才能做到"有的放矢"。

第七章　证券法

虚假陈述的构成

国内第一例公开宣判的股民诉讼上市公司虚假陈述案发生在股民张某和渤海股票之间。股民张某在 2001 年 8 月先后三次购进渤海集团股票 1500 股，共 1.8 万余元。但此后股票一路下跌，张某共损失 9420 元。他认为渤海集团提供的有关信息是属于虚假陈述，这才使其遭受经济损失，因此请求济南市中级人民法院判令被告赔偿其差价损失、交易费用、利息等各项费用 9930 元。2001 年，中国证监会以第 23 号文件曾对渤海集团作出处罚决定，主要依据两点理由：一是认为 1994 年 5 月 4 日渤海集团《上市公告书》摘要中对享受"免二减三"政策的披露是不完整的，遗漏了"由市有关银行抓紧向上级银行申报"的内容，属于重大遗漏；二是 1996~1998 年三年的半息没有按期计提，财务报告中存在虚假数据。被告渤海集团辩称，已于 1999 年补提了前三年的半息 190.3 万元，财务报告虚假的瑕疵已得到补救；张某买入渤海集团股票时原渤海集团的财务数据正确且相关信息完整，张某应以渤海集团后来披露的信息为进行投资交易的依据，而且他买入渤海集团股票时依据的是原渤海集团有小盘重组概念及其拟设立投资公司的利好消息，其投资交易行为与原渤海集团的虚假陈述行为之间没有关联。法院对这一理由予以采纳，并认为渤海集团已构成重大遗漏行为。但经过审理，法院又认为张某投资受损与渤海集团存在虚假陈述行为之间没有因果关系。因此，判决驳回原告张某对被告渤海集团股份有限公司的诉讼请求。

本案例是一个比较典型的股民诉上市公司虚报假信息的例子，这种例子在现实生活中也常出现。本案例的核心问题就是渤海集团是否提供了虚假信息、公司的相关行为是否与投资者的损失之间构成因果关系等，也即渤海集团的信息遗漏行为与张某的经济损失之间是否存在因果关系，如果存在关系，则渤海集团需要承担民事责任。经过分析，渤海集团是不需要的。从这个案例可以看出上市公司信息披露的重要性。

资料来源：庄建伟. 经济法典型案例集解 ［M］. 上海：上海人民出版社，2008.

【案例启示】股市有风险，这里的风险在很大程度上就在于信息传递失真，而信息传递过程中常常都是信息源本身就存在内容失真情况，正如本案例所述，上市公司披露虚假信息，或者虽未披露虚假信息，但是给股民带来误解，都会给公司自身带来麻烦，这是因为证券法的存在。

本章您将了解到：

- 证券法的调整范围及对象
- 证券市场的主体
- 证券发行的条件
- 证券承销的概念及分类
- 证券上市的条件和程序
- 证券交易及限制规则
- 暂停交易和终止上市
- 信息披露的法律规定

第一节　证券与《证券法》概述

在风险市场的投资活动中，规避和防范风险是第一要务，也是取得长期成功的保障，顺应价格运动趋势从而顺势而为是第二要务，也是市场生存的不二法则，牢牢把握这两点是走向投资成功之路的必备前提。

——佚名

一、证券的概念和分类

（一）证券的概念

广义的证券，是指为证明或设定权利而制作的凭证，其包括了各类记载并代表一定权利的法律凭证。一般包括货币证券（如汇票、支票、本票等）、资本证券（如公司债券、股票等）以及商品证券（提单、货运单等）。

狭义的证券，是指以一定书面形式或其他形式记载并代表特定民事权利的书证，如资本证券。

（二）我国证券法上的证券种类

根据我国《证券法》第2条的规定，我国证券法上的证券主要是股票、公司债券以及国务院依法认定的其他证券。其中"国务院认定的其他证券"主要是指非公司企业债券、投资基金券、新股认购权证书、金融债券等。

目前，我国证券市场上发行和流通的证券主要有：股票、债券、基金、证券衍生品种。

二、《证券法》

(一)《证券法》的概念

在证券发行、上市、交易、管理、监督及其他相关活动中常常会发生各种社会关系，证券法就是调整这些社会关系的法律规范的总称。

证券法有形式意义和实质意义之分。就我国而言，形式意义上的证券法仅指立法机关颁布的《证券法》；而实质意义上的证券法除指上述单行的证券法之外，还包括其他一系列法律、法规、规章中有关证券的内容，如公司法、股票发行与交易管理暂行条例、企业债券管理条例、证券投资基金法、信托法、外商投资企业法、反不正当竞争法、民法通则、破产法、税法、行政法等。

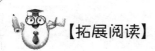

【拓展阅读】

我国《证券法》概述

我国现行《证券法》共十二章，第一章总则规定了该法的适用范围以及证券活动的基本原则；第二章是有关证券发行过程中所需遵守的规定；第三章关于证券交易的有关规定，包括证券交易的一般规定、证券上市、信息持续公开、禁止的交易行为等；第四章是对与上市公司收购有关的活动的法律规定；第五、六、七、八、九、十章分别对证券交易所、证券公司、证券登记结算机构、证券服务机构、证券业协会、证券监督管理机构从事与证券相关的活动时所应遵守的法律规定进行了详细说明；第十一章规定了违反证券法有关规定所应承担的法律责任；第十二章为附则，规定了本法的溯及力，发行人申请审核的费用，境外发行或上市的批准、特殊股票法律适用的例外以及本法的实施日期。

（二）证券法的调整范围及对象

1. 证券法调整的范围

（1）地域范围。依据我国《证券法》第 2 条的规定，证券法调整的地域范围为"中国境内"，是指中华人民共和国领域内，包括中华人民共和国的领土、领海和领空。

（2）种类范围。证券法调整的证券种类有股票、公司债券和国务院依法认定的其他证券三类。需要注意的是，政府债券的上市交易也属于证券法调整的范围。

2. 证券法调整的内容

证券法调整的内容包括证券的发行、交易、监督管理及服务等方面，具体来说就是以下四类关系：

（1）证券发行关系，主要指证券发行人为了发售证券，与证券投资者、承销商及其他相关人所发生的关系。

（2）证券交易关系，该关系是证券法调整的重要内容之一，是指证券的持有人在将证券转让给买受人的过程中所发生的关系。

（3）证券监督管理关系，指在对证券市场进行监督管理时所发生的关系，在这里，主要是国家运用行政权力来对证券市场进行规划、调控、监察和督导。

（4）证券服务关系，也就是因证券的其他相关活动所发生的关系，这些关系主要是为了便于证券的发行和交易，通过向有关方面提供诸如资产评估、证券评级、咨询、登记、公证、清算服务等辅助活动而发生的关系。

第二节　证券市场

没有品尝过牛市浓浓的烈酒，没有经历过熊市漫漫的长夜，就很难说对风险市场有充分全面的了解。

——佚名

一、证券市场的概念、分类

（一）证券市场的概念

证券市场是证券发行与交易活动场所的总称，它由金融工具、交易场所以及市场参与主体等要素构成。证券市场的参与主体，包括证券发行主体、证券投资主体、证券中介机构、证券监管机构和自律组织等。

（二）证券市场的分类

按照不同的标准或角度，可以对证券市场进行不同的分类（见表7-1）。

表7-1　证券市场的分类

分类标准	类　别
按照证券市场的功能	证券发行市场（一级市场或初级市场） 证券流通市场（二级市场或次级市场）
按照证券市场的组织形式	场内交易市场 场外交易市场
按照证券市场交易对象的种类	股票市场 债券市场 基金市场 衍生证券市场
按照证券市场的性质与特点	主板市场（一板市场） 次板市场（二板市场） 创业板市场
按照证券市场的地域标准	国内证券市场 国际证券市场

二、证券市场的主体

证券市场的主体主要有以下八个部分，具体如图7-1所示。

（一）证券发行人

一般包括公司、企业、金融机构、基金组织、政府等。

（二）证券投资者

一般分为个人投资者和机构投资者。

图 7-1 证券市场的主体

（三）证券交易所

根据我国《证券法》第 102 条规定，证券交易所是为证券集中交易提供场所和设施，组织和监督证券交易，实行自律管理的法人，它的设立和解散是由国务院决定的。证券交易所也叫场内交易所，相对地，场外交易所常涉及证券登记结算公司结算系统、中国证券业协会举办的股份转让代办系统、证券公司债权转让柜台交易等。

1. 证券交易所的职能与职责

根据我国《证券交易所管理办法》的相关规定，证券交易所的职能涵盖范围比较广，主要包括提供证券交易的场所和设施、制定证券交易所的业务规则、接受上市申请并安排证券上市；对会员、上市公司进行监管；组织、监督证券交易；管理和公布市场信息。

结合《证券法》和《证券交易所管理办法》的有关规定，证券交易所的职责范围比职能范围更广，主要包括：①提供证券交易的场所和设施；②制定证券交易所的业务规则；③接受上市申请并安排证券上市；④组织、监督证券交易，根据证券监督管理机构的要求，对异常交易情况提出报告；⑤监管上市公司，督促上市公司依法及时、准确地披露信息；⑥监管会员；⑦管理和公布市场信息，并按交易日制作证券市场行情表并予以公布；⑧依照规定办理股票、公司债券的暂停上市、恢复上市或者终止上市的事务；⑨在突发性事件发生并影响到证券交易的正常进行时，采取技术性停牌措施，或者决定临时停市；⑩证券监督管理机构赋予的其他职能。

【司法·小·测试 7-1】

因突发性事件而影响证券交易正常进行时，证券交易所可以采取下列哪一措施？（2004 年司法考试卷一单选第 23 题）

  A. 政策性停牌   B. 技术性停牌

  C. 临时停市   D. 休市

                    【答案】B

---

2. 证券交易所的义务

我国《证券法》第 109~121 条对证券交易所需承担的义务进行了规定，这些义务包括：①不允许直接或间接地从事任何形式的证券交易，也不能从事任何形式的营利性活动；②不得利用新闻媒介发布预测证券价格的文字和资料；③应当从其收取的交易费用和会员费、席位费中提取一定比例的金额用于设立风险基金；④收取的交易保证金、风险基金应存入开户银行专门账户，不得擅自使用；⑤证券交易所的负责人和其他从业人员在执行与证券交易有关的职务时，凡与本人或者其亲属有利害关系的事务，应当回避；⑥按照依法制定的交易规则进行交易，不得改变交易结果；⑦对交易中违规交易者所应负的民事责任不得免除；⑧在违规交易中所获得的利益，按照有关规定处理；⑨对在证券交易所内从事证券交易的人员，违反交易所有关交易规则的人员，由证券交易所给予纪律处分，情节严重的，撤销其资格，并禁止其入场进行证券交易。

（四）证券公司

证券公司是按照我国《公司法》、《证券法》的规定，经国务院证券监督管理机构批准从事证券经营业务的有限责任公司或者股份有限公司。证券公司可以经营国务院证券监督管理机构核定的证券业务，也可以从事自营业务，但是自营业务的经营资金必须是自有资金或者是依法筹集的资金。

我国《证券法》第 125 条规定，证券公司可以经营的业务：①证券经纪；②证券投资咨询；③与证券交易、证券投资活动有关的财务顾问；④证券承销与保荐；⑤证券自营；⑥证券资产管理；⑦其他证券业务。

【司法·小·测试 7-2】

根据我国证券法的规定，经纪类证券公司不得经营下列哪些业务？（2002 年司法考试卷一不定项第 91 题）

A. 证券自营业务　　　　　　　　B. 证券经纪业务

C. 证券承销业务　　　　　　　　D. 证券融资业务

【答案】ACD

（五）证券登记结算机构

证券登记结算机构是为证券交易提供集中的登记、托管与结算服务，不以营利为目的的法人。从根本上讲，它是作为发行人的股份登记机构而为发行人服务的，与普通的投资者并不存在直接的法律关系。

（六）证券服务机构

一般包括投资咨询机构、资产评估机构、资信评级机构、财务顾问机构、会计师事务所、律师事务所等。

（七）自律性组织

如证券业协会，交易所协会等。我国证券经营机构必须加入证券业协会，否则不能营业。

（八）政府监管机构

我国《证券法》第 7 条规定：国务院证券监督管理机构依法对全国证券市场实行集中统一监督管理，国务院证券监督管理机构根据需要可设立派出机构，按照授权履行监督管理职责。我国《证券法》第 8 条规定：在国家对证券发行、交易活动实行集中统一监督管理的前提下，依法设立证券业协会、实行自律性管理。由此得出我国证券监管以政府监管为主，自律监管为辅。

【案例 7-1】

一篇文章引出的纠纷

贾某常常关注股票信息，3 月他从一本顶尖财经杂志上看到一篇文章，文章的作者是韩某，其文中核心思想就是"A 公司的股价将上涨至少 3 倍以上"。看完这篇文章，贾某立即分 10 次买入该公司的股票共计 2 万股。但当 A 公司公布前一年的年度报告时，贾某发现 A 公司的实际情况和韩某在文章中所描述的相去甚远，而后，A 公司的股价一路狂跌，贾某忍痛抛掉手中 A 公司的所有股票，总共亏损将近 8 万元。同年，贾某向当地人民法院提起诉讼，要求韩某以及该杂志社赔偿其经济损失。法院经过了详细的调查，将韩某认定为证券分析师的身份，发现韩某的大部分观点都不是出于自己的考察，而是借鉴于另一个经济杂志的报道，误导读者认为这些观点都是自己考察而得的，因此，文章是失实的。最终，法院判决韩某赔偿贾某的所有经济损失，并且其所发表文章的杂志也应该公开予以更正，以免带来更严重的不良影响。

【分析】法律规定，证券分析师应当根据上市公司正式发布的信息、相关产业信息等信息为投资者提供相关的分析意见，并保证分析意见及其所依据的信息真实、可靠、客观，一般而言，若证券分析师尽到了诚信和注意义务，但仍无法避免事实失真时，不需要对预测行为承担责任，否则追究其责任。案例中韩某的观点并非自己通过考察研究后的结论，导致贾某信以为真，大量购买了文章所吹捧的股票，最终遭受巨大损失。因此所有经济损失应该由韩某及其所投文章的杂志社承担。

第三节　证券的发行

就法律意义而言，证券依法发行使证券发行人与证券认购者之间形成了具有特定权利和义务内容的证券法律关系，如股东权关系、借贷关系。

—— 王保树

一、证券发行的概念

证券发行，是指证券发行人创设证券权利并向投资者交付证券的行为，它包括创设权利和交付证券两方面内容。我国《证券法》第 10 条规定："公开发行证券，必须符合法律法规规定的条件"。

二、证券发行的条件

（一）首次公开发行股票的发行条件

我国《首次公开发行股票并上市管理办法》对股票首次公开发行的条件作了明确的规定，包括：①主体资格；②独立性；③规范运行；④财务与会计；⑤募集资金的运用。

（二）上市公司发行证券的条件

2006 年出台的《上市公司证券发行管理办法》，规定了上市公司发行证券的条件：

（1）组织机构健全、运行良好。公司章程合法有效，内部控制制度健全，现任董事、监事和高级管理人员具备任职资格，公司与控股股东或实际控制人的人员、资产、财务分开，机构、业务独立，能够自主经营管理，近 12 个月内不存在违规对外提供担保的行为。

（2）盈利能力具有可持续性，3 个会计年度连续盈利，业务和盈利来源相对稳定，现有主营业务或投资方向能够可持续发展，高管、核心技术人员稳定，公司重要资产、核心技术取得合法，不存在严重影响经营的诉讼担保等，24 个月内曾公开发行证券的，不存在发行当年营业利润比上年下降 50% 以上的情形。

（3）财务状况良好。近 3 年以现金或股票方式累计分配利润不少于最近 3 年实现的年均可分配利润的 20%。

（4）36 个月内财务会计文件无虚假记载，无重大违法行为。

（5）募集资金的数额和使用符合规定。

（6）不得公开发行证券的情形：①本次发行申请文件有虚假记载、误导性陈述或重大遗漏的；②擅自改变前次公开发行证券募集资金用途未作纠正的；③最近 12 个月内受到证券交易所公开谴责的；④上市公司及其控股股东或实际控制人最近 12 个月内存在未履行向投资者作出的公开承诺的行为；⑤上市公司或责任董事、高管因违法犯罪或违规被立案调查；⑥严重损害投资者合法权益和社会公共利益的其他情形。

【司法小·测试 7–3】

根据 《证券法》规定和证券法原理，下列哪些选项是正确的？（2007 年司法考试卷一多选第 75 题）

A. 证券法上的证券均具有流通性

B. 证券代表的权利可以是债券

C. 所有证券投资均具有风险性

D. 所有证券发行均应公开进行

【答案】ABCD

（三）上市公司配售及增发股份的条件

1. 配售股份的条件

配售股份是指上市公司向原股东发行股票，简称 "配股"。配股主要需满足如下条件：

（1）所配售的股票只能是普通股。

（2）拟配售股份数量不超过本次配售股份前股本总额的 30%。

（3）控股股东在股东大会召开前公开承诺认配股份的数量。

（4）采用证券法规定的代销方式发行。

2. 增发股份的条件

增发股份是上市公司向不特定对象公开募集股份，除符合上市公司发行证券一般条件外，还应符合如下条件：

（1）最近 3 个会计年度的加权平均净资产收益率不低于 6%。

（2）除金融类企业外，最近一期不存在持有金额较大的交易性金融资产和可供出售的金融资产、借予他人款项、委托理财等财务性投资的情形。

（3）发行价格应不低于公告招股意向书前 20 个交易日公司股票均价或前一个交易日的均价。

（四）其他类型证券的发行条件

1. 上市公司非公开发行的股票发行条件

上市公司非公开发行股票，是指上市公司向特定投资者定向募集或发行股票。我国《证券法》对特定投资者的规定如下：①符合股东大会决议规定的条件；②发行对象不超过 10 名。对境外投资者非公开发行，须经国务院批准。

《证券法》对发行条件的规定如下：①发行价格不低于定价基准日前 20 个交易日公司股票均价的 90%；②本次发行的股份自改选结束之日起 12 个月内不得转让；③募集资金使用符合规定；④若产生股权控制上的变化，还应当符合其他规定。

《证券法》也规定了禁止发行的条件：①申请文件虚假遗漏；②控股股东或实际控制人严重损害上市公司权益且未消除；③违规担保尚未解除；④董事及高管在最近 36 个月内受到证监会处罚，或最近 12 个月内受到证券交易所公开谴责；⑤公司或董事、高管因违法违规正被立案调查；⑥最近一年及一期财务报表被保留、否定意见等；⑦严重损害投资者合法权益和社会公共利益。

2. 公积金转增股份

资本公积金转增股本又称送股，是指公司动用资本公积金，向公司股东分派股份的特殊发行方式，须满足以下条件：①已经按规定弥补亏损，提取法定盈余公积金和公益金；②动用公积金送股后留存的法定盈余公积金和资本公积金不少于公司总股本的 50%；③发送的股票限于普通股；④因送股增加的股本额与同一财务年度内配股增加的股本额两者之和不超过上一财务年度截止日期的股本额。

【案例 7-2】

非法发行股票案

　　来自河北的农民杜世伟于 2005 年 12 月 29 日以 50 万元注册资本在呼和浩特市工商局注册成立了具有独立法人资格的内蒙古中鼎投资咨询有限公司（以下简称中鼎投资）。2006 年 5 月 29 日，受北京中盛恰合投资顾问有限公司（以下简称中盛恰合）的委托，中鼎投资非法代理西安华海医疗信息技术服务有限公司和"大东国际"这两家非上市公司的自然人股权转让业务，并声称这些公司的股权在西安产权交易中心挂牌，将在美国纳斯达克股票市场上市，以稳固收益引诱投资者购买。至 2007 年 8 月，中鼎投资共非法转让股票 105000 股，合计人民币 52.5 万元，涉及购股人员 15 人。该非法行为引起了有关群众的注意，他们及时地向呼和浩特市公安局经侦支队进行了举报。警方接报后立即与内蒙古证券监督管理委员会联系，并采取紧急行动控制有关涉案人员。警方经过 24 小时的艰苦工作，将中鼎投资非法募集的资金全部追回。

　　资料来源：http: //news.china.com/zh_cn/news100/11038989/20061115/13746391.html.

　　【分析】本案中的西安华海医疗信息技术服务有限公司和"大东国际"均是非上市公司，不具备发行股票的主体资格条件，中鼎投资为这些公司代办的是自然人股权转让。中鼎投资公司在代办过程中声称这两家公司的股权在西安产权交易中心挂牌，并将在美国纳斯达克股票市场上市，以稳固收益引诱投资者购买，这种行为不符合关于股票发行的任何条件，构成证券法规定的虚假发行，是对投资者的欺诈，故本次募集资金行为无效。投资者有权要求中鼎投资咨询有限公司返还募集的资金。

三、证券发行的分类

依据不同的分类标准，证券发行可以分为不同种类，具体如表 7-2 所示。

表 7-2　证券发行的分类

分类标准	内　容
按照证券发行价格与证券票面金额之间的关系分类	面值发行，即按照证券票面记载金额发行证券
	折扣发行，即按照低于证券券面金额的发行价格发行证券，我国《公司法》禁止股份公司以折扣方式发行股票，但可以折扣方式发行债券
	溢价发行，即以超过证券券面金额的价格发行证券，根据我国《公司法》规定，股票发行之溢价金额应列为公司资本公积金，可用来弥补企业亏损，也可用来转增股本，但不得分配给股东，溢价款属于公司全体股东的共同权益
	中间价发行，即按照证券券面金额和市场价格的中间价格发行证券，通常适用于股票新股发行和配股发行
按照证券是否通过证券公司承销作为标准	直接发行，即由证券发行人直接向投资者要约邀请出售有价证券，而不借助证券公司代销或者包销证券
	间接发行，即证券发行人委托证券公司承销所发行的有价证券，并由证券公司办理证券发行事宜并承担约定的发行风险。根据证券发行人与证券公司之间的契约，间接发行有证券包销和证券代销两种形式
按照证券发行目的分类	设立发行，即为创建股份公司而发行股票，股份公司因发行完成而设立
	增资发行，通常是股份公司为增加公司资本总额而发行新的股票，如增发新股、送股或以配股方式增加发行新股。增资发行通常会改变股份公司的股本结构或总股本
按照证券公开发行的方式分类	上网定价发行，即主承销商利用证券交易所的交易系统，由主承销商作为股票的惟一"卖方"，投资者在规定时间内，按照现行委托买入股票的方式进行股票申购
	储蓄存款挂钩方式发行，即在规定期限内无限量发售专项定期定额存单，以存单发售数量、批准发行股票数量及每张中签单可认购股份数量等作为标准来确定中签率，通过公开摇号的抽签方式来决定中签者，中签者按照规定要求办理缴款手续的新股发行方式
按照证券公开发行的方式分类	全额预缴款方式发行，包括"全额预缴款、比例配售、余额即退方式"和"全额预缴款、比例配售、余额转存方式"两种
	配售发行，由发行人根据证券市场及潜在投资者的预约认购情况，将全部或部分拟发行股票出售给投资者的股票发行方式，它是国际证券发行市场上常用的股票发行方式

证监会出台的《关于进一步完善股票发行方式的通知》对配售发行方式作了专门规定。其中对配售发行的具体规定及内容如下：

（1）公司股本在 4 亿元以下的公司，采取上网定价、全额预缴款或者与储蓄存款挂钩的方式发行股票。公司股本在 4 亿元以上的公司，可在对一般投资者采取上网发行的同时，对法人（战略投资者和一般法人）配售部分股票。

（2）发行人与承销商应当在规定的发行价格区间内，通过召开配售对象问答会等推介方式，了解配售对象的认购意愿后，最终确定网下配售的发行价格。

（3）配售对象分为战略投资者和一般法人投资者。战略投资者是与发行人业务联系紧密且欲长期持有发行人股票的法人，拥有优先配售权，但在规定期限内不得转让因配售取得的股票。发行人在向战略投资者配售股票后，也可向一般法人配售股票。对一般法人配售的股票，在股票上市之日起三个月后方可上市流通。

（4）根据规定，我国允许发行人同时采取上网发行和配售发行相结合的方式发行股票，但尚未允许单独采取配售方式发行股票。

（5）对法人的配售和对一般投资者的上网发行为同一次发行，应当按照同一价格发行股票。

四、证券发行的保荐制度

（一）保荐制度概述

证券发行的保荐制度，指获得资格的保荐人推荐符合条件的公司公开发行和上市证券，并对所发行人披露的信息质量和所做承诺提供持续训示、督促、辅导、指导和信用担保的制度。

（二）保荐机构资格

根据我国《证券发行上市保荐制度暂行办法》第 9 条规定，证券经营机构申请注册登记为保荐机构的，应当是综合类证券公司，并向中国证监会提交自愿履行保荐职责的声明、承诺。

根据我国《证券发行上市保荐制度暂行办法》第 10 条规定，证券经营机构有下列情形之一的，不得注册登记为保荐机构：①保荐代表人数量少于 2 名；②公司治理结构存在重大缺陷，风险控制制度不健全或者未有效执行；③最近 24 个月因违法违规被中国证监会从名单中去除；④中国证监会规定的其他情形。

（三）保荐代表人

我国《证券发行上市保荐制度暂行办法》第 11 条规定，个人申请注册登记为保荐代表人的，应当具有证券从业资格、取得执业证书且符合下列要求，通过所任职的保荐机构向中国证监会提出申请，并提交有关证明文件和声明：①具备中国证监会规定的投资银行业务经历；②参加中国证监会认可的保荐代表人胜任能力考试且成绩合格；③所任职保荐机构出具由董事长或者总经理签名的推荐函；④未负有数额较大的到期未清偿的债务；⑤最近 36 个月未因违法违规被中国证监会从名单中去除或者受到中国证监会行政处罚；⑥中国证监会规定的其他要求。

第四节　证券承销

证券承销分为证券代销和证券包销两种方式，因而存在着比较显著的"委托代理"问题，需要证券法给予保障。

——佚名

一、证券承销的概念

证券承销，是指证券公司按照发行人委托，向投资者销售、促成销售或代为销售拟发行证券的行为。

二、证券承销的分类

证券承销一般分为证券代销和证券包销两种方式。

(一) 证券代销

证券代销，是指证券公司从发行人那里获得证券，代发行人发售证券，在承销期结束后，将未售完的证券全部退还给发行人的一种承销方式。证券代销这种方式主要适用于发行公司债券。

(二) 证券包销

1. 证券包销定义

证券包销，是指承销商将发行人的证券按照协议全部购入，或者在承销期结束时将售后剩余证券全部自行购入的承销方式。证券包销可将证券发行失败的主要风险转移到承销商，故多数证券发行人乐于接受，并成为我国证券实践中使用最广的证券承销方式。

2. 证券包销分为全额包销和余额包销

（1）全额包销，是指承销商以自有资金一次性买进证券发行人发行的全部证券，再向证券投资者出售其所拥有的证券，整个过程都是由承销商自己的名义完成，并承担全部风险。在这种方式下，承销商是承担全部发行风险的，就承销商与投资者之间的关系而言，证券投资者是证券买方，承销商则是惟一的卖方。

（2）余额包销也叫助销，是指承销商在承销期结束时，从证券发行人处购买其全部未售出证券的承销方式。在余额包销的承销期内，证券公司类似于代理人。

【案例 7-3】

证券承销商不能保证发行人募集文件真实性案

A 股份有限公司委托 B 证券公司于 2008 年担任其公开发行股票、上市中的主承销商。B 证券公司在招股说明书上表明"本 A 股份有限公司已严格履行法定职责，保证所出具文件的真实性、准确性和完整性，并对此依法承担相应的法律责任"。但在实际中，经调查发现，A 公司的招股说明书中存在严重的虚假陈述。B 证券公司对 A 公司的核查验证过程中存在着疏漏，没有尽责地保证公开发行募集文件的真实性、准确性和完整性。

【分析】本案主要涉及证券公司在证券承销中的义务，B 证券公司对 A 公司的核查验证存在着疏漏，造成了信息的不真实性，违反了《证券法》的相关规定，证监会可以对该证券公司处以罚款。

三、证券承销商的特殊权利和义务

1. 超额配售选择权

这项权利又称"绿鞋"，是发行人授予证券承销商的一项选择权，使得证券承销商在未动用自有资金的情况下还能平衡市场对该股票的供求，从而在一定程度上稳定市价。具体来说，证券承销商获得该权利后，可以按照统一发行价格超额发售不超过包销数额 15%的股份，也即证券承销商可以按照不超过包销数额 15%的股份向投资者发售。

2. 顾问义务

顾问义务，是指证券承销商可以依据自身对证券市场的熟悉来给发行人提供相关法律咨询，对于发行证券的种类、价格、实际等提供一些建议，以及相关财务和管理的咨询。证券发行结束后，该项义务就可终止。

3. 发行文件核查义务

根据我国《证券法》第 31 条规定，证券公司承销证券，应当对公开发行募集文件的真实性、准确性和完整性进行核查；发现有虚假记载、误导性陈述或者重大遗漏的，不得进行销售活动；已经销售的，必须立即停止销售活动，并采取纠正措施。

4. 禁止事先预留行为

证券的代销、包销期限都不得超过 90 天，在该期限内，应将代销、包销的证券先行出售给认购人，证券公司不得为本公司预留交易所代销证券和预先购入并留存所包销证券，更不得为取得股票而故意让股票在承销期结束时有剩余。

5. 禁止违法招揽行为

证券承销商不得以不正当竞争手段去招揽承销业务，一般来说，这些不正当竞争手段包括：不当许诺；诋毁同行；借助行政干预；证监会认定的其他不正当竞争手段。

【案例 7-4】

新股发行纠纷

某汽车制造股份有限公司（以下简称甲公司）要发行新股，于是与一家证券经营机构（以下简称为乙公司）签订了新股发行承销协议，该协议规定：由乙公司包销甲公司股票 120 万股，每股面值 8 元，承销期为 40 天，在承销过程中若由于乙公司过错而导致所发行的股票的资料有失准确性、完整性而由此引起的法律责任由乙公司承担。之后，乙公司开始为甲公司承销股票，但是在承销行动开始前，乙公司并没有审核甲公司提供的招股说明书等有关宣传资料便开始了承销，后在承销过程中才发现甲公司在所提供的资料的真实性、完整性、准确性上存在问题，即在资产负债表上未列明欠国家税款计 80 万元。于是乙公司立即停止了承销活动，并与甲公司重新制作招股说明书及其他宣传资料，并发出要约，这次承销活动的中断导致损失 60 万元，双方就谁应该承担这些费用发生了纠纷，甲公司认为乙公司应该承担主要责任，即赔偿 50 万元的经济损失。

资料来源：顾功耘，尹刚. 商法案例法规选编 [M]. 北京：北京大学出版社，2008.

【分析】 在证券承销法律关系中，承销证券的证券公司的义务包括对公开发行募集文件的真实性、准确性、完整性进行审查，发现含有虚假记载、误导性陈述或者重大遗漏的，不得进行证券的承销活动，已经销售的，须立即停止销售活动，并采取纠正措施。对发行人的义务包括保证公开发行募集文件的真实性、准确性和完整性。因此，案中甲公司应该对损失承担主要责任，乙公司承担次要责任。

第五节　证券上市与交易

　　证券上市和交易前需要制订明确的上市和交易计划与战略，凭感觉临时在盘口中搞偷猎的，经常要被猎物反咬一口。

——佚名

一、证券上市的概念

　　证券上市是指依据法定条件和程序，在证券交易所或其他依法设立的交易市场将公开发行的有价证券进行公开挂牌交易的行为。在证券交易所内买卖的有价证券，称为上市证券，发行上市证券的公司称为上市公司。

　　证券上市制度是指有关证券上市的标准和程序、上市证券的暂停与终止等一系列规则的总称。

二、证券上市的条件

（一）证券上市条件的概念

　　证券上市条件也称证券上市的标准，是指证券发行人获得上市资格所必须符合的由证券交易所制定的基本条件和要求。

　　证券法对证券上市的条件有相应的规定，通常包括上市公司的资本额、资本结构、盈利能力、偿债能力、股权分散状况、公司财务情况、开业时间等。这里主要介绍我国股票和公司债券的上市条件。

（二）股票上市条件

根据我国《证券法》第 50 条的规定，股份有限公司申请股票上市，应当符合下列条件：

（1）股票经国务院证券监督管理机构核准已公开发行；

（2）公司股本总额不少于人民币 3000 万元；

（3）公开发行的股份达公司股份总数的 25% 以上；公司股本总额超过人民币 4 亿元的，公开发行股份的比例为 10% 以上；

（4）公司在最近 3 年内无重大违法行为，财务会计报告无虚假记载。

证券交易所可以规定高于前款规定的上市条件，并报国务院证券监督管理机构批准。

（三）公司债券上市条件

我国《证券法》第 57 条规定，公司申请公司债券上市交易，应当符合下列条件：

（1）公司债券的期限为 1 年以上；

（2）公司债券实际发行额不少于人民币 5000 万元；

（3）公司申请债券上市时仍符合法定的公司债券发行条件。

三、证券上市的程序

证券上市的步骤主要分为六步，如图 7-2 所示。

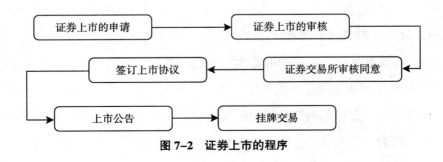

图 7-2　证券上市的程序

四、证券交易

证券交易，指依照证券法和证券交易规则，向其他投资者或交易对手转让证券的行为。一般情况下，发行人交付证券不视为证券交易，发行人在证券回购中，才被视为交易。

（一）证券交易的形式

1. 证券交易的一般形态

有偿转让。

2. 证券交易的特殊形态

（1）无偿转让。

（2）被动交易，如拍卖、标购、强制收购。

（3）旨在限制证券权利的行为，如冻结、质押、托管、委托持股、征集表决权等。

（4）衍生证券交易，如期货、期权、融资融券。

（5）特殊主体之间的证券交易，如回购、出售库藏股、基金凭证的赎回。

【司法小·测试 7-4】

对于下列有关证券交易的问题，哪一个应该给予否定的回答？（2005 年司法考试卷一多选第 28 题）

A. 股票交易是不是只能在证券交易所进行

B. 证券交易能不能以期货方式进行

C. 证券公司向客户融资进行证券交易是否为法律所禁止

D. 证券交易所自主调整的交易收费标准是否违法

【答案】AC

（二）证券交易的基本类型

证券交易的基本类型主要包括以下几个方面：

1. 证券现货交易

证券现货交易是指在交易成交后，证券交易双方即时清算交割证券和价款的交易方式，交易双方指持券待售者和持币待购者。

2. 证券期货交易

证券期货交易与证券现货交易相对应，它的特点是：交易对象不是证券本身，而是期货合约；期货合约期限长达数月或一年；交易所应参考期货合约项下证券资产的当时市场价格来制订标准期货合约。在期货合约期限内，证券资产的实物价格会发生变动。

3. 证券期权交易

证券期权交易是指投资者获得的在将来的特定时间内以特定价格买进或卖出指定证券，或者放弃买进或卖出指定证券的交易，投资者进行期权交易是以获得证券市场价格波动所带来的利益为目的的。

4. 证券信用交易

证券信用交易常分为融资交易和融券交易两种类型，典型的信用交易是保证金交易，即投资者通过向经纪人交付一定数额的保证金来向经纪人借贷一部分现金，从而进行证券交易，故信用交易也称保证金交易。

（三）证券交易的程序

证券交易程序是指在证券交易市场买卖证券所需遵循的步骤。证券交易依所在的证券市场以及参与其中的证券商的不同而变化，其中最具代表性的是有证券经纪商参与的证券交易，这种证券交易的程序一般经过如下步骤：①使用实名开立证券交易账户，包括证券账户和资金账户；②投资者发出委托指令；③证券公司申报；④竞价与成交；⑤清算交收；⑥登记过户。

【案例 7-5】

非法买卖上市公司高级管理人员所持有的本公司股票案

王某担任 A 股份有限公司董事长，在担任该职务期间，为了谋取个人利益，他指派其助手肖某代理使用他的股票账户，在 2010 年 6 月 17 日、18 日买入公司的股票 1 万股，并在 2010 年 8 月 26 日全部卖出，从中获得相当可观的利润。

【分析】 本案是关于证券交易中的短线交易及归入权的问题。我国《证券法》规定：上市公司董事、监事、高级管理人员、持有上市公司股份 5% 以上的股东不得在一定时间内转让股票，王某违反了该规定，其因转让股票获得的利益应该归公司所有，公司享有归入权。在这种情况下，若公司没有追偿，那么股东可以以公司的名义要求王某将利益归还给公司，同时证监会也可决定对王某处以警告并罚款。

五、证券交易的限制规则

（一）证券交易的合法性

合法的证券交易必须满足下面三个条件：①证券是依法发行的；②证券必须实际交付；③交易形式是合法的。

（二）限定期限内禁止买卖

1. 公司发行股份的转让限制为 1 年

根据《公司法》第 142 条的规定，对于股份有限公司，发起人持有本公司股份自公司成立之日起 1 年内不得转让。公司公开发行股份前已发行的股份，自公司股票在证券交易所上市交易之日起 1 年内不得转让。

2. 董事、监事等高管转让股份的限制

（1）任职期间每年转让的股份不得超过其所持有本公司股份总数的 25%。

（2）上市交易的 1 年内不得转让。

（3）离职的，半年内不得转让。

（三）禁止短线交易

我国《证券法》第47条规定了上市公司董事、监事、高级管理人员、持有上市公司股份5%以上的股东构成短线交易的行为、该行为发生后应该承担的法律后果以及公司董事会、其他股东享有的权利。

（四）禁止法定人员持有和买卖股票

证券法禁止法定人员持有和买卖股票主要表现在以下方面：

1. 禁止持股人的范围

根据我国《证券法》第43条，证券交易所、证券公司和证券登记结算机构的从业人员、证券监督管理机构的工作人员以及法律、行政法规禁止参与股票交易的其他人员，在任职期间或者法定限期内，不得直接或者以化名、借他人名义持有、买卖股票，也不得收受他人赠送的股票。

2. 禁止合理持股状况的非法延续

任何人在成为前款所列人员时，其原已持有的股票，必须依法转让。

（五）限制证券服务机构和人员买卖股票

1. 股票发行服务机构及人员的买卖限制

我国《证券法》第45条规定，为股票发行出具审计报告、资产评估报告或者法律意见书等文件的证券服务机构和人员，在该股票承销期内和期满后6个月内，不得买卖该种股票。

2. 上市公司服务机构及人员的买卖限制

除前款规定外，为上市公司出具审计报告、资产评估报告或者法律意见书等文件的证券服务机构和人员，自接受上市公司委托之日起至上述文件公开后5日内，不得买卖该种股票。

【司法·小·测试7-5】

下列哪些属于法律禁止的证券交易行为？（2004年司法考试卷一多选第66题）

A. 发行人在公司成立之日起 3 年内转让其所持股票

B. 公司董事、经理、监事在任职期间转让本公司股票

C. 为股票发行出具审计报告的专业人员在该股票承销期内买卖该种股票

D. 为上市公司出具法律意见书的律师在该文件公开后 5 日内买卖该公司股票

【答案】ABCD

六、暂停交易和终止上市

（一）暂停交易和上市

1. 股票暂停交易

我国《证券法》第 55 条规定，上市公司有下列情形之一的，由证券交易所决定暂停其股票上市交易：

（1）公司股本总额、股权分布等发生变化不再具备上市条件；

（2）公司不按照规定公开其财务状况，或者对财务会计报告作虚假记载，可能误导投资者；

（3）公司有重大违法行为；

（4）公司最近 3 年连续亏损；

（5）证券交易所上市规则规定的其他情形。

2. 债券暂停上市

我国《证券法》第 60 条规定，公司债券上市交易后，有下列情形之一的，由证券交易所决定暂停其公司债券上市交易：

（1）公司有重大违法行为；

（2）公司情况发生重大变化不符合公司债券上市条件；

（3）公司债券所募集资金不按照核准的用途使用；

（4）未按照公司债券募集办法履行义务；

（5）公司最近 2 年连续亏损。

【司法·小·测试 7-6】

甲股份有限公司债券上市交易后因出现法定情形被暂停上市。下列哪些表述符合暂停上市的规定？（2003 年司法考试卷一多选第 55 题）

A. 甲公司最近 2 年连续亏损

B. 甲公司的法定代表人发生变更

C. 甲公司发生重大违法行为

D. 甲公司未按照公司债券募集办法的规定履行义务

【答案】ACD

（二）恢复上市

当暂停上市的原因消失，公司状况改善并符合恢复上市条件时，可申请恢复上市。恢复上市的程序一般为：申请、审核、公告、恢复上市。

（三）终止上市

1. 股票终止上市

我国《证券法》第 56 条规定，上市公司有下列情形之一的，由证券交易所决定终止其股票上市交易：

（1）公司股本总额、股权分布等发生变化不再具备上市条件，在证券交易所规定的期限内仍不能达到上市条件；

（2）公司不按照规定公开其财务状况，或者对财务会计报告作虚假记载，且拒绝纠正；

（3）公司最近三年连续亏损，在其后一个年度内未能恢复盈利；

（4）公司解散或者被宣告破产；

（5）证券交易所上市规则规定的其他情形。

2. 债券终止上市

我国《证券法》第 61 条规定，公司有前条第（1）项、第（4）项所列情形之一，经查实后果严重的，或者有前条第（2）项、第（3）项、第（5）项所列情形之一，在限期内未能消除的，由证券交易所决定终止其公司债券上市交易。公司解散或者被宣告破产的，由证券交易所终止其公司债券上市交易。

【案例 7-6】

中国首例因连年亏损而退市的上市公司

2001 年 4 月 23 日，"PT 水仙"股票终止上市，成为我国证券市场上第一只被摘牌的股票，伴随着"PT 水仙"的终止上市，其发行公司——上海水仙电器股份有限公司成为我国第一家退市的上市公司，这一事件是证券史上值得纪念的大事，标志着我国规范和发展证券市场又迈出了重要一步。

1992 年水仙电器改制为股份公司，并于 6 月通过发行 A 股募集到大约 1.5 亿元人民币，第二年 1 月，这只股票上市。1993 年，上海水仙能率有限公司成立，水仙电器持有其 50% 的股权。1994 年，水仙电器发行 B 股，并上市。1995 年，上海惠而浦水仙有限公司成立，水仙电器持有 45% 股权，但是从第二年开始该公司就开始连年亏损，于是 1997 年，水仙电器出让惠而浦水仙 25% 股权给合作方美国惠而浦公司，水仙电器持股比例降至 20%。所谓祸不单行，从 1997 年开始水仙电器也开始亏损，导致每股净资产低于面值；1999 年 5 月，水仙电器开始实行特别处理，简称"ST 水仙"；2000 年 5 月 12 日，ST 水仙暂停上市，实行特别转让，简称"PT 水仙"；2000 年 6 月，PT 水仙向合作方日本能率株式会社出让了上海水仙能率 45% 的股权，向上海轻工控股（集团）公司出让水仙能率 5% 的股权，此后 PT 水仙不再持有该公司股权；2000 年，"PT 水仙"连续第四年亏损；2001 年 4 月，PT 水仙公布 2000 年年报，并暂停"特别转让"，当月 17 日，PT 水仙向上海证券交易所提交《关于申请延长暂停交易期限的报告》；4 月 21 日，PT 水仙对外宣布，该申请未获批准，退市势在必然。

资料来源：http://www.people.com.cn/GB/jinji/35/161/20010421/448093.html。

【分析】 "PT 水仙"退市是我国证券市场的一大进步。在此之前，证券市场没有退出机制，上市公司"只生不死"，1998 年之后实施的 ST、PT 制度是向退市制度采取的一种过渡性制度，但是 ST、PT 公司通过重组往往可以再抬高股价，但实际上公司基本面没有改善，于是给股民的利益带来极大的风险。退出机制的建立以及相关法律法规的出台，可以极大地遏制炒作、投机行为，保护好股民的利益，例如，我国《证券法》第 55 条明确规定了股票暂停交易的情形，第56 条规定了上市公司终止股票上市交易的情形，为证券市场的规范提供了法律依据。

第六节　信息披露的规则体系与基本要求

若要得到别人的诚意相待，首先要以诚待人。证券市场的信息披露也需体现诚意原则，遵循基本的信息披露要求，不要自作聪明，否则"聪明反被聪明误"。

——佚名

一、信息披露概述

（一）信息披露的概念与分类

1. 信息披露的概念

信息披露又称信息公开，是指证券发行人或其他相关信息披露义务人，在证券发行与流通诸环节中，依法将其财务、经营情况及其他影响证券投资者投资决策的信息向证券监督管理机构和证券交易所报告，并向社会公众公告的活动，它贯穿于证券发行、流通的全过程。

信息披露制度是关于信息披露的原则、内容、方式、程序等一系列法律规范的总称。

2. 信息披露的分类

表 7-3　信息披露的分类

分类标准	类　别
按照信息披露的目的和阶段	初次信息披露
	持续信息披露
按照信息披露的强制性要求	强制性信息披露
	非强制性信息披露
按照披露文件的记载事项要求	简式披露
	完整式披露
按照披露的时间	定期披露
	不定期披露
按照信息披露内容的性质	描述性信息披露
	评价性信息披露
	预测性信息披露

（二）信息披露的基本要求

根据我国《证券法》第 63 条的规定，发行人、上市公司依法披露的信息必须真实、准确、完整，不得有虚假记载、误导性陈述或者重大遗漏。

1. 真实性

要求公开的信息内容必须符合上市公司的实际经营状况，不得有任何虚假成分。

2. 准确性

要求公司在公开信息时必须确切表明其含义，其内容不能使人产生误解，更不得有误导性陈述。

3. 完整性

要求必须将能够影响证券市场价格的重大信息都予以公开，不能有重大遗漏。

4. 及时性

要求公司及时公开重大信息，并确保信息的最新性。

（三）信息披露的方式与场所

根据我国《证券法》第 70 条的规定，依法必须披露的信息，应当在国务院证券监督管理机构指定的媒体发布，同时将其置备于公司住所、证券交易所，以供社会公众查阅。

【司法·小·测试 7-7】

甲公司的股票上市文件公告以后，一些投资者提出质疑。下列哪些质疑有法律根据？（2005 年司法考试卷一多选第 77 题）

A. 公告文件披露了持股最多的 10 名股东的名单，但没有说明他们的持股数额

B. 公告文件披露了董事、监事和高级管理人员的简历，但没有说明他们持有该公司股票、债券的情况

C. 公告文件披露了最近 3 年的盈利情况，但没报告公司未来 3 年的盈利预测

D. 公告文件提供了股东大会的申请上市决议，但没有提供主要债权人的同意书

【答案】AB

二、我国上市公司信息披露制度的法律框架

我国上市公司信息披露制度的法律框架包括以下层次，如图 7-3 所示。

三、信息披露内容

信息披露的内容以及披露格式的准则如图 7-4 所示。

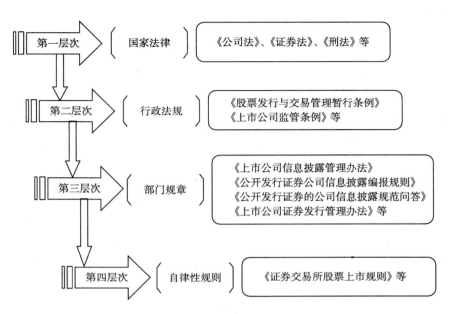

图7-3 我国上市公司信息披露制度的法律框架

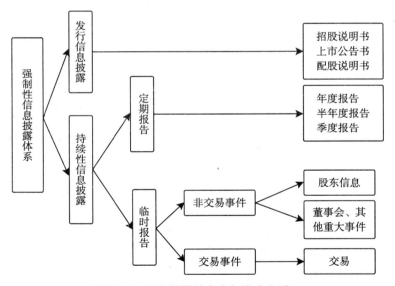

图7-4 信息披露的内容与格式准则

根据《证券法》关于上市公司及时向社会披露信息的规定，下列哪些表述是正确的？（2006 年司法考试卷一多选第 70 题）

A. 公司应在当年 8 月底以前向证监会和交易所报送中期报告，并予以公告

B. 公司应在 4 月底以前向证监会和交易所报送上一年的年度报告，并予以公告

C. 公司的中期报告和年度报告都必须记载公司财务会计报告和经营状况

D. 公司的中期报告和年度报告都必须记载持有公司股份最多的前 10 名股东的名单和持股数额

【答案】ABC

【案例 7-7】

某有限公司（以下简称乙公司）的股票获准上市发行后，以超过票面价值 5% 的价值发行了面值总值为 8000 万元的股票，并由甲证券公司独家包销，甲公司在其包销的证券中预先购买了 100 万元，乙公司向甲公司经理赠送了价值 5 万元的本公司上市股票。股票上市后，股票价格一路攀升。B 公司在乙公司股票上市之初即购得该公司 5% 的股票并依法报告；见股票价格大幅度上涨，在股票上市 2 个月后就将所持乙公司股票全部卖出。此后乙公司为 C 公司担保，而 C 公司无力偿还债务，乙公司面临被诉的可能。在公司董事会商讨对策时，乙公司的秘书张某无意中得知此信息，便建议其好友抛售乙公司的股票。为不影响其股票价格，乙公司召开董事会讨论此事，决定在年终报告中隐瞒这一事实。于是乙公司年终报告谎称公司盈利，导致投资者购买了该公司股票，结果数周后，C 公司的债权人起诉乙公司，股票暴跌，股民纷纷被"套牢"，于是诉到法院，要求乙公司承担赔偿责任。

【分析】案例中不合法的行为有：①股票面值总值超过 5000 万元时，不应由甲公司独家包销，应由承销团承销；②甲公司作为承销商不能为本公司预先购买所包销的证券；③甲公司经理不得收受他人赠送的股票；④B 公司作为持股 5% 的股东，其所持股票不能在购入 2 个月后卖出；⑤乙公司不得在其年终报告中作虚假记载；⑥张某将非法获取的内幕信息泄露给他人，建议他人买卖股票，构成内幕交易行为。

乙公司对股东的损失应当赔偿。根据我国《证券法》第 63 条规定，发行人、承销的证券公司招股说明书、公司债券募集办法、财务会计报告、上市报告文件、年度报告、中期报告、临时报告中，存在虚假记载、诱导性陈述或者有重大遗漏，致使投资者在证券交易中遭受损失的，发行人、承销的证券公司应当承担赔偿责任。乙公司在其年终报告中作出虚假记载，使投资者在证券交易中遭受损失，应当承担赔偿责任。

乙公司的董事应当承担责任。根据我国《证券法》的有关规定，发行人在其应公开的文件中有虚假记载，致使投资者受到损失，发行人、承销的证券公司应当承担赔偿责任，发行人、承销的证券公司中负有责任的董事、监事、经理应当承担连带赔偿责任。但是假若有董事在董事会上明确表示反对在年度报告中做虚假记载的，该董事不负责任。

本章小结

证券的产生与存在算是人类所创造的"尤物"之一，其风险性常常挑战参与者的心脏承受能力，证券法作为"心脏护法"应运而生，证券、证券法以及不同证券市场的内容介绍是对整章内容的一个宏观解读。发行证券可以采用不同的方式，但是需要满足发行的条件，而且需要按照合规合法的步骤进行。同时，证券承销作为证券发行的一个有用的辅助工具，也需合法合规进行。证券上市和交易不是说说就可以的，除了一些必须满足的条件之外，还需要遵循特定的程序和规则，在逼不得已时，也要能大胆暂停以及终止上市和交易。最后，正如本章开篇案例所述，作为上市公司来说，信息披露是相当重要的，有严格的规则体系和基本要求，不要存侥幸心理，真实披露信息，麻烦自然会少很多。

第八章 会计法

变造银行进账单

2009 年 2 月，某私营企业需要办理验资，于是该企业的老板晋某在当地工商局私营企业注册登记处温某的陪同下到某会计师事务所进行办理。该事务所负责人立马交给下属王某从速办理，王某根据晋某所提供的资料，按照相应的程序，一一进行了审验。其中，最关键的两张银行进账单，王某进行了特别仔细的检验，这两张进账单金额分别为 47 万元和 53 万元，总共 100 万元，这笔款项主要用于投资，单上没有什么值得怀疑的地方。在晋某的催促下，王某起草了验资报告，晋某很快拿到了验资报告。

晋某的企业原本所从事的是文具用品批发业务，经营状况一直不太好。但从 2009 年下半年开始，他开始经营一种保健产品，实行"会员制"，该制度规定：凡是购买该产品的顾客，都可以成为企业的会员，会员也可以介绍新的顾客来购买产品，发展新会员，企业会根据每个会员发展的新会员所带来的业绩给予一定的提成。这种方法很有效，不多久就让晋某赚得了可观的收入。但好景不长，晋某遭到顾客的举报，告其非法传销，公安局立即进行调查。

公安机关经过审查发现，晋某在刚成立公司时总共才 10 万元，而提供给会计师事务所的两张进账单全部是变造的，变造方法是：首先在银行分别存入 7 万元和 3 万元，在填写银行进账单时，他预留了一定的空格，待银行盖章，再在预留的空格处补上数字 4 和数字 5。由于笔迹完全一样，很难辨认出来，王某验资时没有向银行进行调查取证，是不负责任的表现，应该追究其责任，但其主观上并无大的过失，此外，负责年检的工商局所应承担的责任应比王某更大。

【案例启示】 本案中的金额变造问题是属于会计方面的弄虚作假问题，现实生活中，但凡公司涉及"会计"二字，都似有"无假不丈夫"的味道。如何减少公司会计上的造假，如何更有效地发现公司的会计造假问题，从而减少会计纠纷问题的发生，这些都是当今社会需要花大力气解决的事情。

本章您将了解到：

● 会计法的概念及调整对象

● 会计法对会计机构和会计人员的相关规定

● 会计监督体系

● 会计法对会计法律责任的相关规定

第一节　《会计法》概述

会计法作为公司的财务大法，需要严格要求，正所谓"一分一毫，一点一滴，一丝不苟；百种理由，千般狡缠，吾众一心"。

——佚名

一、会计法的概念及调整对象

(一) 会计法的概念

会计是以货币计量为基本形式，采用专门的方法，连续、完整、系统地反映和控制主体的经济行为，进而达到加强经济管理，提高经济效益目的的一种管理活动。

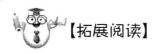【拓展阅读】

我国现行《会计法》概述

会计法是指调整会计法律关系的法律，本章所述会计法专指全国人民代表大会常务委员会通过的《中华人民共和国会计法》（以下简称《会计法》）。

《会计法》共七章，第一章为总则，总述了会计法的适用范围，以及会计人员、会计工作、会计管理体制、会计制度应该遵循的法律规定；第二章规定了会计法对单位会计工作进行会计核算的法律要求；第三章补充规定了有关会计核算的特别要求；第四章是有关会计法对单位会计工作实施监督的规定；第五章规定了单位内会计机构的设置要求，以及从事会计工作的人员的资格要求、应尽义务、培训工作等；第六章规定了违反会计法规定所应担负的法律责任；第七章为附则，定义了"单位负责人"、"国家统一"术语，规定了个体工商户会计管理工作的具体办法以及本法的生效日期。

（二）会计法的调整对象

我国《会计法》第2条规定，会计法调整国家机关、公司、社会团体、企业、事业单位和其他组织（以下简称单位）在办理会计事务中产生的经济管理关系。这种关系包括上述单位内部的会计事务管理关系、上述单位之间在办理会计事务中产生的经济关系、上述单位与国家会计管理机关和有关行政管理机关之间在会计事务管理中产生的行政管理关系等。

二、《会计法》的基本原则

根据我国《会计法》第2~6条的规定，会计法的基本原则主要有以下几条：

（1）单位办理会计事务时必须依照《会计法》的规定进行。

（2）国家机关、社会团体、企业、公司、事业单位和其他组织都必须依法设置会计账簿，并保证其真实、完整。

（3）会计机构、会计人员应依照本法规定进行会计核算，履行会计监督职责。任何单位或者个人不得以任何方式指使、授意、强令会计机构或者会计人员伪造会计凭证、会计账簿和其他会计资料以及提供虚假财务会计报告。任何单位或者个人不得对履行职责、抵制违反本法规定的会计人员实行打击报复。

（4）对认真执行本法、忠于职守、坚持原则、做出显著成绩的会计人员给予精神的或物质的奖励。

三、会计管理体制

（一）根据我国《会计法》第 7 条的规定

国务院财政部门主管全国的会计工作；县级以上地方各级人民政府财政部门管理本行政区域内的会计工作。

（二）根据我国《会计法》第 8 条的规定

国家统一的会计制度由国务院财政部门根据《会计法》制定并颁布，各地方、各部门都不得自搞一套，自行其是。国家统一的会计制度主要包括三个方面：①国家统一的会计核算制度，如《企业会计准则》、《事业单位会计准则》以及各种具体准则等；②国家统一的会计机构和会计人员管理制度，如 《总会计师条例》、《会计人员职权管理条例》、《会计证管理办法》、《会计专业技术资格考试暂行规定》等；③国家统一的会计工作管理制度，如《会计档案管理办法》、《会计人员工作准则》、《会计人员继续教育规定》等。

四、违反会计法的法律责任

我国《会计法》第 42~49 条规定的各单位违反会计法时需承担的法律责任有

以下几种：

（1）不依法进行会计管理、核算和监督的法律责任。

（2）伪造、变造、编制虚假会计资料的法律责任。

（3）隐匿或者故意销毁依法应当保存的会计资料的法律责任。

（4）授意、指使、强令会计机构、会计人员及其他人员伪造、变造、编制、隐匿、故意销毁会计资料的法律责任。

（5）单位负责人对会计人员进行打击报复的法律责任。

（6）其他违反会计法的法律责任。

【案例 8-1】

A 公司超范围经营

A 公司是一家餐饮服务业企业，某审计人员在对其账簿进行查阅时发现，A 公司 2010 年 9 月的"其他应收款"账户余额远远高于以前各期余额，达到 117000 元，该审计人员认为这笔余额有问题，于是进一步查阅。在审阅有关会计凭证时，发现上面记载事项如下所示："借：其他应收款——某家用电器公司 117000 元，贷：银行存款 117000 元"，该凭证所附的原始凭证是一张汇款回单和某家用电器公司开出的销货发票。经过再次确认，审计人员发现，A 公司超过其经营范围购进了 100 台洗衣机，以每台 1000 元的进价以及 17% 的增值税率，之后以每台 1600 元卖给消费者，总收入为 160000 元，从中获取利润。

【分析】按照《会计法》的相关规定，会计账簿上所记载的事项应该是与公司实际发生的业务相关的。本案例中 A 公司超范围经营，且没有如实反映在账簿中，从中获取利润。这违反了《会计法》规定，应该追究其相应的法律责任。

第二节 会计机构和会计人员

刚直，是会计人员的工作作风；严谨，是会计人员的工作态度；廉洁，是会计人员的工作品质；效率，是会计人员的工作要求。

——佚名

一、会计机构和会计人员的设置

（一）会计机构的设置

我国《会计法》中详细规定了各单位设置会计机构和会计人员应满足的条件。我国《会计法》第36条第1款规定，各单位应当根据本单位会计业务的需要，设置会计机构，或者在有关机构中设置会计人员并指定会计主管人员。设置会计机构的，应当设置会计机构负责人；在有关机构中配备专职会计人员的，应当在专职会计人员中指定会计主管人员。不具备设置会计机构和配备会计人员条件的单位，应当根据《代理记账管理暂行办法》，委托经批准设立的从事会计代理记账业务的中介机构代理记账。

（二）会计工作岗位的设置

根据我国《会计基础工作规范》第36条的规定，各单位应当根据会计业务需要设置会计工作岗位。会计工作岗位一般可分为：①总会计师、会计机构负责人或者会计主管人员；②出纳；③财产物资核算；④工资核算；⑤成本费用核算；⑥财务成果核算；⑦资金核算；⑧往来核算；⑨总账报表；⑩稽核；⑪档案管理等。

（三）总会计师的设置

我国《会计法》第36条第3款还规定，国有的和国有资产占控股地位或者主导地位的大、中型企业必须设置总会计师。总会计师的任免资格、职责权限、任免程序由国务院规定，总会计师行使《总会计师条例》规定的职责、权限，根据该规定，总会计师需具备的条件以及职责主要包括以下内容：

1. 总会计师需具备的条件

（1）取得会计专业技术资格，并主管一个单位或者单位内一个重要方面的财务会计工作的时间不少于3年。

（2）政策水平较高，对国家的财政法律、法规、规章和方针、政策等熟悉，并掌握现代化管理的有关知识。

（3）具备本行业的基本业务知识，熟悉行业情况，有较强的组织领导能力。

（4）身体健康能胜任本职工作，总会计师责任重大、工作繁忙，必须要有健康的体魄。

2. 总会计师的职责

（1）组织并领导本单位的财务管理、成本管理、预算鼓励、会计核算、会计监督等方面的工作，对于本单位的重要经济问题，应参与进行分析和决策。

（2）组织本单位执行国家相关的财经法律、法规、方针、政策和制度，以求保护国家财产。

（3）总会计师应组织本单位的相关工作包括：①编制和执行财务预算、财务收支计划、信贷计划，拟定资金筹措和适用方案，开辟财源，合理有效地使用资金；②进行成本费用预测、计划、控制、核算、分析和考核，督促本单位有关部门节约费用、降低消耗、提高经济效益；③建立、健全经济核算制度，利用财务会计资料进行经济活动分析；④承办单位主要行政领导人交办的其他工作。如协助单位行政领导人对企业的生产经营、行政事业单位的业务发展以及基本建设投资等问题作出决策。

（4）负责对本单位财务机构的设置和会计人员的配置、对会计专业职务的设置和聘任提出方案，组织会计人员的培训和考核，支持会计人员依法行使职权。

（5）参与新产品开发、科技研究、技术改造、商品（劳务）价格和工资奖金等方案的制定，参与重大经济合同和经济协议的研究、审查。

二、会计机构内部稽核制度

（一）会计机构内部稽核制度及其内容

会计机构内部稽核制度是会计机构内部的一种工作制度，是对会计核算工作进行的一种自我检查、自我审核的制度，目的是防止会计日常核算工作上的失误、差错以及有关人员的舞弊，从而提高会计核算工作的质量。根据我国《会计基础工作规范》第 90 条的规定，其主要内容包括：①确定稽核工作的组织形式和具体分工；②确定稽核工作的职责、权限；③审核会计凭证和复核会计账簿、会计报表的方法。

（二）会计机构内部稽核工作的主要职责

（1）审核财务、成本、费用等计划经济指标的编制依据、计算方法、衔接程度是否符合要求，并提出改善意见。

（2）审核实际发生的经济业务或财务收支是否合法合规，如有问题应及时指出并纠正。

（3）审核各种商业账簿的内容是否符合法律规定。

（4）审核各项财产物资的增减变动和结存情况，确定账实是否相符。

三、会计人员

（一）会计人员的任职资格以及从业资格管理制度

1. 会计人员的任职资格

根据我国《会计法》和现行国家统一会计制度的规定，会计从业人员应当具备必要的专业知识和专业技能，熟悉国家法律法规和国家统一会计制度，遵守职业道德，会计从业人员必须取得会计从业资格证书后才能从事会计工作。

2. 会计从业资格管理制度

这是我国会计人员管理的一项基本制度，主要包括以下几个方面的内容：[①]

（1）会计从业人员必须取得会计从业资格证书。

（2）《会计从业资格管理办法》规定了取得会计从业资格证书的基本条件，《会计法》规定了取消会计从业资格的情形。

根据我国《会计法》第40条的规定，因有提供虚假财务会计报告、隐匿或者故意销毁会计凭证、做假账、会计账簿、财务会计报告、挪用公款、贪污、职务侵占等与会计职务有关的违法行为被依法追究刑事责任的人员，不得取得或者重新取得会计从业资格证书。因违法违纪行为被吊销会计从业资格证书的人员，自被吊销会计从业资格证书之日起5年内，不得重新取得会计从业资格证书。

（3）会计从业资格证书实行注册登记和年检制度。取得会计证的工作人员被单位聘用从事会计工作时，应由所在单位提出申请，并在30日内到发证机关进行注册登记，注册后的持证人员作为正式会计人员管理。在岗会计人员应按规定按时向发证机关办理会计证年检。年检工作每两年进行一次。

（4）持证会计人员调离原单位且继续从事会计工作的，应当自离开原工作单位起90日内，填写调转登记表，在同一会计从业资格管理机构管辖范围内调转工作的可直接持会计从业资格证书及调入单位开具的从事会计工作的证明，办理调转登记；在不同会计从业资格管理机构管辖范围内调转工作的还需向原注册登记的会计从业资格管理机构办理调出手续，并到调入单位所在地区的会计从业资格管理机构办理调入手续。

（5）会计从业资格证书与会计人员继续教育相结合，我国会计法规定会计人员应当按照国家有关规定参加会计业务的培训，每年接受培训（面授）的时间累计不应少于24小时。各单位应当遵循教育、考核、使用相结合的原则，支持、督促并组织本单位会计人员参加继续教育，并应将会计人员参加继续教育的情况作为会计人员任职、晋升的依据之一。

---

① 严晓红. 财务会计法律与法规 [M]. 北京：清华大学出版社，2008.

（6）加强会计从业资格监督，监督的形式实行全面检查和重点抽查相结合，政府检查和社会监督相结合的方式。

（二）会计人员调动或离职时应当办理交接手续

1. 移交前的工作

根据我国《会计基础工作规范》第27条的规定，会计人员办理移交手续前，必须要做好以下工作：

（1）已经受理的经济业务尚未填制会计凭证的，应当填制完毕。

（2）尚未登记的账目，应当登记完毕，并在最后一笔余额后加盖经办人员印章。

（3）整理应该移交的各项资料，对未了事项写出书面材料予以说明。

（4）编制移交清册，列明应当移交的会计凭证、会计报表、会计账簿、印章、有价证券、现金、支票簿、发票、文件、其他会计材料和物品等内容；已经开展电算化的单位，从事该项工作的移交人员还应当在移交清册中列明会计软件及密码、会计软件数据磁盘（磁带等）以及有关资料、实物等内容。

2. 移交时的工作

根据我国《会计基础工作规范》第29条的规定，移交人员在办理移交时，要按移交清册逐项移交，接替人员要逐项核对点收，主要体现在以下方面：

（1）现金、有价证券要根据会计账簿有关记录进行点交。如果不相符，移交人员必须限期查清。

（2）各种商业账簿必须完整无缺，如果有短缺，必须查清原因，并在移交清册中注明，由移交人员负责。

（3）银行存款账户余额要与银行对账单核对，如果不相符，应当编制银行存款余额调节表。

（4）移交人员必须将所经管的票据、印章和其他实务等交接清楚，移交人员从事会计电算化工作的，要将有关电子数据在实际操作状态下进行交接。

3. 移交后的工作

根据我国《会计基础工作规范》第30~32条的规定，会计机构负责人、会计主管人员移交时，还必须将全部财务会计工作、重大财务收支和会计人员的情况等，向接替人员详细说明，对移交的遗留问题，应当写出书面材料。而接替人员应当继续使用移交的会计账簿，不得自行另立新账，以保持会计记录的连续性。交接双方和监交人员在交接完毕后应在移交清册上签名或者盖章，同时在移交清册上注明单位名称、交接日期、交接双方和监交人员的职务以及姓名、移交清册页数、需要说明的问题和意见等信息。移交清册一般一式三份，交接双方各执一份，另一份则存档。

（三）会计人员应遵守职业道德

根据我国《会计基础工作规范》第24条的规定，财政部门、业务主管部门和各单位应当定期检查会计人员遵守职业道德的情况，并作为会计人员加薪、晋级、聘任专业职务、表彰奖励的重要考核依据。

【案例8-2】
会计事务所违法造假

在2001年8月之前，银广夏的股票被众多投资者青睐，然而，2001年8月3日，《财经》杂志封面文章《银广夏陷阱》揭开了银广夏的面纱。经证监会查实，银广夏通过伪造购销合同、伪造出口报关单、虚开增值税专用发票、伪造免税文件和伪造金融票据等手段虚构主营业务收入，虚构巨额利润7.45亿元，为银广夏审计的深圳中天勤会计师事务所及其签字注册会计师刘某和徐某违反有关法律法规，出具严重失实的审计报告。事后，财政部吊销了中天勤会计师事务所的执业资格，吊销了两名签字注册会计师的注册会计师资格，并会同证监会吊销了中天勤证券、期货相关业务的许可证，涉案人员被移交司法部门追究刑事责任。

资料来源：http://stock.stockstar.com/SS2001080300220614.shtml.

【分析】中天勤会计师事务所在对银广夏的债务人和海关进行函证时，所有的讯证均由上市公司发出并收回，给公司留出了做假空间，会计师也未充分履行必要的审计程序。此外，银广夏还伪造了大量其他原始凭证，如合同、增值税发票、金融票据等。

会计师除了遵守审计准则明确规定的各项程序之外，还必须保持一定的职业谨慎。中天勤作为银广夏连续几年的审计师事务所，对银广夏利润的超高速增长，且利润来源偏重其一个子公司（天津银广夏）的一项业务一宗合同（向同一家公司出口大量萃取产品），应当基于独立、客观、公正的执业原则，保持一份职业谨慎，但是他们显然没有做到这一点。

第三节　会计监督

放松了自己，纵容了别人；严格了自己，约束了别人。这句话是对会计监督的最好诠释。

——佚名

会计监督是行为主体按照各种法律法规对各部门的业务活动以及会计工作本身所实行的经济监督，同时根据正确的会计信息管理企业经济活动，提高经济效益。我国会计监督体系包括单位内部会计监督、以注册会计师为主的社会监督和以政府财政部门为主的国家监督。

我国《会计法》所指的会计监督包括三个方面内容：①组织机构、岗位设置以及业务流程的相互分离、制衡和制约；②单位会计工作和会计行为的监督；③会计工作被监督，主要受社会审计部门、政府部门的监督。

一、单位内部的会计监督

（一）单位内部的会计监督制度

1. 单位内部会计监督制度的主要内容

根据《会计法》和《会计准则》的规定，单位内部会计监督制度的主要内容有：①内部会计管理体系；②会计人员岗位责任制度；③账务处理程序制度；④财务收支审批制度；⑤原始记录管理制度；⑥定额管理制度；⑦计量验收制度；⑧财产清查制度；⑨内部牵制制度；⑩稽核制度；⑪内部审计制度；⑫重大经济业务事项的决策、执行的监督制约程序。

2. 单位内部会计监督制度的要求

根据我国《会计法》第 27 条的规定，各单位建立、健全本单位内部会计监督制度应当符合四项要求：

（1）应当明确记账人员与经济业务事项和会计事项的审批人员、经办人员、财务保管人员的职责权限，并相互分离以相互制约；

（2）重大对外投资、资产处置、资金调度和其他重要经济业务事项的决策和执行的相互监督、相互制约程序应当明确；

（3）财产清查的范围、期限和组织程序应当明确；

（4）对会计资料定期进行内部审计的办法和程序应当明确。

（二）单位负责人的义务

根据《会计法》第 28 条的规定，单位负责人在会计监督方面的义务主要体现在以下两个方面：①应当保证和支持会计机构、会计人员依法履行职责；②不得授意、指使、强令会计机构、会计人员违法办理会计事项。

【案例 8-3】

琼民源伪造财务会计报告

海南民源现代农业发展股份有限公司（以下简称琼民源）是一家上市公司，

在公布的 1996 年公司财务会计报告上，为美化形象，董事长马某指示公司当时的会计班某在 1997 年 1 月 22 日、2 月 1 日先后在《证券时报》上刊登的1996 年财务报告和补充报告中，虚报实现利润为 5.7 亿元、增加资本公积金为 6.75 亿元，后经查明，5.7 亿元利润是该公司通过欺骗手段，虚列四笔"其他业务收入"和"营业外收入"来实现的，增加的 6.75 亿元资本公积金是通过资产重组形式采用非法手段确认的。这一事实公布于众后，该公司的股票被停牌，公司也被清出证券市场，之后法院判处董事长马某有期徒刑 3 年，原会计班某有期徒刑 2 年。

资料来源：陈冰. 会计法律责任及案例分析 [M]. 北京：中华工商联合出版社，2001.

【分析】 我国《会计法》第43、45 条规定："伪造、变造会计凭证、会计账簿，编制虚假财务会计报告，构成犯罪的，依法追究刑事责任。""授意、指使、强令会计机构、会计人员即其他人员伪造、变造凭证、会计账簿，编制虚假财务会计报告……构成犯罪的，依法追究刑事责任。"根据《全国人民代表大会常务委员会关于惩治违反公司法的犯罪的决定》第 4 条，案中马某与班某的行为构成"提供虚假财会报告罪"。

（三）会计机构、会计人员的职权

根据我国《会计法》第 29 条的规定，会计机构、会计人员在会计监督方面的职权主要是：如果发现会计账簿记录与实物、款型及有关资料不相符的，按照国家会计制度的规定有权自行处理的，应当及时处理；无权自行处理的，应当立即向单位负责人报告，请求查明原因，然后作出处理。

根据我国《会计基础工作规范》第 75~83 条的规定，会计机构和会计人员具体的监督职权包括以下内容：

（1）对原始凭证进行审核和监督。

（2）对伪造、变造、故意毁灭会计账簿或者账外设账行为，应当及时的制止和纠正；制止和纠正无效的，应当向上级主管部门报告，请求作出处理。

（3）对实物、款项进行检查和监督，督促建立并严格执行财产清查制度。

（4）对指使、强令编造、篡改财务报告的行为，应当及时的制止和纠正；制止和纠正无效的，应当向上级主管部门报告，请求作出处理。

（5）对财务收支进行监督。

（6）对违反单位内部会计管理制度的经济活动，应当及时的制止和纠正，制止和纠正无效的，应当向单位领导人报告，请求作出处理。

（7）对单位制定的预算、财务计划、经济计划、业务计划的执行情况进行监督。

（8）各单位必须依照法律和国家有关规定接受财政、审计、税务等机关的监督，如实提供会计凭证、会计账簿、会计报表和其他会计材料，不得拒绝、隐匿和谎报。

（9）按照法律规定应当委托注册会计师进行审计的单位或者业务，应当委托注册会计师进行审计，并配合注册会计师的工作。

【案例 8-4】

A 公司财务处理不当

A 公司是一家建材公司，其增值税属于一般纳税人的税额。其生产的某建材原材料产品属于化工产品，产品出售时，客户除了要支付产品的售价，还需要支付装载原材料的锌制包装桶的 25 元押金，且建材公司明确规定，锌制包装桶限期半年内退回，否则没收押金。2011 年 3 月，注册会计师对该公司进行 2010 年度会计报表审计时发现，截至 2010 年末，客户逾期未退回的锌制包装桶共 2040 只，所没收的押金共计 51000 元，但全部都没有转入"营业外收入"，并使用该笔所没收的押金收入购买生活产品，为职工发放福利。其会计处理为：借记"其他应付款"，贷记"现金"，合计金额为 63800 元。注册会计师认为该项处理不当。

【分析】根据我国《会计法》的相关规定，A 公司对逾期没收的包装桶押金收入应计算增值税（销项税额），且应该结转到"营业外收入"项目中，A 公司没有这么做，是因为怕扣减增值税，从而减少利润总额，这种做法是不合规定的。而其为职工购买生活用品，应使用应付福利费开支，而不是用这笔押金收入来支付。

二、财政部门对各单位会计工作的监督

根据我国《会计法》和《财政部门实施会计监督办法》等规定，财政部门对各单位的会计工作实施以下监督：

（一）监督各单位是否依法设置会计账簿

财政部门依法对各单位设置会计账簿实施监督检查的内容包括：①是否按规定设置会计账簿；②是否存在伪造、变造会计账簿的行为；③是否存在账外账行为；④设置会计账簿是否存在违反法律、行政法规和国家统一的会计制度的行为。

（二）监督各单位的会计凭证、会计账簿、财务会计报告和其他会计资料是否真实、完整

财务部门依法对各单位的会计凭证、会计账簿、财务会计报告和其他会计资料的真实性、完整性实施监督检查，其内容包括以下四个方面：①根据我国《会计法》第10条的规定，应当办理的会计手续、进行会计核算的经济业务事项是否如实在会计资料上反映；②会计凭证、会计账簿、财务会计报告是否与实际发生的经济业务事项相吻合；③财务会计报告的格式和内容是否符合有关法律、行政法规和国家统一会计制度的规定；④其他会计资料是否真实、完整。

（三）监督各单位的会计核算是否符合我国《会计法》和国家统一的会计制度的规定

财政部门依法对各单位会计核算实施监督检查的主要内容：①会计年度、记账本位币和会计记录文字是否符合法律、行政法规和国家统一的会计制度的规定；②原始凭证的填制或者取得、记账凭证的编制、会计账簿的登记是否符合法律、行政法规和国家统一会计制度的规定；③财务会计报告的编制程序、内容、报送对象和报送期限是否符合法律、行政法规和国家统一会计制度的规定；④使用的会计软件及其生成的会计核算资料是否符合法律、行政法规和国家统一会计制度的规定；⑤会计处理方法的采用和变更是否符合法律、行政法规和国家统一

会计制度的规定；⑥内部会计监督制度的建立和实施是否按照法律、行政法规和国家统一会计制度的规定；⑦会计核算是否有其他违法行为。

（四）监督各单位是否依法管理会计档案

会计档案的保管期限和销毁办法，由国务院财政部门同有关部门制定并颁布。充分利用会计档案资料，对于总结经济工作经验、指导生产经营管理和事业管理、查证经济财务问题、防止贪污舞弊、研究经济发展的方针和政策以及战略等都有很大意义。

（五）监督从事会计工作的人员是否具备从业资格

财政部门依法对各单位聘用的会计人员实施监督检查的内容包括：①会计人员是否持有会计人员从业资格证书来从事会计工作；②会计机构负责人、会计主管人员是否具备法律、行政法规和国家统一会计制度规定的任职资格。

【案例 8-5】

某校违规设立"小金库"

2002 年 3 月某市财政部门在对该市一所市属学校 2001 年的财务收支进行例行审查时发现"其他应收款"在 2001 年末较年初余额有较大幅度上升，在调阅相关会计凭证时发现 2001 年度借方发生额中，有三笔共计 20 万元人民币的应收款在记账凭证后未附原始凭证。通过询问会计人员，得知该学校将这笔钱借给了曾为学校提供资金赞助的某乡镇企业，并不收取利息。通过检查人员进一步的调查发现，该乡镇企业为这笔借款已经向学校支付了 1.5 万元的利息，在事实面前，学校有关人员承认学校向该企业收取了利息，并存入学校"小金库"的行为。根据《违反财政法规暂行处理规定》的有关规定，责令该学校限期收回非法拆借款，并没收非法收入 1.5 万元，对私设"小金库"的行为依法处以 1 万元的罚款。

资料来源：林清新. 会计法实务及案例评析 [M]. 北京：中国工商出版社，2003.

【分析】根据我国《会计法》第 32 条的规定，财政部门有权对政府机关和事业单位的财务收支活动进行会计监督。案中学校将利息存入"小金库"违反了

《会计法》禁止私设会计账簿的规定，利用预算资金放宽吃息违反了财政预算管理规定。案中财政部门对学校会计活动进行的审查活动是正确的。

三、其他部门对各单位会计工作的监督

（一）审计部门对各单位会计工作的监督

我国 《审计法》第 2 条规定，我国实行审计监督制度。审计机关的主要职责如下：

（1）有权要求被审计单位按照规定报送预算或者财务收支计划、预算执行情况、决策、财务报告、社会审计机构出具的审计报告以及其他与财政收支有关的资料，被审计单位不得拒绝、拖延、隐瞒、谎报。

（2）有权检查被审计单位的会计凭证、会计账簿、会计报表以及其他与财务收支有关的资料，被审计单位不得拒绝、拖延、隐瞒、谎报。

（3）有权就审计事项的有关问题向有关单位和个人进行调查，并取得有关证明材料。有关单位和个人应当支持、协助审计机关的工作，如实向审计机关反映情况，并提供有关证明。

（4）有权对被审计单位正在进行的违反国家规定的财政收支和财政收支行为予以制止；制止无效的，经县级以上审计机关负责人批准，通知财政部门和有关主管部门暂停拨付与违反国家规定的财政收支、财政收支行为直接有关的款项，已经拨付的，则立即暂停使用。采取该项措施不得影响被审计单位合法的业务活动和生产经营活动。

（5）审计机关认为被审计单位所执行的上级主管部门有关财政收支的规定和法律、行政法规相抵触的，应当建议有关主管部门予以纠正；如果有关主管部门不予纠正的，审计机关应当提请有权处理的机关依法处理。

（6）审计机关有权向政府有关部门通报或者向社会公布审计结果。审计机关通报或者公布审计结果，应当依法保守国家秘密和被审计单位的商业秘密，遵守

国务院的有关规定。

（二）税务部门对各单位会计工作的监督

税务机关监督主要是指各级税务机关在税收征收管理过程中对各单位的纳税以及影响纳税的其他工作所实行的监督，根据我国《税收征收管理法》的规定，税务部门对各单位会计工作的监督的职责和权限是：

（1）对依规定可以不设置账簿的、依规定应当设置但未设置账簿的，以及虽设置账簿，但账目混乱或者成本资料、收入凭证、费用凭证残缺不全，以致难以查账的，有权核定其应纳税额。

（2）调整应纳税的收入或者所得额。

（3）账簿、凭证管理。

（4）从事生产、经营的纳税人的财务、会计制度或者财务、会计处理办法，应当报送税务机关备案。

（5）专用发票的管理和发放。

（6）法律规定的税务机关有权进行的其他相关检查。

（三）证券监管部门对各单位会计工作的监督

根据我国《证券法》的规定，国务院证券监督管理机构有权对证券市场实施监督管理，履行下列职责：

（1）依法制定有关证券市场监督管理的规章、制度，并依法行使审批或者核准权。

（2）依法对证券的发行、交易、托管、登记、结算进行监督管理。

（3）依法对证券发行人、上市公司、证券公司、证券交易所、证券登记结算机构、证券投资基金管理机构、证券投资咨询机构等机构的证券业务活动，进行监督管理。

（4）依法监督检查证券发行和交易的信息公开情况。

（5）依法对违反证券市场监督管理法律、行政法规的行为进行查处。

（6）法律、行政法规规定的其他职责。

国务院证券监督管理机构工作人员依法履行职责，依法进行监督检查或者调查时，应当出示有关证件，并对知悉的有关单位和个人的商业秘密负有保密的义务。

【案例 8-6】

某证券公司违规经营

某证券公司系经济类证券公司。有群众举报，该公司存在擅自进行证券自营业务的情况。中国证监会某市监管办对某证券公司的经营情况进行监督检查。检察人员首先对该公司的会计核算资料进行了审阅，重点审查了该公司和所属证券部自营库存证券、长期证券、代售证券、代购证券、代售证券款、代购证券款、证券销售、投资收益等科目明细分类账簿及凭证，发现该公司存在交易量非常大、交易十分频繁地以个人名义开设的股票账户。检查人员以此为线索查阅了该公司的货币资金收付记录。通过以上检查，发现该公司全年自营买卖股票共 145 笔，交易金额 2470 万元，从中盈利 330 万元。其中，以个人名义开设资金账户和股票账户 11 个，进行股票交易 101 笔，交易金额 1050 万元，盈利 140 万元。

根据相关规定，证监会决定对该公司做如下处理：警告、没收非法所得 330 万元，并给予 50 万元罚款。

资料来源：赵保卿. 会计监督实务 [M]. 北京：中华工商联合出版社，2001.

（四）检察机关对各单位会计工作的监督

我国《行政监察法》规定，检察机关有权要求被检察的部门和人员提供与检察事项有关的文件、资料、财务账目及其他有关的材料，并有权进行查阅和复制；有权要求被检察的部门和人员就检察事项涉及的问题作出解释和说明。

（五）其他监督机构

除来自以上监督检查部门的监督外，中国人民银行、保险监督管理部门等也可在职权范围内对各单位的会计工作实施监督。

第四节　会计法律责任

大丈夫敢作敢为，触犯了会计法律，就必须承担相应的责任，无论是会计行政、刑事或民事责任，都需按照相关规定正确对待。

——佚名

一、会计法律责任概述

会计法律责任是指违反我国《会计法》和其他相关法律法规，破坏了正常的会计秩序的单位或个人根据法律规定应承担的法律后果。我国《会计法》第 6 章主要规定了以下四个方面的法律责任：

（1）在会计基础工作环节上，如账簿设置、凭证编制、账目登记等会计工作存在的违法行为。

（2）伪造或变造会计凭证、会计账簿，编制虚假的财务会计报告，授意、指使或强令他人从事上述行为。

（3）对依法履行职责，抵制违反《会计法》相关规定行为的会计人员，单位负责人进行打击报复的行为。

（4）财政部门或其他有关部门的工作人员渎职、泄露国家机密或商业秘密的行为。

二、会计法律责任的形式

会计法律责任有行政责任、刑事责任和民事责任。《会计法》、《公司法》、《商业银行法》等对会计法律责任中的行政责任和刑事责任作了具体规定，《注册会计师法》、《证券法》以及最高人民法院的司法解释规定了会计法律责任中的民事责任。

（一）会计行政责任

我国法律规定的会计违法行为的行政责任主要包括责令限期改正、通报批评、罚款没收违法所得、吊销会计从业资格证书等。

（二）会计刑事责任

我国《刑法》规定的会计违法行为构成犯罪的罪名有：妨害企业、公司管理秩序罪；虚报注册资本罪；虚假出资罪；欺诈发行股票、债券罪；提供虚假财务报告罪；破坏金融管理秩序罪；偷税罪；扰乱市场秩序罪等。

（三）会计民事责任

会计民事责任分为会计违约责任和会计侵权责任两大类。

1. 会计违约责任

会计违约责任在实践中大量表现为会计师事务所及其注册会计师在向客户提供会计服务过程中因未按合同约定履行合同而应向对方承担的赔偿责任，会计违约行为应根据我国《合同法》的有关规定对其进行规范。

2. 会计侵权责任

会计侵权责任主要表现为会计信息产品的提供者通过提供错误的、虚假的或误导性大的会计信息，使得关系人获取信息失真、错误或者受误导，进而损害了关系人的合法权益，使之遭受财产损失，会计信息产品提供者对此应该承担的赔偿责任。

三、会计及相关人员的会计法律责任

（一）单位负责人的法律责任

我国《会计法》将单位负责人作为会计责任的主体，并特别规定了以下两种情况下的法律责任：①授意、指使或者强令会计机构、会计人员及其他人员来伪造、编造会计凭证、会计账簿、财务会计报告或者隐匿、故意销毁依法应当保存的商业账簿的行为；②单位负责人对会计人员所实施的打击报复行为。

（二）财政部门和行政部门的法律责任

财政部门、有关行政部门的会计违法行为主要有以下五种：玩忽职守、滥用职权、徇私舞弊、泄露国家机密、泄露商业机密。我国《刑法》第 397 条、第 398 条规定了财政部门和有关行政部门对其会计违法行为所应承担的刑事责任，对于其会计违法行为情节不严重的可依法给予行政处分。

（三）违反会计法的同时违反其他法律时的法律责任

1.《公司法》的相关规定

《公司法》第 206、207、211、212、216、217、219 条规定了违反该法时所要承担的法律责任。

2.《证券法》的相关规定

《证券法》第 175、177、181、182、189、201、202 条规定了违反该法时所要承担的法律责任。

3.《审计法》的相关规定

《审计法》第 41、42、43、44、45、46、47 条规定了违反该法时所要承担的法律责任。

4.《保险法》的相关规定

《保险法》第 139、140 条规定了违反该法时所要承担的法律责任。

5.《商业银行法》的相关规定

《商业银行法》第 55、56、61、74、76 条规定了违反该法时所要承担的法律责任。

6.《税收征收管理法》的相关规定

《税收征收管理法》第 60、61、63、64、66、70、80 条规定了违反该法时所要承担的法律责任。

本章小结

　　生活中，但凡涉及"权利"与"金钱"，都是麻烦的事情。对于企业来说，财务会计也是让人"揪心"的事情，这种"揪心事"就交给会计法来处理。会计法有其严格的调整对象、原则和体制，而作为企业的会计机构和会计人员，他们是面对财务的直接人员，更需要有高要求和高标准，会计法对其的职责、权利义务等作了详细的规定。对会计工作的监督是必要的，也是全方位的，既有单位内部的监督，也有财政部门或者其他部门的监督。对于违反会计法规定的行为，需要按规定承担会计法律责任。

第九章　破产法

门头沟煤矿破产案

北京矿务局门头沟煤矿（以下简称门头沟煤矿）是隶属于北京矿务局的国有大型企业。其始建于 1921 年，主要生产经营范围是：煤炭开采、型煤加工、收售小窑煤；普通货物、二类危险货物运输；水电、无压锅炉设备安装维修；机械制造；加工；木器；劳务服务；技术服务；家居装饰；销售百货、五金交电、建筑材料；包装食品、钢材、木材、化工产品（除易燃易爆品）等。

门头沟煤矿提出的破产申请称：门头沟煤矿是北京地区历史悠久的老煤矿，曾为国家煤炭工业作出了重大贡献。但随着开采时间的推移，门头沟煤矿的煤炭储量日渐减少，煤矿资源枯竭，矿井衰老，矿井产量大幅度下降，到 1999 年末可采量只有原设计可采量的 9.42%。再加上煤矿生产成本较高，人员负担沉重，企业已不能清偿到期债务。故门头沟煤矿于 2001 年 3 月 21 日向法院申请宣告破产，而法院也于 2001 年 3 月 23 日依法受理。

法院经过调查发现企业历史开采强度较大，发生冲击地压次数较大，对安全构成较大威胁。矿区已符合国家规定的"资源枯竭的矿区标准"，2000 年 7 月停止开采。债务负担沉重，仅中国工商银行北京市门头沟支行一家，即对其享有债权本息合计 1 亿余元，门头沟煤矿已不能清偿到期债务。经审计，截至 2001 年 2 月 25 日，企业账面资产总额 125532760.33 元，负债总额 174339784.60 元，资产负债率 138.88%，所有者权益–48807024.27 元。

本案例的问题是：企业资源枯竭导致不能清偿到期债务、资不抵债，这是否构成破产原因？由于企业亏损严重，不能清偿其到期债务，故符合破产条件。

资料来源：邢立新. 最新企业破产实例与解析 [M]. 北京：法律出版社，2007.

【案例启示】本案中，什么情况下可以构成破产原因，即什么情况下企业可以申请破产？这是一个比较现实的问题。在当今商业时代，企业不想破产，抑或是企业为了某些私利而强求破产，这些都不是企业所能决定的，而是由《破产法》给以规范的衡量标准。

本章您将了解到：

● 《破产法》的适用范围

● 破产的程序

● 《破产法》对破产实体的相关规定

● 申请破产后仍然拥有的权利

第一节 《破产法》概述

要给破产下一个适合所有审判制度的定义是难乎其难的，因为不同的民族，不同的历史时期，有不同的法律制度体系。

——李维森耳

一、破产及破产法的概念

《破产法》指的"破产"是指法院根据当事人的申请或履行职权，将不能清偿到期债务的债务人的所有财产公平清偿给全体债权人，并免除其无法清偿的债务的活动。破产法，是指规范破产程序的各种法律规范的总称。通常所称的破产法是指专门规范破产程序的法律。

破产法的内容包含程序性规范和实体性规范两个方面。程序性规范包括破产案件的管辖、破产的申请与受理、破产原因、债权申报、债权人会议、破产宣告、和解程序、重整程序、清算分配、程序的终结等制度；实体性规范包括债务人的破产能力、破产债权、破产财产、破产费用、共益债务、免责制度、破产宣告的效力以及破产法上的撤销权、取回权、别除权、抵消权等制度。

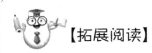【拓展阅读】

我国现行《破产法》概述

我国现行《破产法》共十二章，第一章为总则，规定了企业清理债务或进行重整的情形、破产案件的管辖机关及其审理程序的法律适用、破产程序对境外财产的溯及力；第二章规定了债务人、债权人申请破产的法律要求，以及人民法院受理破产案件后人民法院、债务人、债权人等与破产相关的人员应当遵循的法律要求；第三章规定了破产管理人应当履行的职责和义务；第四章规定了涉及债务人财产的行为应满足的法律要求；第五章规定了破产费用和共益债务的内容及其清偿方式；第六章规定了在破产案件中债权人申报债权的情形、应满足的法律要求以及法律赋予的权利；第七章对债权人会议、债权人委员会的相关事项作了规定；第八、九、十章是有关破产重整、和解、清算的规定；第十一章规定了与破产案件有关的人员违反法律规定所应承担的法律责任；第十二章为附则，规定了金融机构及其他法律规定的企业法人以外的组织实施破产应遵循的法律，以及破产人欠职工的补偿金、工资等的清偿方式。

二、破产法的适用范围

破产法的适用范围又称破产法的效力，包括在时间上的效力、对地的效力和对人的效力三个方面：

（一）时间上的效力

根据我国现行《破产法》的规定，生效时间是 2007 年 6 月 1 日。

（二）破产法对地的效力

根据我国《破产法》第 5 条的规定："依照本法开始的破产程序，对债务人在中华人民共和国领域外的财产发生效力。对外国法院作出的发生法律效力的破产案件的判决、裁定，涉及债务人在中华人民共和国领域内的财产，申请或者请求人民法院承认和执行的，人民法院依照中华人民共和国缔结或者参加的国际条约，或者按照互惠原则进行审查，认为不违反中华人民共和国法律的基本原则，不损害国家主权、安全和社会公共利益，不损害中华人民共和国领域内债权人的合法权益的，裁定承认和执行。"

（三）破产法对人的效力

根据我国现行《破产法》的规定，惟有企业法人可以被宣告破产。

【司法小·测试 9-1】

汪、钱、潘、刘共同投资设立了一个有限合伙企业，其中汪、钱为普通合伙人，潘、刘为有限合伙人。后因该合伙企业长期拖欠供货商贷款，企业资产不足以清偿到期债务。依照我国相关法律的规定，下列哪些选项是正确的？（2007 年司法考试卷三多选第 73 题）

A. 债权人可以根据《企业破产法》申请该合伙企业破产

B. 债权人可以要求任一合伙人清偿全部债务

C. 债权人只能要求汪、钱清偿全部债务

D. 如果该合伙企业被宣告破产，则汪、钱仍需承担无限连带责任

【答案】ACD

第二节　破产程序

破产并不可怕，可怕的是在破产之后没能按照破产程序一步步处理后续工作，因为这将会带来无穷后患。

——佚名

破产是需要一个流程的，破产程序可以简单地用图 9-1 表示：

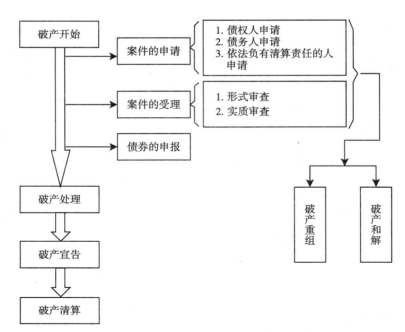

图 9-1　破产程序

一、破产条件

破产条件是开始破产程序的根本原因。对于破产条件的内容，各国立法规定不尽相同，本书认为破产条件应包括债务人无破产障碍、存在破产原因和有破产能力。所谓破产障碍，是指在具备破产能力和破产原因的条件下，阻碍破产程序开始的事由。

（一）破产原因

破产原因，是指法院宣告债务人破产的法律事实和事由。破产原因是开始破产程序和宣告破产的必要条件之一，是划分是否破产的界限，因此常被称为破产界限。

【案例 9-1】

东莞市旅游汽车配件公司破产案

2003 年 4 月 30 日，东莞市旅游汽车配件公司向东莞市中级人民法院递交破产还债申请，而法院也受理了该申请。法院查明该公司为集体所有制企业，具有法人资格，且公司账面反映已资不抵债，无力清偿到期债务，公司已全面停产，除财务人员和主要管理人员外的公司员工已全部安置或遣散。后法院委托某会计师事务所进行破产审计，审计报告指出该公司没有证据表明 50 万元注册资金到位。根据最高人民法院法复〔1994〕4 号文件的规定，未投入注册资金或投入注册资金未达到法定最低数额的企业法人申请破产的，不符合企业法人或公司登记的强制性要求，该企业法人人格应该被否定，不具有破产主体资格。基于债务人不具有破产主体资格，也即不具有破产能力，法院依法裁定驳回其申请。

资料来源：叶林，黎建飞.商法学原理与案例教程[M].北京：中国人民大学出版社，2006.

（二）破产能力

破产能力，是指债务人得以被宣告破产的资格。破产程序开始的必备条件之一就是破产能力，它也是构成法院宣告债务人破产的必要条件。根据我国现行

《破产法》的规定，自然人和非法人企业都不拥有破产能力。

二、破产开始

（一）破产案件的申请

破产申请是破产程序开始的条件，但不是破产程序开始的标志。破产申请经人民法院受理后才标志着破产程序的开始。按照我国法律的规定，破产申请分为三类：一是债权人申请；二是债务人申请，三是依法负有清算责任的人申请。

1. 债权人申请

根据我国《破产法》第7条第2款的规定，债务人不能清偿到期债务时，债权人可以向人民法院提出对债务人进行重整或者破产清算的申请。但是其请求权必须具有以下条件：

（1）须为具有给付内容的请求权。

（2）须为法律上可强制执行的请求权。

（3）须为已到期的请求权。债权人申请债务人破产，债务人对债权人的债权提出异议，人民法院认为异议成立的，应当告知债权人先行提出民事诉讼，在这种情况下，破产申请不予受理。

【司法·小·测试 9-2】

南翔物流有限责任公司因严重亏损，已无法清偿到期债务。2006 年 6 月，各债权人上门讨债无果，欲申请南翔公司破产还债。下列各债权人中谁有权申请南翔公司破产？（2006 年司法考试卷三单选第 31 题）

A. 甲公司：南翔公司租用其仓库期间，因疏于管理于 2005 年 12 月失火烧毁仓库

B. 乙公司：南翔公司拖欠其燃料款 40 万元应于 2004 年 1 月偿还，但该公司一直未追索

C. 丙公司：法院于 2005 年 10 月终审判决南翔公司 10 日内赔偿该公司货物损失 20 万元，该公司一直未申请执行

D. 丁公司：南翔公司就拖欠该公司货款 30 万元达成协议，约定于 2006 年 10 月付款

【答案】A

2. 债务人申请

根据我国《破产法》第 8 条的规定，债务人经其上级主管部门同意后，可以申请宣告破产。债务人提出破产申请时，应当说明企业亏损的情况，提交有关的会计报表、债务清册和债权清册。

3. 依法负有清算责任的人申请

根据我国《破产法》第 7 条第 3 款的规定，企业法人已解散但未清算或者未清算完毕，资产不足以清偿债务的，依法负有清算责任的人应当向人民法院申请破产清算。

【司法·小·测试 9-3】

企业法人不能清偿到期债务，并且资产不足以清偿全部债务或者明显缺乏清偿能力的，根据《企业破产法》的规定，该企业法人可以选择以下哪些程序处理其与债权人之间的债权债务关系？（2007 年司法考试卷三多选第 70 题）

A. 申请破产清算　　　　　　　　B. 直接向法院申请和解

C. 决议解散并进行清算　　　　　D. 直接向法院申请重整

【答案】ABD

（二）破产申请的效果

1. 破产申请的撤回

根据我国《破产法》第 9 条的规定，人民法院受理破产申请前，申请人可以请求撤回申请。法院受理破产案件后，申请人再请求撤回破产申请时，会被

予以驳回。

2. 诉讼时效中断

若破产是由债权人申请的，那么诉讼时效中断的效力仅及于申请人的请求权；反过来，若破产是由债务人申请的，那么诉讼时效中断的效力及于申请人在当时已有的所有债权人的请求权。

（三）破产案件的受理

破产案件的受理又称立案，是指法院接受破产申请，并因此开始破产程序的司法行为。法院在受理破产申请前，应当对破产申请进行形式审查和实质审查。

1. 形式审查

形式审查是指判断破产申请是否依法具备破产申请的形式要件。审查的主要事项包括申请人是否有申请权、人民法院是否有管辖权、申请材料是否符合法律规定等。

2. 实质审查

实质审查是指判断破产申请是否依法具备破产申请的实质要件。审查内容主要包括债务人是否具有破产能力和破产原因。一般而言，人民法院应当自收到破产申请之日起 15 日内裁定是否受理，受理债权人提出的企业破产案件后，应当通知债务人在 15 日内向人民法院提交有关资料，同时指定财产监管的负责人。

根据我国《最高人民法院关于审理企业破产案件若干问题的规定》第 14 条的规定，人民法院受理债务人的破产申请后，发现符合以下情形的，应当裁定驳回破产申请：①不符合法律规定的受理条件的；②属于应当不予受理情形的；③债务人巨额财产下落不明且不能合理解释财产去向的。人民法院裁定不受理破产申请的，应当自裁定作出之日起 5 日内送达申请人并说明理由。申请人对裁定不服的，可以自裁定送达之日起 10 日内向上一级人民法院提起上诉。

【案例 9-2】

金融机构债权人不同意债务人破产

A公司是一家国有外贸企业，由于近几年来的经营不善，导致公司严重亏损，无力清偿到期债务。于是，2010年7月25日，A公司向法院申请破产，而法院也受理了该案，经调查，情况属实，法院批准其破产。但是，在法院的审理过程中，B资产管理公司提出了异议，它认为A公司申请破产前没有征得其同意，违反了国有企业破产应征得金融债权人同意的规定。

【分析】本案所涉及的问题有两个：一是债务人破产是否应征得金融债权人的同意；二是金融债权人是否具有超出其他债权人的特殊权利。在本案的实际处理中，法院作出驳回破产申请的裁定，是因为债务人破产应充分征求主要债权人的意见，尤其是对于内贸、外贸企业，更需如此。

（四）破产案件受理的效力

1. 对债务人的约束

（1）财产保全义务、说明义务和提交义务。根据我国《破产法》第15条的规定，自人民法院受理破产申请的裁定送达债务人之日起至破产程序终结之日，债务人的有关人员承担下列义务：妥善保管其占有和管理的财产、印章和账簿、文书等资料；根据人民法院、管理人的要求进行工作，如实回答询问；列席债权人会议并如实回答债权人的询问；未经人民法院许可，不得离开住所地；不得新任其他企业的董事、监事、高级管理人员。上述有关人员，是指企业的法定代表人；经人民法院决定，可以包括企业的财务管理人员和其他经营管理人员。

（2）对个别债权人的债务清偿无效以及债务人债权实现。根据我国《破产法》第16条的规定，人民法院受理破产申请后，债务人对个别债权人的债务清偿无效。

根据我国《破产法》第17条的规定，人民法院受理破产申请后，债务人的债务人或者财产持有人应当向管理人清偿债务或者交付财产；债务人的债务人或者财产持有人故意违反前款规定向债务人清偿债务或者交付财产，使债权人受到损失的，不免除其清偿债务或者交付财产的义务。

根据我国《破产法》第 18 条的规定，人民法院受理破产申请后，管理人对破产申请受理前成立而债务人和对方当事人均未履行完毕的合同有权决定解除或者继续履行，并通知对方当事人。管理人自破产申请受理之日起 2 个月内未通知对方当事人，或者自收到对方当事人催告之日起 30 日内未答复的，视为解除合同。

管理人决定继续履行合同的，对方当事人应当履行，但是，对方当事人有权要求管理人提供担保，管理人不提供担保的，视为解除合同。

2. 对债权人的约束

破产程序开始的一个重要效果，是自动冻结债权人的个别追索行为，表现为以下三个规定：

（1）只要破产案件经过受理，债权人要行使权利就必须要通过正规的破产程序才行。

（2）破产案件经过受理后，到破产宣告前的期间内，有财产担保的债权人要想行使优先权，必须要经过人民法院的准许。

（3）若债务人欠债权人款项，则债务人的开户银行不得扣划债务人的存款和汇入款来抵还贷款。

3. 对其他人的约束

债务人开户银行应当遵照人民法院的通知，履行协助义务；债务人企业职工负有保护企业财产的义务。

4. 对其他民事程序的影响

根据《最高人民法院关于审理企业破产案件若干问题的规定》第 19 条、第 20 条的规定：

（1）人民法院受理破产申请后，有关债务人财产的保全措施应当解除，有关债务人的民事诉讼执行程序应当中止，已经开始而尚未终结的有关债务人的民事诉讼或者仲裁应当中止，管理人接管债务人的财产后，该诉讼或者仲裁继续进行。

（2）以债务人为被告的其他债务纠纷案件，分以下情况处理：已经审结但未执行完毕的，应当中止执行，并由债权人向受理破产案件的人民法院申报债权。尚未审结并且没有其他被告和没有独立请求权的第三人的，应当中止诉讼，由债权人向受理破产案件的人民法院申报债权。在企业宣告破产后，终结诉讼。尚未审结并有其他被告但没有独立请求权的第三人的，应当中止诉讼，由债权人向受理破产案件的人民法院申报债权。在企业宣告破产后，恢复审理。

【司法小·测试 9–4】

甲公司因负债被申请破产，法院受理了破产申请。其后，相应的机关和当事人实施了以下行为，其中哪些是违法的？（2003 年司法考试卷三多选第 60 题）

A. 乙法院委托拍卖行拍卖 1 年前查封的甲公司的土地

B. 甲公司为维持生产经营向某公司支付 10 万元货款

C. 税务机关通知银行直接从甲公司账上扣缴税款 5 万元

D. 甲公司以自己的债权抵销了所欠某公司的债务 8 万元

【答案】AC

（五）债权申报

根据我国《破产法》第 45 条的规定，人民法院受理破产申请后，应当确定债权人申报债权的期限。债权申报期限自人民法院发布受理破产申请公告之日起计算，最短不得少于 30 日，最长不得超过 3 个月。

根据我国《破产法》第 48 条的规定，债权人应当在人民法院确定的债权申报期限内向管理人申报债权。

根据我国《破产法》第 56 条的规定，在人民法院确定的债权申报期限内，债权人未申报债权的，可以在破产财产最后分配前补充申报；但是，此前已进行的分配，不再对其补充分配。为审查和确认补充申报债权的费用，由补充申报人承担。债权人未依照本法规定申报债权的，不得依照本法规定的程序行使权利。

【司法·小·测试 9-5】

　　松花江实业有限公司因不能清偿到期债务而申请破产救济，各债权人纷纷向清算组申报债权。下列选项哪些属于破产债权？（2003 年司法考试卷三多选第 52 题）

　　A. 甲公司要求收回其租赁给松花江公司的一套设备

　　B. 乙银行因派员参与破产程序花去的差旅费 5 万元

　　C. 丙银行贷给松花江公司的 50 万元贷款，但尚未到还款期

　　D. 丁银行行使抵押权后仍有 10 万元债权未受偿

【答案】CD

三、破产重整

　　破产重整是对可能或已经发生破产原因但又有希望再生的债务人进行生产经营上的整顿，通过借助法律强制性地调整各方利害关系人的利益和清理债权债务关系，使债务人摆脱财务困境，重获经营能力的特殊法律程序。重整是我国《破产法》新引入的一个重要程序，目的是使面临困境但有挽救希望的企业特别是大中型企业避免破产清算，恢复生机。

（一）重整申请和重整期间

1. 重整申请

　　我国《破产法》第 70 条规定，债务人或者债权人可以依照本法的规定，直接向人民法院申请对债务人进行重整。债权人申请对债务人进行破产清算的，在人民法院受理破产申请后、宣告债务人破产前，债务人或者出资额占债务人注册资本 10% 以上的出资人，可以向人民法院申请重整。

2. 重整期间

　　重整期间自人民法院裁定债务人重整之日起至重整程序终止时结束。我国《破产法》第 73 条规定，在重整期间，经债务人申请，人民法院批准，债务人可

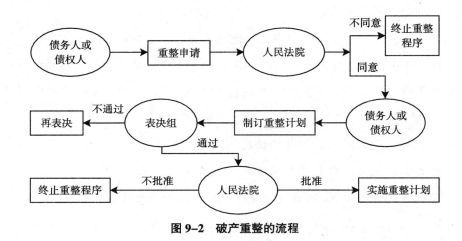

图 9-2　破产重整的流程

以在管理人的监督下自行管理财产和营业事务。

3. **重整期间债务人行为规范**

我国《破产法》第 75 条规定，重整期间债务人的特定财产享有的担保权暂停行使。但是，担保物有损坏或者价值明显减少的可能并足以危害担保权人权利的，担保权人可以向人民法院请求恢复行使担保权。在重整期间，债务人或者管理人为继续营业而借款的，可以为该借款设定担保。根据我国《破产法》第 76 条的规定，债务人合法占有的他人财产，该财产的权利人在重整期间要求取回的，应当符合事先约定的条件。根据我国《破产法》第 77 条的规定，在重整期间，债务人的出资人不得请求投资收益分配。在重整期间，债务人的董事、监事、高级管理人员不得向第三人转让其持有的债务人的股权，但是，经人民法院同意的除外。

4. **重整程序的终止**

根据我国《破产法》第 78 条的规定，在重整期间，有下列情形之一的，经管理人或者利害关系人请求，人民法院应当裁定终止重整程序，并宣告债务人破产：

（1）债务人的经营状况和财产状况继续恶化，缺乏挽救的可能性；

（2）债务人有欺诈、恶意减少债务人财产或其他显著不利于债权人的行为；

（3）由于债务人的行为致使管理人无法执行职务。

（二）重整计划的制订和批准

1. 重整计划的制订及内容

我国《破产法》第 79 条规定了债务人或者管理人应当自人民法院裁定债务人重整之日起 6 个月内，同时向人民法院和债权人会议提交重整计划草案。期限届满，经债务人或者管理人请求，有正当理由的，人民法院可以裁定延期 3 个月。债务人或者管理人未按期提出重整计划草案的，人民法院应当裁定终止重整程序，并宣告债务人破产。按照我国《破产法》第 80 条的规定，债务人自行管理财产和营业事务时由债务人制作重整计划草案。管理人负责管理财产和营业事务的，由管理人制作重整计划草案。

我国《破产法》第 81 条规定重整计划草案应当包括下列内容：①债务人的经营方案；②债权分类；③债权调整方案；④债权受偿方案；⑤重整计划的执行期限；⑥重整计划执行的监督期限；⑦有利于债务人重整的其他方案。

2. 重整计划草案的表决规则

我国《破产法》第 84 条规定，出席会议的同一表决组的债权人过半数同意重整计划草案，并且其所代表的债权额占该组债权总额的 2/3 以上的，即为该组通过重整计划草案。各表决组均通过重整计划草案时，重整计划即为通过。自重整计划通过之日起 10 日内，债务人或者管理人应当向人民法院提出批准重整计划的申请。人民法院经审查认为符合本法规定的，应当自收到申请之日起 30 日内裁定批准，终止重整程序，并予以公告。

【案例 9-3】

某展览馆破产

A 展览馆因拖欠资产管理公司及其他企业的债务，且无力清偿，因此被迫破产。在破产的过程中，一家投资公司看中了该展览馆以及其背后的文化背景和历史意义，想收购该展览馆，并连带着启动周边旅游文化开发项目。投资公司提出在宣告破产前收购债务人股权并增资，将所增资金作为清偿资金。投资公司也制订了重组方案，报送给各个债权人。法院委托会计师事务所对展览馆的破产清偿率进行了评估，并提出了咨询报告。

　　【分析】 本案的问题有两个：一是本案是使用破产和解程序还是破产重整程序；二是破产和解的清偿率的高低有无限制。投资公司开始着手如下工作：首先是分别与债权人洽谈债务和解事宜；其次，与股东洽谈股权重组事宜；最后，完善项目重组方案。经过近三年的努力，投资公司股权收购完成。并最终使和解协议得到法院的认可。

（三）重整计划的执行

　　根据我国《破产法》第 92 条的规定，经人民法院裁定批准的重整计划，对债务人和全体债权人均有约束力。债权人未依照《破产法》规定申报债权的，在重整计划执行期间不得行使权利；在重整计划执行完毕后，可以按照重整计划规定的同类债权的清偿条件行使权利。债权人对债务人的保证人和其他连带债务人所享有的权利，不受重整计划的影响。

　　根据我国《破产法》第 93 条的规定，债务人不能执行或者不执行重整计划的，人民法院经管理人或者利害关系人请求，应当裁定终止重整计划的执行，并宣告债务人破产；人民法院裁定终止重整计划执行的，债权人在重整计划中作出的债权调整的承诺失去效力。债权人因执行重整计划所受的清偿仍然有效，债权未受清偿的部分作为破产债权；前款规定的债权人，只有在其他同顺位债权人同自己所受的清偿达到同一比例时，才能继续接受分配。有本条第一款规定情形的，为重整计划的执行提供的担保继续有效。根据我国《破产法》第 94 条的规定，按照重整计划减免的债务，自重整计划执行完毕时起，债务人不再承担清偿责任。

四、和解制度

（一）破产和解的申请

　　破产和解是指在破产案件经人民法院受理后、破产程序终结前，债务人与债权人之间就延期偿还和减免债务问题达成协议并中止破产程序的一种方法。从债务人向法院提出申请开始，和解程序就开始了。

根据我国《破产法》第95条的规定，债务人可以依照本法规定，直接向人民法院申请和解；也可以在人民法院受理破产申请后、宣告债务人破产前，向人民法院申请和解。债务人要想申请和解，必须提出和解协议草案，人民法院通过审查和解申请，认为符合本法规定的就裁定和解，予以公告，并召集债权人会议讨论和解协议草案，对债务人的特定财产享有担保权的权利人，自人民法院裁定和解之日起可以行使权利。

和解申请经法院裁定许可并经债权人会议讨论接受和解条件后，即达成和解协议，和解协议在经人民法院认可后即生效。根据我国《破产法》的规定，自和解协议生效时起，整顿方案开始付诸实施，一旦整顿方案失败，和解程序即行终止；反之，和解协议不能履行时，企业整顿也随之终结。

（二）和解程序规则

1. 根据我国《破产法》第97条规定

债权人会议通过和解协议的决议，由出席会议的有表决权的债权人过半数同意，并且其所代表的债权额占无财产担保债权总额的2/3以上。根据我国《破产法》第98条的规定，债权人会议通过和解协议的，由人民法院裁定认可，终止和解程序，并予以公告。管理人应当向债务人移交财产和营业事务，并向人民法院提交执行职务的报告。

2. 根据我国《破产法》第99条规定

和解协议草案经债权人会议表决未获得通过，或者债权人会议已经通过的和解协议未获得人民法院认可的，人民法院应当裁定终止和解程序，并宣告债务人破产。

3. 根据我国《破产法》第100条规定

和解债权人是指人民法院受理破产申请时对债务人享有无财产担保债权的人。经人民法院裁定认可的和解协议，对债务人和全体和解债权人均有约束力。和解债权人未依照我国《破产法》规定申报债权的，在和解协议执行期间不得行使权利；在和解协议执行完毕后，可以按照和解协议规定的清偿条件行使权利。

和解债权人对债务人的保证人和其他连带债务人所享有的权利，不受和解协议的影响。

4. 根据我国《破产法》第 102 条规定

债务人应当按照和解协议规定的条件清偿债务。

（三）和解失败处理

1. 根据我国《破产法》第 103 条规定

因债务人的欺诈或者其他违法行为而成立的和解协议，人民法院应当裁定无效，并宣告债务人破产。和解债权人因执行和解协议所受的清偿，在其他债权人所受清偿同等比例的范围内，不予返还。

2. 根据我国《破产法》第 104 条规定

债务人不能执行或者不执行和解协议的，人民法院经和解债权人请求，应当裁定终止和解协议的执行，并宣告债务人破产；人民法院裁定终止和解协议执行的，和解债权人在和解协议中作出的债权调整的承诺失去效力。和解债权人因执行和解协议所受的清偿仍然有效，和解债权未受清偿的部分作为破产债权；前述规定的债权人，只有在其他债权人同自己所受的清偿达到同一比例时，才能继续接受分配。债务人不能执行或者不执行和解协议的，人民法院经和解债权人请求，应当裁定终止和解协议的执行，并宣告债务人破产情形的，为和解协议的执行提供的担保继续有效。

3. 根据我国《破产法》第 105 条规定

人民法院受理破产申请后，债务人与全体债权人就债权债务的处理自行达成协议的，可以请求人民法院裁定认可，并终结破产程序。另外，我国《破产法》第 106 条还规定，按照和解协议减免的债务，自和解协议执行完毕时起，债务人不再承担清偿责任。

【案例 9-4】

破产后能再整顿吗

A 公司是一家国有企业，其固定资产为 2000 万元，拥有 500 名职工。刚开始 A 公司发展很好，但自 2008 年开始，由于市场竞争以及自身管理问题，A 公司开始亏损，到 2009 年，已经欠债 1800 万元，只能停产，而且相关政府和银行也不再帮助其生存。于是 2010 年初，A 公司申请破产，但是 2010 年 8 月，A 公司又提起整顿申请。

【分析】破产制度在保障债权人、债务人合法权益方面具有重要意义，因为，当公司申请破产时，会带来很多职工失业的社会问题等，预防破产就显得尤为重要了。我国《破产法》第 95 条规定，"债务人可以在人民法院受理破产申请后，宣告债务人破产前，向人民法院申请和解，申请和解的，需要提出和解协议草案。"因此 A 公司的行为是可取的。

五、破产宣告

（一）破产宣告的概念

破产宣告是法院对债务人具有破产原因的事实作出有法律效力的认定。我国《破产法》第 107 条规定，人民法院依照本法的规定宣告债务人破产的，应当自裁定作出之日起 5 日内送达债务人和管理人，自裁定作出之日起 10 日内通知已知债权人，并予以公告。

根据我国《破产法》的规定，引起企业被宣告破产的情形主要包括以下几种：

（1）我国《破产法》第 79 条第 3 款规定：债务人或者管理人没有按期提出重整计划草案的。

（2）我国《破产法》第 88 条规定：重整计划草案没有获得通过或获得批准的。

（3）我国《破产法》第 93 条规定：债务人不能执行或者不执行重整计划的。

（4）我国《破产法》第 99 条规定：和解协议草案经债权人会议表决没有获得通过，或者已经债权人会议通过但未获得人民法院认可的。

（5）我国《破产法》第 103 条第 1 款规定：因债务人的欺诈或者其他违法行为而达成和解协议的。

（二）破产宣告的程序

1. 破产宣告的裁定

法院裁定宣告债务人破产时，应当公开进行，并应通知债权人、债务人到庭，当庭宣布裁定。

2. 破产宣告的公告

在宣告债务人破产后，人民法院应在法定期间内发布公告。公告中应载明的事项包括以下内容：①破产宣告的日期及裁定书的主文；②破产清算人的姓名及其处理相关事务的地址和联系电话；③破产人的债务人或者财产持有人应向破产清算人清偿债务或交付财产；④其他人民法院认为应当公告的事项。

（三）破产宣告的效果

1. 破产案件进入破产清算程序

进入破产案件受理阶段，破产宣告前，债务人还是可以通过和解或者其他的方式来避免破产清算的，如通过取得担保、在短期内清偿债务等方式，但一旦破产案件就无法逆转地进入清算程序。

2. 对债务人产生的效果

①债务人成为破产人；②债务人的财产成为破产财产；③债务人丧失了对企业财产和事务的管理权；④债务人的法定代表人承担与清算有关的法定义务；⑤企业职工与原企业订立的劳动合同丧失法律效力。

3. 债权人只能依破产程序接受清偿

我国《破产法》对破产宣告后的债权行使作出了一些特别规定：①未到期的债权视为到期；②有财产担保的债权人可以随时由担保物清偿；③对破产企业负有债务的债权人享有破产抵销权；④无担保债权人依破产分配方案获得清偿。

4. 破产程序的终结

我国《破产法》第 108 条规定，破产宣告前，有下列情形之一的，人民法院应当裁定终结破产程序，并予以公告：①第三人为债务人提供足额担保或者为债务人清偿全部到期债务的；②债务人已清偿全部到期债务的。

【案例9-5】

公司破产申请未获债权人同意

A 公司由集体所有制企业变更登记后申请了法人营业执照，但后来由于经营不善，欠债300多万元，资不抵债，只能申请破产。而法院经检查也认为其符合法定破产条件，于是受理了 A 公司的破产申请。法院在调查时发现，这负债300多万元中有150多万是该公司高层经理贪污所致。作出裁定后，法院通知该公司的债权人向法院申请债权，通知 A 公司及其职工，通知开户银行停止办理清偿债务的结算业务。之后，法院召开了债权人会议，但在会议上，债权人和债务人双方无法达成和解协议，有些债权人不同意企业申请破产。

【分析】根据我国《破产法》第2条规定，只要企业符合破产条件，则应该允许其破产。虽然 A 公司管理层存在经济方面的犯罪，但这种经济犯罪并不影响A 公司对外的债权与债务关系。因此，应该允许其宣告破产。

六、破产清算与破产程序的终结

（一）破产清算

破产清算是对破产财产进行清算、评估、处理和分配的法律行为，破产清算由清算组执行，破产清算组又称破产清算人，在国外破产法中称为破产管理人，是负责破产财产的管理、清算、估价、变卖和分配的专门机构。一般来说，破产清算人可以由同一破产案件的管理人担任，若法院另行指定破产清算人，这一破产案件的管理人应向法院所指定的破产清算人移交破产事务。

1. 清算人的职权

我国《破产法》规定清算人具有以下职权：

（1）管理人自成立之日起，接管破产企业，支配破产企业的所有财产。破产企业的账册、文书、资料、印章等必须移交清算组，任何人不得处置。

（2）调查债务人财产状况，制作财产状况报告。

（3）保管和清理破产财产。

（4）依法进行必要的民事活动和辅助活动。

2. 清算组的义务[①]

（1）注意义务，是指在保管、清理、变价和分配破产财产时，清算组应该以善良管理人的注意执行职务。

（2）接受债权人的监督，清算组应列席债权人会议，如实回答债权人的提问，向债权人会议汇报工作并接受债权人的监督。清算组对破产财产进行管理、变价和分配的，应向债权人会议提交方案或报告，由债权人会议讨论决定。

（3）向法院负责并报告工作，清算组在执行职务时必须服从法院的领导，定期或者及时向法院汇报工作情况。若清算组出现损害债权人利益或其他违法行为，人民法院应当纠正，适当情况下，可以解除不称职的清算人员，另行指定新的成员。

（4）办理破产企业的注销事宜，分配完破产财产，清算组应及时提请人民法院终结破产程序。清算组应当在破产程序终结后向破产企业原登记机关办理破产企业注销登记，并将办理情况及时告知人民法院。

（二）破产程序的终结

1. 破产程序终结的原因

根据我国《破产法》第 43 条、第 105 条、第 108 条、第 120 条的规定，破产程序终结的原因有以下几个：①财产不足以支付破产费用；②债务人与全体债权人就债权债务的处理达成协议，经人民法院裁定后终结破产程序；③债权得到全部清偿；④没有财产可供分配；⑤破产财产分配完毕。

2. 破产程序终结的行为

根据我国《破产法》第 121 条的规定，管理人应当自破产程序终结之日起 10 日内，持人民法院终结破产程序的裁定，向破产人的原登记机关办理注销登记。

---

① 赵万一. 商法 ［M］. 北京：中国人民大学出版社，2006.

根据我国《破产法》第 122 条的规定，管理人于办理注销登记完毕的次日终止执行职务。但是，存在诉讼或者仲裁未决情况的除外。

第三节 破产实体

如何限定破产财产的范围是关系到破产人和债权人切身利益的重大问题。

——Thomas Jackson

一、债权人会议与债权人委员会

债权人会议，是指由代表全体债权人的特定债权人组成的参加破产程序的意思表示机关。从本质上讲，债权人会议是一个组织体，不是临时的集会活动。

（一）债权人会议的召集及参加

1. 债权人会议成员

债权人会议的成员由依法申报债权的债权人组成，我国《破产法》第 59 条规定，依法申报债权的债权人为债权人会议的成员，有权参加债权人会议，享有表决权；债权人会议应当有债务人的职工和工会的代表参加，对有关事项发表意见。

2. 债权人会议的召集

根据我国《破产法》第 62~63 条的规定，第一次债权人会议由人民法院召集，自债权申报期限届满之日起 15 日内召开。以后的债权人会议，在人民法院认为必要时，或者管理人、债权人委员会、占债权总额 1/4 以上的债权人向债权人会议主席提议时召开。召开债权人会议，管理人应当提前 15 日通知已知的债权人。

3. 债权人会议的参加

债权人会议召开时，所有已申报权利的债权人均可以出席债权人会议并发表意见。不能出席债权人会议的债权人可以委托代理人出席并行使表决权，除债权人会议的成员可以出席会议外，非债权人会议的成员也可列席会议，如破产取回权人、债务人的上级主管部门等。不过下列两种人有义务列席债权人会议：一是债务人的法定代表人；二是破产管理人。我国《企业破产法》第126条规定，有义务列席债权人会议的债务人的有关人员，经人民法院传唤，无正当理由拒不列席债权人会议的，人民法院可拘传，并依法处以罚款。

（二）债权人会议的决议及其效力

1. 决议方式

根据我国《破产法》第64条第1款的规定，债权人会议的决议由出席会议的、有表决权的、过半数的债权人通过，并且其所代表的债权额占无财产担保债权总额的1/2以上。但是通过和解协议草案的决议，必须占无财产担保债权总额的2/3以上。

2. 决议的效力

根据我国《破产法》第64条第3款的规定，债权人会议的决议，对全体债权人均具有法律约束力。

3. 对决议的异议

根据我国《破产法》第64条第2款的规定，债权人认为债权人会议的决议违反法律规定，损害其利益的，可以自债权人会议作出决议之日起15日内，请求人民法院裁定撤销该决议，责令债权人会议依法重新作出决议。此处的"违反法律规定"，既包括决议内容违法，也包括决议及会议程序违法。

（三）债权人委员会

1. 债权人委员会的组成

根据我国《破产法》第67条的规定，债权人会议可以决定设立债权人委员会。债权人委员会由债权人会议选任的债权人代表和一名债务人的职工代表或者工会代表组成。债权人委员会成员不得超过9人。债权人委员会成员应当经人民法院书面决定认可。

2. 债权人委员会的职权

我国《破产法》第 68 条规定，债权人委员会行使下列职权：监督债务人财产的管理和处分；监督破产财产分配；提议召开债权人会议；债权人会议委托的其他职权。在执行职务时，债权人委员会有权要求管理人、债务人的有关人员对其职权范围内的事务作出说明或者提供有关文件。若管理人、债务人的有关人员违反本法规定并拒绝接受监督的，债权人委员会有权就监督事项请求人民法院作出决定，人民法院应当在 5 日内作出决定。

3. 管理人对债权委员会的报告义务

我国《破产法》第 69 条规定，管理人实施下列行为时应当及时报告债权人委员会：涉及土地、房屋等不动产权益的转让；探矿权、采矿权、知识产权等财产权的转让；全部库存或者营业的转让；借款；设定财产担保；债权和有价证券的转让；履行债务人和对方当事人均未履行完毕的合同；放弃权利；担保物的取回；对债权人利益有重大影响的其他财产处分行为。未设立债权人委员会的，管理人实施前款规定的行为应当及时报告人民法院。

【司法·小·测试 9-6】

千叶公司因不能清偿到期债务，被债权人百草公司申请破产，法院指定甲律师事务所为管理人。下列哪一选项是错误的？（2007 年司法考试卷三单选第 28 题）

A. 甲律师事务所租赁百草公司酒店用作管理人办公室的行为不违反破产法的规定

B. 甲律师事务所有权处分千叶公司的财产

C. 甲律师事务所有权因担任管理人而获得报酬

D. 如甲律师事务所不能胜任职务，债权人会议有权罢免其管理人资格

【答案】D

二、破产财产

在我国，破产财产又被称为债务人财产，根据我国《破产法》第30条的规定，破产申请受理时属于债务人的全部财产，以及破产申请受理后至破产程序终结前债务人取得的财产，都是债务人财产。

（一）破产财产的范围①

（1）债务人在宣告破产时所有的或者经营管理的全部财产。

（2）债务人在破产宣告后至破产程序终结前所取得的财产。

（3）应当由债务人行使的其他财产权利主要包括：①应由破产企业行使的合同债权；②应由破产企业行使的非合同债权；③应由破产企业行使的票据权利；④应由破产企业行使的股东权；⑤应由破产企业行使的其他财产请求权。

（二）不属于破产财产的范围

根据《最高人民法院关于审理企业破产案件若干问题的规定》第71条的规定，下列财产不属于破产财产：①债务人基于仓储、保管等法律关系占有或使用的他人财产；②抵押物、出质物、留置物，但权利人放弃优先受偿权的或者优先偿付被担保债权剩余的部分除外；③担保物灭失后产生的保险金、补偿金、赔偿金等代位物；④依照法律规定存在优先权的财产，但权利人放弃优先受偿权的或者优先偿付特定债权剩余的部分除外；⑤特定物买卖中，尚未转移占有但相对人已完全支付对价的特定物；⑥尚未办理产权证或者产权过户手续但已向买方交付的财产；⑦债务人在所有权保留买卖中尚未取得所有权的财产；⑧所有权专属于国家且不得转让的财产；⑨破产企业工会所有的财产。

破产财产由清算组向破产企业的债务人和财产持有人发出书面通知并负责收回。

---

① 肖海军. 商法学［M］. 长沙：湖南大学出版社，2004.

（三）破产财产的清算与分配

1. 破产财产的变价

由于破产财产的分配主要是以货币的形式进行的，因此破产清算人在进行破产财产分配前必须对非金钱形态的破产财产实施变价。根据我国《破产法》第111条的规定，管理人应当及时拟订破产财产变价方案，提交债权人会议讨论。管理人应当按照债权人会议通过的或者人民法院裁定的破产财产变价方案，适时变价出售破产财产。

根据我国《破产法》第112条的规定，变价出售破产财产应当通过拍卖进行，但是，债权人会议另有决议的除外。破产企业可以将破产财产全部或者部分变价出售，也可以将无形资产和其他财产单独进行变价出售。另外，根据国家规定不能拍卖或限制转让的财产，就应当按照国家规定的方式来进行处理。

2. 破产财产的分配与清偿

（1）根据我国《破产法》第115条的规定，管理人应当及时拟订破产财产分配方案，提交债权人会议讨论。讨论通过的破产财产分配方案由管理人提请人民法院裁定认可，人民法院裁定认可后，由管理人执行。

（2）根据我国《破产法》第113条的规定，破产财产在优先清偿破产费用和共益债务后，依照下列顺序清偿：①破产人所欠职工的工资和医疗、伤残补助、抚恤费用，所欠的应当划入职工个人账户的基本养老保险、基本医疗保险费用，以及法律、行政法规规定应当支付给职工的补偿金；②破产人欠缴的除前项规定以外的社会保险费用和破产人所欠税款；③普通破产债权。

破产财产不足以清偿同一顺序的清偿要求的，按照比例分配。破产企业的董事监事和高级管理人员的工资按照该企业职工的平均工资计算。

三、破产债权

破产债权，是指基于破产宣告前的原因发生的，经依法申报并获得确认，能够通过破产程序由破产财产公平受偿的请求权。

（一）破产债权的范围

根据我国《最高人民法院关于审理企业破产案件若干问题的规定》第 55 条的规定，下列债权属于破产债权：

（1）破产宣告前发生的无财产担保的债权；

（2）破产宣告前发生的虽有财产担保但债权人放弃优先受偿的债权；

（3）破产宣告前发生的虽有财产担保但是债权数额超过担保物价值部分的债权；

（4）票据出票人被宣告破产，付款人或者承兑人不知其事实而向持票人付款或承兑所产生的债权；

（5）清算组解除合同，对方当事人依法或者依照合同约定产生的可以用货币计算的债权；

（6）债务人的委托人在债务人破产后，为债务人的利益处理委托事务所发生的债权；

（7）债务人发行债券形成的债权；

（8）债务人的保证人代替债务人清偿债务后依法可以向债务人追偿的债权；

（9）债务人的保证人按照《担保法》第 32 条的规定预先行使追偿权而申报的债权；

（10）债务人为保证人的，在破产宣告前已经被生效的法律文书确定承担的保证责任；

（11）债务人在破产宣告前因侵权、违约给他人造成财产损失而产生的赔偿责任，如破产企业的司机出车时撞死路人产生的雇主赔偿之债；

（12）人民法院认可的其他债权。

其中第（5）项债权以实际损失为限，不包括可得利益损失，违约金不作为破产债权，定金不再适用定金法则。

（二）不属于破产债权的请求权

根据我国《最高人民法院关于审理企业破产案件若干问题的规定》第 61 条的规定，下列债权不属于破产债权：

（1）行政、司法机关对破产企业的罚款、罚金以及其他有关费用；

（2）人民法院受理破产案件后债务人未支付应付款项的滞纳金，包括债务人未执行生效法律文书应当加倍支付的迟延利息和劳动保险金的滞纳金；

（3）破产宣告后的债务利息；

（4）债权人参加破产程序所支付的费用；

（5）破产企业的股权、股票持有人在股权、股票上的权利；

（6）破产财产分配开始后向清算组申报的债权；

（7）超过诉讼时效的债权；

（8）债务人开办单位对债务人未收取的管理费、承包费。

上述不属于破产债权的权利，人民法院或者清算组也应当对当事人的申报进行登记。

（三）破产债权的清偿顺序

根据我国《破产法》第113条的规定，破产财产在优先清偿破产费用和共益债务后，按照下列顺序清偿：①破产人拖欠职工的工资和医疗、伤残补助、抚恤费用，所欠的应当划入职工个人账户的基本养老保险、基本医疗保险费用，以及法律、行政法规规定的应当支付给职工的补偿金；②破产人欠缴的除前项规定以外的社会保险费用和破产人所欠的税款；③普通破产债权。破产财产不足以清偿同一顺序的清偿要求的，按照比例分配。破产企业的董事、监事和高级管理人员的工资按照该企业职工的平均工资计算。

【司法·小·测试 9-7】

某房地产开发公司被法院宣告破产。就该破产企业清偿顺序问题，下列哪些说法是正确的？（2006年司法考试卷三多选第74题）

A. 该破产企业所拖欠的民工工资按第一顺序清偿

B. 该破产企业拖欠施工单位的工程欠款可以在破产清算程序开始前受偿

C. 因延期交房给购房人造成的损失按照破产债权清偿

D. 该公司员工向公司的投资款按照破产债权清偿

【答案】ABC

【案例 9-6】

A 汽车维修厂是一家全民所有制企业，但是由于经营不善以及市场竞争过于激烈，其于 2010 年向当地法院申请破产。法院在调查时发现该汽车维修厂所欠债务已经达到了 2000 万元，其中有三笔债务是存在争议的：

第一笔是：A 汽车维修厂曾向当地工商银行贷款 1000 万元，但其是以自己的一套设备作抵押的，该设备现值才 850 万元；

第二笔是：A 汽车维修厂欠 B 公司 150 万元的债务，迟迟不还，B 公司已经起诉了 A 汽车维修厂，现在这个案件还在审理中；

第三笔是：当初 A 汽车维修厂也找当地一家建设银行申请了贷款 300 万元，但是以 C 公司作为保证人的，现 C 公司以保证人的身份向 A 汽车维修厂申报债权。

【分析】在本案中，A 汽车维修厂申请破产所涉及的三项特殊债务，需要特殊对待。其中，对于第一笔债务的处理是：债权分为有抵押的债权和没有抵押的债权，因而，A 汽车维修厂欠工商银行 1000 万元的债务中，850 万元应先从抵押设备中优先拨付，剩下的 150 万元可申请破产债权。对于第二笔债务的处理是：根据我国《破产法》第 47 条的规定，"附条件、附期限的债权和诉讼、仲裁未决的债权，债权人可以申报"，应当终止 A 汽车维修厂与 B 公司的诉讼，且 B 公司应向法院申报该债权。对于第三笔债务的处理是：根据我国《破产法》第 51 条的规定："债务人的保证人或者其他连带债务人已经代替债务人清偿债务的，以其对债务人的求偿权申报债权。债务人的保证人或者其他连带债务人尚未代替债务人清偿债务的，以其对债务人的将来求偿权申报债权，但是债权人已经向管理人申报全部债务的除外。"因此，若该建设银行已经向法院申报债权，那么 C 公司无权再申报债权；否则，若建设银行未向法院申报债权，且也不准备申报债权，那么 C 公司可以在担保的债务数额范围内申报债权。

四、破产费用和共益债务

破产费用，是指在破产程序开始后，为了促成破产程序顺利进行和维护全体债权人利益所支付的各项必要费用。与破产费用相对应的概念是共益债务，它是指为使得破产程序顺利进行以及为维护全体债权人利益而负担的债务。

（一）破产费用的范围

根据我国《破产法》第 41 条的规定，人民法院受理破产申请后发生的下列费用为破产费用：

（1）破产案件的诉讼费用；

（2）管理、变价和分配债务人财产的费用；

（3）管理人执行职务的费用、报酬，以及聘用工作人员的费用。

（二）共益债务的范围

根据我国《破产法》第 42 条的规定，人民法院受理破产申请后发生的下列债务，为共益债务：

（1）管理人或者债务人请求对方当事人履行双方均未履行完毕的合同所产生的债务；

（2）债务人财产受无因管理所产生的债务；

（3）因债务人不当得利所产生的债务；

（4）为债务人继续营业而应支付的劳动报酬和社会保险费用，以及由此产生的其他债务；

（5）管理人或者相关人员执行职务导致他人损害所产生的债务；

（6）债务人财产致他人损害所产生的债务。

根据我国《破产法》第 43 条的规定，破产费用和共益债务的偿付遵循以下原则：

（1）破产费用和共益债务由债务人财产随时清偿；

（2）债务人财产不足以清偿所有破产费用和共益债务的，先行清偿破产费用；

（3）债务人财产不足以清偿所有破产费用或者共益债务的，按照比例清偿；

（4）债务人财产不足以清偿破产费用的，管理人应当提请人民法院终结破产程序。人民法院应当自收到请求之日起十五日内裁定终结破产程序，并予以公告。

第四节　《破产法》上的权利

破产并不意味着死亡，也不意味着重生。破产时不应放弃所有，而应好好抓住《破产法》上的相关权利，因为这些可能会给自己带来"意外惊喜"。

——佚名

一、抵销权

（一）破产抵销权的概念和特征

1. 破产抵销权的概念

破产抵销权，是指在破产宣告时，破产债权人对债务人同时负有债权和债务，那么，不论债权人的债权和债务是否属于同种以及是否到期，其都可用破产债权抵销其对债务人所负的债务的权利。

2. 破产抵销权的特征

（1）具有主体的特定性。破产抵销权是破产债权人的专有权利，权利主体只能是破产权人一方。

（2）这种抵销权不受债务种类和履行期限的限制。

（3）债务有时间限制。

（二）抵销权的适用范围

权利人主张抵销的债务只能是破产宣告前其对破产人所负担的债务。根据我国《破产法》的规定："除一般破产债权可以抵销外，以下三种特殊的破产债权也可以抵销：

（1）给付种类不同的债权可以进行抵销，但是在抵销前，应换算为货币债权或债务。

（2）附期限的债权。在抵销附期限的债权或未到期的债权时，若附有利息，那么抵销债权额只能计算至破产宣告时，不包括破产宣告后的利息；若没有附利息，则应扣除未到期的法定利息。

（3）附条件的债权。附条件的债权分为附停止条件的债权和附解除条件的债权：①附停止条件的破产债权，在条件未成就时，不能主张抵销；②附解除条件的破产债权，在条件未成就时，有权主张抵销。"

为了防止破产抵销权的滥用，法律对破产债权人行使破产抵销权的范围进行了一定的限制。我国《破产法》第40条规定了在破产申请受理前对债务人负有债务的债权人向管理人主张抵销的例外情形，也即债权人对申请破产的公司既有债权也有债务，哪些情况下不能行使抵销权：①债务人的债务人（即破产债权人）是在破产申请受理后取得其对债务人的债权的；②债权人已知债务人有不能清偿到期债务或者破产申请的事实，仍对债务人负担债务的；但是，债权人因为法律规定或者因破产申请一年前所发生的原因而负担债务的除外；③债务人的债务人已知债务人有不能清偿到期债务或者破产申请的事实，对债务人取得债权的；但是，债务人的债务人因为法律规定或者因破产申请一年前所发生的原因而取得债权的除外。

（三）破产抵销权的行使规则

破产抵销权的行使，应以管理人作为对象；应以破产债权的申报作为必要；附条件破产债权的抵销，依条件的不同性质区别处理。

【司法·小·测试 9-8】

　　甲煤矿拥有乙钢厂普通债权 40 万元，现乙钢厂被宣告破产，清算组查明甲煤矿尚欠乙钢厂 20 万元运费未付。清算组预计破产清偿率为 50%。甲煤矿要求抵销债务。债权人会议各方为甲煤矿的债权发生争执，下列哪一观点是正确的？（2005 年司法考试卷三单选第 33 题）

　　A. 甲煤矿可以抵销 20 万元债务，并于抵销后拥有 10 万元破产债权

　　B. 甲煤矿可以抵销 20 万元债务，并于抵销后拥有 20 万元破产债权

　　C. 甲煤矿必须偿还 20 万元债务，并拥有 40 万元破产债权

　　D. 甲煤矿在抵销后无须偿还债务，也不拥有破产债权

【答案】B

二、别除权

（一）别除权的概念

　　别除权是指债权人对破产人的财产享有的担保物权。根据我国《破产法》第 109 条的规定，对破产人的特定财产享有担保权的权利人，对该特定财产享有优先受偿的权利。由于作为担保标的物的财产不属于破产财产，债权人就此物行使权利不需要通过破产程序，可以通过民事执行程序随时行使此权利。我国现行破产法规定别除权的基础权利主要包括抵押权、质权和留置权三种。

（二）行使别除权的要件

　　（1）债权和担保权应该合法成立和生效。

　　（2）债权和担保权符合我国《破产法》的规定。

　　（3）债权已依法申报并获得确认。

（三）行使别除权的程序

　　别除权人应在法律规定的期间内申报债权，若清算组能全额清偿其债务，别

除权人不得拒绝清算组取回其担保标的物，在清算组确认担保物权后，别除权人可以按照法定程序行使别除权。别除权人一般应在破产宣告后主动行使别除权，若没有主动行使，除非放弃优先权，否则不得拒绝清算组对标的物的拍卖，而别除权人只能从拍卖价款中优先受偿。别除权人还可以在破产案件受理后至破产宣告前行使别除权，但须征得法院的同意。

（四）行使别除权的效力

行使别除权之后，若标的物的价值大于其所担保的债权，则剩余的部分应当作为破产财产交回；反之，若标的物的价值小于其所担保的债权，则剩余的债权额可以作为破产债权来依破产程序行使。

三、取回权

（一）取回权的概念和特征

1. 取回权的概念

取回权是指从清算人接管的财产中取回不属于破产人的，但属于自身的财产的请求权。

2. 取回权的特征

（1）取回权是对特定物的返还请求权。如果该物已经灭失或毁损，或者已有效地转让于他人，就只能请求损害赔偿。

（2）取回权是以物权为基础的请求权。

（3）取回权是在破产清算程序中行使的特别请求权，应向清算组提出，在该特定物取回之前，视同破产财产，由清算人管理和支配。

（二）取回权的内容

1. 一般取回权

一般取回权是指财产权利人因为破产法以外的原因而行使的取回权。根据我国《破产法》第38条的规定，人民法院受理破产申请后，债务人占有的不属于债务人的财产，该财产的权利人可以通过管理人取回。但是，本法另有规定的除外。这里所指的"不属于债务人的财产"主要包括两项：①合法占有的他人的财产，如因共有、委托、租赁、借用、加工承揽等法律关系交由破产人占有、未转移所有权的他人财产；②非法占有的他人财产，如非法侵占的财产、破产人据为己有的他人遗失的财产等。

2. 特殊取回权

特殊取回权是指财产权利人因破产法规定的原因而行使的取回权。对于特殊取回权，我国现行破产法没有专门规定。在国外，特殊取回权主要有三种形式：

（1）出卖人取回权。在特殊取回权中，出卖人取回权是最为典型的一种，我国《破产法》规定了出卖人取回权。依该法第 39 条的规定，人民法院受理破产申请时，出卖人已将买卖标的物向作为买受人的债务人发运，债务人尚未收到且未付清全部价款的，出卖人可以取回在运途中的标的物。但是，管理人可以支付全部价款，请求出卖人交付标的物。也即，若 A 公司已经申请破产且人民法院受理破产申请时，B 公司已经根据事先协议向 A 公司发送货物，那么只要 A 公司还没有收到货物且没有付款，B 公司就可以取回货物，当然若 A 公司的管理人已经支付了价款，则 B 公司可以交付货物。

（2）行纪人取回权。行纪人取回权是指当委托人委托行纪人购入物品后，行纪人已经将货物发出去，但委托人还没有付清全部价款且没有收到货物的情况下就宣告破产了，那么行纪人就享有已发运的货物的权利。

（3）代偿取回权。代偿取回权是指破产人在破产宣告前或破产清算人在破产宣告后将标的物转让给其他人时，该标的物的财产权利人有权请求受让人给付或返还原物。也即，若 A 公司在宣告破产前或者宣告破产后向 B 公司转让了一个物品，但是这个物品的财产权利人是 C 公司，那么 C 公司可以向 B 公司要回该物品或者要求 B 公司购买该物品。

【司法·小·测试 9-9】

绿杨公司因严重资不抵债向法院申请破产，法院已经受理其申请。根据《破产法》的规定，在法院已经受理破产申请，尚未宣告绿杨公司破产之时，

下列哪一项财产不构成债务人财产？（2007年司法考试卷三单选第29题）

    A. 绿杨公司享有的未到期债权

    B. 管理人撤销绿杨公司6个月前以明显不合理价格进行交易涉及的财产

    C. 绿杨公司所有但已设定抵押的财产

    D. 绿杨公司购买的正在运输途中的但尚未付清货款的货物

【答案】D

四、撤销权

撤销权又称否认权，是指对于破产人在破产宣告前一定期限内所为的有损于破产债权人利益的行为，破产清算人享有的请求人民法院予以撤销的权利。根据我国《破产法》第31条的规定，人民法院受理破产申请前1年内，涉及债务人财产的下列行为的，管理人有权请求人民法院予以撤销：①无偿转让财产的；②以明显不合理的价格进行交易的；③对没有财产担保的债务提供财产担保的；④对未到期的债务提前清偿的；⑤放弃债权的。

五、破产程序中的无效行为

根据我国《破产法》第33条的规定，涉及债务人财产的下列行为无效：①为逃避债务而隐匿、转移财产的；②虚构债务或者承认不真实的债务的。

因我国《破产法》第31条、第32条或者第33条规定的行为而取得的债务人的财产，管理人有权追回。人民法院受理破产申请后，债务人的出资人尚未完全履行出资义务的，管理人应当要求该出资人缴纳所认缴的出资，而不受出资期限的限制。

债务人的董事、监事和高级管理人员利用职权从企业获取的非正常收入和侵占的企业财产，管理人应当追回。

本章小结

"人有旦夕祸福，月有阴晴圆缺。"任何企业在发展的长河中不可能一帆风顺，最差的情况是出现破产，面对破产时无须害怕，《破产法》给予了详细的指导，包括《破产法》的内容及使用范围等。在进入破产过程时，需要有一定的程序，简单来说，包括破产申请、破产处理、破产宣告、破产清算四个步骤。当然，首先要确定是否能破产，也就是与本章开篇案例所述一样，要有合法的破产原因和破产能力，在破产处理时可以进行重整，也可以和解，一旦宣告破产，则要进行仔细的清算。在整个破产过程中，涉及一些破产实体，包括债权人、债权人委员会以及与之有关的破产债权、破产财产、破产费用和共益债务等，这些都需要进行很好的区分和正确的处理。当然，破产并不意味着"万念俱灰"，掌握好破产法上的权利，也是会有帮助的，包括抵销权、别除权、取回权、撤销权以及破产程序中的无效行为等。

第十章　知识产权法

开篇案例

以他人注册商标作为企业字号的法律后果

香港莎莎公司是莎莎国际控股有限公司（香港）旗下的一家具有极高知名度的公司，也是亚洲最大的化妆品销售和健美美容服务商之一。香港莎莎是在1996年7月注册成立，并在9月注册了"莎莎"的商标，而在新加坡、中国台湾、中国大陆也都注册了"莎莎"和"sasa"的商标，其上海连锁店于2005年正式成立。

而在1998年3月，上海莎莎化妆品有限公司（以下简称上海莎莎公司）就在上海注册成立，经营范围主要为化妆品、美发美容系列产品的销售。

2003年，香港莎莎公司以上海莎莎涉嫌商标侵权和不正当竞争为由向法院提起诉讼，其原因在于：上海莎莎利用自己所注册的商标"莎莎"来作为其企业字号，在宣传中也都突出标明"上海莎莎"字样，包括产品包装袋、宣传资料、积分卡申请表、VIP卡等，也使用了"sasa"的标识。

法院对其进行了审理，上海莎莎给出的解释是这样的："莎莎"这一企业名称是依法注册、合法登记取得的，在注册时，香港莎莎的上海连锁店还没有成立，因此并不知道"莎莎"是注册商标，而之所以用"sasa"作为标识，是因为其是"莎莎"的拼音。故而，上海莎莎并不存在主观上的侵权行为。而香港莎莎则提供了香港媒体的相关报道资料：公司1997年就在香港地区销售化妆品取得了很好的成绩，而且在化妆品行业中一直有很高的知名度。行业和消费者对"莎莎"这一品牌都比较了解。上海莎莎明知市场情况而继续使用同样的商标，是为了借助"莎莎"的品牌知名度来谋取商业利益。

法院最终认定被告上海莎莎公司的行为构成对原告香港莎莎公司、"sasa"商标专用权的侵害，同时也构成了不正当竞争行为。判令被告上海莎莎公司停止侵犯原告香港莎莎公司享有的"莎莎"及"sasa"注册商标专用权；停止对原告的不正当竞争行为，向工商行政管理机关申请变更企业名称；赔偿原告经济损失人民币 30 万元；在指定媒体上刊登消除影响的声明。

资料来源：http://www.110.com/panli/panli_27651.html.

本案例中上海莎莎公司使用"莎莎"作为字号，并在经营中使用"莎莎"和"sasa"的行为是否触犯了莎莎国际控股有限公司的商标权，这个问题可以从四个要件进行分析。第一，原告香港莎莎公司是"莎莎"商标的合法权利人，而被告上海莎莎却使用与原告注册商标"莎莎"相同的文字注册为企业字号；第二，香港莎莎与上海莎莎都是从事化妆品和美容美发等产品的销售与服务；第三，上海莎莎已超出了字号的正常使用范围，且"sasa"既不是上海莎莎的字号，也不是字号"莎莎"的拼音，因而上海莎莎对标识的使用是突出使用；第四，上海莎莎与香港莎莎的目标消费人群是一致的。从这几点上来说，上海莎莎的行为构成了不正当竞争，而且侵犯了香港莎莎的商标权。

【案例启示】企业的商标就好比一个人的姓名，人尚且不允许别人"打着自己旗号谋利益"，更何况是以盈利为主要目的的企业呢！本案中的香港莎莎公司所注册的商标被上海莎莎公司作为自己的企业字号名称，涉及侵犯商标权的问题。

本章您将了解到：

● 著作权的内容

● 邻接权

● 专利权的主体和客体

● 授予权利的条件以及专利的申请和审批

● 专利侵权

● 商标注册的程序

● 商标的侵权行为及法律责任

第一节 《知识产权法》概述

我关注知识产权，我相信知识产权管理就是怎样增加公司的价值。现在，善于管理知识产权的公司将会成功，而不善于经营知识产权的公司将被淘汰。

——佚名

一、知识产权法律规范的表现形式

虽然我国对知识产权的立法起步比较晚，但目前已经建立起符合国际先进标准的法律体系。我国有关知识产权的法律规范的表现形式主要分为五种：

（1）知识产权法律，如《著作权法》、《专利法》、《商标法》等。

（2）有关知识产权的各种行政法规，如《著作权法实施条例》、《专利法实施细则》、《商标法实施条例》等。

（3）有关知识产权的地方性法规、自治条例和单行条例。

（4）关于知识产权的行政规章。

（5）有关知识产权司法解释的，如《最高人民法院关于审理专利纠纷案件适用法律问题的若干规定》等。

此外，我国还参加了有关知识产权的国际条约，如与贸易有关的知识产权协定（TRIPs 协定）、世界版权公约等，其中 **TRIPs** 被公认为当前世界范围内知识产权保护领域最权威的国际公约。

二、知识产权法律制度

知识产权法律制度一般包括以下几种：著作权法律制度；专利权法律制度；商标权法律制度；版权法律制度；商号权法律制度；产地标记权法律制度；商业秘密权法律制度以及反不正当竞争法律制度等。

本章着重介绍著作权法律制度、专利权法律制度和商标权法律制度。

第二节　著作权

我们从别人的发明中享受了很大的利益，我们也应该乐于有机会以我们的任何一种发明为别人服务；而这种事我们应该自愿地和慷慨地去做，正如自身著作的创造一样。

——佚名

一、与著作权有关的法律

与著作权有关的国内法律主要有《中华人民共和国著作权法》（以下简称《著作权法》）、《中华人民共和国著作权法实施条例》、《最高人民法院关于审理著作权民事纠纷案件适用法律若干问题的解释》等，我国参与的有关著作权的国际公约主要是《伯尔尼保护文学和艺术作品公约》。

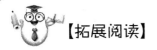

【拓展阅读】

我国《著作权法》概述

我国《著作权法》共有六章，第一章为总则，规定了本法的适用范围以及保护对象；第二章规定了著作权人及其权利、著作权的归属及著作权的保护和限制；第三章是有关著作权许可使用和转让合同的有关法律规定；第四章是关于本法对出版、表演、录音录像、播放的著作权的规定；第五章规定了各种侵犯著作权的行为应承担的法律责任以及执法措施；第六章为附则，补充规定了本法的溯及力并对相关术语进行了解释。

二、著作权的概念以及《著作权法》的对象

著作权是指文学、艺术、科学作品的作者或者其他著作权人依法对作品所享有的人身权利和财产权利的总称。

《著作权法》的对象是指受著作权法保护的作品，也叫著作权法的客体。我国《著作权法实施条例》第 2 条规定："著作权法所称作品，是指文学、艺术和科学领域内，具有独创性并能以某种有形形式复制的智力创作成果。"我国《著作权法》第 3 条规定了作品的种类，最高人民法院《关于审理涉及计算机网络著作权纠纷案件适用法律若干问题的解释》第 2 条又对我国《著作权法》第 3 条规定的各类作品的数字化形式的著作权问题作了规定。

【司法·小·测试 10-1】

下列对象中，受著作权法保护的是：

A. 刘律师在法庭上为所辩护方所发表的代理词

B. 王法官针对某一案件所撰写的判决

C. 夏教授利用业余时间翻译了一本《民法通则》

D. 在某一专利公报上所刊登的某一发明专利的说明书

【答案】AC

我国《著作权法》第4条、第5条规定了以下三种情况的对象不受著作权法保护：①依法禁止出版、传播的作品；②需要尽快传播的作品；③表达形式单一的作品。

【案例10-1】

案件1：刘某非常热衷于英文翻译，有天，其将国内一篇知名的散文翻译成了英文，并发表在一本全英文版的杂志上。赵某也对这篇英文版感兴趣，没有经过刘某的允许将其刊登在自己出版社出版的一份英语学习报上。刘某知道后，认为赵某侵犯了自己的著作权，但赵某认为其翻译别人的散文，本身就不是作品。后来，刘某又将该散文翻译成了盲文，商某所在的出版社也未经允许对其进行了出版，这事，刘某则认为商某所在出版社也侵犯了其著作权，诉至法院。

案件2：张某的女儿今年6岁，一直非常喜欢画画，有天，其画了一幅油墨画，并贴在了自家客房内。后来家做客的杜某将该油墨画用在了自己公司出产的练习簿的封面包装上。张某得知后要求杜某支付著作权使用费。但杜某认为其女儿年龄太小，其油墨画也只是随意涂鸦，并没有受过专业训练，作品没有创作的连续性，不构成作品。

【分析】对于案件1：将小说翻译成英文版是属于二次作品的范畴，对于二次作品，应该要求其相对于原作品而言有可识别的实质性差别。英文版小说并不是针对中文版小说一对一翻译而产生的结果，其会带来不同的艺术效果，符合独创性的要求，应该被认定为作品；但盲文版小说不是作品，因为它只是两种语言之间的不包含独创性的智力劳动。

而对于案件2：张某6岁女儿的油墨画体现其独创性，是独立创作的，构成《著作权法》所规定的作品范畴。

三、著作权的内容

著作权的内容主要包括著作人身权和著作财产权。

（一）著作人身权

著作人身权是指作者依法享有的以人格利益为内容的权利，也称为精神权利。根据我国《著作权法》第10条的规定，包括下列著作人身权：

1. 发表权

发表权，即著作作者依法决定是否将其作品公之于众的权利。"公之于众"是指将作品向不特定的多数人公开，不包括家属、亲友，也不以公众知晓为要件。发表权一经行使即归消灭。

2. 署名权

署名权，即作者为了表明身份而在作品上署名的权利。

3. 修改权

修改权，即作者本人或授权他人修改其作品的权利。因此，图书出版者若需要重印、再版作品，则需要通知作者，以免侵犯作者的修改权。

4. 保护作品完整权

保护作品完整权，即保护作品不受歪曲、篡改的权利。接受作者授权修改或利用作品的，要保持作品内容的完整性，以免侵犯作者的保护作品完整权。

【案例 10-2】

李某是当地一位知名的作家，其创作了一部很好的小说《北京·东京》，该小说让当地甲电视台非常感兴趣，其找李某协商，并有偿获取了该小说的电视剧改编权和摄制权。但是，当一年后该电视剧拍摄播出后，李某却发现该作品的主题以及思想方面发生了很大变化，换句话说，甲电视台对该作品进行了改编。一般来说，小说和电视剧之间有差异很正常，但是，李某觉得甲电视台对其的改编太离谱了。李某主要是想说明一个北京女孩子孤身一人在日本东京闯荡，最后开拓出自己事业天空的故事，是一篇励志小说。但甲电视台改编后的电视剧则极力赞美日本人的谦让和人性化，贬低中国人的粗俗和自私，这与原著差别特别大，使其作为小说作者的名誉受到很大损害。因此，李某向法院起诉电视台，认为电视台侵犯了其保持作品完整权。

【分析】按理说，甲公司购买了电视剧的改编权和摄制权，那么对小说的更改就是甲公司的事情了，李某无权干涉。但"歪曲和篡改"是一件高度主观性判断的事情，如何证明甲公司让李某的名誉受损，就应该从作者的创作动机、所要表达的主题和思想、关键人物和关键情节等方面来考虑。从案例中可以看出，电视台对关键情节、关键人物、主题思想等方面要表达的意思都做了非常离谱的更改，因此，应该认定侵犯了李某的保持作品完整权。

（二）著作财产权

著作财产权是指著作权人依法享有的使用或控制他人使用作品并从作品中获得报酬的权利，根据我国《著作权法》第 10 条的规定，主要内容包括：

1. 复制权

复制权，即著作权人享有的自己或允许他人通过印刷、复印、拓印、录音、翻录、翻拍等方式将作品制一份或多份的权利。

2. 发行权

发行权，即著作权人享有的自己或允许他人以出售或赠与的方式向公众提供作品原件或复制件的权利。

3. 出租权

出租权，即著作权人享有的权利，该权利允许著作权人自己或有偿许可他人临时使用电影作品或以类似摄制电影的方法创作的作品、计算机软件的权利，但计算机软件不是出租的主要标的物的除外。

4. 展览权

展览权，即著作权人享有的自己或允许他人公开陈列美术作品、摄影作品原件或复制件的权利。

5. 表演权

表演权，即著作权人享有的自己或允许他人公开表演作品及用各种手段公开播送作品的权利。

6. 放映权

放映权，即著作权人享有的自己或允许他人通过各种技术设备来公开再现美术、摄影、电影等作品的权利。

7. 广播权

广播权，即著作权人享有的自己或允许他人以无线、有线或转播的方式向公众传播广播作品以及通过扩音器或其他设备向公众传播广播作品的权利。

8. 信息网络传播权

信息网络传播权，即著作权人享有的自己或允许他人以有线或无线方式来向公众提供作品，使公众可以在其选定的时间和地点获得作品的权利。

9. 摄制权

摄制权，即著作权人享有的自己或允许他人以摄制电影或以类似摄制电影的方式将作品固定在有关载体上的权利。

10. 改编权

改编权，是指改编作品，创作出具有独创性的新作品的权利。

11. 翻译权

翻译权，是指将作品从一种语言文字转换成另一种语言文字的权利。

12. 汇编权

汇编权，是指将作品或者作品的片段通过选择或者编排，汇集成新作品的权利。

13. 应当由著作权人享有的其他权利

包括转让权、许可使用权、获得报酬权。转让权，是指著作权人可以转让上述部分或全部权利并获取报酬的权利；许可使用权，是指著作权人通过与他人签订使用许可合同，许可他人使用其作品并获得报酬的权利；获得报酬权，是指著作权人依法享有的因作品的使用或转让而获得报酬的权利。

【司法·小·测试 10-2】

刘某和张艺是好朋友，张艺是当地一知名画家，他常常即兴作画，并陆续赠送给好友刘某 20 多幅画。刘某在没有得到张艺的同意下从 20 多幅画中选了 10 幅，并以《张艺图集》为名出版了署名为张艺的 10 幅画，张艺得知后认为刘某侵犯了自己的相关权利，很生气。依照相关法律，刘某侵犯了张艺的哪些权利？

A. 张艺对赠画的复制权

B. 张艺所赠画的财产所有权

C. 张艺的发行权及获得报酬权

D. 张艺对赠画的展览权

【答案】AC

四、著作权的主体及特殊作品的著作权归属

（一）著作权主体的概念及其原始归属

著作权的主体称为著作权人，是指依照《著作权法》对作品享有著作权的人。根据不同的标准可将著作权人划分为不同的类别，本书采用"是否参与直接创造"作为分类标准，将著作权人分为两类：作者和其他主体。作者因完成创作这一法律事实而获得其作品的著作权，但并不是任何情况下创作了作品的人都是著作权的主体，我国《著作权法》第 11 条规定了作者的概念、条件以及对作者认定实行的推定原则，同时著作权法还规定了法人或其他组织成为拟制作者所应具备的条件。

我国《著作权法》第 11 条对著作权的原始归属做了原则性规定，即著作权原则上属于作者，但也具体明确了某些特殊作品的著作权归属。

（二）特殊作品的著作权归属

1. 合作作品的著作权

合作作品是指两人以上合作创作完成的作品。合作作品的作者须具备创作合意与合创事实两个条件。

我国《著作权法》第 13 条规定，合作作品的著作权属于全体作者，对著作权的行使须征得全体合作作者的同意。对于可以分割的合作作品，作者对于各自创作的部分可以单独享有著作权，但不得侵犯合作作品整体的著作权。我国《著作权法实施条例》第 9 条规定，对于不可分割使用的，由合作作者协商一致行使；协商不成的，无正当理由任何一方不得阻止他方行使除转让权以外的权利，所得收益应合理分配给所有合作作者。

列哪些说法是正确的？（2005 年司法考试卷三多选第 20 题）

    A. 袁某生前不同意发表该小说，那么张某无权发表

    B. 张某发表小说得到的费用应由张某和袁某的儿子两人共同获得

    C. 小说的使用权保护期应截止于张某死亡后第 50 年的 12 月 31 日

    D. 张某不能剥夺袁某的署名权

【答案】BCD

2. 演绎作品的著作权

根据我国《著作权法》第 12 条的规定，演绎作品是指通过改编、翻译、注释、整理已有作品而产生的作品，演绎作品的著作权由演绎者享有，但其对著作权的行使不得侵犯原作品的著作权，并要经过其所演绎的作品的作者许可，第三人若要使用演绎作品须征求原作者和演绎作品作者的同意。

3. 汇编作品的著作权

根据我国《著作权法》第 14 条的规定，汇编作品是指对作品、作品的片段或者不构成作品的数据或者其他材料进行选择、编排而体现出其独创性的新生作品。常见的汇编作品有辞书、选集、杂志、期刊、数据库等。

我国《著作权法》第 14 条对汇编作品的著作权归属作了规定：汇编作品的著作权由汇编者享有，但是汇编作品中每个作品的著作权仍归原作者享有；汇编人行使著作权时，不得侵犯原作品的著作权，即汇编人须得到该作品作者的许可并支付报酬，在行使汇编作品著作权时，应当尊重原作品作者的其他人身权和财产权。

4. 影视作品的著作权

影视作品是指电影作品或以类似摄制电影的方式创作的作品。根据我国《著作权法》第 15 条的规定，影视作品的著作权由制片人享有，但编剧、导演、摄影、作词、作曲等的作者享有署名权和依合同获得报酬权，影视作品中的剧本、音乐等可以单独使用的作品的作者，有权单独行使其著作权。

5. 委托作品的著作权

委托作品是指受托人根据委托人的委托创作的作品。根据我国《著作权法》

第 17 条的规定，受委托创作的作品，著作权的归属由委托人和受托人通过合同约定。合同未明确约定或者没有订立合同的，为保护作者权益，著作权属于受托人，即作者本人。

【案例 10-3】

甲工作室诉乙公司违约案

2002 年 7 月 25 日，甲工作室与乙公司签订一份设计制作协议书，协议中约定：乙公司委托甲工作室负责为其设计参加某展示会的徽标，经翻译后的招商函，并负责印制 3000 册，乙公司签字确认甲工作室提交的设计作品后，甲工作室方可制作，设计制作费为 2 万元，双方签订协议时乙公司先支付 50% 作为预付款，余款在甲工作室提供完整的设计制作作品后付清。协议约定了双方的权利和义务，其中乙公司对设计稿有权提出否决权，修改和定稿，在付清全部设计费后拥有该设计的知识产权和版权，在未付全额之前，由甲设计室所有。协议签订后，甲工作室完成了设计翻译工作，并向乙公司交付了 3000 册作品，乙公司先后支付给甲工作室 1.5 万元。在乙公司接受了甲工作室印制的招商函后，出具给甲工作室一张印刷费 5000 元的欠条。之后乙公司以甲工作室设计制作的招商函存在翻译错误为由，未经甲工作室许可，修改了该招商函，并委托他人印制了 3000 册，并在展示会上发送完毕。

甲工作室于是诉讼至法庭，称乙公司未按合同约定支付足额款项，擅自修改并委托他人印制招商函，侵犯其著作权，要求法院判令乙公司停止侵权行为，并赔偿损失 2 万元。

资料来源：吴汉东．知识产权法教学案例［M］．北京：法律出版社，2005.

【分析】根据我国《著作权法》第 17 条的规定，"受委托创作的作品，著作权的归属由委托人和受托人通过合同约定，合同未作明确约定或者没有订立合同的，著作权归受托人"，本案中委托作品的著作权已在合同中明确约定归属办法，因此本案的关键是乙公司欠甲工作室 5000 元印刷费的情况下，该设计作品的著作权归谁所有。根据协议约定，乙公司在付清设计作品的全部设计费后即拥有该作品的知识产权和版权，因此所欠的 5000 元印刷费并不影响乙公司对涉案作品的著作权的所有，乙公司在支付 1.5 万元设计费后即取得了涉案作品的著作权。但是根据《著作权法》的规定作者永久享有其作品的著作人身权，包括发表权、署名权、修改权和保护作品完整权，因此本案中被告以翻译错误为由，未经甲工作室许可，对该招商函进行修改侵犯了甲工作室的修改权和保护作品完整权。

6. 美术作品的著作权

美术作品的著作权由作者享有，但美术作品的著作权与美术作品原件的所有权是相区分的。我国《著作权法》第 18 条规定，美术作品原件所有权的转移，不视为作品著作权的转移。此规则也适用于计算机软件等具有知识产权的标的物，但法律另有规定或当事人另有约定的除外。美术作品原件的展览权由原件所有人享有，此外的其他权利仍由著作权人享有。

7. 身份不明的作品的著作权

身份不明的作品是指作者不具名或不写其真实姓名的作品，也称匿名作品。根据我国《著作权法实施条例》第 13 条的规定，身份不明的作品由作品原件合法持有人行使除署名权外的著作权，作者身份确定后，由作者或其继承人行使著作权。

五、著作权的合理使用

著作权的合理使用是指在不征得著作权人同意的情况下无偿使用其已经发表的作品的合法行为，此时需要指明作者姓名、作品名称，并不得侵犯著作权人的其他权利。根据我国《著作权法》第 22 条的规定，合理使用的范围包括：

（1）为个人学习、研究或者欣赏，使用他人已经发表的作品。

（2）为介绍、评论某一作品或者说明某一问题，在作品中适当引用他人已经发表的作品。

（3）为报道时事新闻，在报纸、期刊、广播电台、电视台等媒体中不可避免地再现或者引用已经发表的作品。

（4）报纸、期刊、广播电台、电视台等媒体刊登或者播放其他报纸、期刊、广播电台、电视台等媒体已经发表的关于政治、经济、宗教问题的时事性文章，但作者声明不许刊登、播放的除外。

（5）报纸、期刊、广播电台、电视台等媒体刊登或者播放在公众集会上发表的讲话，但作者声明不许刊登、播放的除外。

（6）为学校课堂教学或者科学研究，翻译或者少量复制已经发表的作品，供教学或者科研人员使用，但不得出版发行。

（7）国家机关为执行公务在合理范围内使用已经发表的作品。

（8）图书馆、档案馆、纪念馆、博物馆、美术馆等为陈列或者保存版本的需要，复制本馆收藏的作品。

（9）免费表演已经发表的作品，该表演未向公众收取费用，也未向表演者支付报酬。

（10）对设置或陈列在室外公共场所的艺术作品进行临摹、绘画、摄影、录像。

（11）将中国公民、法人或者其他组织已经发表的以汉语言文字创作的作品翻译成少数民族语言文字作品在国内出版发行；将已经发表的汉族文学作品翻译成少数民族文字在国内发行。这些在我国均属于合理使用。

（12）将已经发表的作品改成盲文出版。

六、著作权法定许可使用制度

法定许可使用制度发生在传播者使用他人已经发表但没有著作权保留声明的作品的情况下，该制度规定传播者可以不经著作权人许可，但需要向其支付报酬并尊重著作权人其他权利。

法定许可与合理使用的主要区别在于：首先，是否向著作权人支付报酬；其次，范围的宽窄，合理使用的范围较宽，我国《著作权法》第 22 条规定了 12 种，而法定许可的范围较窄；最后，面向对象的不同，前者任何人都适用，后者只适用于传播者。

根据我国《著作权法》的规定，法定许可包括以下几种情况：

（一）第 23 条的规定

为实施国家九年义务教育或国家教育规划而编写出版教科书，除作者声明不许使用的外，可以不经著作权人许可，在教科书中汇编已经发表的作品片断或短小的文字作品、音乐作品或美术、摄影作品，但应当按规定支付报酬，并指明作者姓名、作品名称，并不得侵犯著作权人享有的其他权利。

（二）第 32 条第 2 款的规定

作品在刊登后，著作权人声明不得转载、摘编的以外，其他报刊可以转载或作为文摘、资料刊登，但应当向作者支付报酬。第 33 条还规定，报社、期刊社可以对作品做文字性的修改、删节，但须先征得作者的同意。

（三）第 39 条第 3 款的规定

录音制作者使用他人已经合法录制为录音制品的音乐作品制造录音制品，可以不经著作权人许可，但应当按规定支付报酬，著作权人声明不得使用的除外。

（四）第 42 条第 2 款的规定

广播电台、电视台使用他人已经发表的作品或已经出版的录音制品，可以不经著作权人许可，但应支付报酬。

（五）第 43 条的规定

广播电台、电视台使用已经出版的录音制品，可以不经著作权人的许可，但应当支付报酬，当事人另有约定的除外，具体办法由国务院规定。

【司法·小·测试 10–5】

露西是一名留学中国的美籍大学生，其所学专业为中文专业。2011 年 4 月，她用中文创作了一篇短篇小说，并发表在当地一知名杂志上，但是她在发表时没有作相关声明。那么，在发生的以下情况中，哪些侵犯了露西的著作权？（2002 年司法考试卷三多选第 42 题）

A. 张某没有经过露西同意私自将该小说翻译成英文并在中国发表

B. 刘某没有经过露西同意将该小说翻译成藏语在中国出版发行，并且没有向露西支付报酬

C. 钱某没有经过露西同意也没有向其支付报酬而将其小说改编成盲文出版

D. 汪某没有经过露西同意也没有向其支付报酬而将该小说收录进某网站供人点击和阅读

【答案】ABD

七、邻接权

邻接权也称作品传播者权，是指作品传播者对作品的传播形式所享有的权利，包括表演者权、出版者权、录音录像制作者权以及广播组织权。邻接权以著作权为基础，其保护期限为 50 年。除表演者权外，邻接权中一般不涉及人身权。

（一）表演者权

表演者权是指演员或其他文学、艺术作品的表演人（包括演出单位）对其表演所享有的权利。根据我国《著作权法》第 37 条的规定，表演者对其表演享有的权利包括：①表明表演者身份；②保护表演形象不受歪曲；③许可他人从现场直播和公开传送其现场表演；④许可他人录音录像、许可他人复制或发行录有其表演的录音录像制品，并获得报酬；⑤许可他人通过信息网络向公众传播其表演，并获得报酬。

表演者应当在取得著作权人的许可并支付报酬的条件下使用他人作品进行表演，若演出有组织者，那么应由组织者征得著作权人的许可，并支付报酬。在使用演绎作品进行演出时，应当同时征得演绎作品著作权人和原作品著作权人的许可，并支付报酬。

【案例 10-4】

朱某是一位著名的小品演员，受到甲电视台的邀请，参演 10 个小品节目，双方约定：朱某负责参演 10 个小品，甲电视台则负责进行录制，并在该电视台播出。达成协议后，甲电视台给朱某支付了报酬。之后不久，朱某在某音像店发现自己的小品专辑 VCD 在出售，其中包括了自己参演的 10 个小品节目，光盘封面上显示：由 A 电视台制作，由 B 音像出版社出版发行。朱某很气愤，认为自己参演了 10 个小品，享有表演者权，A 电视台和 B 音像出版社未经自己允许将 10 个小品制作成 VCD 出版发行，侵犯了自身的表演者权。而 B 音像出版社则称其与 A 电视台签订了复制委托书，母带是由 A 电视台提供的，自己无须承担责任。

资料来源：黄武双. 知识产权法：案例与图表 [M]. 北京：法律出版社，2010.

【分析】该案例中，朱某受 A 电视台的邀请参演了 10 个小品的表演，表演的作品有合法的授权，故朱某就其表演活动享有表演者权。依据法律规定，表演者权的权利人不仅能控制表演活动的录音录像行为，还享有许可他人复制、发行录有其表演的录音录像制品，并获得报酬的权利。A 电视台将表演活动进行录音录像虽然得到了表演者的许可，但复制、发行录音录像制品并没有得到表演者的许可，因此 A 电视台的行为侵犯了朱某的表演者权。从另一个角度讲，A 电视台作为录音录像制作者因未取得表演者的许可而存在权利缺陷。

被告 B 音像出版社虽然得到了 A 电视台复制发行录音录像制品的授权，但却未取得表演者的许可，也违背了我国《著作权法》的相关规定。故 B 音像出版社也侵犯了表演者权。

(二) 出版者权

出版者的邻接权分为版式设计专有权和出版社的专有出版权。根据我国《著作权法》第 35 条的规定，版式设计专有权是指出版者有权许可或者禁止他人使用由其出版的图书、期刊的版式设计。出版社的专有出版权是根据我国《著作权法》第 30 条的规定，图书出版者对著作权人交付出版的作品，按照合同约定享有的专有出版权受法律保护，他人不得出版该作品。

（三）录音录像制作者权

根据我国《著作权法》第 41 条的规定，录制者对其制作的音像制品，享有许可他人复制、发行、出租、网络传播并获取报酬的权利。该权利的保护期为 50 年，自该制品制作完成后第 50 年的 12 月 31 日。

在取得其他作品著作权人的许可并支付报酬后，录音录像制作者才能使用他人的作品制作音像制品。若为演绎作品，须征得原著作权人的许可；若为录制表演活动，还须同表演者签订合同并支付报酬。

【司法小·测试 10-6】

韩某是一名出色的音乐家，他创作出了很多优秀的音乐作品并被收录在一正版唱片中。张某是一影视中心的负责人，为了在一部电视连续剧中烘托剧情需要，他使用了韩某的一部分音乐作品来作为背景音乐。中国音乐著作权协会（是由音乐作品著作权人授权的集体管理组织）得知后认为张某是未经许可的，要求制片人支付相应报酬。但是，该要求被拒绝，于是，协会向法院起诉。在这个小例子中，哪些说法是错误的？（2004 年司法考试卷三多选第 63 题）

A. 影视中心的播放行为是合理的

B. 中国音乐著作权协会不是正当原告

C. 影视中心的播放行为侵犯了录音制品制作者的播放权

D. 影视中心的播放行为侵犯了韩某也即音乐作品著作权人的表演权

【答案】ABC

（四）广播组织者权

广播组织者权是指广播电台、电视台等广播电视组织依法对其编制的广播电视节目享有的权利。根据我国《著作权法》第 44 条的规定，广播组织有权禁止未经其许可的下列行为：①将其播放的广播、电视转播；②将其播放的广播、电视录制在音像载体上以及复制音像载体。据此，广播组织权包括以下几项：转播权、录制权、复制权。

八、著作权、邻接权的变动

著作权的变动主要是著作财产权的变动，著作财产权变动的本质是权利主体对著作财产权的利用，包括继承、许可使用、转让、质押、强制执行、信托、消灭等。著作权、邻接权的变动形式主要有以下几种：

（一）继承

我国《继承法》关于继承原则、法定继承、遗嘱继承、继承顺序等的规定同样适用于此，而《著作权法实施条例》第 14 条、第 19 条作了特别规定。

（二）许可使用

著作权人授权他人在一定时期和地域范围内以一定的方式使用其作品的权利，又分为独占许可使用、排他许可使用和普通许可使用，进行许可使用需要签订许可使用合同，最常见的著作财产权使用合同是出版合同，包括图书出版合同、报刊刊登作品合同。

（三）转让

转让是指通过与著作权人签订书面合同协议将著作权人著作财产权的一部分或者全部内容转移给自己，从而自己成为新的著作权人的法律行为。

（四）质押

质押是指债务人或第三人依法将其著作财产权中的财产权利出质作为债权的担保，在债务人不履行债务时，债权人有权从该财产权利折价或者拍卖、变卖该财产权所得的价款中优先受偿。

（五）消灭

消灭是指著作财产权的一项、几项或者全部内容客观上不再存在。一般而言，著作权的消灭原因有以下几个：抛弃、标的（即作品）灭失、保护期限届满、自然人死亡且无人继承的。

（六）其他变动原因

其他变动原因包括因信托变动、因强制执行变动、作为破产财产而变动、作为夫妻共同财产而变动。

九、著作权、邻接权侵权行为

我国《著作权法》第 46 条、第 47 条规定了侵犯著作权和邻接权的行为类型，用来解决按照著作权法原理应当认定侵权但法条上又没有明确侵权的那些行为。

我国《著作权法》以及《刑法》第 217、218、220 条规定了侵害著作权和邻接权应当承担不同民事责任、行政责任和刑事责任的情形。

【司法·小·测试 10-7】

A 网站是一个音乐下载网站，2011 年 3 月，A 网站与 B 唱片公司签订了录音制品的信息网络传播权许可使用的合同。在 A 网站按照合同规定支付给 B 唱片公司报酬之后，A 网站立即在网上开展了原版音乐下载的业务。那么，对于 A 网站的行为，下列说法哪种是正确的？（2005 年司法考试卷三单选第 16 题）

A. A 网站是合法使用的

B. A 网站构成侵权行为，因为该行为还须取得著作权人、表演者的许可并支付报酬

C. A 网站构成侵权行为，因为该行为应取得著作权人的许可，而不是取得录音制作者的许可

D. A 网站构成侵权行为，因为该行为虽然无须取得著作权人的许可，但必须取得表演者的许可

【答案】B

第三节　专利权

在没有专利法之前，随便什么人，随便什么时候，都可以使用别人的发明，这样发明人从自己的发明中就得不到什么特别的利益了。专利制度改变了这种状况，保证发明人在一定时期内对自己的发明独占使用，因此给了发明和制造实用新物品的天才之火添加了利益之油。

——林肯

一、与专利权有关的法律

与专利权有关的法律规范有：《中华人民共和国专利法》（以下简称《专利法》）、《中华人民共和国专利法实施细则》（以下简称《专利法实施细则》）、《专利代理条例》、《关于职务发明创造专利的发明人、设计人奖酬提取办法的规定》、《专利权质押合同登记管理暂行办法》、《专利实施强制许可办法》、《专利标记和专利号标注方式的规定》、《最高人民法院关于审理专利纠纷案件适用法律问题的若干规定》、《关于对诉前停止侵犯专利权行为适用法律的若干规定》等，下面主要介绍一下《专利法》的内容安排。

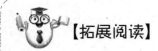

【拓展阅读】

我国《专利法》概述

我国现行《专利法》共八章，第一章为总则；第二章规定了授予专利权的条件；第三、四章规定了专利的申请、审查和批准所要遵循的法律要求；

第五章是有关于专利权的期限、终止和无效情形的规定；第六章是本法关于专利实施的强制许可规定；第七章是有关专利权保护的规定；第八章为附则，是关于手续缴纳费用和本法实施日期的规定。

二、专利权的主体

专利权的主体即为专利权人，是指依法享有专利权并承担相应义务的人。专利权的主体主要包括四类：

（一）发明人

1. 发明人（包括设计人）

专利法所称的发明人，是指对发明创造的实质性特点作出创造性贡献的人；设计人是外观设计的完成者。

2. 职务发明人

根据我国《专利法》第6条的规定，在我国，职务发明创造有两大类：即执行本单位任务所完成的发明创造；主要利用本单位物质条件所完成的发明创造。对职务发明人完成的职务发明创造，申请专利的权利属于发明人所在的单位。

【司法小·测试 10-8】

下列发明创造中，哪些属于职务发明？

A. 袁某利用业余时间作出了一项发明创造，但在创造的过程中，他有利用到单位的一些废弃材料做实验

B. 吴某是公司最核心的技术翻译人才，主要帮助公司翻译国外公开的技术成果，在工作过程中根据翻译技术资料，掌握了不少技术，完成了一项发明创造

C. 职工郑某因旷工太多的原因于 2010 年 10 月被公司开除，但 2011 年

2 月他做出了一项发明创造，这项发明创造是属于郑某在公司的本职工作范围之内的

D. 胡某原是公司技术中心的骨干成员，后因表现优异被提拔到人事部担任部长。在上调之后，胡某利用自己的业余时间，弄出了一项发明创造，该发明创造是与之前其所在的技术部门所从事的工作相关的

【答案】CD

3. 共同发明人

共同发明人是指共同完成一项发明创造的两个或两个以上的人。

（二）发明人或设计人的单位

我国《专利法》第 6 条第 1 款规定，职务发明创造是指执行本单位的任务或主要是利用本单位的物质技术条件所完成的发明创造。职务发明创造的专利申请权和取得的专利权归发明人或设计人所在的单位。发明人或设计人享有署名权和获得奖金、报酬的权利。在发明创造专利实施后，单位应根据其推广应用的范围和取得的经济效益对发明人或设计人给予合理报酬。《专利法实施细则》第六章规定了对职务发明创造的发明人或设计人进行奖励和给付报酬应遵循的准则。

【司法·小·测试 10-9】

A 研究所与 B 公司签订了一份委托开发合同，完成了一项发明创造，但是合同没有明确地约定专利权的归属。发明完成后，A 研究所单独向国务院专利部申请专利，但在这时 B 公司没有经过 A 研究所同意便开始使用该项发明创造，那么下列意见中错误的是：

A. 该专利的申请权应该归 A 研究所单独享有

B. 该专利的申请权应该归 A 研究所和 B 公司共同享有

C. B 公司有实施该项专利的权利，而且无须取得 A 研究所的许可

D. B 公司使用了该项专利权后应当给予 A 研究所相应的使用费

【答案】BD

(三) 受让人

受让人是指通过合同或继承依法取得专利权的单位或个人。

(四) 外国人

在中国有经常居所或者营业所的外国人，享有与中国公民或单位同等的专利申请权和专利权。[①]

三、专利权的客体

专利权的客体是指专利法保护的对象。根据我国《专利法》的规定，专利权的客体包括发明、实用新型、外观设计三种形式。《专利法实施细则》明确定义了发明、实用新型、外观设计的含义：

(一) 发明

发明是指对产品、方法或者其改进所提出的技术方案。发明又可进一步分为产品发明和方法发明。

(二) 实用新型

实用新型是指对产品的形状、构造或者形状和构造的组合所提出的适于实用的新技术方案。申请实用新型专利的主体必须是产品，且必须有确定的形状、固定的三维构造，能自由移动。另外，作为实用新型的产品还必须具有实用性，即能够在生产中运用，一旦实施就能够取得某种技术的、社会的或经济的效果。

(三) 外观设计

外观设计是指对产品的形状、图案或者色彩与形状、图案的结合所做出的具

---

① 关永宏. 知识产权法学 [M]. 广州：华南理工大学出版社，2008.

有美感、适于在工业上运用的新设计。外观设计以产品为依托,可以是立体的,也可以是平面的。

【司法·小·测试 10-10】

《专利法》对该授予专利权的情况给了详细的规定,那么下列情况中,哪些是不能授予专利权的?(2002 年司法考试卷三多选第 53 题)

A. 李某发明了仿真伪钞机

B. 陈某发明了对高血压特有的治疗方法

C. 钱某发现了某向日葵的新品种

D. 夏某发明了某水稻的生产方法

【答案】 ABC

【案例 10-5】

受孕方法不得授予专利

陈某研究出了一个成果,主要内容是向有生育能力的夫妇传授选择生男孩还是生女孩的方法,期望通过这样的方法来控制人口性别比例,并向中国专利局申请了发明专利。专利局认为该项申请并不符合《专利法》中授予专利权的范围,驳回了陈某的申请。陈某再次向专利复审委员会提出复审请求,得到同样的结果。无奈之下,他只有向法院起诉,认为该项专利的主题是科学计划生育,不应只列为受孕方法。但法院判决认为,陈某所谓的计划生育、控制人口性别比例等,归根结底是属于人类的受孕方法问题,是一种治疗方法。因此,最终驳回了陈某的专利申请。

资料来源:http://www.148com.com/html/528/75615.html.

【分析】 本案涉及我国《专利法》第 25 条关于不授予专利权的范围问题。《专利法》第 25 条规定,对下列各项,不授予专利权:①科学发现;②智力活动的规则和方法;③疾病的诊断和治疗方法;④动物和植物品种;⑤用原子核变换方法获得的物质；⑥对平面印刷品的图案、色彩或者二者的结合作出的主要起标识作用的设计。本案中陈某所想要申请的专利的内容就是一种受孕方法。根据我国《专利审查指南》对"治疗方法"作出的具体规定：以治疗为目的的受孕、避孕、增加精子数量、体外受精、胚胎转移等方法不属于被授予专利权的治疗方法，法院裁定维持专利复审委员会的复审决议是正确的。另外，《专利法》和《专利审查指南》中都规定："违反国家法律、社会公德或妨碍各个领域的发明创造不授予专利权。"该案中陈某提出的方法违背了我国的伦理观念和社会公德。人口的性别应该自然决定，不能随意左右。可见，申请人提出的"科学计划生育"发明专利申请违反了我国《专利法》的立法宗旨。

四、专利权的内容和限制

（一）专利权人的权利

专利权人的权利主要包括以下五项：

1. 垄断实施权

我国《专利法》第11条明确规定了垄断实施权的内涵。

2. 实施许可权

实施许可权是指通过签订实施许可合同，专利权人许可他人实施其专利并收取专利使用费的权利。具体来讲，有三种专利许可合同的形式：普通的许可合同、独占的许可合同、排他的许可合同，不同的合同形式对被许可人产生不同程度的控制。

3. 转让权

专利权只能作为一个整体转让。根据我国《专利法》第10条的规定，转让专利权的当事人之间须签订书面合同，并由国务院专利行政部门登记和公告，专利权的转让自登记之日起生效。中国单位或个人向外国人转让专利的，还须经国务院有关主管部门批准。

4. 标示权

专利权人有权将专利标记和专利号标明在其专利产品或产品的包装上。

5. 放弃权

我国《专利法》第44条规定，专利权人未按规定缴纳年费或以书面声明放弃其专利权的，专利权在期限届满前终止。专利权在期限届满前终止的，知识产权局需要登记并公告。

（二）专利权人的义务

专利权人应当自被授予专利权的当年开始缴纳年费（也称专利维持费），其所缴纳的年费是逐年递增的，如果未按规定缴纳年费，可能导致专利权的终止。且专利权人要实际实施已获专利的发明创造。

（三）强制许可制度

强制许可制度是指国务院专利行政部门不经专利权人的同意直接许可具备实施条件的申请者实施发明或实用新型专利的一种行政措施。包括以下几种情况：①根据我国《专利法》第48条的规定，专利权人自专利权被授予之日起满3年，并且自提出专利申请之日起满4年，无正当理由未实施或者未充分实施其专利的；②专利权人行使专利权的行为被依法认定为垄断行为，为消除或者减少该行为对竞争产生的不利影响的；③根据我国《专利法》第50条的规定，为了公共健康，对取得专利权的药品，国务院专利行政部门可以给予制造并将其出口到符合中华人民共和国参加的有关国际条约规定的国家或地区的强制许可；④交叉强制。

【司法·小·测试 10-11】

王某因发明了一款节能洗衣机而拥有对其的专利权，赵某对该洗衣机加以改进并获得了重大技术进步，也取得了新的专利权。但是，专利的实施依赖于对王某的专利的实施，可双方并没有达成实施许可协议。那么，在这种情况下，下列哪些说法是错误的？（2003年司法考试卷三多选第40题）

A. 王某可以申请实施赵某的专利强制许可

B. 赵某可以申请实施王某的专利强制许可

C. 赵某在取得实施强制许可后，无须给付王某使用费

D. 任何一方在取得实施强制许可后即享有独占的实施权

【答案】CD

五、授予专利权的条件

（一）授予发明、实用新型专利的实质条件

发明、实用新型获得专利的实质要件包括：新颖性、创造性和实用性，称为"三性"。

1. 新颖性

根据我国《专利法》第22条第2款规定，判断新颖性的客观标准为，一项发明创造是否已经公开过。

根据我国《专利法》第24条的规定，申请专利的发明创造在申请日以前6个月内，有下列情况的，不丧失新颖性：①在中国政府主办或承认的国际展览会上首次展出的；②在国务院有关主管部门和全国性学术团体组织召开的学术会议或技术会议上首次发表的；③他人未经申请人同意而泄露其内容的。需要注意的是，对于这三种情况，虽然不丧失新颖性，但其效力却十分有限，它不具有排除第三人申请的效力。如果有他人在这6个月内就同样的发明创造提出申请，靠这种不丧失新颖性的规定是无法与之抗衡的。

【案例10-6】

曾某是一个业余发明爱好者，2010年4月，其成功完成了一项"快速风力发电方法"的发明，当时他并没有意识到专利的重要性。并于同年6月参加了一个科技部召开的技术会议，在会议上介绍了自己发明的这个方法。8月，一份自然

科学杂志上详细介绍了曾某的这项发明。杂志出版后，由于运输出现问题，该期杂志并没有对外销售，只赠送给了一些内部人员传阅。2010 年 12 月，严某也做出了相同的发明，并于 2011 年 1 月 10 日提出了专利申请。曾某得知后，立即于 1 月 14 日提出"快速风力发电方法"的专利申请。

【分析】在本案中，发明人曾某和严某都不能获得专利权。首先，对于曾某，其在公开其发明后，有 6 个月的宽限期来供其进行专利的申请，也即在公开发明之后 6 个月内申请专利，该发明的新颖性是不受任何影响的。而曾某申请专利是在 6 个月之后，而且，其发明还被杂志公开了，即便出版物没有投放市场，也处于"公众想知道就能获取"的状态，因此，这种情况也被视为公开了。其次，对于严某来说，由于曾某在会议上发言以及在某杂志上发表了，所以发明的新颖性也被破坏了。因此，双方都无法获得专利授权。

2. 创造性

我国《专利法》第 22 条第 3 款规定，创造性是指同申请日以前已有的技术相比，该发明或实用新型有突出的实质性特点和显著的进步。我国《专利法》对实用新型的专利申请不进行实质审查，所以对实用新型创造性的评价，也是在对实用新型专利权提出无效宣告请求时才可能涉及。

3. 实用性

我国《专利法》第 22 条第 4 款规定，实用性是指一项发明或者实用新型能够在产业上进行制造或者使用，并且能够产生积极的效果。

【司法·小·测试 10-12】

某制药厂研制出了一种新型的抗生素，该厂打算向我国国务院专利行政部门申请专利，依据《专利法》的哪种相关规定？

A. 制药厂不能被授予专利

B. 该抗生素产品可以申请专利，但其制造方法不能被授予专利

C. 该抗生素的制造方法可以申请专利，但产品不能申请专利

D. 该抗生素产品本身和制造方法均可授予专利

【答案】D

（二）授予外观设计专利的实质条件

外观设计获得专利的实质要件为：新颖性、美观性及不与在先权利冲突。

1. 新颖性

我国《专利法》第 23 条规定，新颖性是指授予专利权的外观设计应当不属于现有设计，也没有任何人就同样的外观设计在申请日以前向国务院专利行政部门提出过申请并记载在申请日以后公告的专利文件中。

2. 美观性

根据我国《专利法实施细则》第 2 条的有关规定，美观性是指外观设计使用在产品上时能使人产生美感，增加产品对消费者的吸引力。授予专利权的外观设计不能与他人在先取得的合法权利相冲突，如不得擅自将他人享有著作权的美术作品作为外观设计申请专利。

3. 不与在先权利冲突

根据我国《专利法》第 23 条的规定，授予专利权的外观设计与现有设计或现有设计特征的组合相比，应当具有明显区别。授予专利权的外观设计不得与他人在申请日以前已经取得的合法权利相冲突。

（三）不予授予专利权的情形

根据我国《专利法》的规定，不予授予专利权的情形有以下几种：

1. 我国《专利法》第 5 条的规定

对于违反国家法律、社会公德或者妨碍社会公共利益的发明创造，不授予专利权。

2. 我国《专利法》第 25 条的规定

科学发现、智力活动的规则和方法、疾病的诊断和治疗方法、动物和植物的品种、用原子核变换方法获得的物质、对平面印刷品的图案、色彩或者二者的结

合作出的主要起标识作用的设计等不授予专利权，但是对于动植物品种的产品生产方法可以依法授予专利权。

六、专利的申请与审批

（一）专利申请权的归属及转移

明确专利申请权的归属是进行专利申请的第一步。专利申请权的归属问题主要涉及四种情况：职务发明创造专利申请权的归属、非职务发明创造专利申请权的归属、共同发明创造专利申请权的归属和委托发明创造专利申请权的归属。我国《专利法》第 6 条、第 8 条，我国《合同法》第 339、340 条分别作了规定。

专利申请权的转移包括三种方式：通过合同转移；通过继承转移；因组织体的合并、分立或解散而发生的继受。我国《专利法》第 10 条及《专利法实施细则》规定以各种方式转移专利申请权时须办理登记公告手续。

（二）专利申请的文件

1. 发明和实用新型的申请文件

我国《专利法》第 26 条规定，申请发明和实用新型专利应提交请求书、说明书及其摘要和权利要求书等文件。

按照我国《专利法》第 26 条第 3 款的规定，说明书必须对发明或者实用新型作出清楚、完整的说明，并以所属技术领域的技术人员能够实现为准。权利要求书是用以确定专利保护范围的法律文件，它的作用是向公众告知专利保护范围。按照我国《专利法》第 26 条第 4 款的规定，权利要求书应当以说明书为依据，说明要求专利保护的范围。

2. 外观设计的申请文件

申请外观设计专利应提交请求书、图片或者照片等。

（三）专利的审批

1. 发明专利申请的审批

发明专利申请的审批过程可以用图 10–1 简单表示。

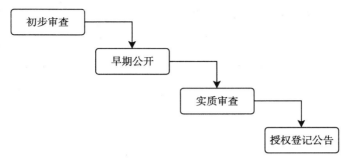

图 10-1　发明专利申请的审批过程

（1）初步审查。是指国务院专利行政部门在受理发明专利申请后，审查其是否符合《专利法》及其实施细则规定的形式要求以及是否存在明显的实质性缺陷，但并不对其新颖性、创造性和实用性进行评价。

（2）早期公开。根据我国《专利法》第 34 条的规定，国务院专利行政部门收到发明专利申请后，经初步审查认为符合要求的，自申请之日起满 18 个月，即行公布，国务院专利行政部门可以根据申请人的请求早日公布其申请。除上述规定外，国务院专利行政部门受理发明专利申请后，应当将需要进行保密审查的申请转送国务院有关主管部门审查；有关主管部门应当自收到该申请之日起 4 个月内，将审查结果通知国务院专利行政部门；需要保密的，由国务院专利行政部门按照保密专利申请处理，并通知申请人。

（3）实质审查。是国务院专利行政部门依法审查发明专利申请是否符合授予专利权的实质要件。根据我国《专利法》第 35 条的规定，发明专利申请自申请之日起 3 年内，专利局可以根据申请人随时提出的请求，对其申请进行实质审查；申请人无正当理由逾期不请求实质审查的，该申请即被视为撤回。专利局认为必要的时候，也可自行对发明专利申请进行实质审查。

（4）授权登记公告。根据我国《专利法》第 39 条的规定，发明专利申请经实质审查没有发现驳回理由的，由国务院专利行政部门作出授予发明专利权的决定，发给发明专利证书，同时予以登记和公告。发明专利权自公告之日起生效。

2. 实用新型和外观设计专利的审批

我国《专利法》规定，对实用新型和外观设计专利申请只进行初步审查，不进行实质审查。根据我国《专利法》第 40 条的规定，实用新型和外观设计专利申请经初步审查没有发现驳回理由的，由国务院专利行政部门作出授予实用新型或外观设计专利权的决定，发给相应的专利证书，同时予以登记和公告。实用新型和外观设计专利权自公告之日起生效。

（四）专利权的期限、终止和无效

1. 根据我国《专利法》第 42、43 条的规定

发明专利权的期限为 20 年，实用新型专利权和外观设计专利权的期限为 10 年，均自申请日起计算。专利权人应当自被授予专利权的当年开始缴纳年费。

2. 我国《专利法》规定了专利权在期限届满前终止的情形

根据我国《专利法》第 44 条的规定，有下列情形之一的，专利权在期限届满前终止：①没有按照规定缴纳年费的；②专利权人以书面声明放弃其专利权的。专利权在期限届满前终止的，由国务院专利行政部门登记和公告。

3. 根据我国《专利法》第 45 条和第 46 条第 1 款的规定

自国务院专利行政部门公告授予专利权之日起，任何单位或者个人认为该专利权的授予不符合法律有关规定的，可以请求专利复审委员会宣告该专利权无效。专利复审委员会对宣告专利权无效的请求应当及时审查和做出决定，并通知请求人和专利权人。宣告专利权无效的决定，由国务院专利行政部门登记和公告。

七、专利侵权

（一）专利权的保护范围以及专利侵权

我国《专利法》第 59 条规定了发明、实用新型和外观设计专利权的保护范围，我国《专利法》第 60 条规定专利侵权的内涵、专利侵权预备。根据《专利法》的相关规定，专利侵权行为主要涉及两方面的问题：一是专利侵权行为的构成要件；二是专利侵权行为的判定原则。构成专利侵权行为需要承担的法律责任包括民事责任、行政责任和刑事责任。

（二）专利侵权的主要类型

1. 假冒专利

根据我国《专利法实施细则》第 84 条的规定，下列行为属于假冒他人专利的行为：

（1）在未被授予专利权的产品或者其包装上标注专利标识，专利权被宣告无效后或者终止后继续在产品或者其包装上标注专利标识，或者未经许可在产品或者产品包装上标注他人的专利号；

（2）未经许可，销售（1）项所述的产品；

（3）在产品说明书等材料中将未被授予专利权的技术或者设计称为专利技术或者专利设计，将专利申请称为专利，或者未经许可使用他人的专利号，使公众将所涉及的技术或者设计误认为是专利技术或者专利设计；

（4）伪造或变造他人的专利证书、专利文件或者专利申请文件；

（5）未经许可，在合同中使用他人的专利号，使人将合同涉及的技术误认为是他人的专利技术。

2. 冒充专利

根据我国 2000 年修订的《专利法》第 59 条的规定，以非专利产品冒充专利产品，以非专利方法冒充专利方法的，由管理专利工作的部门责令改正并予以公告，可以处 5 万元以下的罚款。

相关法律指出，下列行为属于以非专利产品冒充专利产品、以非专利方法冒充专利方法的行为：

（1）制造或者销售标有专利标记的非专利产品；

（2）专利权被宣告无效、专利权届满或者终止后，继续在制造或者销售的产品上标注专利标记；

（3）在广告或者其他宣传材料中将非专利技术称为专利技术；

（4）在合同中将非专利技术称为专利技术；

（5）伪造或者变造专利证书、专利文件或者专利申请文件。

【司法·小·测试 10—13】

　　A 公司是一家设计公司，其 2010 年获得了一项外观设计专利。B 公司在没有得到 A 公司许可的条件下，以生产经营为目的制造了该产品。C 公司也未经 A 公司许可，也想以生产经营为目的从中分一杯羹，那么，C 公司的下列行为中哪项是侵犯专利权的行为？（2005 年司法考试卷三单选第 15 题）

　　A. 使用 B 公司制造的该产品

　　B. 销售 B 公司制造的该产品

　　C. 许诺销售 B 公司制造的该产品

　　D. 使用 A 公司制造的该产品

【答案】B

（三）不能视为侵犯专利权的情形

　　根据我国《专利法》第 69 条的规定，下列情形不能视为侵犯专利权：

　　（1）专利权人制造、进口或者经专利权人许可而制造、进口专利产品，以及依照专利方法直接获得产品售出后使用、许诺销售或者销售该产品的；

　　（2）在专利申请日前已经制造相同产品、使用相同方法或者已经做好制造、使用的必要准备，并且仅在原有范围内继续制造、使用的；

　　（3）临时通过中国领陆、领水、领空的外国运输工具，依照其所属国同中国签订的协议或者共同参加的国际条约，或者依照互惠原则，为运输工具自身需要而在其装置和设备中使用有关专利的；

　　（4）专为科学研究和实验而使用有关专利的；

　　（5）专为提供行政审批所需要的信息，制造、使用、进口专利药品或者专利医疗器械的，以及专门为其制造、进口专利药品或者专利医疗器械的。

【司法·小·测试 10-14】

根据专利法的相关规定，下列行为哪些是侵犯专利权的？

A. 甲不知道某专利产品是假冒的，进行了大量购进，事后得知是假冒的，为了避免自身利益受损而大量售出

B. 甲发明了一项专利产品，乙从甲专利权人那儿购进了该产品，在未经甲许可的情况下又将该产品售出

C. 甲发明了一种产品，乙在甲申请专利日之前已经开始生产相同产品，现在又扩大了该产品的生产规模

D. 甲为了科学实验使用了乙专利权人的某项专利方法，并从该方法中获得了很好的成果，独自申请了专利

【答案】AC

（四）侵权行为的赔偿责任

根据我国《专利法》第 65 条的规定，当侵权行为给专利权人造成实际损失时，侵权人应当向专利权人赔偿损失。赔偿数额的方式可按以下顺序计算：首先，按照专利权人因被侵权所受到的损失作为赔偿额；其次，实际损失难以确定的，可以按照侵权人因侵权行为获得的利益作为赔偿额；再次，专利权人的实际损失或者侵权人获得的利益难以确定的，可以参照该专利许可使用费的倍数合理确定。

【案例 10-7】

2010 年 3 月，A 公司向专利局申请了一项手机外壳外观设计的专利，并在两个月后获取了专利授权。但不久 A 公司发现 B 公司也生产了一模一样的手机外壳，于是 A 公司诉至法院，向法院提出损失赔偿请求，并提供了相关证据。法院受理了该请求，并对 B 公司的所有财务资料进行证据保全，但 B 公司却将资料都销毁了，导致证据保全无法进行。对于 A 公司的经济损失，法院无法计算。最终，法

院裁定 B 公司的侵权行为成立，要求其全额支付 A 公司的赔偿请求。

第四节 商标权

随便哪个傻瓜都可能达成一笔交易，但创造一个品牌却需要天才、信仰和毅力。未来的行销是品牌的战争——品牌互争长短竞争，商界与投资者将认清品牌才是公司最珍贵的资产。

——佚名

一、与商标权有关的法律

目前，我国尚未对商业标志实施统一立法，除商标外的其他商业标志，如商号、地理标志、计算机网络域名等，其立法均呈现散乱状态。不过，我国《反不正当竞争法》是保护商业标志的最基础、最重要的法律。

本节着重介绍商标法。目前与商标权有关的国内法律主要有《中华人民共和国商标法》（以下简称《商标法》）、《中华人民共和国商标法实施条例》以下简称《商标法实施条例》、《最高人民法院关于审理商标民事纠纷案件适用法律若干问题的解释》以及我国主要参与的国际公约《保护工业产权巴黎公约》。

我国《商标法》概述

我国现行《商标法》共八章，第一章为总则，规定了申请商标注册的申请人种类以及作为商标的标志应满足的法律要求；第二、三章规定了商标注册的申请、审查和标准；第四章规定了注册商标的续展、转让和使用许可的

法律要求；第五章是关于注册商标争议的裁定规定；第六、七章是关于商标使用的管理以及注册商标专用权的保护；第八章附则，是关于商标缴费的规定以及本法的生效时间。

二、商标注册

（一）商标注册的条件

根据我国商标权注册取得原则，凡事需要注册商标的自然人、法人，都要到商标局办理商标注册申请手续，并且需要符合法律规定的与申请人及其申请注册的商标相关的注册条件。

根据我国《商标法》第 4 条、第 5 条的规定，商标注册申请人必须是依法成立的从事工商业活动并能独立承担民事责任的自然人、法人或其他组织，申请人可以是两个以上的自然人、法人或其他组织。我国《商标法》第 8 条、第 10 条、第 11 条、第 12 条、第 28 条规定了申请注册的商标需要满足的条件，另外修订后的我国《商标法》添加了"申请注册的商标不得与他人在先取得合法权利相冲突"的规定，其中在先权包括"商号权、外观设计权、版权、地理标志权、姓名权、肖像权等"。

（二）商标注册的程序

商标注册的程序可以用图 10-2 简单表示。

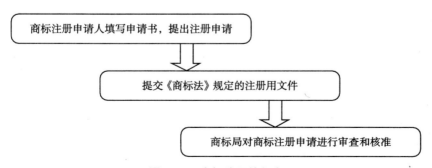

图 10-2　商标注册的程序

1. 商标注册申请人填写申请书，提出注册申请

填写申请书时须根据《商品国际分类表》（全称《商标注册用商品和服务国际分类表》）填报使用商标的商品类别和商品名称。"一件商标一份申请书"，允许同一商标用于不同类别的商品上，但是注册商标要在同类其他商品上使用时，需要另行提出申请注册。注册商标需要变更的应当提出变更申请。

2. 提交《商标法》规定的注册用文件

包括《商标注册申请书》、商标图样、黑白墨稿，法律要求的有关证明文件。

3. 商标局对商标注册申请进行审查和核准

审查分为形式审查和实质审查，我国《商标法》和《商标法实施条例》对两种审查的内容分别作了规定。审查后符合条件的商标由商标局进行初步审定并公告，自公告之日起3个月内任何人均可提出异议，异议成立的，不予核准注册；异议不成立的或者公告期满无异议的，核准注册，颁发注册证并予以登记公告，自此注册商标受法律保护，注册人享有商标专用权。

三、商标权及其利用与保护

（一）商标权的概念及内容

商标权是商标所有人对其注册商标享有的专有权，商标权实际上就是注册商标专用权。商标权的内容包括专有使用权、禁止权、使用许可权、转让权、申请制止权、出质权和继承权，各自的概念如表10-1所示。

表10-1　商标权的内容

商标权内容	定　义
专有使用权	指商标权人依法在核定使用的商品上使用已注册商标的权利。我国《商标法》第44条规定了商标使用不合法的行为，商标局有权责令限期改正或撤销其注册商标
禁止权	指商标权人有权禁止任何人未经其许可在相同或类似商品上使用与其注册商标相同或近似的商标的权利
使用许可权	指通过签订合同，商标权人许可他人使用其注册商标的权利。商标使用许可合同包括以下三类：普通使用许可、排他使用许可、独占使用许可
转让权	指商标权人将其注册商标的所有权转让给他人的权利

续表

商标权内容	定　义
申请制止权	指商标权人请求人民法院制止即将发生的商标侵权行为的权利。我国《商标法》第57条、第58条对此作了规定
出质权	指商标权人为了换取其他经济利益而将注册商标作为质押的行为
继承权	指按照财产继承法的一般原理，商标权人死亡后的无形财产也属于财产继承的范围，但是继承人需要履行相应的法律程序

（二）商标权的利用与保护

本节所提到的商标权的使用是指商标权人对自己所注册的商标的使用，使用的方式主要分为两类：一类是商标权人直接使用注册商标，如在商品或其外包装上、广告宣传、展览会或其他业务活动上使用等；另一类是商标权人间接使用商标，这种使用方式主要是商标权人对法律赋予其的注册商标专有使用权的应用。

【司法小·测试 10-15】

A公司是一家外资企业，它拥有"blue"商标，该商标所使用的商品是中性笔。虽然该商标并没有在中国注册，但是国内对它的认可度非常高，且被认定为驰名商标。那么，A公司所提出的下列请求中，哪些应得到支持？（2005年司法考试卷三多选第60题）

A. 公司请求禁止B公司将"blue"商标在其产品钢笔上注册

B. 公司请求禁止C公司将"blue"商标在其产品钢笔上使用

C. 公司请求禁止D公司将"blue"商标在其产品中性笔上使用

D. 公司请求已将"blue"商标在其产品啤酒上使用的E公司给予赔偿

【答案】ABC

【拓展阅读】

商标权人间接使用商标的内容

（1）许可他人使用其注册商标，我国《商标法》第40条和第41条，《关于审理商标民事纠纷案件适用法律若干问题的解释》第 4 条、第 19 条等对许可使用作了规定。

（2）转让使用，我国《商标法》、《商标法实施条例》规定了转让使用需要经历的程序，并对转让使用作了限制规定。

（3）商标权的投资，《企业商标管理若干规定》详细描述了法律对以商标权进行投资的规定。

（4）质押，商标权质押的需要签订质押合同，并向商标局申请登记，申请时须提交相关证明文件。有关商标权质押的法律主要见于《中华人民共和国担保法》、《企业动产抵押物登记管理办法》、《商标专用权质押登记程序》等。

商标权的保护是国家运用法律手段保护商标权人对其注册商标的专有使用权，制止、制裁侵犯商标权人合法权益的法律行为。法律对商标权人商标权的保护是指在特定范围内的保护，并且该保护范围超出了注册商标的权利范围。我国《商标法》第 51 条规定的注册商标的权利范围只包括核准注册的商标以及核定使用的商品，而法律对注册商标的保护范围大于其权利范围，还包括了与注册商标相近似的商标和与核定使用的商品相类似的商品。

四、商标侵权行为

一切侵害他人注册商标权益的行为，都是侵犯商标权的行为。

（一）根据我国《商标法》第 52 条的规定

侵犯注册商标专用权的行为主要包括以下几种：

1. 未经注册商标所有人许可，在同一种商品或类似商品上使用与注册商标相同或近似的商标的行为

这是司法实践中遇到最多的一种商标侵权行为，未经注册商标所有人许可，也即未按照《商标法》第 40 条的规定办理许可手续。该种行为会让消费者对商品的出处产生错误理解，进而产生误购行为，对商标注册人和消费者的合法权益

都会造成伤害。

2. 销售侵犯注册商标专用权的商品的行为

结合我国《商标法》第56条第3款的规定，销售不知道是侵犯注册商标专用权的商品，能证明该商品是自己合法取得并说明提供者的，不承担赔偿责任。因此，这种形式的商标侵权行为是以销售者主观明知为要件的。

3. 伪造或擅自制造他人注册商标标识或者销售伪造、擅自制造的注册商标标识的行为

需要注意的是，这种侵权行为是商标标识的侵权行为，包括"制造"和"销售"两种行为。

4. 未经商标注册人同意，更换其注册商标并将该更换商标的商品又投入市场的行为

这种行为在理论上也称"反向假冒"行为。

5. 给他人的注册商标专用权造成其他损害的行为

除前四项外的其他损害行为，如企业标志或者其主要部分构成对驰名商标的复制、模仿、翻译或音译，域名或域名的主要部分构成对驰名商标的复制、模仿、翻译或音译，故意为侵犯他人注册商标专用权行为提供仓储、运输、邮寄、隐匿等便利条件的行为等。

【司法小测试 10-16】

根据商标权的相关规定，下列行为中哪些侵犯注册商标专用权？

A. 毛某未经允许擅自制造杨某注册的商标标识

B. 在同类商品上，万某将与秦某注册商标相近似的文字作为商品名称

C. 张某以模仿的方式将杨某未注册但已为公众熟知的商标进行注册

D. 严某明知李某托运的货物是假冒注册商标的商品，仍予以运送

【答案】ABD

（二）根据我国《商标法实施条例》第 50 条及《最高人民法院关于审理商标民事案件适用法律若干问题的解释》第 1 条的规定

属于《商标法》第 52 条第 5 款规定的给他人注册商标专用权造成其他损害的行为，包括：①在同种或类似商品上，将与他人注册商标相同或近似的标志作为商品名称、装潢使用，误导公众的；②故意为侵犯他人注册商标专用权的行为提供仓储、运输、邮寄、隐匿等便利条件的；③将与他人注册商标相同或近似的文字作为企业的字号或者在相同或类似商品上突出使用，容易使相关公众产生误认的；④将与他人注册商标相同或近似的文字注册为域名，并通过该域名进行有关商品交易的电子商务活动，容易使相关公众产生误认的。

五、商标侵权的法律责任

根据我国《商标法》第 53 条的规定，我国处理侵权案件的机关为工商行政管理部门和人民法院，对于侵犯商标权的人必须依法承担相应的法律责任，商标法规定的责任类型有民事责任、行政责任和刑事责任。

（一）民事责任

我国法律规定的民事责任主要有三类：停止侵害、消除影响和赔偿损失，《最高人民法院关于审理商标民事纠纷案件适用法律若干问题的解释》第 21 条、《商标法》第 53 条规定了商标侵权民事责任的承担方式。关于赔偿损失，我国《商标法》第 52、56 条，《最高人民法院关于审理商标民事纠纷案件适用法律若干问题的解释》第 13、14、15、16、17 条规定了计算赔偿损失的规则。为切实保护商标权人的商标权，我国《商标法》增加了人民法院的临时禁令、"即发侵权"的制止权以及证据保全和担保的规定等，主要见于我国《商标法》第 57、58 条。

（二）行政责任

行政责任是指依照我国《商标法》和其他行政法规的规定对侵权人处以强制性处罚措施。目前，这是我国商标权人维护其注册商标经常采用的措施。我国

《商标法》第 53、54、55 条，我国《商标法实施条例》第 52 条规定了商标侵权的行政责任。

（三）刑事责任

对于严重侵犯他人注册商标专有使用权的行为，构成刑事犯罪的，侵权人应当承担刑事责任。我国《商标法》第 59 条，我国《刑法》第 213 条、第 214 条、第 215 条规定了刑事责任的三种罪名：假冒注册商标罪、销售假冒注册商标商品罪和非法制造、销售非法制造的注册商标标识罪。

【案例 10-8】
阿迪达斯状告物美大卖场侵犯商标权

阿迪达斯有限公司（以下简称阿迪达斯）认为北京物美大卖场玉蜓桥店（以下简称物美玉蜓桥店）销售了与公司商标完全相同或极为相似的运动鞋产品，涉嫌侵犯了自己的商标权，将北京物美大卖场玉蜓桥店告上了法庭，要求该店停止侵权行为，销毁侵权商品，登报消除影响，赔偿经济损失 50 万元，并承担案件诉讼费。北京市二中院已受理了此案。

阿迪达斯有限公司诉称，公司的商品涵盖运动鞋、服装等，除拥有"ADIDAS"商标外，公司在中国还获得了"三叶草"、"三斜条"、"三条杠"等商品注册，核定使用商品涵盖鞋、服装等。阿迪达斯最近发现，物美玉蜓桥店销售了带有分别与自己公司商标标识完全相同或极其近似的运动鞋：其在鞋面上使用了"三条杠"及"五条杠"，在鞋后面使用了与"三叶草"商标极为近似的"五叶草"标识。上述运动鞋既非阿迪达斯制造，又非阿迪达斯授权生产。物美玉蜓桥店作为连锁超级市场，明知上述运动鞋是恶意模仿阿迪达斯知名商标，但仍进货销售，已构成侵权行为。

资料来源：http://www.chinacourt.org/article/detail/id/294390.shtml.

本章小结

当今社会比较流行的一句话就是：21世纪什么最贵？人才！为什么人才最贵呢？就是因为人才拥有知识资本。随着智力资本越来越流行，人才对于自身知识的保护欲也越来越强，对于企业来说更是如此。本章知识产权法旨在为企业维护自身的知识产权提供法律方面的帮助。知识产权中比较常见的就是著作权、专利权以及商标权，本章从这三个方面分别进行了讲述，包括各种权利的内容、实施权利的主体和对象、实施的条件和步骤、侵权时所要受的法律责任，等等。其实对于这些权利的了解和学习，不仅仅是企业或者公司的事情，也是任何个人的事情，因此其具有很强的普遍适用性。

第十一章 劳动法

劳动合同纠纷

顾某是一家制造业国有企业的操作工，在一次操作中发生工伤事故，经过一段时间的治疗渐有好转，其在企业人事干部的陪同下进行了劳动能力鉴定，被定为"工伤八级"，属于"部分丧失劳动能力"。而在顾某处于工伤期间时，他与企业的劳动合同期限已至，厂方领导考虑到实际情况，与顾某进行了谈话，表示不再与其续签劳动合同，并愿意按照法定标准支付伤残就业补助金。顾某认为，不能对一个因工伤部分丧失劳动能力的人撒手不管，因为工伤导致今后就业产生障碍，不同意解除劳动关系，发生争执。而企业则认为，合同已经到期，企业依法可以终止劳动合同，而根据顾某受伤的情况，他是可以另谋职业的。双方争执不下，顾某只有向劳动仲裁委员会提起申诉。

本案例所涉及的是劳动合同终止的问题，顾某因工负伤，部分丧失劳动能力，在工伤医疗期间企业却以劳动合同期满为由，与之终止劳动合同，即便工厂给予了顾某伤残就业补助金，但是违反了劳动法的相关规定。因而用人单位不得终止与顾某的劳动合同，劳动合同的期限应自动顺延至医疗期满为止。

资料来源：王昌硕，王广彬.劳动法案例教程［M］.北京：知识产权出版社，2005.

【案例启示】 在日常生活中总是会出现很多劳动纠纷，大部分都是由于劳动合同所引起的，所以近年来雇佣关系中的双方都对劳动合同引起极高的重视。本案中有关劳动合同终止的问题就是劳动法中比较常见的问题。为了解决劳动合同问题，就需对劳动法、劳动合同有比较细致的认识。

本章您将了解到：

● 劳动法的概念、内容和适用范围

● 劳动基准法

● 劳动合同包含的内容

● 劳动合同的履行和终止

● 解除劳动合同和无效劳动合同情形

● 劳务派遣

● 劳动争议解决机制

第一节　《劳动法》概述

知识作为一种智力劳动资本，在当今社会的地位越来越重要，但是作为该劳动资本的投资者，若没能利用好"劳动法"这门武器来保护自己的劳动资本，则自身价值会受到巨大侵蚀。

——佚名

按照我国《劳动法》的规定，凡年满 16 周岁、有劳动能力的公民均具有劳动权利能力和劳动行为能力；法律禁止用人单位招用未满 16 周岁的未成年人，但文艺、体育、特种工艺单位确需招用未满 16 周岁的文艺工作者、运动员和艺徒时，须上报并经县级以上劳动行政部门批准。

【司法·小·测试11-1】

某建筑工程队低价招用 20 名学徒工，合同中规定他们每天从事高空作业或繁重搬运工作，否则不能结算当月工资。用工当月，工程队因违反安全施工规定造成事故，致使学徒工多人伤亡。有关部门经调查发现这些学徒工均是不满 15 周岁的边远地区农民子弟。对此，劳动行政部门拟采取的下列哪一项措施不符合法律规定？（2005 年司法考试卷一单选第 20 题）

A. 责令雇主接触劳动合同，遣返这批学徒工

B. 责令雇主承担遣返费用，并给予经济补偿

C. 收缴雇主在非法用工期间的经营所得

D. 告知事故受害者及其家属向雇主索赔的权利，并协助他们向雇主索赔

【答案】C

一、劳动法的概念、内容和适用范围

狭义的劳动法仅仅指一个国家的劳动法典。广义的劳动法是指调整劳动关系以及与劳动关系密切相关的其他社会关系的法律规范的总和。

劳动法主要包括就业促进制度、集体谈判和集体合同制度、劳动标准制度、职业技能开发制度、社会保险制度、劳动争议处理制度和劳动监督检查制度等。

劳动法的体系由三部分组成，分别为：①劳动关系协调法，包括劳动合同、集体合同、用人单位内部劳动规则法、职工民主管理法和劳动争议处理法；②劳动基准法，包括工时法、工资法、劳动保护法、劳动监督法；③劳动保障法，包括劳动就业法、职业培训法、社会保险法、劳动福利法。

我国《劳动法》概述

我国现行《劳动法》共十三章，分别涉及促进就业、劳动合同和集体合

同、工作时间和休息休假、工资、劳动安全卫生、女职工和未成年工特殊保护、职业培训、社会保险和福利、劳动争议、监督检查、法律责任等方面的规定。根据我国《劳动法》第2条的规定，我国境内的企业、个体经济组织和与之形成劳动关系的劳动者，适用本法，国家机关、事业组织、社会团体和与之建立劳动合同关系的劳动者，也依照本法执行。

【司法·小·测试11-2】

下列哪一事项所形成的法律关系由劳动法调整？（2003年卷一单选第14题）

A. 甲厂职工陈某操作机器时不慎将参观的客户蒋某致伤，蒋某要求陈某赔偿

B. 汪某因身高不足1.70米而被乙厂招聘职工时拒绝录用，汪某欲告乙厂

C. 丙公司与劳务输出公司就30名外派劳务人员达成的协议

D. 丁公司为其职工购房向银行提供的担保

【答案】B

二、企业内部劳动规则

根据我国《劳动法》的规定，企业内部劳动规则是指用人单位按照法律规定所制定的、只在本单位实施的、用来管理劳动组织过程的规则，其所包含的内容主要有：录用、调动和辞退规则，企业行政和职工的基本职责规则，工作时间规则，处分规则等。

企业内部劳动规则的效力：①由于企业内部劳动规则的效力是由法律所赋予的，因此必须是合法的，不合法也就没有法律效力；②集体合同是制定内部劳动规则的依据，因此，劳动者利益的标准应以集体合同所规定的标准作为下限，内部劳动规则所规定的劳动者利益的标准也不得低于前者。

【司法·小·测试 11-3】

根据我国《劳动法》的规定，劳动者与用人单位建立劳动关系，应当订立劳动合同；又规定企业职工方与企业可以就劳动报酬、工作时间、休息休假、劳动安全卫士、保险福利等事项，签订集体合同。劳动合同与集体合同既有联系又有区别。下列关于两者异同点的表述，哪些是正确的？（2005 年司法考试卷一多选第 67 题）

A. 签订集体合同的当事人一方不是单个劳动者，而是代表全体劳动者的工会

B. 劳动者个人与企业订立的劳动合同中劳动条件和劳动报酬标准不得低于集体合同的规定

C. 劳动合同和集体合同都是要式合同，都必须以书面形式签订，但备案、签证或公证都不是订立合同的必要条件

D. 根据特别优于普通的原则，个人劳动合同的效力优先于集体合同的效力

【答案】AB

三、劳动基准法

劳动基准法是劳动法的体系之一，包括工时、工资、劳动保护、劳动监督法等，本节主要介绍工作时间、休息休假以及工资制度。

（一）工作时间和休息休假制度

1. 工作时间、休息、休假的概念和范围

工作时间是指法律所规定的劳动者在一昼夜间或者一周内工作或者劳动的时间限度，包括工作周和工作日两种。工作周是法律规定的一周内劳动者工作的时间，工作日是指法律规定的劳动者在一昼夜间内工作的时间长度。工作时间的范围包括准备工作时间、作业时间、结束工作时间以及法定非劳动消耗时间。法律

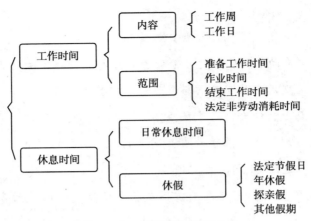

图 11-1　工作时间与休息时间

规定了一个工作日内或工作周内的最长工作时间，一个工作日最长工时为 8 小时，一个工作周最长工时为 40 小时。

休息时间是指根据法律的规定，劳动者免予履行劳动义务而自行支配的时间，包括日常休息时间和休假。日常休息时间是指工作日内不计入工作时间的间歇时间和计入工作时间的间歇时间（即法定非劳动消耗时间），以及相邻两个工作日之间的休息时间和相邻两个工作周之间的休息时间（即周休日）。①

休假是指法律规定的劳动者免予上班劳动但是有工资保障的休息时间。在我国受劳动法保护的休假有以下几种：

（1）法定节假日，包括元旦、春节、清明节、劳动节、端午节、中秋节、国庆节；还有部分公民放假的节日及纪念日，包括妇女节、青年节、儿童节、建军节等。

（2）年休假，是指法律规定的劳动者保留原职和工资的连续休假，由各单位根据实际情况，统筹安排全单位职工的年休假。

（3）探亲假，是指与家属分居两地的职工所享有的在一定时期内探望父母或者配偶的假期。

（4）其他假期，除以上假期外，我国法律还规定了其他假期，如女职工产

---

① 王全兴. 劳动法 ［M］. 北京：法律出版社，2004.

假、职工婚丧假等。

2. 延长工作时间

延长工作时间是指在法律规定的最长工作时间限度以外进行的工作，表现为两点：加班和加点。加班是指在法定节假日及周休日工作，加点是指在标准工作日以外进行工作。根据我国《劳动法》的规定，有关延长工作时间应有如下几个方面的要求和限制：

（1）一般情况下，通常为生产经营需要，延长工作时间须与工会和劳动者协商并获得其同意，并且每天加班时间不得超过1小时。

（2）因特殊原因需要延长工作时间的，在保障劳动者身体健康的条件下，每日不得超过3小时，每月合计不得超过36小时。

（3）禁止安排未成年工、怀孕7个月以上的女职工和哺乳未满1周岁婴儿的女职工延长工作时间。

（4）安排劳动者延长工作时间的，支付不低于工资的150%的工资报酬；休息日安排劳动者工作而又不能安排补休的，支付不低于工资的200%的工资报酬；法定休假日安排劳动者工作的，支付不低于工资的300%的工资报酬。

【司法小·测试 11-4】

王某的日工资为80元。2004年5月1~7日，根据政府规定放假7天，其中3天属于法定假日，4天属于前后两周的周末公休日。公司安排王某在这7天加班。根据劳动法的规定，公司除应向王某支付每日80元的工资外，还应当向王某支付多少加班费？（2004年司法考试卷一单选第28题）

A. 560元　　　　B. 800元　　　　C. 1120元　　　　D.1369元

【答案】B

【司法小·测试 11-5】

在下列哪种情况下，用人单位延长劳动者工作时间应受到《劳动法》有关限制性规定的约束？（2007年司法考试卷一单选第26题）

A. 发生自然灾害、事故或者因其他原因，威胁劳动者生命健康和财产安全，需要紧急处理的

B. 生产设备发生故障，影响生产和公众利益，必须及时抢修的

C. 交通运输线路、公共设施发生故障，影响生产和公众利益，必须及时抢修的

D. 用人单位取得大量订单，为了在短期内完成交货，必须组织突击生产的

【答案】D

【案例 11-1】

邓某与某公司签订了一份为期一年的劳动合同，邓某在该公司业务部门担任营销工作，公司实行不定时工资制，当时邓某未对该项劳动条款提出任何异议。在劳动期满时，邓某又与该公司续签了一年的劳动合同，并对劳动条款也没提出异议。后来，在履行劳动合同时，双方发生争执，邓某对劳动合同的条款以及公司的管理制度提出异议，称公司利用不定时工资制来逃避支付加班工资，他应得到公司的赔偿 5 万元。但公司称双方订立劳动合同是平等协商、自愿订立的，并且合同约定实行不定时工资制，不存在拖欠加班工资、节假日加班工资的问题。

【分析】 我国《劳动法》关于"劳动者享有休假的权利，对于因工作需要在休息日或法定假日加班的，应按照规定相应的比例发放工资"的规定是针对定时工资制而言的，对于不定时工资制，劳动者在上述时间内工作是不能享受这样的待遇的，因此该公司实行不定时工资制是合法的，邓某的请求不会得到法律支持。

(二) 工资法律制度

1. 工资的概念和范围

工资是用人单位支付给劳动者的劳动报酬。用人单位支付给劳动者的社会保险福利费用（如计划生育补贴、劳动保护方面的费用、按照规定未列入工资总额的各种劳动报酬）以及其他劳动收入（如发明创造奖等）不属于工资的范围。

2. 工资保障中应该注意的内容

（1）工资应以货币形式按月支付，不得以实物或者有价证券代替货币支付。

（2）劳动者依法享受年休假、探亲假、婚丧假，并且在依法参加社会活动的期间，用人单位按照劳动合同约定的标准支付工资。

（3）劳动者在试用、熟练、见习期间，在法定工作时间内提供了正常劳动的，用人单位应支付其不低于最低工资标准的工资。

（4）在劳动合同中约定劳动者在未完成劳动定额或者承包任务的情况下，用人单位可以低于最低工资标准支付劳动者工资的条款不具有法律效力。

（5）职工患病或者不是因工负伤治疗期间，在规定的医疗期内，用人单位支付的病假工资或者疾病救济费可以低于当地最低工资支付标准。

（6）上述"最低工资"不包括延长工作时间的工资报酬，以货币形式支付给劳动者的各种补贴、津贴以及按照国家规定的社会保险福利待遇。

【案例 11-2】

左某是广州一家企业的劳动合同工人，与企业签订了 3 年的劳动合同，合同截止日期是 2010 年 8 月 20 日，2010 年 6 月 24 日，左某因身体不舒服而去体检，医院称其有癌变的症状，要求进一步检查，但直到 8 月 31 日止，仍没有确诊结果。左某一直都患有慢性迁延性肝炎，因此一直处于"病休"状态，其累积的医疗期已超过其根据实际工作年限可享受的医疗期（6 个月），单位认为他的医疗期和合同期都满了，并且现在的癌症没有确诊，左某也没有完全丧失劳动能力，因此如期终止劳动合同，左某不服，与单位发生争议。

【分析】 劳动部在给广州市劳动局《对〈关于因病或非因工伤负伤医疗期管理等若干问题的请示〉的复函》中指出："职工的劳动期将满，经医疗诊断，怀疑患有某种绝症，但又不能马上确认而需复查，且需停工休息治疗者，可以比照第一种情况处理；不需要停工休息治疗者不适用医疗期有关规定，医疗期已满仍不能确认的，可以终止劳动合同。"据此规定，该企业的做法是正确的。

第二节　劳动合同概述

对于交易双方来说，劳动合同就是确定劳资关系的"规矩"，非经协商，不可突破。哪一方不诚信，劳动合同就成为其"紧箍咒"，对方的"保护伞"。

——佚名

一、劳动合同概述

（一）劳动合同的概念

劳动合同是劳动者与用工单位之间为了明确双方权利和义务而确立劳动关系的协议。劳动合同一般包括以下内容：劳动合同期限和试用期限；工作内容和工作时间；劳动报酬和保险、福利待遇；生产条件或工作条件；劳动纪律和政治待遇；劳动合同的变更和解除；违约责任；当事人约定的其他事项。

 【拓展阅读】

我国《劳动合同法》概述

我国现行《劳动合同法》是我国规范劳动合同制度的法律，总共八章，涉及对劳动合同的订立、劳动合同的履行和变更、劳动合同的解除和终止、劳动合同制度的监督检查、法律责任等的规定，以及对集体合同、劳务派遣、非全日制用工的特别规定。

（二）书面劳动合同的订立

1. 根据我国《劳动法》第 17 条的规定

订立劳动合同，应当遵循合法、公平、平等自愿、协商一致、诚实信用的原则。

（1）双方的先合同义务。

1）根据我国《劳动合同法》第 8 条的规定，用人单位招用劳动者时，应当如实告知劳动者工作内容、工作条件、工作地点、职业危害、安全生产状况、劳动报酬，以及劳动者要求了解的其他情况；用人单位有权了解劳动者与劳动合同直接相关的基本情况，劳动者应当如实说明。

2）根据我国《劳动合同法》第 9 条的规定，用人单位招用劳动者，不得扣押劳动者的居民身份证和其他证件，不得要求劳动者提供担保或者以其他名义向劳动者收取财物。

（2）双方的后合同义务，根据我国《劳动合同法》第 50 条的规定，劳动合同解除或者终止后双方的义务如下：

1）用人单位应当在解除或者终止劳动合同时出具解除或者终止劳动合同的证明，并在 15 日内为劳动者办理档案和社会保险关系转移手续。

2）劳动者应当按照双方约定，办理工作交接。

3）用人单位依照本法有关规定应当向劳动者支付经济补偿的，在办结工作交接时支付。

4）用人单位对已经解除或者终止的劳动合同的文本，至少保存 2 年备查。

在解除劳动合同后，劳动者仍然需要遵守在劳动合同中约定的保密义务或者竞业限制。

2. 根据我国《劳动合同法》第 7 条的规定

用人单位自用工之日起即与劳动者建立劳动关系。

3. 根据我国《劳动合同法》第 10 条的规定

建立劳动关系，应当订立书面劳动合同。已建立劳动关系，未同时订立书面劳动合同的，应当自用工之日起 1 个月内订立书面劳动合同。用人单位与劳动者在用工前订立劳动合同的，劳动关系自用工之日起建立。

4. 根据我国《劳动合同法》第 82 条的规定

用人单位自用工之日起超过 1 个月但不满 1 年且未与劳动者订立书面劳动合同的，应当向劳动者每月支付 2 倍的工资。

二、劳动合同的分类和必要条款

（一）劳动合同的分类

经过协商，用人单位与劳动者可以订立固定期限劳动合同、无固定期限劳动合同和以完成一定工作任务为期限的劳动合同（如建筑业合同）。根据《劳动合同法》第 13 条的规定，用人单位与劳动者协商一致后，可订立固定期限劳动合同。根据《劳动合同法》第 14 条的规定，无固定期限劳动合同的订立方式有如下几种：

1. 协商订立

用人单位与劳动者协商一致，可以订立无固定期限劳动合同。

2. 法定强制

有下列情形之一，劳动者提出或者同意续订、订立劳动合同的，除劳动者提出订立固定期限劳动合同外，应当订立无固定期限劳动合同：①劳动者在该用人单位连续工作满 10 年的；②用人单位初次实行劳动合同制度或者国有企业改制重新订立劳动合同时，劳动者在该用人单位连续工作满 10 年且距法定退休年龄不足 10 年的（双十）；③连续订立二次固定期限劳动合同，且劳动者《无劳动合同法》第 39 条和第 40 条第一项、第二项规定的情形（单位享有法定解除权的情形，劳动者有过错以及非工伤和不胜任工作两种情形），续订劳动合同的。

3. 推定签订

超过 1 年不签书面合同，视为签订了无固定期限合同。根据《劳动合同法》第 82 条的规定，用人单位违反本法规定不与劳动者订立无固定期限劳动合同的，应当自订立无固定期限劳动合同之日起向劳动者每月支付 2 倍的工资。

（二）劳动合同的必要条款

1. 根据《劳动合同法》第 17 条的规定

劳动合同所应具备的条款如下：①用人单位的名称、住所和法定代表人或者主要负责人；②劳动者的姓名、住址和居民身份证或者其他有效身份证件号码；③劳动合同期限；④工作内容和工作地点；⑤工作时间和休息休假；⑥劳动报酬；⑦社会保险；⑧劳动保护、劳动条件和职业危害防护；⑨法律、法规规定应当纳入劳动合同的其他事项。

2. 劳动合同的任意条款

（1）试用期条款。根据《劳动合同法》第 19 条的规定，劳动合同期限 3 个月以上不满 1 年的，试用期不得超过 1 个月；劳动合同期限 1 年以上不满 3 年的，试用期不得超过 2 个月；3 年以上固定期限和无固定期限的劳动合同，试用期不得超过 6 个月。同一用人单位与同一劳动者只能约定一次试用期。以完成一定工作任务为期限的劳动合同或者劳动合同期限不满 3 个月的，不得约定试用期。试用期包含在劳动合同期限内，劳动合同仅约定试用期的，试用期不成立，该期限为劳动合同期限。

【案例 11-3】

赵某被成功应聘为某食品有限公司的员工，但是在签约的时候双方发生了争执。按照公司的规定，新进的员工会和公司先签订 3 个月的试用合同，待试用合格后再签订正式劳动合同。但是赵某提出要签订一年的劳动合同，认为公司的做法违反了《劳动法》的相关规定，向当地监察大队举报，经调查，监察大队立即责令公司纠正签订试用合同的违法行为。

【分析】根据《劳动法》的规定，劳动者与用人单位建立劳动关系就应当签订劳动合同，试用期是劳动者与用人单位劳动关系的一种表现形式，所以也应当签订劳动合同，而不是试用合同，目前有些用人单位将试用期和劳动合同分隔开来，这种做法是违法的。

（2）违约金条款。适用对象包括涉及培训的和涉及保密的。

1）涉及培训的：根据我国《劳动合同法》第 22 条的规定，用人单位为劳动者提供专项培训费用，对其进行专业技术培训的，可以与该劳动者订立协议，约定服务期。劳动者违反服务期约定的，应当按照约定向用人单位支付违约金。违约金的数额不得超过用人单位提供的培训费用。用人单位要求劳动者支付的违约金不得超过服务期尚未履行部分所应分摊的培训费用。

2）涉及保密的：根据我国《劳动合同法》第 23 条第 1 款的规定，用人单位与劳动者可以在劳动合同中约定保守用人单位的商业秘密和与知识产权相关的保密事项。

①根据我国《劳动合同法》第 23 条第 2 款的规定，对负有保密义务的劳动者，用人单位可以在劳动合同或者保密协议中与劳动者约定竞业限制条款，并约定在解除或者终止劳动合同后，在竞业限制期限内按月给予劳动者经济补偿。劳动者违反竞业限制约定的，应当按照约定向用人单位支付违约金。

②根据我国《劳动合同法》第 24 条第 1 款的规定，竞业限制的人员限于用人单位的高级管理人员、高级技术人员和其他负有保密义务的人员。竞业限制的范围、地域、期限由用人单位与劳动者约定，竞业限制的约定不得违反法律、法规的规定。

③根据我国《劳动合同法》第 24 条第 2 款的规定，在解除或者终止劳动合同后，前款规定的人员到与本单位生产或者经营同类产品、从事同类业务的有竞争关系的其他用人单位，或者自己开业生产或经营同类产品、从事同类业务的竞业限制期限，不得超过 2 年。

④竞业期内可以到非竞业单位就业。

根据我国《劳动合同法》第 25 条的规定，除本法上述的情形外，用人单位不得与劳动者约定由劳动者承担违约金。

【司法·小·测试 11-6】

某公司的高层会议上，总经理提出在全公司的劳动合同中增加保守商业秘密条款，但董事长认为公司章程中已设立保密条款，不必在劳动合同中另加约定。某律师在为此提供的咨询意见中，对公司法规定的保密义务与劳动法规定的保密义务的区别有下列表述，其中哪些符合相关法律的规定？（2006 年司法考试卷一多选第 75 题）

A. 前一种义务仅适用于董事、高级管理人员，而后一种义务适用于一般劳动者

B. 前一种义务属于法定义务，后一种义务是有偿义务

C. 前一种义务是无偿义务，后一种义务是有偿义务

D. 违反前一种义务承担赔偿责任，违反后一种义务仅承担行政责任

【答案】AB

三、劳动合同的履行和终止

（一）劳动合同履行

《劳动合同法》规定了履行劳动合同时，双方的义务：

1. 用人单位与劳动者应当按照劳动合同的约定，全面履行各自的义务

用人单位应当按照劳动合同约定和国家规定，向劳动者及时足额支付劳动报酬。用人单位拖欠或者未足额支付劳动报酬的，劳动者可以依法向当地人民法院申请支付令；人民法院应当依法发出支付令。

2. 用人单位应当严格执行劳动定额标准，不得强迫或者变相强迫劳动者加班

用人单位安排加班的，应当按照国家有关规定向劳动者支付加班费。劳动者拒绝用人单位管理人员违章指挥、强令冒险作业的，不视为违反劳动合同。

3. 劳动者对危害生命安全和身体健康的劳动条件，有权对用人单位提出批评、检举和控告

劳动者拒绝用人单位管理员违章指挥、强令冒险作业的，不视为违反劳动合同。

4. 劳动合同履行中的责任

根据《劳动合同法》第85条的规定，用人单位有下列情形之一的，由劳动行政部门责令限期支付劳动报酬、加班费或者经济补偿；劳动报酬低于当地最低工资标准的，应当支付其差额部分；逾期不支付的，责令用人单位按应付金额50%~100%的标准向劳动者加付赔偿金。

（1）未依照劳动合同的约定或者国家规定及时足额支付劳动者劳动报酬的；

（2）低于当地最低工资标准支付劳动者工资的；

（3）安排加班不支付加班费的；

（4）解除或者终止劳动合同，未依照本法规定向劳动者支付经济补偿的。

（二）终止劳动合同

根据我国《劳动合同法》第44条的规定，劳动合同法定终止的情形，除劳动合同期满外，还包括劳动者开始依法享受基本养老保险待遇的；劳动者死亡，或者被人民法院宣告死亡或者宣告失踪的；用人单位被依法宣告破产的；用人单位被吊销营业执照、责令关闭、撤销或者用人单位决定提前解散的等。

【案例 11-4】

劳动者单方解除劳动合同

覃某曾是 A 公司的员工，与 A 公司签订了 4 年的劳动合同，从 2005 年 10 月到 2009 年 10 月。但在 2009 年 3 月，覃某认为公司给的工资偏低，口头提出要解除合同，但公司没有答复。过了数天，覃某被 B 公司录用，成为该公司的正式员工，并签订了劳动合同，覃某也正式在那边上班。自从覃某离开后，原公司的生产受到了影响，公司要求覃某回公司上班，并同时与 B 公司联系，希望 B 公司让覃某回来上班。但 B 公司以已经和覃某签订了劳动合同为由，不放人。A

公司无奈之下，向当地劳动争议仲裁委员会提起申诉，要求覃某与 B 公司承担违约赔偿责任。

【分析】覃某以 A 公司工资偏低为由口头解除劳动合同，是不符合《劳动法》相关规定的劳动者可单方解除劳动合同的情形。根据《劳动法》的相关规定，应裁定覃某和 B 公司承担违约责任，依法维护企业的合法权益。

四、解除劳动合同和无效劳动合同情形

（一）协商解除

根据我国《劳动合同法》第 36 条的规定，用人单位与劳动者协商一致，可以解除劳动合同。

（二）劳动者单方解除劳动合同

1. 预告解除

根据我国《劳动合同法》第 37 条的规定，劳动者提前 30 日以书面形式通知用人单位，可以解除劳动合同。劳动者在试用期内提前 3 日通知用人单位，可以解除劳动合同。

2. 即时解除

根据我国《劳动合同法》第 38 条的规定，用人单位有下列情形之一的，劳动者可以解除劳动合同：

（1）未按照劳动合同约定提供劳动保护或者劳动条件的；

（2）未及时足额支付劳动报酬的；

（3）未依法为劳动者缴纳社会保险费的；

（4）用人单位的规章制度违反法律、法规的规定，损害劳动者合法权益的；

（5）因用人单位过错致使劳动合同无效的；

（6）法律、行政法规规定劳动者可以解除劳动合同的其他情形；

（7）用人单位以暴力、威胁或者非法限制人身自由的手段强迫劳动者劳动的，或者用人单位违章指挥、强令冒险作业危及劳动者人身安全的，劳动者可以

立即解除劳动合同，不需事先告知用人单位。

（三）用人单位单方解除劳动合同的情形

1. 预告解除

根据我国《劳动合同法》第40条的规定，有下列情形之一的，用人单位提前30日以书面形式通知劳动者本人或者额外支付劳动者1个月工资后，可以解除劳动合同：

（1）劳动者患病或者非因工负伤，在规定的医疗期满后不能从事原工作，也不能从事由用人单位另行安排的工作的；

（2）劳动者不能胜任工作，经过培训或者调整工作岗位，仍不能胜任工作的；

（3）劳动合同订立时所依据的客观情况发生重大变化，致使劳动合同无法履行，经用人单位与劳动者协商，未能就变更劳动合同内容达成协议的。

2. 即时解除

根据我国《劳动合同法》第39条的规定，劳动者有下列情形之一的，用人单位可以解除劳动合同：

（1）在试用期间被证明不符合录用条件的；

（2）严重违反用人单位的规章制度的；

（3）严重失职，营私舞弊，给用人单位造成重大损害的；

（4）劳动者同时与其他用人单位建立劳动关系，对完成本单位的工作任务造成严重影响，或者经用人单位提出，拒不改正的；

（5）因劳动者过错致使劳动合同无效的。

（6）被依法追究刑事责任的。

【司法·小·测试 11-7】

某民办科研所与技术员周某签订劳动合同，约定由周某承担科研所的一个产品开发项目。开发过程中，由于资金缺乏，项目被迫下马。科研所决定与周某解除劳动关系。对此，该单位法律顾问提供的下列哪一项建议不符合法律规定？（2005年司法考试卷一单选第19题）

A. 告知周某当初聘用他的工作岗位已不存在

B. 至少提前 30 天向周某发出书面通知

C. 先安排周某到后勤岗位，如他拒绝就可以解雇

D. 如周某同意解除劳动合同可与单位签订解约协议，单位支付经济补偿；如周某不同意签订解约协议，单位有权单方解约并不支付经济补偿

【答案】D

3. 经济性裁员

根据《劳动合同法》第 41 条第 1 款的规定，有下列情形之一，需要裁减人员 20 人以上或者裁减不足 20 人但占企业职工总数 10% 以上的，用人单位提前 30 日向工会或者全体职工说明情况，听取工会或者职工的意见后，裁减人员方案经向劳动行政部门报告，可以裁减人员：

（1）依照企业破产法规定进行重整的；

（2）生产经营发生严重困难的；

（3）企业转产、重大技术革新或者经营方式调整，经变更劳动合同后，仍需裁减人员的；

（4）其他因劳动合同订立时所依据的客观经济情况发生重大变化，致使劳动合同无法履行的。

【司法·小·测试 11-8】

某国有企业厂因不能清偿到期债务而决定申请破产重整，对企业实施拯救。其拯救措施之一是进行裁员。根据有关法律规定，请回答第（1）~（4）题。（2007 年司法考试卷一不定项第 97~100 题）

（1）依照劳动法规定，企业在重整期间需要裁减人员时，应采取的程序是

A. 应当向工会或全体职工说明情况，听取意见

B. 应当召集职工代表大会，对裁员方案进行表决

C. 裁员方案应当公布，并允许被裁减人员提出异议

D. 裁员方案实施前，应当向劳动行政部门报告

（2）对于被裁减人员，应当给予的待遇是

A. 依照国家有关规定给予经济补偿

B. 制定职工安置预案，予以妥善安置

C. 承诺企业在 6 个月内录用人员时予以优先录用

D. 承诺企业在重整成功后予以重新录用

（3）不得被裁减的企业人员有

A. 管理层、技术骨干和劳动模范

B. 患病或者负伤，在规定的医疗期内的

C. 在孕期、产期、哺乳期内的女职工

D. 患职业病或者因公负伤并被确认丧失或者部分丧失劳动能力的

（4）对于企业裁减人员的决定，工会依法可采取的行动是

A. 工会认为该决定不适当的，有权提出意见

B. 工会认为该决定违反法律、法规或者劳动合同的，有权要求重新决定

C. 被裁减人员提起诉讼的，工会应当依法给予支持和帮助

D. 被裁减人员提起诉讼有困难的，工会可以代表职工提起诉讼

【答案】（1）**AD**　　（2）**ABC**　　（3）**BCD**　　（4）**ABC**

（四）用人单位不得解除劳动合同的情形

根据《劳动合同法》第 42 条的规定，劳动者有下列情形之一的，用人单位不得预告解除和裁员解除劳动合同：

（1）从事接触职业病危害作业的劳动者未进行离岗前职业健康检查，或者疑似职业病病人在诊断或者医学观察期间的；

（2）在本单位患职业病或者因工负伤并被确认丧失或者部分丧失劳动能力的；

（3）患病或者非因工负伤，在规定的医疗期内的；

（4）女职工在孕期、产期、哺乳期的；

（5）在本单位连续工作满 15 年，且距法定退休年龄不足 5 年的；

（6）法律、行政法规规定的其他情形。

（五）用人单位的经济补偿

根据《劳动合同法》第 46 条的相关规定，以下几种情况用人单位必须支付经济补偿：

（1）用人单位存在违反工资支付、社会保险等方面的法律规定的行为，劳动者提出解除劳动合同的，用人单位必须支付经济补偿。

（2）除用人单位维持或者提高劳动合同约定条件续订劳动合同，而劳动者不同意续订的情况外，固定期限劳动合同期满终止的，用人单位必须支付经济补偿。

（3）因用人单位被依法宣告破产，或者用人单位被吊销营业执照、责令关闭、撤销或者用人单位决定提前解散，而终止劳动合同的，用人单位必须支付经济补偿。

【司法·小·测试 11—9】

某企业与职工解除劳动关系时，在经济补偿方面的下列哪些做法不符合《劳动法》的规定？（2006 年司法考试卷一多选第 66 题）

A. 李某的试用期刚过一半，被发现不符合录用条件，企业决定在解除劳动合同时支付其试用期的全部工资，但不支付经济补偿金

B. 张某尚未达到退休年龄，但决定提前办理退休手续，企业告知，此情况下只支付养老金而不支付经济补偿金

C. 吴某在劳动合同解除后，根据有关规定将领取企业救济金，企业决定从经济补偿金中作适当扣除

D. 肖某因患病被解除劳动合同，企业发给经济补偿金，同时发给不低于 6 个月工资的医疗补助费并在经济补偿金中作相应抵偿

【答案】ACD

五、劳务派遣

（一）劳务派遣单位概述

1. 我国《劳动合同法》第 57 条的规定

劳务派遣单位应当依照公司法的有关规定设立，注册资本不得少于 50 万元。

2. 我国《劳动合同法》第 58 条的规定

劳务派遣单位是《劳动合同法》所称用人单位，应当履行用人单位对劳动者的义务。劳务派遣单位与被派遣劳动者订立的劳动合同，除应当载明第 17 条规定的事项外，还应当载明被派遣劳动者的用工单位以及派遣期限、工作岗位等情况。劳务派遣单位应当与被派遣劳动者订立 2 年以上的固定期限劳动合同，按月支付劳动报酬；被派遣劳动者在无工作期间，劳务派遣单位应当按照所在地人民政府规定的最低工资标准，向其按月支付报酬。

3. 我国《劳动合同法》第 60 条的规定

劳务派遣单位应当将劳务派遣协议的内容告知被派遣劳动者。劳务派遣单位不得克扣用工单位按照劳务派遣协议支付给被派遣劳动者的劳动报酬。劳务派遣单位和用工单位不得向被派遣劳动者收取费用。

4. 我国《劳动合同法》第 67 条的规定

用人单位不得设立劳务派遣单位向本单位或者所属单位派遣劳动者。

5. 我国《劳动合同法》第 66 条的规定

劳务派遣一般在临时性、辅助性或者替代性的工作岗位上实施。

（二）用工单位的义务

根据我国《劳动合同法》第 62 条的规定，用工单位的义务如下：①执行国家劳动标准，提供相应的劳动条件和劳动保护；②告知被派遣劳动者的工作要求和劳动报酬；③支付加班费、绩效奖金，提供与工作岗位相关的福利待遇；④对在岗被派遣劳动者进行工作岗位所必需的培训；⑤连续用工的，实行正常的工资调整机制；⑥用工单位不得将被派遣劳动者再派遣到其他用人单位。

根据我国《劳动合同法》第 63 条的规定，被派遣劳动者享有与用工单位的劳动者同工同酬的权利，用工单位无同类岗位劳动者的，参照用工单位所在地相同或者相近岗位劳动者的劳动报酬确定。

（三）非全日制用工

1. 我国《劳动合同法》第 68 条规定

非全日制用工是指以小时计酬为主，劳动者在同一用人单位一般平均每日工作时间不超过 4 小时，每周工作时间累计不超过 24 小时的用工形式。

2. 我国《劳动合同法》第 69 条规定

非全日制用工可以订立口头协议。从事非全日制用工的劳动者可以与一个或者一个以上用人单位订立劳动合同；但是，后订立的劳动合同不得影响先订立劳动合同的履行。

3. 我国《劳动合同法》第 70 条和第 71 条规定

非全日制用工不得约定试用期。非全日制用工双方当事人任何一方均可随时通知对方终止用工。终止用工不支付经济补偿。

4. 我国《劳动合同法》第 72 条规定

非全日制用工小时计酬标准不得低于用人单位所在地人民政府规定的最低小时工资标准。非全日制用工劳动报酬结算支付周期最长不得超过 15 日。

第三节　劳动争议解决机制

劳动争议和纠纷往往是让人头疼的东西，但只要按照合理合法的步骤进行处理，这个让人头疼的东西也会被拿掉！

——佚名

一、劳动争议处理的主要方式

劳动争议的处理方式如图 11-2 所示。

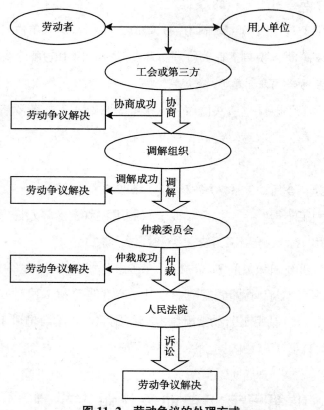

图 11-2 劳动争议的处理方式

（一）协商

发生劳动争议时，在自愿、平等的基础上，劳动者可以直接与用人单位协商，也可以请工会或者第三方共同与用人单位协商，解决劳动争议。

（二）调解、仲裁与诉讼

发生劳动争议时，当事人不愿协商、协商不成或者达成和解协议后不履行的，可以向调解组织申请调解；不愿调解、调解不成或者达成调解协议后不履行的，可以向劳动争议仲裁委员会申请仲裁；对仲裁裁决不服的，除劳动法另有规定的外，可以向人民法院提起诉讼。

（三）其他方式

发生劳动争议时，当事人对自己提出的主张负有举证责任，若用人单位掌握管理了有关争议事项的证据，但拒绝提供本应由其提供的证据，则应承担不利后果。若发生劳动争议的劳动者一方有 10 人以上，且有共同的请求，则可推举代表参加调解、仲裁或者诉讼活动，县级以上人民政府劳动行政部门会同工会和企业方面代表建立协调劳动关系的三方机制，共同研究解决劳动争议的重大问题。

【司法小·测试 11-10】

某建材公司拖欠 30 位民工的工资达半年，民工反复索要无果，遂向当地劳动行政主管部门投诉。在调查处理过程中，公司提出有个别民工偷窃和毁坏设备，但查不出何人所为，所以让全体民工承担连带责任，以工资抵偿损失。请回答以下第 (1)、(2) 题。(2004 年司法考试卷一不定项第 99、100 题)

(1) 对于民工的请求，劳动行政主管部门可以作出下列何种决定？

A. 告知民工直接向人民法院提起诉讼

B. 责令公司支付所欠民工工资

C. 将案件提交劳动争议仲裁委员会仲裁

D. 对公司提出警告、责令改正、处以罚款

(2) 对于建筑公司的主张，劳动行政主管部门应如何认定？

A. 公司让全体民工对偷窃和毁坏设备者造成的损失承担连带责任，于法无据

B. 全体民工有义务与公司协商确定赔偿损失的数额

C. 偷窃和毁坏设备事件与民工工资无关，应循其他合法途径另行解决

D. 全体民工有义务查处偷窃和毁坏设备者，查出前可暂扣部分工资作为保证

【答案】 (1) B　　(2) AC

二、适用调解仲裁的劳动争议范围

我国境内的用人单位与劳动者发生的劳动争议范围如下所列：①因确认劳动关系发生的争议；②因订立、履行、变更、解除和终止劳动合同发生的争议；③因工作时间、休息休假、社会保险、福利、培训以及劳动保护发生的争议；④因除名、辞退和辞职、离职发生的争议；⑤因劳动报酬、工伤医疗费、经济补偿或者赔偿金等发生的争议；⑥法律、法规规定的其他劳动争议。

事业单位实行聘用制的工作人员与本单位发生劳动争议的，依照本法执行；法律、行政法规或者国务院另有规定的，依照其规定。劳动争议仲裁不收费，经费由政府财政予以保障。

【司法·小·测试 11-11】

根据劳动法的规定和劳动关系的性质，下列哪一项纠纷属于劳动争议？（2002 年司法考试卷一单选第 11 题）

A. 某私营企业职工张某与某地方劳动保障行政部门的工伤认定机关因工伤认定结论而发生的争议

B. 进城务工的农民黄某与其雇主某个体户之间因支付工资报酬发生的争议

C. 某国有企业退休职工王某与社会保险经办机构因退休费用的发放而发生的争议

D. 某有限责任公司的职工李某是该公司的股东之一，因股息分配与该公司发生的争议

【答案】B

【案例 11-5】

劳动合同解除的纠纷

周某与某酒店签订了 3 年的劳动合同，合同期限为 1999 年 5 月 1 日至 2002 年 4 月 30 日。2001 年 3 月 30 日单位裁减人员，提前解除了与周某的劳动合同，但是没有按约定支付周某经济补偿金，周某于是在同年 4 月 10 日向劳动仲裁委员会申请仲裁，仲裁委员会受理后，该酒店与周某协商同意支付经济补偿金，条件是周某撤诉。周某撤诉后，该酒店仍未及时支付补偿金，6 月 5 日周某再次申请仲裁，该酒店则称周某已撤诉，仲裁委员会不应受理。

【分析】 劳动部《关于已撤诉的劳动争议案件劳动争议仲裁委员会是否可以再受理的复函》规定："……当事人撤诉或者劳动争议仲裁委员会按撤诉处理的案件，如当事人就同一仲裁请求再次申请仲裁，只要符合受理条件，劳动争议仲裁委员会应当再次立案受理，申请仲裁时效期间从撤诉之日起重新计算。"本案中周某再次提起仲裁申请是符合此项规定的。

三、劳动争议调解

（一）调解主体

劳动争议的调解主体有三类：

1. 企业劳动争议调解委员会

该委员会主要由职工代表和企业代表组成，其中工会成员可以担任职工代表，同时职工代表也可以由全体职工推举出来；企业代表则可由负责人指定，委员会主任则由工会成员或者双方推举的人员担任。

2. 依法设立的基层人民调解组织

即由村民委员会和居民委员会设立的调解民间纠纷的群众性组织。

3. 在乡镇、街道设立的具有劳动争议调解职能的组织

（二）调解程序

根据《中华人民共和国企业劳动争议处理条例》的规定，实施劳动争议调解一般需要经历的程序为：

1. 向调解组织提出调解申请

当事人申请劳动争议调解可以书面申请，也可以口头申请。

2. 调解组织决定是否予以受理

调解组织接到当事人申请后，需要对申请调解的事项进行审查，对双方当事人意见都进行征询，再决定是否受理。在这个过程中，需要确定该案件是否属于劳动争议，若属于劳动争议，但被申请人不愿接受调解，则不予受理，作好记录并 3 日内书面通知当事人。

3. 实施调解

经调解达成协议的，应当制作调解协议书；自劳动争议调解组织收到调解申请之日起 15 日内未达成调解协议的，当事人可以依法申请仲裁。

4. 调解协议的效力

调解协议书由双方当事人签名或者盖章，经调解员签名并加盖调解组织印章后生效，生效后双方当事人都要受约束于该协议书，并履行该协议，若一方当事人在协议约定期限内不履行调解协议，另一方当事人可以依法申请仲裁；另外，因支付拖欠劳动报酬、工伤医疗费、经济补偿或者赔偿金事项达成调解协议，用人单位在协议约定期限内不履行的，劳动者可以持调解协议书依法向人民法院申请支付令，人民法院应当依法发出支付令。

四、劳动争议仲裁

（一）仲裁主体

劳动争议仲裁的主体是仲裁委员会，由劳动行政部门代表、工会代表和企业方面代表组成人数为单数的劳动争议仲裁委员会，它并不按行政区划层层设立：

省、自治区人民政府可以决定在市、县设立；直辖市人民政府可以决定在区、县设立；直辖市、设区的市也可以设立一个或者若干个劳动争议仲裁委员会。

劳动争议仲裁委员会应当设仲裁员名册，仲裁员应当公道正派并符合下列条件之一：①曾任审判员的；②具有法律知识、从事人力资源管理或者工会等专业工作满5年的；③从事法律研究、教学工作并具有中级以上职称的；④律师执业满3年的。

（二）仲裁管辖

劳动争议由劳动合同履行地或者用人单位所在地的劳动争议仲裁委员会管辖。双方当事人分别向劳动合同履行地和用人单位所在地的劳动争议仲裁委员会申请仲裁的，由劳动合同履行地的劳动争议仲裁委员会管辖。

发生劳动争议的劳动者和用人单位为劳动争议仲裁案件的双方当事人。劳务派遣单位或者用工单位与劳动者发生劳动争议的，劳务派遣单位和用工单位为共同当事人。

（三）申请和受理

1. 以书面形式申请

书写仲裁申请确有困难的，可以口头申请，由劳动争议仲裁委员会记入笔录，并告知对方当事人。

2. 作出是否受理的决定

收到仲裁申请之日起的5日内，劳动争议仲裁委员会应当作出受理与否的决定，并通知申请人，若决定不予受理，应当书面通知申请人，并说明理由。若劳动争议仲裁委员会对仲裁申请不予受理或者逾期未作出决定，申请人可以向人民法院提起诉讼，请求法院审理该劳动争议事项。

3. 仲裁送达

受理仲裁申请后，劳动争议仲裁委员会应当在5日内将仲裁申请书副本送达被申请人。被申请人收到仲裁申请书副本后，应当在10日内向劳动争议仲裁委员会提交答辩书。劳动争议仲裁委员会收到答辩书后，应当在5日内将答辩书副本送达申请人。被申请人未提交答辩书的，不影响仲裁程序的进行。

（四）开庭和裁决

1. 劳动争议仲裁委员会裁决劳动争议案件实行仲裁庭制

仲裁庭由三名仲裁员组成，设首席仲裁员。对于简单的劳动争议案件，可以设一名仲裁员独任仲裁。劳动争议仲裁委员会应当在受理仲裁申请之日起 5 日内向当事人书面告知仲裁庭的组成情况。申请人收到书面通知，无正当理由拒不到庭或者未经仲裁庭同意中途退庭的，可以视为撤回仲裁申请。被申请人收到书面通知，无正当理由拒不到庭或者未经仲裁庭同意中途退庭的，可以缺席裁决。

2. 证据提交

若与仲裁请求有关的证据由用人单位掌握管理，且劳动者无法提供，那么仲裁庭可以要求用人单位在指定期限内提供，用人单位在指定期限内不提供的，应当承担不利后果。

3. 仲裁庭在作出裁决前，应当先行调解

仲裁庭应当在调解达成协议后制作调解书，注明仲裁请求和当事人协议的结果，经由仲裁员签名和劳动争议仲裁委员会盖章后，送达双方当事人，最后双方当事人签收后即发生法律效力。调解不成或者调解书送达前，一方当事人反悔的，仲裁庭应当及时作出裁决。

4. 终局裁决

我国《劳动争议调解仲裁法》规定除该法另有规定外，下列劳动争议的仲裁裁决为终局裁决，裁决书自作出之日起发生法律效力：①因执行国家的劳动标准而在工作时间、休息休假、社会保险等方面发生的争议；②追索劳动报酬、工伤医疗费、经济补偿或者赔偿金，不超过当地月最低工资标准 12 个月金额的争议。

（五）先予执行和仲裁期限

1. 先予执行

根据当事人的申请，仲裁庭可以裁决追索劳动报酬、工伤医疗费、经济补偿或者赔偿金的案件先予执行，并移送人民法院执行。先予执行的案件应当符合下列条件：①当事人之间权利义务关系明确；②不先予执行将严重影响申请人的生活。劳动者申请先予执行的，可以不提供担保。

2. 仲裁期限

劳动争议仲裁委员会应当在受理仲裁申请之日起 45 日内结束劳动争议案件的裁决，遇到案情复杂需要延期的情况，可以向劳动争议仲裁委员会主任申请延期，经批准后可以延期，但延长期限在 15 日以内，逾期仍未作出仲裁裁决的，当事人可以就该劳动争议事项向人民法院提起诉讼。在裁决劳动争议案件时，仲裁庭可以就某一事实清楚部分先行裁决。若劳动者对仲裁裁决不服，可以自收到仲裁裁决书之日起 15 日内向人民法院提起诉讼。[①]

【案例 11-6】

2002 年 6 月，某建筑公司经批准招用了 60 多名当地民工，但却不发工资，引起这批民工的不满，2003 年 9 月 10 日，他们委托李某等 6 名代表到工程所在地劳动争议仲裁委员会申请仲裁，该仲裁委员会在收到仲裁申诉书的第 6 天决定受理，并在同年 10 月 25 日作出裁决：该建筑公司在裁决生效之日起 10 天内支付拖欠的民工工资及经济补偿金。裁决书当天送交双方当事人。但建筑公司提出该仲裁委员会无权受理，从而对裁决拒不执行。11 月 14 日，民工派代表到当地人民法院申请强制执行。

工程所在地仲裁委员会对本案中的劳动争议有管辖权。根据《劳动法》规定，各级地区的仲裁委员会负责本行政区域内发生的劳动争议。此外，《劳动争议仲裁委员会办案规则》第 38 条还规定，对集体劳动争议的处理要坚持"从速、就近"的原则。

资料来源：http://445142530.diandian.com/post/2007-07-29/4219617.

【分析】此劳动争议职工一方当事人在 30 人以上，就是集体劳动争议。仲裁委员会应当根据处理集体劳动争议的特别规定审理此案，根据《劳动争议仲裁委员会办案规则》第 39 条的规定，即劳动争议仲裁委员会在收到申诉书之日起 3 日内决定是否受理。在本案中，仲裁委员会在收到申诉书第 6 天决定受理，违反了该规定。

[①] 王全兴. 劳动法学 [M]. 北京：高等教育出版社，2008.

五、劳动争议诉讼

我国《劳动法》第 79 条规定，对仲裁判决不服的，可以向人民法院提起诉讼。《劳动争议处理条例》第 30 条又规定，当事人自收到裁决书之日起 15 日内，可以向人民法院起诉。

进行劳动争议诉讼一般经历当事人起诉、法院受理、审理前准备、开庭审理和判决五个过程，根据《中华人民共和国民事诉讼法》第 147 条规定，当事人不服地方人民法院第一审判决的，有权在判决书送达之日起 15 日内向上一级人民法院提起诉讼，由上级人民法院对其下一级人民法院未发生法律效力的判决、裁定进行审理和判决。

本章小结

"劳动者最光荣"的口号曾在 20 世纪成为一种流行语，但在当代，社会中却出现越来越多的劳动纠纷问题，论其原因，也是不好论断。劳动法作为保障劳动者与服务单位之间关系的一部法律，自然要尽到它的职责。本章通过介绍劳动法的概念、内容、适用范围及相关基准法，为了解劳动法提供方法。建立劳动关系的劳务双方必定要通过签订劳动合同来保障双方的权利与义务，对于劳动合同所包含的内容、履行、解除和终止等，第二节也给了比较详细的表述。劳动争议是劳务关系中常常出现的问题，对于劳动争议的解决也需要按照详细的步骤，主要的解决流程是协商、调解、仲裁、诉讼。劳动法是一部实用性很强的法律，值得好好去钻研，因为其关乎每个人的切身利益。

第十二章　海商法

陈阿春诉林金荣渔轮被擦碰后于出海捕鱼期间
沉没损害赔偿案

1996 年 3 月 26 日，原告陈阿春的木质"莆渔 2381 号"渔轮停泊在湄洲岛深沪底沃口，靠着李某的渔轮。下午三点多，被告林金荣的钢质"闽湄农 04-006 号"加油船缓速驶靠李某的渔轮，准备进行加油。但由于操作不当，使"闽湄农 04-006 号"船艏部与"莆渔 2381 号"渔轮船艉舱面发生擦碰，导致"莆渔 2381 号"渔轮艉部木质押夹横板破裂，钢质镀锌管滚筒有轻微擦痕。林金荣当场允诺以一棵木麻黄树来替换破损的横板，双方达成了和解，且事发后双方的船只仍停泊在沃内，无任何异常情况。第二天清晨六点多，陈阿春驾船出海作业，没有发生问题，但后来因风浪太大而起网返航，在返航途中出现船后舱进水，抢救无效，只能发出求救信号，船上所有人员被邻近的渔船所救。但其船只则因进水过多而沉没于海中。陈阿春因此要求被告林金荣赔偿损失。

本案是海上船舶碰撞问题中的因果关系确认问题，在发生船舶碰撞时，确认碰撞的原因是非常重要的。本案主要从以下几个方面去确认：首先，第一次擦碰是当事人的责任，由于被告林金荣操纵不当而导致原告船舶被擦碰受损，责任应该由被告林金荣承担。其次是第二次沉船的原因，法院经调查发现沉船的直接原因有两个：一是当时海况恶劣，风浪过大，很多渔船纷纷返航了，但陈阿春却没有及时返航；二是擦碰导致的灰缝油灰渗透进水。总的来说，即便船舶进水和船舶擦碰存在因果关系，这种关系也介入了第三方即海况的自然因素，同时也有来自原告本身的因素。因此，法院认为原告对船舶的沉没负有过失责任，被告则只负责碰撞所造成的损害，对船舶沉没不负责赔偿。

资料来源：何丽新，吴海燕. 海商法案例精解 [M].厦门：厦门大学出版社，2004.

【案例启示】 本案中船舶发生碰撞时，如何确定因果关系以及权利义务责任方，是一个很大的难题。海商法是处理海船在海上发生的各种纠纷的一种可靠的法律。因此，商务交易中但凡涉及海事问题的，都需要利用海商法来进行解决。

本章您将了解到：
- 海商法的概念与内容
- 海商法对船舶和船员的相关规定
- 海商法对海上货物运输合同和旅客运输合同的相关规定
- 海商法对船舶租用合同和海上拖船合同的相关规定
- 船舶碰撞的认定条件
- 船舶碰撞的责任和赔偿
- 海商法对海难救助与共同海损的相关规定

第一节　《海商法》概述

海商法是调整航海贸易特别是海上运输的法规。

——魏文翰

一、海商法的概念和内容

根据我国《海商法》第 1 条的规定，海商法是调整海上运输关系和船舶关系的法律规范的总称。其中，"海上运输关系"是指海上货物运输关系和海上旅客运输关系，包括海江之间以及江海之间的直达运输关系；"船舶关系"主要是指船舶所有权关系、船舶抵押权关系、船舶优先权关系以及船舶碰撞关系等。

【拓展阅读】

我国《海商法》概述

我国现行《海商法》总共十五章。第一章为总则，规定了本法的适用范围，以及对相关用语的定义；第二章是有关船舶所有权、船舶抵押权、船舶优先权的规定；第三章是有关船员，包括船长的规定；第四章是有关海上货物运输合同的规定，包括对承运人的责任、托运人的责任、运输单证、货物交付、合同的解除的规定，以及对航次租船合同、多式联运合同的特别规定；第五章是关于海上旅客运输合同的规定；第六章是有关船舶租船合同的规定，包括对定期租船合同、光船租赁合同的规定；第七章是有关海上拖航合同的规定；第八、第九、第十章分别是关于船舶碰撞、海难救助、共同海损的规定；第十一章规定了海事赔偿责任的限制；第十二章是有关海上保险合同的规定；第十三章规定了前述几章所涉及海事请求权的时效；第十四章是关于涉外关系的法律适用规定；第十五章为附则，包括对本法所称计算单位的规定，以及本法的实施日期。

二、海商法的法律冲突与统一

（一）海商法的法律冲突与海商法的统一

海商法的法律冲突一般是指在涉外海商法律关系中，对于同一海事法律关系，由于所涉各国民商事法律规定不同，而导致发生在法律适用上的冲突。

海商法的统一是指为避免海商法法律冲突，使各国海商法的规定趋于一致。统一海商法律冲突的一般方法有冲突法和统一实体法。冲突法是制定国内或国际的冲突规范，使用这些规范可以确定各国不同性质的涉外海商法律关系应适用何国法律，从而解决海商法律冲突；统一实体法是指有关国家利用国际公约和国际惯例中的实体规范直接确定涉外海商法律关系的适用，从而避免或消除海商法律冲突。

（二）我国《海商法》中的冲突规范

针对不同的海事法律关系，我国海商法规定了不同的冲突规范。

1. 涉外船舶物权关系的法律适用

根据我国《海商法》第270~272条的规定，我国涉外船舶物权关系包括涉外船舶所有权关系、船舶抵押权关系、船舶优先权关系等。

我国关于船舶物权关系冲突规范的立法规定船舶所有权、抵押权适用船旗国法（某船舶悬挂某国国旗则代表有该国国籍，那么该国家就是该船的船旗国）、船舶优先权适用受理案件的法院地法。同时还规定，船舶在光船租赁以前或光船租赁期间设立船舶抵押权的，适用原船舶登记国的法律。

2. 涉外海（商）事合同关系的法律适用

根据我国《海商法》第269条的规定，合同当事人可以选择合同适用的法律，法律另有规定的除外。合同当事人没有选择的，适用与合同有最密切联系的国家的法律。除非有法律另行规定，涉外海商法律关系的当事人可选择合同所适用的法律，合同当事人没有选择，在确定最密切联系的法律时，法院一般会考虑以下因素来确定：合同签订地、合同履行地、当事人所属国、法院地、船旗国。

3. 涉外船舶碰撞损害赔偿关系的法律适用

船舶碰撞多为通航水域的突发事故，我国《海商法》第273条明确规定：船舶碰撞的损害赔偿，适用侵权行为地的法律；船舶在公海上发生碰撞的损害赔偿，适用受理案件的法院所在地法律；同一国籍的船舶，不论碰撞发生于何地，碰撞船舶之间的损害赔偿适用船旗国法律。

4. 涉外共同海损理算关系的法律适用

关于涉外共同海损理算关系的法律适用，以当事人事先指定准据法的场合居多。我国《海商法》第203条规定，共同海损理算，适用合同约定的理算规则；合同未约定的，适用本章的规定。我国海商法虽然没有对涉外共同海损关系的法律适用作出规定，但是对涉外共同海损理算关系的法律适用作出了规定，根据《海商法》第274条的规定，共同海损理算，适用理算地法律。

5. 涉外海事赔偿责任限制关系的法律适用

我国《海商法》第275条规定，海事赔偿责任限制，适用受理案件的法院所在地法律。

第二节　船舶与船员

　　船舶和船员是海商活动的重要参与者，需要得到法律的重视和保护，尤其是对船长、船员航海技术的规范和劳动权利的保障。

——佚名

一、船舶

(一) 船舶的概念和法律地位

我国《海商法》第 3 条规定，本法所称船舶，是指海船和其他海上移动式装置，但是用于军事的、政府公务的船舶和 20 总吨以下的小型船艇除外。另外，海商法上的船舶不仅仅指船体及其设施，还包括船舶属具，即附属于船舶的各种用具和配备，这些都适用海商法。

船舶的法律地位表现在以下两个方面：①船舶有自己的名称、国籍、船籍等。船舶名称须经船舶主管部门核准登记，并在船体的显著位置标明。船舶需经相关国家的船舶主管部门登记注册后，才能取得该国国籍，受该国法律保护。船舶的船籍是船籍港法院对有关船舶案件行使管辖权的依据。②在一定条件下，船舶可作为法律关系的主体直接享有权利或承担义务。

(二) 船舶登记

根据我国海商法的规定，船舶登记主要是指船舶所有权和船舶抵押权登记。

1. 船舶所有权登记

根据我国《船舶登记条例》第 13 条的规定，申请船舶所有权登记的，船舶所有人应向船舶登记机关交验足以证明其合法身份的文件，并提供船舶技术资料以及船舶所有权取得的证明文件的正本、副本。经审核后，船舶登记机关应在提交申请后 7 日内发给船舶所有权证书，授予船舶登记号码。当船舶所有权发生变更或消灭时，船舶所有人还要进行变更或注销登记。

2. 船舶抵押权登记

根据我国《海商法》第 13 条的规定，设定船舶抵押权，应由抵押权人和抵押人共同向船舶登记机关办理抵押权登记。登记的事项包括：①船舶抵押权人和抵押人的姓名或名称、地址；②被抵押船舶的名称、国籍、船舶所有权证书的颁发机关和证书号码；③所担保的债权数额、利息率和受偿期限。

3. 其他登记

（1）船舶国籍登记，船舶所有人按照有关船舶登记的法律规定在一国船舶登记机关进行登记，就可取得该国的船舶国籍。根据我国《船舶登记条例》，船舶取得中国国籍需具备的条件有：①船舶必须属于中国的国家机关、事业单位、企业或公民所有；②船员须由中国公民担任，如需外国公民担任船员，须经交通主管部门批准。

（2）光船租赁登记，根据我国《船舶登记条例》第25条的规定，下列船舶需要办理光船租赁登记：中国籍船舶以光船条件租赁给本国企业的；中国企业以光船条件租进外国籍船舶的；中国籍船舶以光船条件出租国外的。

（三）船舶所有权

根据我国《海商法》第7条的规定，船舶所有权是指船舶所有人对其船舶享有的占有、使用、收益和处分的权利。

1. 船舶所有权的取得

船舶所有权的取得可以是由于公法原因，也可以是由于私法原因，其中公法原因包括捕获、没收、征用等原因，私法原因包括建造、买卖、受赠、继承、公司合并、委付等原因。

2. 船舶所有权的转让

船舶所有权可通过买卖、赠与等方式予以转让。我国《海商法》第9条第2款规定，船舶所有权的转让，应当签订书面合同，并办理过户登记手续。

3. 船舶所有权的消灭

船舶所有权的消失主要由于以下几个原因：因船舶所有人抛弃、转让等自愿行为消灭；因船舶被没收、征用等强制行为而消灭；因船舶沉没、拆船等原因而消灭；因司法机关或仲裁机关的法律文书而消灭等。船舶所有权一旦消灭，船舶所有人就必须办理注销登记，否则无权对抗第三人。

（四）船舶抵押权

我国《海商法》第11条规定，船舶抵押权是指抵押权人对于抵押人提供的作为债务担保的船舶，在抵押人不履行债务时，依法予以拍卖，并从拍卖所得的价款中优先受偿的权利，也即债务人将船舶作为抵押物来向债权人偿还债务的方式。

1. 船舶抵押权的设立

船舶抵押权的设立需要符合以下几个条件：

（1）根据我国《海商法》第 12 条第 1 款的规定，船舶设定抵押权的人应当是船舶所有人或者船舶所有人授权的人，其他人无权就船舶设定抵押权。《海商法》第 16 条还规定，对共有船舶设定抵押权，应取得持有 2/3 以上份额的共有人同意，但是共有人另有约定的除外。

（2）根据我国《海商法》第 13 条的规定，设定船舶抵押权，抵押人和抵押权人应当签订书面合同，并向船舶登记机关办理抵押权登记，否则不得对抗第三人。

（3）根据我国《海商法》第 15 条的规定，除抵押合同另有约定外，抵押人应对被抵押船舶进行保险；抵押人未予以保险的，抵押权人有权对该船舶进行保险，并由抵押人负担保险费。

2. 船舶抵押权的转移和消灭

根据我国《海商法》第 18 条的规定，抵押权人将被抵押船舶所担保的债权全部或者部分转让他人的，抵押权随之转移。另据我国《海商法》第 20 条的规定，当被抵押船舶灭失时，抵押权也随之消灭，但是对于抵押人因船舶灭失而得到的保险赔偿金，抵押权人有权优先于其他债权人受偿。

3. 船舶抵押权的实现

根据我国《海商法》第 17 条的规定，船舶抵押权设定后，未经抵押权人同意，抵押人不允许将被抵押船舶转让给他人；另外，《海商法》第 18 条的规定，经过抵押权人同意而转让被抵押船舶的，不影响抵押权的存在，抵押权随之转移。债务履行期限届满，债务人不履行债务的，抵押权人可以按照法律规定拍卖被抵押船舶，并从拍卖所得的价款中优先受偿。

（五）船舶优先权

我国《海商法》第 21 条规定，船舶优先权，也称船舶先行请求权，是指依照海商法的规定，权利人有权向船舶所有人、光船承租人、船舶经营人提出海事请求，并对产生该海事请求的船舶享有优先受偿的权利。船舶优先权具有法定性和优先性，其中，法定性是指法律直接规定了哪些海事请求具有船舶优先权，优先性是指具有船舶优先权的海事请求先于一般债权、船舶留置权、船舶抵押权受偿。

1. 具有船舶优先权的海事请求

根据我国《海商法》第 22 条的规定，下列海事请求具有船舶优先权：

（1）船长、船员和在船上工作的其他在编人员根据劳动法或者劳动合同而产生的工资、其他劳动报酬、船员遣返费用和社会保险费用的给付请求。

（2）在船舶营运中发生的人身伤亡的赔偿请求。

（3）船舶吨税、引航费、港务费和其他港口规费的缴付请求。

（4）海难救助的救助款项的给付请求。

（5）船舶在营运中因侵权行为产生的财产赔偿请求（但是，载运 2000 吨以上的散装货油的船舶，持有有效的证书，证明已经进行油污损害民事责任保险或者具有相应的财产保证的，对其造成的油污损害的赔偿请求除外）。

2. 船舶优先权的受偿顺序

前述各项海事请求，应依照前列顺序依次受偿。但是，在下列情况下会有所变动：

（1）若前述第 4 项请求比第 1 项至第 3 项后发生，那么第 4 项应当先于第 1 项至第 3 项受偿。

（2）前述第 1、2、3、5 项中有两个以上请求的，不分先后，同时受偿；不足受偿的，按债权比例受偿。

（3）前述第 4 项中有两个以上请求的，后发生的先受偿。

3. 船舶优先权的实现

我国《海商法》规定，当事人不允许擅自处分产生优先权的船舶，而是要通过法院扣押产生优先权的船舶来行使。根据我国《海商法》第 24 条的规定，法院拍卖船舶所得的价款，应先行拨付因行使船舶优先权而产生的诉讼费用、保存及拍卖船舶和分配价款而产生的费用以及为海事请求人的共同利益而支付的其他费用，剩余的部分由海事请求人按照前述受偿顺序受偿。

4. 船舶优先权的转移和消灭

船舶优先权与海事请求权是同在的，具体体现在：船舶优先权会随着海事请求权的转移而转移；海事请求权会随着船舶优先权的消灭而消灭。除此之外，船舶优先权还可因下列原因之一而消灭：

（1）船舶转让时，若法院对受让人申请的优先权予以通过，并公告了 60 日，但在这 60 日之内受让人没有行使优先权的。

（2）若某海事请求具有船舶优先权，但自优先权产生之日起满 1 年也未行使的。

（3）产生海事请求的船舶被法院强制出售的。

（4）产生海事请求的船舶灭失的。

【案例 12-1】

甲公司因经营不善发生财务危机，于是以其所拥有的"南海"轮抵押给丙银行，获得了 500 万元人民币贷款，还款期限为一年。但不久后，甲公司又迫切需要资金，在没有还清银行贷款的情况下将"南海"轮以光船租赁的形式租给乙公司使用，租期 3 年。眼看甲公司与丙银行之间的抵押贷款期限将至，甲公司仍无力还清贷款，丙银行只有诉讼至法院，请求扣押、拍卖"南海"轮。乙公司则认为，该船还处于光船租赁期间，扣押、拍卖该船将会损害自己利益，请求法院驳回丙银行的请求。

资料来源：杨军.海商法案例教程［M］.北京：北京大学出版社，2003.

【分析】 依据法理分析，船舶抵押权是物权，光船租赁权是债权，当二者发生冲突时，根据物权优先于债权的原则，法院可依抵押权人的申请，判令解除该租赁合同，而承租人乙公司对因此遭受的损失可以向出租人甲公司索赔、要求减少或不付租金。

二、船员

（一）船员的概念

船员也称海员，泛指在船舶上进行指挥、管理及提供服务的全体工作人员。根据我国海商法的规定，船员是指包括船长在内的船上一切任职人员。船员必须经过考试，并取得规定的证书才可以被任用。港务监督规定了我国各类船舶配备船员的最低定额标准。

（二）船员的权利和义务

1. 船员的权利

船员的权利主要有以下六项：工资报酬请求权；病残补助请求权；被辞退时请求送回原港的权利；保险费请求权；退休金请求权；丧葬费和抚恤金请求权。

虽然我国法律并没有对船员的权利作出专门规定，但是我国《海商法》第 34 条规定，船员的任用和劳动方面的权利、义务，本法没有规定的，适用有关法律、行政法规的规定。因此，根据《劳动法》的规定，船员应享有取得劳动报酬、休息休假、获得劳动安全卫生保护、接受职业技能培训、享受社会保险和福利以及提请劳动争议处理等权利。

2. 船员的义务

根据我国《海商法》第 34 条的规定，我国船员的义务也应当适用劳动法关于劳动者义务的规定。因此，船员应当按照劳动法的要求，遵守劳动纪律和职业道德，执行劳动安全卫生规程，与此同时不断提高职业技能，完成劳动任务。

（三）船长的职责

根据我国海商法的相关规定，船长的职责职权表现为以下三个方面：

1. 船长在船舶方面的职责

根据我国《海商法》第 35 条的规定，船长负责船舶的管理和驾驶；船长在其职权范围内发布的命令，船员、旅客和其他在船人员必须执行。

2. 船长对船方和货方的代理权

船方，包括船舶所有人、光船承租人和船舶经营人等。如果在航行中没有船方和货方作为代表，那么船长可以代表船方和货方来处理有关船舶和货物的事宜，这些事宜包括：代船方签发提单，交付货物给收货人；代船方雇用或解雇船员；代船方签订引水、拖带、救助和必需的修船合同；在特殊情况下将船舶代为抵押，甚至是弃船；为航海的需要，在航海途中将货方的货物作借贷或出卖的处理，甚至可以将货物作为船上的燃料和食品使用。

3. 船长在行政和司法方面的职责职权

船长在行政和司法方面的职责职权主要包括：

（1）船长在其职权范围内发布命令，并承担该项决定的责任。

（2）根据我国《海商法》第36条的规定，船长有权对在船上进行违法或犯罪活动的人采取禁闭或者是其他的必要措施，并防止其隐匿、毁灭、伪造证据。

（3）若在船人员发生死亡，且死者有遗嘱的，船长应当证明该遗嘱的内容和形式，并亲自负责保管遗嘱，待船舶靠岸后送交死者家属或者其他有关方面。

（4）船长应当将在船上发生的出生或死亡事件记入航海日志，并制作出生或死亡证明书，安排2名在船人员作为证人签字。

（5）当船舶发生海损、污染事件时，船长应制作海损或污染事故报告书，明确记载事故详细经过情况，报送事故发生后最初到达的中国港口的港务监督机构；若事故发生在海外，则报送就近的中国使领馆，并于事后再报送船籍港港务监督机构。

【案例 12-2】

船员死伤应该赔偿的具体数额案

"协航99"轮由浙江村民陈日根和广东长江船务有限公司共同拥有，其中各自所占所有权是99%和1%。该轮船已经长期出租给香港汇通（港澳）船务有限公司，主要在香港与澳门之间航行。2004年4月12日晚，该轮在珠江口桂江岛附近沉没，致5名船员失踪、3人下落不明，后找到两具船员尸体，由澳门政府出具死亡地为澳门的证明。此后，5名船员的家属向法院提出申请，要求扣押该轮。法院经过核查和审理，扣押了该轮，并要求陈日根和广东长江船务有限公司提供 400 万元做担保费。但二者在法定期限内没有提出担保，5 月 22 日，5 名船员的家属将汇通公司、陈敏春、陈日根、广东长江船务有限公司告到了法院，要求其给每位船员赔偿 80 万元人民币。

资料来源：http://www.148com.com/html/661/53058.html.

【分析】本案的后续发展为双方进行调节，但在调解过程中对死者赔偿金额产生了不一致的意见。被告认为，5 名船员生前与船东存在以国内法律为依据的劳动合同关系，按照国内的《工伤保险条例》规定，5 名船员每人应赔付的金额不到 8 万元人民币。5 名家属则认为，没有任何规定将港澳航线航行的船员纳入《工伤保险条例》保护，船员死亡地为澳门，赔偿标准也应按照涉外海上人身伤亡的赔偿标准，也即每人应赔付 80 万元。最终在法院的调解下，双方达成了调解协议，向 5 名原告共赔付 111 万元。

第三节　海上运输合同

海商法的首要任务是调整海上运输，而海上运输首要部分又是海上货物运输，因此海上运输合同则是相当重要的。

——邢海宝

一、海上运输合同的概念和特征

根据我国《海商法》的规定，海上运输合同，是指承运人有偿地将货物或者旅客经海路由一港运至另一港的协议，包括海上货物运输合同和海上旅客运输合同。

海上运输合同的特征有：①合同仅适用于海上以及港口与港口之间的海路运输，因此陆路运输和空中运输是不适用该合同的；②合同是有偿的，根据合同规定，双方当事人之间互相享有权利和承担义务；③海上运输合同是以运送东西为目的的，因此其客体是运送行为。

二、海上货物运输合同

（一）海上货物运输合同的概念和种类

1. 概念

根据我国《海商法》第 41 条的规定，海上货物运输合同，是指承运人收取运费，并负责将托运人托运的货物经海路由一港运至另一港的合同。

2. 种类

根据《海商法》，按照运输方式的不同，海上货物运输合同分为件杂货运输合同和航次租船合同。

（1）件杂货运输合同又称班轮运输合同，是承运人负责将件杂货由海路在两港之间运输。其具有以下几个特点：①承运人承担法定的社会性任务，在船未满载的情况下，不得拒绝班轮航线上任何托运人的托运申请；②承运人按公布的船期表和航线，在固定停靠的港口之间进行定期航行和运送货物；③标的物多是小批量、多品种的件杂货，并且属于不同的货主；④件杂货运输中多签发提单，因此件杂货运输合同多通过提单的形式表现出来。

（2）根据我国《海商法》第 92 条的规定，航次租船合同是指船舶出租人向承租人提供船舶或者船舶的部分舱位来装运约定的货物，进行海上运输，承租人支付约定运费的合同。它具有如下特点：①航次租船合同的内容、当事人的权利和义务通过协商确定；②出租人必须提供合同所约定的船舶；③承租人或货主决定航次租船的航线以及所停靠港口；④航次租船合同主要受合同法调整。

（二）海上货物运输合同的效力

1. 承运人

根据我国《海商法》第 42 条第 1 款的规定，承运人，是指本人或者委托他人以本人名义与托运人订立海上货物运输合同的人。

（1）承运人的义务。承运人的义务主要有以下几点：

1）根据我国《海商法》第 47 条的规定，承运人在船舶开航前和开航时应谨慎处理，使船舶处于适航状态，妥善配备船员、装备船舶和配备供应品，并使货舱、冷藏舱、冷气和其他载货处所适于并能安全收受、载运和保管货物。

2）根据我国《海商法》第 48 条的规定，承运人应妥善、谨慎地装载、搬移、积载、运输、保管、照料和卸载所运货物。

3）根据我国《海商法》第 49 条的规定，承运人应当按照约定的、习惯的、地理上的航线将货物运往卸货港。

4）在约定的时间、卸货港将货物交付于收货人。

（2）承运人的责任。在承运人的责任期间发生以下情况的，承运人须承担赔偿责任：

1）根据我国《海商法》第 50 条的规定，货物在责任期间发生灭失或损坏的，除依法可免除责任者外，承运人应当承担赔偿责任。承运人未能在约定的时间届满 60 日内交付货物的，有权对货物灭失提出赔偿请求的人可以认为货物已经灭失。据我国《海商法》第 55 条的规定，货物灭失的赔偿额按照货物的实际价值来计算，货物损失的赔偿额按照受损前后实际价值的差额，或者货物的修复费用计算。

2）根据我国《海商法》第 50 条第 1 款和第 2 款的规定，承运人没有在约定时间、卸货港交付货物的，称为延迟交付。除法律规定承运人不负赔偿责任的情形外，由于承运人的过失，致使货物迟延交付而导致灭失或者损坏的，或者货物没有灭失或损坏，但是因迟延交付而对托运方造成经济损失的，承运人应当负赔偿责任。

3）根据我国《海商法》第 60 条的规定，当承运人将货物运输或者部分运输委托给实际承运人履行的，承运人仍然依法对全部运输负责。对实际承运人承担的运输，承运人应当对实际承运人的行为或者实际承运人的受雇人、代理人在受雇或者受委托的范围内发生的行为负责。我国《海商法》第 60 条还规定：可以在海上运输合同中约定，货物在指定的实际承运人掌管期间发生的灭失、损坏或者迟延交付时，承运人不负赔偿责任。也即，若 A 承运 B 货物，但是 A 委托给 C 实际承运，不管委托给 C 承运的是全部货物还是部分货物，A 均对全部运输负责，当然，若在海上运输合同中约定 A 不需要负责，那么就不用负全责。

（3）承运人的一般免责情形。根据我国《海商法》第 51 条的规定，在责任期间货物发生的灭失或者损坏是由于以下原因之一造成的，承运人不负赔偿责任：①船长、船员、引航员或者承运人的其他受雇人在驾驶船舶或者管理船舶中的过失；②火灾，但是由承运人本人过失造成的火灾除外；③天灾，海上或者其他可航水域的危险或意外事故；④战争或者武装冲突；政府或者主管部门的行为、检疫限制或者司法扣押；罢工、停工或者劳动受到限制；⑤海上救助或者企图救助人命或财产；⑥托运人、货物所有人或者他们的代理人所为；⑦货物的自然特性或者固有缺陷，货物包装不良或者标识欠缺、不清；⑧经谨慎处理仍未发现的船舶潜在缺陷；⑨非由于承运人或承运人的受雇人、代理人的过失造成的其他原因。除以上第②项规定的原因外，承运人主张免除赔偿责任的，应当负举证责任。

（4）承运人的特殊免责情形：①根据我国《海商法》第 52 条的规定，因运输活动物所固有的特殊风险造成活动物灭失或者损害的，承运人不负赔偿责任，但承运人负有举证责任；②根据我国《海商法》第 53 条的规定，承运人在舱面上装载货物，应当同托运人达成协议，或符合航运惯例，或符合有关法律、行政法规的规定。承运人按照约定将货物装载在舱面上，对由于此种装载的特殊风险而造成的货物灭失或者损坏，不负赔偿责任。

2. 托运人

根据我国《海商法》第 42 条第 3 款的规定，托运人包括两类：一类是本人或委托他人以本人名义与承运人订立海上货物运输合同的人，或者直接委托他人为本人与承运人订立海上货物运输合同的人；另一类是本人或者委托他人以本人名义将货物交给与海上货物运输合同有关的承运人的人，或者委托他人为本人将货物交给与海上货物运输合同有关的承运人的人。

（1）托运人的义务有：

1）按照约定提供货物。根据我国《海商法》第 66 条第 1 款的规定，托运人应当妥善包装托运的货物，并向承运人保证，货物装船时所提供的货物的品名、标识、包数或者件数、重量或者体积的正确性。

2）办理货物运输手续。根据我国《海商法》第 67 条的规定，托运人应当及时向港口、海关、检疫、检验和其他主管机关办理货物运输所需要的各项手续，并将已办理的各项手续的单证送交承运人。

3）向承运人通知危险。根据我国《海商法》第 68 条的规定，托运人托运危险货物，应当按照有关海上危险货物运输的规定，妥善包装，作出危险品标识和标签，并将其正式名称和性质以及应当采取的防危害措施书面通知承运人。

4）支付运费。根据我国《海商法》第 69 条的规定，托运人应当按照约定向承运人支付运费，但是，托运人也可以与承运人约定，并在运输单证中载明运费由收货人支付。

（2）托运人的赔偿责任：根据我国《海商法》第 70 条的有关规定，托运人对因自己或者受雇人、代理人的过失造成的承运人、实际承运人的损失或者船舶的损坏，承担赔偿责任。托运人的受雇人、代理人对由于自己的过失造成的承运人、实际承运人的损失或者船舶的损坏，承担赔偿责任。

（三）海上货物运输合同的订立和解除

1. 海上货物运输合同的订立

海上货物运输合同的订立包括要约和承诺两个阶段。根据我国《海商法》第 43 条的规定，对于件杂货运输合同的订立，承运人或者托运人可以要求使用书面形式来确认海上货物运输合同的成立。对于航次租船合同，应当以书面订立，但是电报、电传和传真同样具有书面效力。

2. 海上货物运输合同的解除

海上货物运输合同的解除规则主要包括：

（1）根据我国《海商法》第 89 条的规定，船舶在装货港开航前，托运人可以要求解除合同。除合同另有约定外，托运人应当向承运人支付约定运费的一半；货物已经装船的，托运人负担装货、卸货和其他与此有关的费用。

（2）根据我国《海商法》第 90 条的规定，船舶在装货港开航前，因为不可抗力或者其他不能归责于承运人和托运人的原因而导致合同不能履行的，双方均可以解除合同，并互相不负赔偿责任。除合同另有约定外，运费已经支付的，承运人应当将运费退还给托运人；货物已经装船的，托运人应当支付装卸费用；已经签发提单的，托运人应当将提单退还承运人。

（3）根据我国 《海商法》第 91 条的规定，因为不可抗力或者其他不能归责于承运人和托运人的原因致使船舶不能在合同约定的目的港卸货的，除合同另有约定外，船长有权将货物在目的港邻近的安全港口或者地点卸载，并被视为已经履行合同，但需要考虑托运人或者收货人的利益，并及时通知托运人或者收货人。

（四）航次租船合同

根据我国《海商法》第 92 条的规定，航次租船合同是指船舶出租人向承租人提供船舶或者船舶的部分舱位，装运约定的货物，从一港运至另一港，并由承租人支付约定运费的合同。航次租船合同双方当事人可以约定彼此之间的权利、义务，在没有约定或者有不同的约定时，可以采用海商法有关海上货物运输合同承运人和托运人的权利、义务的规定。

航次租船合同应当以书面形式订立，根据我国《海商法》第 93 条的规定，其内容包括：①出租人和承租人的名称。②船名、船籍、载货重量、容积。③货名。承租人应当提供约定的货物，经出租人同意时，可以更换货物。④装货港和目的港。出租人应当按照约定的、习惯的或者地理上的航线将货物运往卸货港。⑤受载期限、装卸期限。根据我国《海商法》第 97 条的规定，出租人在约定的受载期限内没有提供船舶的，承租人有权解除合同。⑥运费、滞期费、速遣费以及其他有关事项。根据我国《海商法》第 98 条的规定，双方需要约定航次租船合同的装货、卸货期限及其计算办法，也要约定航次租船合同的超过装货、卸货期限后的滞期费和提前完成装货、卸货的速遣费。

三、提单

（一）提单的概念和特征

根据我国《海商法》第71条的规定，提单是指用于证明海上货物运输合同和货物已经由承运人接收或者装船，以及承运人保证据以交付货物的单据证明。

提单具有以下法律特征：①提单是海上货物运输合同的证明。②提单是承运人接收货物或货物已经装船的证明，并且承运人据此提单向收货人交付货物。我国《海商法》第75条规定，承运人在一定条件下可在提单上作出货物状况不良的批注。③根据《海商法》第77条和第78条的规定，提单在托运人手中仅仅是运输合同的证明。

（二）提单的内容

提单的内容分为两个方面：正面条款和背面条款。

1. 提单正面条款

根据我国《海商法》第73条的规定，提单正面条款内容包括：①货物的品名、标识、包数或者件数、重量或者体积，以及运输危险货物时对其危险性的说明；②承运人的名称和主营业所；③船舶名称（收货待运提单不记载船舶名称）；④托运人名称；⑤收货人名称；⑥装货港和在装货港接收货物的日期；⑦卸货港；⑧多式联运提单增列接收货物的地点以及交付货物地点；⑨提单的签发日期、地点和份数，签发提单的日期应与实际接收货物或货物装船日期一致，倒签提单要承担法律责任；⑩运费的支付；⑪承运人或其代表签字。

2. 提单背面条款

提单的背面通常记载的是有关于双方当事人权利与义务的条款。一般包括：①提单的法律适用条款；②责任期间条款，规定承运人对货物承担责任的起止时间；③装货、卸货和交货条款；④驳船费条款；⑤根据我国《海商法》第78条的规定，运费和其他费用条款，收货人、提单持有人不承担在装货港发生的滞期费、亏舱费以及其他与装货有关的费用，但是提单中明确记载上述费用由收货人、提单持有人承担的除外；⑥迟延条款；⑦活动物、甲板货条款；⑧冷藏货物条款；⑨集装箱货物条款；⑩危险货物条款；⑪换船、转船或转运条款；⑫选港条款；⑬共同海损条款；⑭双方有责碰撞条款；⑮战争、传染病、冰冻、罢工等条款。

【案例 12-3】

2005 年 10 月 24 日，被告甲船务公司发出到货通知书要求原告乙公司提货，乙公司即委托代理办妥了货物进口报关等相关手续，并凭记名提单向甲船务公司换取了提货单。另一被告丙航运公司却两次要求甲船务公司暂停放行涉案提单项下货物，使乙公司去提货时遭到了拒绝。因此，乙公司将甲船务公司和丙航运公司诉至法院，请求判令两被告向其交付该记名提单项下的货物，并共同承担本案诉讼费用。

法院进行了审查，发现乙公司持有的记名提单并非丙航运公司出具给涉案货物托运人的提单。乙公司持有的提单上所记载的托运人为 RPM 公司，收货人和通知方则均为乙公司。而丙航运公司出具给 RPM 公司的提单是一份指示提单，该提单除收货人凭指示、通知方不同外，其他内容与乙公司持有的记名提单基本一致。乙公司最终将该提单背书给了丁公司。乙公司解释，其所持提单是从贸易对家 TIL 公司处取得的，但目前并无证据显示 TIL 公司及其所称的卖家 JMP 公司客观合法存在，且乙公司取得该套提单未支付对价。法院也查明，甲船务公司是丙航运公司在上海目的港的代理，由于丙航运公司发来的电子舱单与乙公司的记名提单内容一致，因此甲船务公司向其发出到货通知书，并向乙公司签发了提货单。

2006 年 11 月 22 日，英国高等法院根据丙航运公司的申请，对 OMG 公司发出搜查令并从该公司电脑中获取了相关邮件。邮件内容显示，OMG 公司将欺诈提单的复印件发送给了乙公司，且明示欺诈提单的正本已在邮政快递途中，此后，乙公司写邮件给 OMG 公司告知没有正确的舱单，无法进口报关并获得货物，等等。庭审查明，上述邮件都是一个名为李某的人所发。该名字与乙公司提交的销售确认书买方的签名人员的名字一致。

资料来源：http://www.zwmscp.com/a/gedipanli/gedipanli/2012/0214/9729.html.

【分析】本案出现了两个收货人，各自拥有一个提单，因此必须先查明哪套提单才是承运人出具给托运人的、哪套能代表涉案货物凭证的合法性。丙航运公司已提供了充分的证据证明涉案的指示提单是代表涉案货物的合法的权利凭证，但其无法证明自己所持记名提单是通过正当、合法流传途径取得的，上海海事法院确认案外方丁公司持有的涉案指示提单才是丙航运公司作为承运人签发的真实、合法提单，应作为涉案货物的权利凭证。最终，上海海事法院判决对乙公司的诉讼请求不予支持。

四、海上旅客运输合同

（一）海上旅客运输合同的概念

根据我国《海商法》第107条的规定，海上旅客运输合同，是指承运人以适合运送旅客的船舶经海路将旅客及其行李从一港运送至另一港，由旅客支付票款的协议。

（二）承运人的义务和责任

1. 承运人的义务

承运人的义务包括：提供适航的船舶，并按时开航，将旅客安全送往目的港；为旅客提供膳食、住宿等生活条件；允许旅客在规定范围内免费携带儿童和一定的行李；保证旅客及其行李的安全。

2. 承运人的责任

（1）承运人的责任期间。这是海上旅客及其行李的运送期间。根据我国《海商法》第111条的规定，旅客及其自带行李运输的运送期间，自旅客登船时起至旅客离船时止；旅客自带行李以外的其他行李，运送期间自旅客将行李交付承运人或者承运人的受雇人、代理人时起至其交还旅客时止。

（2）承运人的赔偿责任。根据我国《海商法》第 114 条的规定，在承运人的责任期间，因承运人或者承运人的受雇人、代理人在受雇或者受委托的范围内的过失造成事故，导致旅客人身伤亡或者行李灭失、损坏的，承运人应当负赔偿责任。

（3）承运人的除外责任。包括：①根据《海商法》第 115 条第 1 款的规定，旅客的人身伤亡或者行李的灭失、损坏是由于旅客本人的过失，或者旅客和承运人的共同过失造成的，在这种情况下可以免除或者减轻承运人的赔偿责任；②根据《海商法》第 116 条的规定，承运人对旅客的货币、金银、珠宝、有价证券或者其他贵重物品所发生的灭失、损坏不负赔偿责任，旅客与承运人约定将此类物品交由承运人保管的除外；③根据《海商法》第 118 条的规定，经证明，旅客的人身伤亡或者行李的灭失、损坏是由于承运人或者承运人的受雇人、代理人故意或者明知可能造成损害而轻率地作为或者不作为造成的，承运人或者承运人的受雇人、代理人不得援用前述规定。

（三）旅客的义务

根据我国《海商法》第 108 条的规定，旅客是指根据海上旅客运输合同需要运送的人，根据海上货物运输合同，只要经承运人同意，随船护送货物的人也可视为旅客。行李，是指根据海上旅客运输合同，由承运人运载的除活动物以外的任何物品和车辆。

旅客的义务有以下几点：

1. 根据我国《海商法》第 112 条的规定

旅客应当按照约定支付票款。无票乘船、越级乘船或者超程乘船的旅客，应按照规定补足票款，承运人可以按照规定加收票款；拒不交付的，船长有权在适当地点命令其离船，承运人有权向其追偿。

2. 根据我国《海商法》第 113 条的规定

旅客不得随身携带或者在行李中夹带违禁品，以及易燃、易爆、有毒、有腐蚀性、放射性和其他有可能危及船上人身和财产安全的危险品，否则应赔偿因此造成的损害；承运人可以在任何时间、任何地点将旅客违反前款规定随身携带或者在行李中夹带的违禁品或危险品卸下、销毁或者使之不能为害，也可送交有关部门而不负赔偿责任。

第四节　船舶租用合同与海上拖船合同

　　船舶租用在海商活动中广为运用，海商拖船也是海商活动应急策略，船舶租用合同与海商拖船合同使得海商活动更加合理化。

——佚名

一、船舶租用合同

　　船舶租用合同是指船舶出租人向承租人提供约定的船舶，承租人在约定的期限内按双方约定的用途使用船舶，并支付租金的合同，根据我国《海商法》第128条的规定，船舶租用合同包括定期租船合同和光船租赁合同，这两种合同均应以书面形式订立。

（一）定期租船合同

1. 定期租船合同的概念

　　根据我国《海商法》第129条的规定，定期租船合同是指船舶出租人向承租人提供约定的、由出租人配备船员的船舶，在约定的期间内由承租人按照约定的用途使用并支付租金的合同。定期租船合同具有船舶租赁合同和运输合同双重属性。

2. 定期租船合同的内容

　　根据我国《海商法》第130条的规定，定期租船合同的内容主要包括出租人和承租人的名称、船名、船籍、船级、吨位、容积、船速、燃料消耗、航区、用途、租船期间、交船和还船的时间和地点以及条件、租金及其支付以及其他有关事项。

（1）船舶的有关说明。合同中要规定船舶名称、船舶国籍、船级、吨位、容积，根据需要还可以约定船龄。

（2）船速与燃料消耗。双方当事人应在合同中明确约定船速与燃料消耗量，出租人也应当据此提供适当的船舶。

（3）航区与用途。双方应明确规定船舶的航区和用途，在约定范围内，若承租人已经保证船舶在约定航区内的安全港口或者地点之间从事约定的海上运输，那么就对船舶享有调度权和使用权，同时应当保证船舶所运输的货物应该是合同所约定的合法货物，否则出租人有权解除合同，并有权要求赔偿因此遭受的损失。

（4）租船期限。租期是指在合同中双方达成的有关承租人租用船舶的期限约定。根据我国《海商法》第138条的规定，在租船期限内，船舶所有人转让已经出租的船舶的所有权，定期租船合同约定的当事人的权利和义务不受影响，但是应当及时通知承租人。

（5）交船。当事人在定期租船合同中约定出租人交船的时间、地点以及条件，在出租人交船后合同开始履行，在承租人还船时合同终止。出租人应当在合同约定的期限内交付船舶，否则超期后，承租人有权要求赔偿损失或解除合同；若出租人将船舶延误情况和船舶预期抵达交船港的日期通知给了承租人，承租人应当自接到通知时起48小时内将解除合同或者继续租用船舶的决定通知出租人。

（6）还船。合同中还要约定还船的时间、地点以及条件。在还船时，船舶须具有与交船时同样良好的状态，自然或正常的磨损除外。

（7）租金及其支付。承租人应在租期内按照约定的数额、币种、时间、地点和方式准时支付租金，租金一般按船舶载重吨位、每月的费率计算或按船舶每月的租金率计算。根据我国《海商法》第140条的规定，承租人未按照合同约定支付租金的，出租人有权解除合同，并要求赔偿因此遭受的损失。

（8）转租。根据我国《海商法》第137条的规定，承租人可以将租用的船舶转租，但是应当将转租的情况及时通知出租人。转租后，原租船合同约定的权利和义务不受影响。

（9）其他条款。主要包括法律适用、争议解决、共同海损、海难救助报酬的分享等条款。我国海商法规定，船舶在合同期间进行海难救助的，承租人有权获得扣除救助费用、损失赔偿、船员应得部分以及其他费用后的救助款项的一半。

（二）光船租赁合同

1. 光船租赁合同的概念

根据我国《海商法》第144条的规定，光船租赁合同，是指船舶出租人向承租人提供不配备船员的船舶，在约定的期间内，承租人占有、使用和营运该船舶，并向出租人支付租金的合同。

2. 光船租赁合同的内容

根据我国《海商法》第145条的规定，光船租赁合同的内容，主要包括出租人和承租人的名称、船名、船籍、船级、吨位、容积、航区、用途、租船期间、交船和还船的时间地点以及条件、船舶检验、船舶的保养维修、租金及其支付、船舶保险、合同解除的时间和条件以及其他有关事项。其内容主要包括：

（1）交船以及船舶证书。出租人应当依照合同规定向承租人交付符合约定的适航船舶及船舶证书。

（2）船舶检验。在交船之前和交船当时，当事人可各自指定验船师对船舶进行检验，确定交船时船舶状态，同时在合同中约定交船或者还船时船舶的检验费用以及时间损失的承担等事项。

（3）船舶的保养维修。根据我国《海商法》第147条的规定，在光船租赁期间，承租人负责保养、维修船舶。

（4）船舶保险。根据我国《海商法》第148条的规定，在光船租赁期间，承租人应当按照合同约定的船舶价值，以出租人同意的保险方式对船舶进行保险，并承担保险费用。

（5）合理使用。承租人应当按照约定的用途合理、合法地使用租赁的船舶。

根据我国《海商法》第 150 条的规定，未经出租人书面同意，承租人不得转让合同的权利和义务，或者以光船租赁的方式将船舶进行转租；根据我国《海商法》第 151 条的规定，未经承租人事先书面同意，出租人不得在光船租赁期间对船舶设定抵押权，否则应当承担赔偿由此使承租人遭受的损失的责任。

（6）租金的支付。根据我国《海商法》第 152 条的规定，承租人应当按照合同约定支付租金，逾期支付租金连续超过 7 日的，出租人有权解除合同，并有权要求赔偿因此遭受的损失。船舶灭失或者失踪的，对租金的支付自船舶灭失或者得知其最后消息之日起停止，同时出租人应按比例退还预付租金。[①]

二、海上拖船合同

（一）海上拖航合同的概念和内容

根据我国《海商法》第 155 条的规定，海上拖航合同，是指承拖方用拖轮将被拖物由海路从一地拖至另一地，并由被拖方支付拖航费的合同。海上拖航合同应当以书面形式订立。

根据我国《海商法》第 156 条的规定，海上拖航合同的内容主要包括承拖方和被拖方的名称和住所、拖轮和被拖物的名称和主要尺度、拖轮马力、起拖地和目的地、起拖日期、拖航费及其支付方式以及其他有关事项。

（二）海上拖航合同当事人的权利与义务

1. 承拖方的权利与义务

（1）承拖方的权利主要包括：①托航费用请求权。承拖方在完成托航服务后有权要求被拖方依约支付拖航费等其他合理费用。②对被拖物的留置权。我国《海商法》第 161 条规定，对于不按约定支付托航费及其他合理费用的，承拖方对被拖物有留置权。③合同解除权。若导致合同不能履行的原因来自不可抗力或其他不能归责于双方的原因，承拖方可以解除合同，并不承担赔偿责任。若合同

---

① 赵万一. 商法 ［M］. 北京：高等教育出版社，2007.

是在起拖前解除的，除另有约定外，承拖方应当退还已支付的拖航费。④拖航合同一般都对承拖方的指挥航行、合理绕航的权力进行了规定。

（2）承拖方的义务主要包括：①提供拖船并使之适航、适拖。②依约对被拖物接拖、拖带航行，将被拖物拖至目的地，并保证拖带航行的安全。③不得采取不合理的绕航，发生不合理的延误。④将被拖物移交给被拖方或其代理人。

2. 被拖方的权利与义务

（1）被拖方的权利主要包括：①要求承拖方按照约定将被拖物从一地拖至另一地；②合同解除权，被拖方拥有与承拖方相同的解除合同的权利。

（2）被拖方的义务主要包括：①使被拖物适合拖航；②保证被拖物上的人员听从拖轮船长的指挥，配合拖轮航行；③保证指定的起拖港、目的港和中间港为安全港口；④依约在目的港接受被拖物，并支付托航费等其他与被拖物有关的费用。

（三）海上拖航中的损害赔偿

1. 承拖方与被拖方之间的损害赔偿

根据我国《海商法》第 162 条的规定，在海上拖航过程中，若承拖方或者被拖方遭受了损失，由一方过失造成的，由过失的一方负赔偿责任；由双方过失造成的，各方按过失程度的比例负赔偿责任。虽有前款规定，经承托方证明，承拖方在下列情况下对被拖方的损失不负赔偿责任：①由于拖轮船长、船员、引航员或者承拖方的其他受雇人、代理人在驾驶拖轮或者管理拖轮中造成的过失；②拖轮在海上救助或者企图救助人命、财产时发生的过失。

2. 承拖方、被拖方与第三人之间的损害赔偿

根据我国《海商法》第 163 条的规定，在海上拖航过程中，由于承拖方或者被拖方的过失，导致第三人人身伤亡或者财产损失的，承拖方和被拖方对第三人负连带赔偿责任，除合同另有约定外，一方连带支付的赔偿超过其应当承担的比例的，对另一方有追偿权。

【案例 12-4】

轮船拖航合同纠纷案

被告 A 船务有限公司的轮船在某港口出现故障，公司员工王某被派去处理修船事宜，由于该港口无法修理，于是王某向原告 B 打捞局的代表张某询问拖船事宜。并最终与张某签订了拖船合同，合同规定：拖航费总共 168000 元，签约时支付 50000 元，起拖时支付 50000 元，到达目的港时支付 68000 元；对于被拖船的保险费、对第三方责任保险费、代理费、检验费、税费、领航费、一切港口使用费等全部由被拖方 A 船务有限公司负责；若 A 船务有限公司不能按照合约支付拖航费，则按照年息的 10% 支付应付之日起至实际支付之日止的利息。双方达成协议，但签合同时均没有盖单位公章。张某即刻委托 C 引航站出港引航，并提前垫付给该引航站拖带风险费 5500 元。过两天后，A 船务有限公司的轮船被安全拖至目的地，其间张某又为 A 船务有限公司垫付了拖航辅助费 2415 元。而原告 A 公司将首期拖航费 50000 元汇给 B 公司后就没有再付余款了。B 公司向海事法院提起诉讼，要求 A 公司支付余款 118000 元以及其总共所垫付的 7915 元及利息。

被告 A 船务有限公司则认为：双方合同所约定的拖船费用过高，不公平。当天与原告 B 公司协商的时候，对于该高昂的报价 B 公司一直不肯让步，而 A 公司在别无选择的情况下不得已接受了 B 公司的高昂报价。负责人王某并不是 A 公司的法人代表，因此双方所签署的拖船合同是无效的。

资料来源：http://www.148com.com/html/7/414168.html.

【分析】本案例也要涉及非法定代表人所签订合同的效力问题及如何认定显失公平的民事行为问题。王某虽然不是 A 公司的法定代表人，但他是以公司的名义签订合同的，A 公司是知晓王某的行为的，因此王某并不是私人行为。本案的拖航协议是在原、被告双方代表平等、自愿、协商一致的情况下签订的，被告 A 公司作为船务有限公司，不可能对拖航费用不了解，其认为拖航费的约定是在自己别无选择的情况下接受的，不能证明拖航费用不合理。A 公司认为合同有失公平，显然缺乏依据。

第五节　船舶碰撞

船舶碰撞直接威胁海上安全，也是海商活动常发生的事情，在处理船舶碰撞时，最重要的是查明碰撞中的过错责任和因果关系。

——佚名

一、船舶碰撞的概念和成立条件

（一）船舶碰撞的概念

我国《海商法》第 165 条规定，船舶碰撞，是指船舶在海上或者与海相通的可航水域发生接触造成损害的事故。

另外，我国《海商法》第 170 条规定，船舶因操纵不当或者不遵守航行规章，虽然实际上没有同其他船舶发生碰撞，但是使其他船舶以及船上的人员、货物或者其他财产遭受损失的，适用本章的规定。可见我国的海商法有条件地承认没有实际接触的"船舶碰撞"。

（二）船舶碰撞的成立条件

1. 碰撞必须发生在可通航的水域上

根据《海商法》第 165 条的规定，碰撞水域限于"海上或与海相通的可航水域"，即可供 20 总吨以上海船自由航行的通海水域。

2. 碰撞必须发生在船舶之间

碰撞的船舶中一方必须是 20 总吨以下的小型船艇以外的海船和其他移动装置，不能是用于军事或政府公务的船舶;另一方也必须是除用于军事或政府公务的船舶以外的任何船艇，包括海船、内河船、20总吨以下的小型船艇。

3. 碰撞须造成损害

若船舶碰撞没有造成船舶、船上人员、货物或其他财产损失，则不构成船舶碰撞。

4. 间接碰撞须因过失所致

船舶碰撞除了是直接碰撞，也可以是间接碰撞，且间接碰撞也适用于船舶碰撞法的规定。但间接碰撞若要被视为船舶碰撞，必须是因操纵不当或违反航行规章所导致，而且损害后果与过失之间存在因果关系。

二、船舶碰撞的责任

以碰撞船舶是否有过失为标准，可以将船舶碰撞责任分为双方无过失碰撞责任和有过失碰撞责任。

（一）双方无过失碰撞责任

根据我国《海商法》第167条的规定，无过错的船舶碰撞，包括由于不可抗力、其他不能归责于任何一方的原因或无法查明的原因造成的船舶碰撞。无过失碰撞的处理原则是当事人互不负赔偿责任，损失自负。

（二）有过失碰撞责任

有过失碰撞责任，是指由于一方或多方过失造成的船舶碰撞。过失碰撞责任又分以下两种：

1. 单方过失碰撞责任

根据我国《海商法》第168条的规定，船舶发生碰撞，是由于一船的过失造成的，由过失船舶负赔偿责任。

2. 双方互有过失的碰撞责任

双方互有过失的碰撞责任，是指船舶碰撞的各方都有不同程度的过失而导致船舶碰撞。

对于双方互有过失的船舶碰撞赔偿责任，我国《海商法》第169条规定，发生碰撞的船舶互有过失的，各船按照过失程度的比例负赔偿责任；过失程度相当或者过失程度的比例无法判定的，平均承担赔偿责任。互有过失的船舶，对碰撞造成的船舶以及船上货物和其他财产的损失，依照过失程度的比例负赔偿责任；碰撞造成第三人财产损失的，各船的赔偿责任均不超过其应承担的比例，但是，互有过失的船舶，对第三人造成的人身伤亡，承担连带赔偿责任，一船连带支付的赔偿超过过失程度的比例的，有权向其他有过失的船舶追偿。

三、船舶碰撞的损害赔偿

船舶碰撞的赔偿范围不仅包括船舶本身的损害赔偿、船上所载货物以及其他财产的损害赔偿，还包括船上旅客和船员的人身伤亡损害以及污染损失。

（一）船舶损失

1. 部分损失的赔偿

在船舶部分损失的情况下，赔偿范围包括：修理费及附带费；支付第三方的费用；滞期损失赔偿。修理费分为临时修理和永久修理费用。附带费用包括船舶检验费、进坞费、码头税、监督费等。支付第三方的费用主要包括救助费用、拖船费用、打捞费用、赔偿人身伤亡或个人财产的损失以及杂费等。滞期损失是指在船舶修理期间，由于船舶所有人不能正常使用该船而遭受的损失。有关计算方法与船舶全损时的计算方法相似。

2. 船舶全损的赔偿

船舶全损又可分为实际全损与推定全损两种情况。

在实际全损时，损害方向责任方的索赔额计算方式为：船舶价值 + 滞期损失 + 支付给第三方的赔偿 + 船员工资和遣返费用 + 其他费用。

根据双方互有过失的碰撞责任《海商法》第 246 条第 1 款的规定，推定全损是指船舶实际全损已无法避免，或者虽然未达到全损，但其恢复、修理、救助的费用将超过船舶价值。船舶推定全损的损失计算方法与实际全损时相似，但也有若干特别的费用。如在确定船舶是否推定全损以前，船舶所有人往往会打捞、检验该船，由此产生的打捞费、检验费亦可索赔。

（二）货物损失

船舶碰撞中货物损失金额的计算方式主要取决于货主向承运人索赔时所依据的法律原则。我国《船舶碰撞和触碰损害赔偿规定》第9条规定，货物灭失时，应按其实际价值，即用"货物装船时的价值＋运费＋请求人已支付的货物保险费"计算，扣除可节省的费用；货物损坏时，用修复所需的费用，或以货物的实际价值扣除残值和可节省的费用计算。在受害船舶为渔船时，船上捕捞的鱼货价值应参照事故发生时的当地市价，扣除可节省的费用；网具的价值，应按原购置价或造价扣除折旧费用和残值计算。

（三）人身伤亡损失

人身伤亡主要分为人身伤害和人身死亡两种情况。船舶碰撞中责任方应承担的人身伤亡赔偿责任，主要取决于审理案件时适用的准据法以及有关雇佣契约。

根据我国最高人民法院于1992年5月16日公布的《关于审理涉外海上人身伤亡案件损害赔偿的具体规定》，人身伤亡的赔偿范围如下：在伤残赔偿时，赔偿范围包括收入损失、医疗护理费、安抚费及其他必要的费用，其他必要费用包括运送伤残人员的交通食宿之合理费用，伤愈前的营养费、补救性治疗费、残疾用具费、医疗期间陪住家属的交通费及食宿费等合理支出。在死亡赔偿时，赔偿范围包括收入损失、医疗护理费、安抚费、丧葬费（以死者生前6个月的收入总额为限）以及其他必要费用。

【案例12-5】

轮船碰撞纠纷的法律问题

A轮拖带原告B轮起锚进入湛江港，在右前方约2度处发现被告C轮，船距离约2000米。A轮鸣放一长声，稍后又鸣放一短声，并进行了改航。此后不久，C轮又开到了A轮左前方约2度处。当两船距离约1000米时，C轮向左转向。而A轮也采取右舵避让，接着右满舵。最终还是使B轮驳左舷与C轮首部相碰。

该次碰撞使 B 轮左舷严重受损，拖缆被拉断，而 A 轮和 C 轮则没有受损。随后 B 轮在船厂进行了海损修理，B 轮这次的经济损失包括修理费用、租金、A 轮的员工工资等合计下来 145410.14 元，其向海事法院申请诉前财产保全，要求扣押 C 轮并责令其提供 40 万元的担保。法院扣押了 C 轮，并在 C 轮提供担保后解除了对其的扣押。B 轮又向海事法院提起诉讼，请求 C 轮为这次碰撞事件承担全部责任，赔偿 290491.20 元。

资料来源：http://www.pyxww.com/pyfazhi/fztttp/201201/285688.html.

【分析】本案涉及避碰规则。本案中 C 轮违反规则靠左航行、向左转向，使两船形成紧迫危险局面时，A 轮在已经发现 C 轮向左转向的情况下，仍向右转向避让。结果使拖船越过了 C 轮船首，而被拖船 B 轮与 C 轮发生了碰撞，可以看出是由于 A 轮的船艺不够精湛，若采取向左转向的措施，是可以避免或者减轻碰撞的。因此 B 轮也应对 A 轮这一过失承担相应的责任。

四、船舶碰撞的管辖权

船舶碰撞管辖权，是指哪个国家的哪一级法院对船舶碰撞引起的纠纷拥有审判权。

根据国际公约的规定，对于船舶碰撞案件享有管辖权的法院包括：①被告经常居住地或营业场所所在地的法院；②扣押过失船舶或依法应该扣押的属于被告的任何其他船舶的法院，或本可进行扣押但已提出保证金或其他担保的地点的法院；③船舶碰撞发生与港口或内河水域时，则享有管辖权的法院为碰撞发生地法院。

根据我国《民事诉讼法》第 30 条的规定，我国享有船舶碰撞管辖权的法院是碰撞发生地、碰撞船舶最先到达地、加害船舶被扣留地、被告住所地和船籍港所在地的海事法院及其所在地的高级人民法院和最高人民法院。

五、船舶碰撞的法律适用

根据国际私法的最密切联系原则，可以确定船舶碰撞纠纷的法律适用。依据这一原则，一般来说各国会以下列法律作为船舶碰撞损害赔偿的准据法：

（一）侵权行为地法

这是为各国海商法普遍采用的准据法。若船舶碰撞引起一国领海水域或内水发生损害，则构成了对该国的侵权行为，为了维护受损国的利益，受损国会以侵权行为地的法律为准据法来处理碰撞事故。

（二）法院地法

当船舶碰撞发生在公海上时，受理案件的法院往往以本国法律，即法院地法为准据法。

（三）船旗国法

若在公海上发生的船舶碰撞事故不受任何国家管辖，或者由于碰撞的是属于开放登记的船舶，使船舶的国籍与登记国不一致时，往往用船旗国法来处理船舶碰撞的纠纷。

【案例 12-6】

2000 年 7 月 3 日 20：27 分，原告甲公司"和平"轮满载货物在吴淞口锚地起锚驶向长江南槽出口，21：45 时被告乙公司"金亚马"轮满载货物于在长江口锚地起锚驶向长江南槽进口，双方船舶于 23：44 时发生碰撞。由于在船舶碰撞的损害责任问题上双方发生分歧，于是上诉至法庭，按照法律规定，双方填写了"海事事故调查表"，并在开庭前完成了举证，法院根据这些材料通过海图作业作出分析，并判处被告对此次碰撞承担 70%的责任，原告承担 30%的责任。

资料来源：http：//news.sol.com.cn/news/20050812/33081.html.

【分析】船舶碰撞损害责任的确定是处理船舶碰撞纠纷的难点，由于海事的特点，有关船舶碰撞的证据的真实性往往难以保证，因此需要碰撞案件当事人的举证，我国《海事诉讼特别程序法》第82条规定，原告在起诉、被告在答辩时，应当如实填写"海事事故调查表"，第84条规定，当事人应当在开庭审理前完成举证，本案中原告、被告均填写了"海事事故调查表"，为责任的认定提供了有力证据。我国《海商法》第169条规定，船舶发生碰撞，碰撞的船舶互有过失的，各船舶按照过失程度的比例负赔偿责任，过失程度相当或过失程度的比例无法判定的，平均负赔偿责任。本案中法院通过调查，认定双方都有责任，并按比例承担责任是有法律依据的。

第六节　海难救助与共同海损

海难救助是"无效果，无报酬"式的；共同海损是海商法中古老而复杂的制度。

——佚名

一、海难救助

（一）海难救助的概念和成立条件

海难救助，是指对在海上或者与海相通的可航水域遇险的船舶和其他财产实施救助的行为。

海难救助的形式有：①救助拖带，即对遇难船舶进行拖带、引领遇难船舶，将其拖至安全地点；②守护救助，即接受遇难船舶的请求，在遇难船舶附近等候施救；③抢险救助，任何船舶或主管机关只要获悉船舶遇险即将沉没的消息，都应立即组织救助；④搁浅救助，即使用各种方法使搁浅船舶脱浅；⑤救火，帮助发生火灾的遇难船舶灭火，并实施抢救；⑥提供船员和供给。此外，向遇难船舶指出正确的航向、提供合理建议或信息，通常也被视为海上救助。

（二）海难救助合同

1. 海难救助合同的订立

根据我国《海商法》第175条的规定，救助方与被救助方就海难救助达成协议，救助合同成立。遇险船舶的船长有权代表船舶所有人及船上财产所有人订立救助合同。

2. 海难救助合同的变更

海难救助合同依法成立，具有法律约束力。但是，我国《海商法》第176条规定，有下列情形之一，经一方当事人起诉或者双方当事人协议仲裁的，受理争议的法院或者仲裁机构可以判决或者裁决变更救助合同：①合同在不正当的或者危险情况的影响下订立，并且合同条款显失公平的；②根据合同支付的救助款项明显过高或者过低于实际提供的救助服务的。

（三）海难救助款项

根据我国《海商法》第172条第3款的规定，海难救助款项，是指被救助方依照法律规定或合同约定，应当向救助方支付的任何救助报酬、酬金或者补偿。

根据我国《海商法》第182条第3款的规定，救助费用，是指救助方在救助作业中直接支付的合理费用以及实际用于救助的设备、投入救助人员的合理费用。

1. 救助报酬的确定

根据我国《海商法》第180条的规定，在不超过船舶和其他财产的获救价值前提下，确定救助报酬额时，应当体现对救助作业的鼓励原则，并综合考虑下列各项因素：

（1）船舶和其他财产的获救的价值，即船舶和其他财产获救后的估计价值或者实际出卖的收入，减去有关税款和海关、检疫、检验费用，以及因卸载、保管、估价、出卖而产生的费用后的价值，但是不包括船员获救的私人物品和旅客获救的自带行李的价值；

（2）救助方在防止或者减少环境污染损害方面的技能和努力；

（3）救助方的救助成效；

（4）危险的性质以及危险程度；

（5）救助方在救助船舶、其他财产和人命方面的技能和做出的努力；

（6）救助方所用的时间、支出的费用和遭受的损失；

（7）救助方或者救助设备所冒的责任风险和其他风险；

（8）救助方提供救助服务的及时性；

（9）用于救助作业的船舶和其他设备的可用性和使用情况；

（10）救助设备的备用状况、效能和设备的价值。

2. 救助报酬额的分担与分配

（1）根据我国《海商法》第183条的规定，救助报酬的金额，应当由获救船舶和其他财产的各所有人，依照船舶和其他各项财产各自的获救价值占全部获救价值的比例承担。

（2）根据我国《海商法》第184条的规定，参加同一救助作业的各救助方的救助报酬，应当根据法律规定的确定救助报酬额的标准和考虑因素，由各方协商确定；协商不成的，可以提请受理争议的法院判决或者经各方协议提请仲裁机构裁决。

3. 特别补偿

特别补偿是针对救助了有可能造成环境污染损害的船舶或者船上货物的救助方设立的补偿规定。根据我国《海商法》第182条的规定，救助方依照本法第180条规定获得的救助报酬少于依照本条规定可以得到的特别补偿的，救助方有权依照本条规定，从船舶所有人处获得相当于救助费用的特别补偿。

救助作业取得了防止或者减少环境污染损害效果的，船舶所有人向救助方支付的特别补偿可以另外增加，增加的数额可以达到救助费用的30%。并且，若受理争议的法院或者仲裁机构认为适当，并考虑本法第180条第1款的规定，可以判决或裁决进一步增加特别补偿数额，但是，在任何情况下，增加部分不得超过救助费用的100%。当然，由于救助方的过失未能防止或者减少环境污染损害的，可以全部或者部分地剥夺救助方获得特别补偿的权利。

【案例 12-7】

轮船救助报酬纠纷案

A 公司和 B 救捞局取得联系，要求 B 救捞局派拖船并备三天的船员伙食，将 C 轮拖到某船厂。双方协定拖轮费用为 50000 美元。B 救捞局依约通知 D 轮去救助 C 轮。两天后，D 轮接拖成功返航，并将 C 轮拖到目的船厂。C 轮承认收到价值人民币 1278 元的伙食，并请求 D 轮继续守护一天。B 救捞局对此提出守护费为 1800 美元，A 公司没有表示异议，并 B 向救捞局支付港币 80000 元，但其后未再向 B 救捞局支付任何其他款项。

无奈之下，B 救捞局只有向海事法院提出诉前扣押 C 轮的申请，并得到了海事法院的准许。C 轮在被扣押期间，A 公司没有给 C 轮的在编船员支付工资，也没有向 C 轮提供燃油、淡水和船员伙食等费用。随后，B 救捞局向海事院提出公开拍卖 C 轮，得到了海事法院的准许，并刊登了卖船公告，要求与 C 轮有关的债权人在规定期限内向海事法院申请登记债权。在公告规定期限内，C 轮的在编船员也向海事法院申请债权登记，因为 A 公司在实施救助前后已累计拖欠半年的船员工资；船厂也向海事法院申请债权登记，因为 A 公司拖欠其船舶修理费用。后 C 轮被拍卖了，海事法院从拍卖船舶的价款中先支付给 C 轮的在编船员 2 个月的船员工资，并将 C 轮船员全部遣返原籍。

资料来源：http://www.gzhsfy.org/shownews.php？id=1787.

【分析】本案中的 A 公司虽并非 C 轮的所有人，但它以经营人的身份与 B 救捞局订立了救助协议，因而已成为本案的被救助方，该协议属于性质上的雇佣救助合同，因此 A 公司也是 B 救捞局的雇佣人。A 公司对费用方面都没有提出异议，因此可视为 A 公司已就合同项下救助报酬的支付作出了承诺，B 救捞局完成救助任务，A 公司就应承担向救捞局支付救助报酬的义务。B 救捞局对 C 轮的救助获得成功，该轮的注册公司应当在 A 公司无力支付救助报酬的情况下承担向救捞局支付救助报酬的义务。

二、共同海损

（一）共同海损的概念和成立条件

根据我国《海商法》第 193 条的规定，共同海损，是指在同一海上航行过程中，船舶、货物和其他财产遭遇共同危险，为了共同安全，有意地、合理地采取措施所直接造成的特殊牺牲以及支付的特殊费用。

共同海损的成立条件包括：①财产处于同一航程中，且遭遇共同的危险；②为救助共同海损所采取的措施必须是有意的、合理的；③共同海损的损失是特殊的，支出的费用是额外的，即损失是为共同利益所作出的牺牲，支出的费用是正常航运中不可能出现的费用；④所采取的措施必须是有效的。

（二）共同海损的范围

1. 共同海损损失

共同海损损失又称共同海损牺牲，是指在共同危险情况下，为保证船舶及货物的共同安全而采取措施，所导致的船舶、货物和其他财产的损失。它包括船舶损失、货物损失和运费损失。

2. 共同海损费用

共同海损费用是指为船、货的共同安全而采取有意措施，从而支付的额外费用。列入共同海损的费用只限于直接损失，一般包括港口费、修理费、运营费、救助费、垫付款利息和手续费、理算费用。

（三）共同海损的理算

1. 共同海损分摊价值的确定

我国《海商法》第 199 条规定了共同海损分摊价值的确定方法：

（1）船舶共同海损分摊价值，按照船舶在航程终止时的完好价值，减去不属于共同海损的损失金额计算，或者按照船舶在航程终止时的实际价值，加上共同海损牺牲的金额计算。计算公式为：

船舶在航程终止时的完好价值 – 共同海损的损失金额或船舶在航程终止时的

实际价值＋共同海损牺牲的金额。

（2）货物共同海损分摊价值的组成可用下面的公式表示：货物在装船时的价值＋保险费＋运费－不属于共同海损的损失金额－承运人承担风险的运费。

若货物在抵达目的港前已经售出，则按照出售净得金额加上共同海损牺牲的金额计算；如果不正当地以低于货物的实际价值作为申报价值的，按照实际价值分摊共同海损；未申报或者谎报的货物也应当参与共同海损分摊，旅客的行李和私人物品，不分摊共同海损。

（3）运费分摊价值的组成可用下面的公式表示：承运人承担风险并在航程终止时依法收取的运费－为取得该项运费而在共同海损事故发生后为完成本航程所支付的营运费用＋共同海损牺牲的金额。

2. 共同海损分摊金额的计算

共同海损分摊金额应当由受益方按照各自分摊价值的比例分摊，需要按以下步骤确定分摊金额：

（1）计算共同海损损失率，可用下面的公式来计算：共同海损损失率＝共同海损总金额/共同海损分摊价值总额×100%。

（2）计算各受益方应分摊的共同海损金额，可用下面的公式来计算：各受益方的分摊金额＝各受益方的分摊价值×共同海损损失率。

本章小结

海商法的主要用途是调整海上运输关系和船舶关系，因此，其应用范围也是很有针对性的。海商必然涉及船舶，而船舶的运行主体则是船员，要想对海上商事进行监督和治理，首先得对船舶和船员的相关权利和义务有清晰的划分。海上运输是海商法调整的主要内容之一，这里的海上运输包括海上货物运输和海上旅客运输，第三节对于海上运输合同也有详细的介绍。船舶租用是海商活动中比较常用的运输方式，而海上拖船也是常见的应急策略，对于这两种合同的具体内容、规范等，本章也给了相关的介绍。正如本章开篇案例所述，船舶碰撞是海商法一个比较棘手的调整方面，因此，只有对船舶碰撞的成立条件、责任确认、损害赔偿以及法律适用等内容了解，才能很好地解决船舶碰撞的因果问题。海难救助和共同海损是本章第六节所讲述的内容，包括各自的成立条件、内容、范围等。

参 考 文 献

［1］范健. 商法［M］. 北京：高等教育出版社，北京大学出版社，2002.

［2］赵万一. 商法［M］. 北京：中国人民大学出版社，2006.

［3］范健，王建文. 商法学［M］. 北京：法律出版社，2007.

［4］韩长印. 商法教程［M］. 北京：高等教育出版社，2007.

［5］侯怀霞. 商法学［M］. 北京：中国政法大学出版社，2008.

［6］赵旭东. 商法学［M］. 北京：高等教育出版社，2007.

［7］顾功耘，尹刚. 商法案例法规选编［M］. 北京：北京大学出版社，2008.

［8］于永芹. 票据法案例教程［M］. 北京：北京大学出版社，2003.

［9］吕来明. 票据法前沿问题案例研究［M］. 北京：中国经济出版社，2001.

［10］熊英. 知识产权法原理与实践［M］. 北京：知识产权出版社，2010.

［11］吴汉东. 知识产权法教学案例［M］. 北京：法律出版社，2005.

［12］关永宏. 知识产权法学［M］. 广州：华南理工大学出版社，2008.

［13］许群. 会计法教程［M］. 北京：中国人民大学出版社，2008.

［14］林清新. 会计法实务及案例评析［M］. 北京：中国工商出版社，2003.

［15］陈冰. 会计法律责任及案例分析［M］. 北京：中华工商联合出版社，2001.

［16］严晓红. 财务会计法律与法规［M］. 北京：清华大学出版社，2008.

［17］王全兴. 劳动法［M］. 北京：法律出版社，2004.

［18］王全兴. 劳动法学［M］. 北京：高等教育出版社，2008.

[19] 杨军. 海商法案例教程 [M]. 北京：北京大学出版社，2003.

[20] 徐晓松. 公司法学案例教程 [M]. 北京：知识产权出版社，2002.

[21] 杜万华. 合同法精解与案例评析 [M]. 北京：法律出版社，1999.

[22] 郭明瑞，张平华. 合同法学案例教程 [M]. 北京：知识产权出版社，2003.

[23] 唐德华. 合同法案例评析 [M]. 北京：人民法院出版社，2000.

[24] 陈慧芳，陈笑影. 合同法 [M]. 上海：格致出版社，上海人民出版社，2009.

[25] 屈茂辉. 中国合同法学 [M]. 长沙：湖南大学出版社，2003.

[26] 叶林，黎建飞. 商法学原理与案例教程 [M]. 北京：中国人民大学出版社，2006.

[27] 沈达明. 法国商法引论 [M]. 北京：对外经济贸易大学出版社，2001.

[28] 王萍，赵霞等. 经济法案例精选精析 [M]. 北京：中国社会科学出版社，2008.

[29] 俞里江. 合同法典型案例 [M]. 北京：中国人民大学出版社，2003.

[30] 兰花. 合同法案例 [M]. 太原：山西教育出版社，2004.

[31] 王利明，姚欢庆，张俊岩. 合同法教程 [M]. 北京：首都经济贸易大学出版社，2002.

[32] 庄建伟. 经济法典型案例集解 [M]. 上海：上海人民出版社，2008.

[33] 郑翔，周茜. 会计法理论与实例解析 [M]. 北京：清华大学出版社，北京交通大学出版社，2004.

[34] 赵保卿. 会计监督实务 [M]. 北京：中华工商联合出版社，2001.

[35] 邢立新. 最新企业破产实例与解析 [M]. 北京：法律出版社，2007.

[36] 王昌硕，王广彬. 劳动法案例教程 [M]. 北京：知识产权出版社，2005.

[37] 何丽新，吴海燕. 海商法案例精解 [M]. 厦门：厦门大学出版社，2004.

[38] 郑美琴. 保险案例评析 [M]. 北京：中国经济出版社，2004.

[39] 黄武双. 知识产权法：案例与图表 [M]. 北京：法律出版社，2010.

[40] 张湘兰. 海商法学习指导 [M]. 武汉：武汉大学出版社，2008.

[41] 刘永光，许先丛. 公司法案例精解 [M]. 厦门大学出版社，2005.

[42] 王利明. 合同法要义与案例析解：总则 [M]. 北京：中国人民大学出版社，2001.

[43] 贾林青，陈晨. 保险合同案例评析 [M]. 北京：知识产权出版社，2003.

[44] 中国高级法官培训中心，中国人民大学法学院. 中国审判案例要览 [M]. 北京：中国人民大学出版社，1998.

[45] 赵万一. 商法 [M]. 北京：高等教育出版社，2007.

后　记

　　2011 年 9 月，中国社会科学院哲学社会科学创新工程正式启动，该工程将学术观点和理论创新、学科体系创新与管理创新、科研方法与手段创新作为创新的主要内容。创新工程的理念与我们的构思不谋而合，在团队成员的共同努力下，我们完成了《21 世纪工商管理文库》的编写工作，本文库始终把实践和理论的结合作为编写的基本原则，寄希望能为中国企业的管理实践提供借鉴！

一、我们的团队

　　我们的团队是由近 200 名工商管理专业的硕士、博士（大部分已毕业，少数在读）组成的学习型团队。其中已毕业的硕士、博士绝大多数是企业的中高层管理者，他们深谙中国企业的发展现状，同时又具备丰富的实践经验，而在读硕士、博士则具有扎实的理论基础，他们的通力合作充分体现了实践与理论的紧密结合，作为他们的导师，我感到无比的自豪。根据构思及团队成员的学术专长、实践经验、工作性质、时间等情况，我们挑选出 56 名成员直接参与这套文库的编写，另外还邀请了 62 名（其中 5 名也是编写成员）在相关领域具有丰富理论和实践经验的人员针对不同的专题提出修改意见，整套文库的编写人员和提供修改意见的人员共有 "113 将"。我是这套文库的发起者、组织者、管理者和领导者，同时也参与整套文库的修改、定稿和部分章节的编写工作。

　　本套文库从构思到定稿历时 8 年，在这 8 年的时间里，我们的团队经常深入企业进行调研，探究企业发展面临的问题和困境，了解企业管理者的困惑和需要，进一步将理论应用于实践并指导实践。我们经历了很多艰辛、挫折，但不管多么困难，总有一种使命感和责任感在推动着我们，让我们勇往直前，直至这套文库问世。

本套文库在中国社会科学院工业经济研究所研究员、经济管理出版社社长张世贤教授的大力支持和帮助下被纳入中国社会科学院哲学社会科学创新工程项目，并得到该项目在本套文库出版上的资助，同时，张世贤教授还参与了本套文库部分书籍的审稿工作，并且提出了很多宝贵的意见。另外，经济管理出版社总编室何蒂副主任也参与和组织了本套文库的编辑、审稿工作，对部分书籍提供了一些有价值的修改意见，同时还对本套文库的规范、格式等进行了严格把关。

有56名团队成员参加了本套文库的编写工作，他们为本套文库的完成立下了汗马功劳。表Ⅰ列出了这些人员的分工情况。

表Ⅰ 团队成员分工

书名	编写成员
1. 战略管理	龚裕达（中国台湾）、胡中文、温伟文、王蓓蓓、杨峰、黄岸
2. 生产运作管理	李佳妮、胡中文、李汶娥、李康
3. 市场营销管理	胡琼洁、李汶娥、谢伟、李熙
4. 人力资源管理	赵欣、马庆英、李汶娥、谭笑、陈志杰、卢泽旋
5. 公司理财	赵欣、易强、胡子娟、向科武
6. 财务会计	陈洁、周玉强、高丽丽
7. 管理会计	高丽丽、胡中文、符必勇
8. 企业领导学	张伟明、黄昱琪（中国台湾）
9. 公司治理	黄剑锋、符斌、刘秋红
10. 创业与企业家精神	张伟明、严红、林冷梅
11. 企业后勤管理	赵欣、钱侃、林冷梅、肖斌
12. 时间管理	苏明展（中国台湾）、胡蓉
13. 企业危机管理	胡琼洁、林冷梅、钱侃
14. 企业创新	符斌、刘秋红
15. 企业信息管理	肖淑兰、胡蓉、陈明刚、于远航、郭琦
16. 企业文化管理	符斌、谢舜龙
17. 项目管理	于敬梅、周鑫、陈赟、胡亚庭
18. 技术开发与管理	胡中文、李佳妮、李汶娥、李康

书名	编写成员
19. 设备管理	马庆英、于敬梅、周鑫、钱侃、庞博
20. 公共关系管理	谢舜龙、符斌、余中星、吴金土（中国台湾）、刘秋红
21. 组织行为学	马庆英、赵欣、李汶娥、刘博逸
22. 无形资产管理	张伟明、陈洁、白福歧
23. 税务筹划	肖淑兰、陈洁
24. 宏观经济学	赵欣、汤雅琴
25. 金融机构经营与管理	胡琼洁、汤雅琴、江金
26. 行政管理学	温伟文、张伟明、林冷梅
27. 商法	高丽、胡蓉
28. 管理科学思想与方法	陈鸽林、陈德全、郭晓、林献科、黄景鑫
29. 管理经济学	周玉强、汤雅琴
30. 企业管理发展的新趋势	龚裕达（中国台湾）、符斌
31. 企业管理的哲学与艺术	龚裕达（中国台湾）、黄昱琪（中国台湾）

有 62 名企业界的中高层管理人员、从事工商管理研究的学者以及政府公务员为我们的编写工作提供了建设性修改意见，他们的付出对提升本套文库的质量起到了重要的作用。表Ⅱ列出了这些人员对相应书籍的贡献。

表Ⅱ 提供修改意见的人员名单及贡献

姓名	书名	工作单位、职务或职称	
1. 张世贤	商法 宏观经济学	中国社会科学院工业经济研究所 经济管理出版社	研究员 社长
2. 何蒂	管理会计 时间管理	经济管理出版社总编室	副主任
3. 邱德厚（澳门）	管理经济学 企业危机管理	广东彩艳集团	董事长
4. 冯向前（加拿大）	税务筹划	国际税务咨询公司 中国注册执行税务师	总经理
5. 陈小钢	行政管理	广州市黄埔区	区委书记
6. 温伟文	宏观经济学	广东省江门市蓬江区政府 （原广东省江门市经信局长）	区长
7. 曹晓峰	公共关系管理	广东交通实业投资有限公司	董事长
8. 梁春火	企业领导学	广东移动佛山分公司	总经理
9. 邓学军	市场营销管理	广东省邮政公司 （原广东省云浮市邮政局局长）	市场部经理
10. 冯礼勤（澳大利亚）	企业创新	迈克斯肯国际有限公司	董事长
11. 马兆平	人力资源管理	贵州高速公路开发总公司	副总经理

姓名	书名	工作单位、职务或职称	
12. 武玉琴	项目管理	广东恒健投资控股有限公司投资部 北京大学经济学院博士后	副部长
13. 方金水	金融机构经营与管理	交通银行深圳分行	副行长
14. 陈友标	时间管理	广东华业包装材料有限公司	董事长
15. 李思园（中国香港）	公司理财	香港佳宇国际投资有限公司	总经理
16. 李志新	企业领导学	广州纺织工贸企业集团有限公司	董事长
17. 郑锡林	人力资源管理	珠海市华业投资集团有限公司	董事长
18. 李活	项目管理	茂名市金阳热带海珍养殖有限公司	董事长
19. 朱伟平	战略管理 人力资源管理	广州地铁广告有限公司	总经理
20. 沈亨将（中国台湾）	战略管理	广州美亚股份有限公司	总经理
21. 罗文标	生产运作管理 人力资源管理	华南理工大学研究生院	研究员
22. 张家骅	企业危机管理	北京德克理克管理咨询有限公司	董事长
23. 廖洁明（中国香港）	企业危机管理	香港警务及犯罪学会	主席
24. 陈国力	项目管理	广州洪珠投资有限公司	总经理
25. 黄正朗（中国台湾）	财务会计 管理会计 无形资产 公司理财	台一国际控股有限公司	副总经理
26. 彭建军	创业与企业家精神	恒大地产集团	副总裁
27. 应中伟	时间管理	广东省教育出版社	社长
28. 黄昱琪（中国台湾）	税务筹划	广东美亚股份有限公司	副总经理、财务总监
29. 黄剑锋	市场营销管理	中国电信股份有限公司广州分公司市场部	副总经理
30. 周剑	技术开发与管理 公司治理	清华大学能源研究所副教授	博士后
31. 杨文江	公司治理	广州御银股份有限公司	董事长
32. 陈洪海	公司理财	深圳联通龙岗分公司	副总经理
33. 沈乐平	商法	华南理工大学工商管理学院教授	博士生导师
34. 谢舜龙	行政管理	汕头大学商学院	MBA 中心副主任
35. 刘璇华	企业创新	广东工业大学科研处副处长	教授
36. 吴晓宝	创业与企业家精神	广州增健通信工程有限公司	董事长
37. 周枝田（中国台湾）	企业后勤管理 生产运作管理	诚达集团	副总经理
38. 许陈生	宏观经济学 管理经济学	广州外语外贸大学经贸学院	教授
39. 何莽	设备管理 税务筹划	中山大学旅游管理学院	博士后
40. 苏明展（中国台湾）	设备管理	广州德进机械设备安装有限公司	总经理
41. 李建喜	市场营销管理	广州新福鑫智能科技有限公司	副总经理

姓名	书名	工作单位、职务或职称	
42. 李茂松	企业后勤管理	暨南大学华侨医院后勤产业集团	副总经理
43. 羊卫辉	宏观经济学 管理经济学	股票、期货私募操盘手、私人投资顾问	
44. 周文明	生产运作管理 技术开发与管理	广电运通金融电子股份有限公司	厂长
45. 王步林	商法	广州金鹏律师事务所	合伙人、律师
46. 刘军栋	企业信息管理	合生创展集团有限公司信息化办公室	经理
47. 张振江（中国台湾）	无形资产管理	南宝树脂东莞有限公司	总经理
48. 程仕军（美国）	公司理财 财务会计 管理会计 公司治理	美国马里兰大学商学院财务系	副教授
49. 黄奕锋	行政管理学	广东省国土资源厅	副厅长
50. 翁华银	战略管理 市场营销管理	广州行盛玻璃幕墙工程有限公司	董事长
51. 李希元	企业危机管理	广东省高速公路股份有限公司	总经理
52. 叶向阳	金融机构经营与管理	中国邮储银行广东省分行	财务总监
53. 杜道洪	公司理财	广州滔记实业发展集团有限公司	总经理
54. 李飚	组织行为学 人力资源管理	广州市社会科学研究院	研究员
55. 吴梓锋（澳大利亚）	市场营销管理 项目管理 战略管理	澳大利亚雄丰股份有限公司	董事长
56. 薛声家	管理科学思想与方法	暨南大学管理学院教授	博士生导师
57. 左小德	管理科学思想与方法	暨南大学管理学院教授	博士生导师
58. 周永务	管理科学思想与方法	华南理工大学工商管理学院教授	博士生导师
59. 贺臻	创业与企业家精神	深圳力合创业投资有限公司	总经理
60. 方向东	项目管理	新八建设集团有限公司南方公司	总经理
61. 梁岳明	公司理财	广东省教育服务公司	总经理
62. 邓俊浩	企业文化管理	广州精心广告有限公司	总经理

注：3~47 为团队成员，1~2 和 48~62 为外请成员。

二、致谢

在本套文库的编写过程中，我们参阅了大量古今中外的文献并借鉴了一些专家、学者的研究成果，尤其是自管理学诞生以来的研究成果。对此，本套文库尽最大可能在行文当中予以注明，并在书后参考文献中列出，但仍难免会有疏漏，在此向所有已参考过的文献作者（国内的和国外的，已列出的和未列出的）表示衷心的感谢！

另外，还要特别感谢参加本套文库的编写人员和提出修改意见的人员，是你们这"113 将"的勤奋和智慧才使该文库的构思得以实现。随着这套文库的问世，中国企业会永远记住你们，感激你们！

经济管理出版社是我国经济管理类的中央级出版社，它以严谨的学术、广泛的应用性以及规范的出版而著称。在此，我们非常感谢经济管理出版社的领导和所有工作人员对本套文库的出版所做的工作和提供的支持！

我还要感谢暨南大学这所百年华侨学府，"始有暨南，便有商科"。巧合的是，管理学和暨南大学几乎同时诞生，在此，就让《21 世纪工商管理文库》作为管理学和暨南大学的百年生日礼物吧！

我们真诚地希望并欢迎工商管理界的学者和企业家们对本套文库提出宝贵意见，以使该套文库能更好地为中国企业服务，从而全面提升中国企业的管理水平！

夏洪胜

2013 年 12 月